走进民办教育探索者的
精神世界

贺春兰◎编著

北京师范大学出版集团
BEIJING NORMAL UNIVERSITY PUBLISHING GROUP
北京师范大学出版社

图书在版编目(CIP)数据

走进民办教育探索者的精神世界/贺春兰编著. —北京:北京
师范大学出版社,2017.8(2017.10重印)
ISBN 978-7-303-22213-1

Ⅰ.①走… Ⅱ.①贺… Ⅲ.①社会办学—研究—中国
Ⅳ.①G522.74

中国版本图书馆 CIP 数据核字(2017)第 047926 号

营 销 中 心 电 话　010-58805072　58807651
北师大出版社高等教育与学术著作分社　http://xueda.bnup.com

ZOUJIN MINBAN JIAOYU TANSUOZHE DE JINGSHEN SHIJIE

出版发行:北京师范大学出版社　www.bnup.com
　　　　　北京市海淀区新街口外大街 19 号
　　　　　邮政编码:100875
印　　刷:大厂回族自治县正兴印务有限公司
经　　销:全国新华书店
开　　本:787 mm×1092 mm　1/16
印　　张:29.5
字　　数:513 千字
版　　次:2017 年 8 月第 1 版
印　　次:2017 年 10 月第 2 次印刷
定　　价:48.00 元

策划编辑:陈红艳　　　　　责任编辑:齐　琳　林艳辉
美术编辑:袁　麟　　　　　装帧设计:袁　麟
责任校对:陈　民　　　　　责任印制:马　洁

他们是中国民办教育事业的开拓者，教育实业探索中孜孜以求的坚持者。他们倾毕生心血践行着自己心中的教育理想；他们，已经也正在推动着中国教育的发展进程。

　　这是一本《人民政协报·教育在线周刊》编辑部团队倾十余年心力记录的中国民办教育发展史诗。

　　以此，留存一段历史；也向公众郑重介绍我们眼中看到的他们。相信民办教育领军者们的所思所想将丰富中国教育思想宝库；他们的创业故事，将吸引并启迪一代有志于中国教育事业的青年才俊和更多创业者。

——贺春兰

【各界推荐】

中国学位与研究生教育学会会长、教育部原副部长、中国工程院院士赵沁平

这本书编采者既是我国民办教育的推动者，也是民办教育的研究者、传播者，持续十余载系统关注、跟踪报道民办教育，为民办教育发展鼓呼。他们深入中国民办教育第一线，走近一个个民办教育的开拓者、实践者，见证了我国特色民办教育的探索和发展，让我们看到了民办教育人的精神与追求。从某种意义上说，读此书也是在读采写者，这本书折射出采写者的理想、热情与付出。一个人数不多的编辑部，编辑人用无限的热情和令人敬佩的精神，参与成就了中国民办教育的璀璨星空，也让我们感受了教育媒体人的执着和风骨。(2016.11.24)

国家教育咨询委员会委员、中国高等教育学会会长　瞿振元

作为新闻人，既有敏感性又有持久性，长期在一个方向上做新闻，而且常做常新，越做越深，这样的人并不多。本书著者贺春兰就是这样的教育新闻人。当然她本身更是教育人，是教育政策的研究者和传播者。她和她的团队坚持十余年，跟踪我国民办教育发展的足迹，报道其发展探索进展，传播其先进发展理念，推荐其代表人物，成为民办教育界的知音益友。相信本书的问世，不仅是对过往的回忆，更是前行中的鞭策。(2016.11.24)

全国政协委员、中国教育学会会长　钟秉林

在我的目力所及范围内，这大概是新中国成立后第一本对多位民办教育人进行长达十多年的跟踪访谈的文字。通过这本书，读者得以集中的对中国民办教育发展有一个更为感性的认识，对中国民办教育人获得更多的认知和理解。而如果有人要研究当代中国教育发展史，这本书也应该会提供颇多有价值的线索和记录。访谈集就每个实践者个体来讲是碎片，而十几年汇聚起来，是一段厚重的历史，反映了一个时代的样貌，具有全局意义的真实。(2016.11.24)

全国政协委员、中国光彩事业促进会副会长、中国民办教育出资者商会会长、锡华集团董事长　张杰庭

十多年来，以"关怀弱势群体、联结体制内外"作为办刊宗旨的《人民政协报·教育在线周刊》对民办教育的发展给予饱含深情的系统关注，不仅仅记录，更参与推动乃至引领了行业发展，为此，民办教育人对教育周刊编辑部致以深沉的敬意和谢意。感谢这本集子忠实的记录，通过这本报道集，我们能听到中国民办教育发展的历史足音——面对教育资源特别是优质教育资源短缺的时代挑战，民办教育人起而行之，大家的勇气、智慧和热情当能给年轻创业者带来颇大的鼓励和启发。(2016.11.25)

国家督学、教育部政策法规司司长　孙霄兵

改革开放以来，中国民办教育以崭新的面貌出现在世界面前。民办教育的改革发展，既体现出全社会的支持，也凝结了举办者、办学者的心血。揭示民办教育的辉煌历程，反映民办教育人的崇高境界，正是贺春兰编著本书的目的和价值。衷心祝愿民办教育事业越办越强，发展壮大，为中国教育事业增添新的亮色和选择。(2017.3.30)

教育部发展规划司司长　谢焕忠

我国的民办教育发展到今天，凝聚了广大民办学校举办者的汗水和心血，也体现了包括新闻媒体在内的社会各界对民办教育的关心、重视和支持。《人民政协报·教育在线周刊》以春兰同志为首的团队十多年来一直跟踪我国民办教育走过的足迹，采访了多位民办学校的举办者，倾听他们的心声，关心他们的疾苦，反映他们的诉求，成为民办学校举办者的知心朋友。本书的出版发行必将增进人们对民办教育更加深入的了解和更加有力的支持，为我国民办教育的发展注入正能量。(2016.12.14)

教育部教育发展研究中心主任　张力

农耕时代熟悉私塾的中国人，如今依然好学，主要不是兴趣，而是为了谋生。当公共资源不够时，需要民办教育提供服务；当公共资源增多时，需要民办教育提供可选择的、更有用的服务。面向未来的当代中国人，期待民办教育继往开来、精进创新！(2016.11.19)

中国民办教育协会副会长、学前教育专业委员会理事长　杨志彬

本书是民办教育人心灵深处呐喊的集结！是他们汗水、泪水、血水的倾注！他们为了教育改革、创新、公平，排除万难，撰写出生命的绚丽华章。本书也是民办教育人的英雄谱，记录了他们失败与成功的轨迹，展示了他们的精神世界，揭示他们锲而不舍的原动力！这是一群有爱、有志向、有梦想的人，是为了实现梦想而脚踏实地勇于奋斗的人！他们在中国教育发展史上树起了一座丰碑！感谢春兰主编，此书颇值得一阅！（2016.11.19）

浙江大学民办教育研究中心主任、教授，自称"中国民办教育最坚定的支持者、客观理性的观察者、不遗余力的鼓吹者"　吴华

如同企业家是市场经济的灵魂一样，民办学校的举办者也是推动中国民办教育由小变大，由弱变强最重要的力量。在改革开放以后民办教育三十几年的发展历史中，正是本书中的这些先行者和无数没有写入本书的民办学校的举办者，凭着他们对民办教育的挚爱和远见卓识，筚路蓝缕，开拓前行，为中国民办教育发展和私立教育复兴做出了卓越的贡献。今天，春兰主编将他们的部分事迹和思考汇集出版，不但彰显了这些"盗火者"的情怀和智慧，而且给后人留下了珍贵的史料，相信所有现在依然在这条道路上求索的同人也都能够从中受到激励和启发。（2016.11.19）

广东第二师范学院教授、广东当代民办教育管理研究院院长、我国最早研究教育市场和民办教育的学者之一　张铁明

中国民办教育重新崛起并发展的三十多年，是一部艰辛的创业史，其中每个教育创业者都是个传奇。该书聚焦这一个个熠熠生辉的实践探索和思想者，为他们树碑立传，也是为中国教育树立一个里程碑。（2016.11.19）

序　一

为民办教育事业点赞

改革开放以来，我国民办教育事业得到了快速发展。一批有志于发展教育事业的人士，他们以深厚的教育情感，创新的办学理念，艰苦奋斗的办学作风，在民办教育事业中不断奋斗，顽强拼搏，创出了一片新的领域，为我国的教育事业做出了贡献，难能可贵，值得点赞。

贺春兰同志及其团队，以极大的热情，着力的采访，平实的笔调，记录并反映了民办教育工作者的所思所想，展现了他们在几十年的奋斗中创造的不平凡的事业，反映了他们艰难求索，开拓进取的精神。这种为民办教育事业热忱呼唤的精神也是应该点赞的。

我国是一个人口大国。随着经济社会的发展，国家和人民对于提高文化教育水平的要求越来越迫切。所以，民办教育事业，从社会的需求出发，从学生的求学、求知的需要出发，就应运而生了。民办教育工作者们，在艰苦中奋斗，在困难中前进，在发展中探索，在开拓中创新，不仅回应了国家和群众的需求，为我国的教育事业做出了贡献，也铸就了他们个人的生命传奇。把这些成果记述下来，传播出去，这是我国发展教育事业的珍贵史料，值得期待。

发展教育事业，必须经过长期的努力，艰苦曲折的过程，日积月累的思考，才能有所成就。同时也需要大量的投入，需要合格的师资，需要设施完备的学校。在几十年的奋斗中，民办教育工作者们，付出了大量的心血，奉献了办学的才华，造就了一批从事民办教育事业的队伍，培养了很多为国家社会所需要的人才，满足了很多学生求知的愿望。本书中记述了民办学校由小到大，由不完善到逐步提高的过程，相信今后的民办教育事业必将越来越好。这正是教育事业成长、改革、发展的必然规律，值得大家关注和研究。

民办教育事业，应该办出自己的特色。有很多民办学校，根据国家建设和社会发展的需要，把德育放在首要位置，把社会需求和提高教育质量作为办学的中心内容，把培养实用人才列为突出任务，尽力培养国家和社

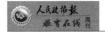
会各界欢迎的学生，这是很多民办学校得以长期发展的真谛所在，这也是本书中所反映的很多民办教育办学者的主观追求，是值得更多办学者借鉴的。

我同不少民办教育工作者有过一定的交往，他们立志办学、勇于探索、敢于创新、不惧艰苦的精神深深地感动着我。我钦佩他们可贵的办学精神，赞许他们勇于战胜困难的勇气，也为他们的不断创新而高兴。

教育是全社会的事情。民办教育事业的发展，离不开国家的支持，社会各界的扶持，广大群众的关心，全体师生的努力，我相信在全社会的支持下，中国民办教育事业一定会有更美好的明天。

张怀西
二〇一七年四月

序　二

写给中国民办教育拓荒者、同行者和后来者

面对同样的时代挑战，总会有一些人能够到达成功的彼岸，他们身上一定具有一些必然的因素，这些因素是什么，值得总结，从而给更多的后来者以启迪，使之发扬光大。

改革开放三十多年来，中国民办教育从无到有，办学条件不断改善，教育质量和办学水平不断提高，逐步覆盖了从基础教育到高等教育、从非学历教育到学历教育、从普通教育到职业教育的广阔领域。民办教育的发展，拓展了教育投入的渠道，创新了教育发展机制，丰富了人才培养的模式，为我国发展学前教育、普及九年制义务教育、培养技能型人才、促进高等教育大众化做出了重要贡献。作为我国改革开放之路在教育事业发展中的一个侧影，今天，民办教育已然成为我国社会主义教育事业的重要组成部分，也是党和政府优先发展教育战略的成功体现。

当然，民办教育的发展还要归功于我国民办教育的拓荒者和探索者——成千上万民办教育的投资者、办学者和管理者，几十年呕心沥血、披荆斩棘与辛勤耕耘。他们饱经风雨和艰难曲折，在过去的很长时间里摸着石头探路、在公办教育的夹缝中成长，承载着压力办学，资金的困境、世俗的眼光、舆论的不理解、公众的不信任等，还要随时面对政策变化的风险，其中的艰辛和困难难以想象。但恰如本书编著者春兰博士所形容的一般，多年来，民办教育人一边"含着眼泪做事情"，却又"激情昂扬风雨中"，他们以"筚路蓝缕，以启山林"的勇气，在困难中发展、在发展中破解难题，为我国教育的改革和发展开辟、耕耘了壮美的实验田。

令我们欣慰的是，在众多不解的舆论声中，在民办教育人面对着种种委屈时，能够有一个媒体、一个编辑部团队持续十多年的努力，为我们原生态地记录下了民办教育探索者的思想、追求、困惑和感悟，也为我们今后研究和回忆这段艰辛但充满昂扬诗意的探索留下了宝贵的历史资料——感谢《人民政协报·教育在线周刊》春兰主编和她的同人对中国民办教育事业长期不懈的关注、对民办教育探索者持续的倾听，也感谢北京师范大学

出版社对这本书出版的支持。

　　走近才会尊敬，相信走进民办教育探索者的精神世界，对于理解我国民办教育的发展、理解改革开放和我们这个伟大的时代会有着特别的意义。

　　今天，党和国家高度重视民办教育的发展，《国家中长期教育改革和发展规划纲要（2010—2020）》中特别指出："民办教育是教育事业发展的重要增长点和促进教育改革的重要力量。"《中共中央关于制定国民经济和社会发展第十三个五年规划的建议》中提出"支持和规范民办教育发展，鼓励社会力量和民间资本提供多样化教育服务"。与此同时，国家层面的相关制度创设更加务实开放、地方各级政府也相继出台了有关措施，民办教育人迎来了更广阔、更健康的发展空间。希望民办教育的探索者们能够继往开来，放开手脚去发展、心情愉快地去探索、创造，走出一条高质量的、具有中国社会主义特色的民办教育发展道路，担负起时代赋予我们的伟大的历史使命。

　　我也希望，如《人民政协报·教育在线周刊》这样，深入的倾听、持续的对民办教育的关注和鼓呼能够在更多人群中继续。

目　录

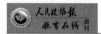

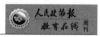

【印象】

丁祖诒：有强悍也有绵情

贺春兰

　　3月12日，西安翻译学院的创办人、董事长丁祖诒先生辞世，作为一个长期关注中国民办教育的媒体人，因为没有面对面和丁祖诒先生交谈过而遗憾。

　　在我十多年的民办教育报道生涯中，对丁先生有过三个片段式的印象，一次是十多年前，因为本报记者参与的一则批评式报道，丁先生高调地在北京更大的媒体圈子内开新闻发布会回击，于是，头脑中留下了一个"大炮"的印象。

　　第二次是2004年教育部召开新闻发布会公开批评西安翻译学院一则在洛杉矶时报上的广告宣传，当年我作为媒体人，亲历这一幕。甚至之后有民办学校校长打电话给我，"一荣俱荣、一损俱损，希望对民办教育宽容些"。应该说，当时对先生是曾有过质疑的。

　　2011年5月，终于有机会随全国政协民办教育考察团来到终南山下，走进丁祖诒先生创建的千亩校园，走在偌大的、郁郁葱葱、书声琅琅的校园中，心中顿时生发出尊敬。当时他已经病得很严重，打着点滴坐着轮椅，在医院人员的陪同中出席，但思维清晰、话语铿锵而真挚，"今天终于得见天颜，我要反映……"听病中的他义正词严地反映政策诉求，我能强烈地感

　　丁祖诒，1939出生于江苏，曾任陕西省政协第九届、第十届两届常委。1997年加入中国民主促进会，1985年创建西安翻译协会并担任副理事长兼秘书长。1987年创办西安翻译培训学院并担任院长。2001年年底被评为享受政府特殊津贴的专家。2002年担任西安翻译学院董事长兼任院长。2004年当选为中国翻译协会副会长。2007年当选为西安市科学技术协会副主席。2008年创办并担任陕西终南学社社长。2012年3月因病去世，享年73岁。

　　西安翻译学院前身为创建于1987年的西安翻译培训学院。2000年经陕西省人民政府批准成立西安翻译职业学院，实施全日制高等职业教育。2005年经教育部批准升格为本科高校，更名为西安翻译学院。2009年，学院获得学士学位授予权。

受到创业者的悲壮和创业者对中国社会、中国民办教育的一片殷切情怀。

也正是那次，有机会看到他的一本散文集，看他在见到冰心老人时写到大概这样的语句，"我贪婪地迎接她的目光，我握着她的手，向她呢喃道"——不禁追问，这是一个怎样真性情的人啊，甚至饱含浪漫，在大炮式的强悍背后，他又曾有着怎样的柔情与辛酸？

而随着老人的辞世，随着一篇篇真切的纪念性文章，我终于能在老人身后，碎片式地感受他性情中的强悍与绵情。

丁老是中国民办教育的拓荒者，也因此，他负载着民办教育发展的更多艰辛，也提示人们对中国民办教育的发展给予更多思考。

（文章原载于：《人民政协报·教育在线周刊》2012 年 3 月 21 日 C3 版）

【对话】

生前与身后　强悍与绵情
——追忆丁祖诒

贺春兰　王文源　李维民　胡　卫　周延波　蒋国华

教育在线：丁祖诒为何在生前给人留下"大炮"的印象？在你的眼中，他是一个怎样的人？

王文源（中国民办教育协会秘书长）：他是一个钟情教育却不在乎自我的人。丁先生爱"放炮"，讲话经常让人下不来台或有时候让人听起来不舒服。

我跟丁先生有过多次"亲密接触"。他对于教育真的是认真而钟情，也没有一般人认为的那么"狂妄"，他没有架子，表现出了十分认真而谦虚的一面。但他对于一些阻碍民办教育发展的行为和观点，则毫不留情，甚至"放狠话"。我体会到，他放狠话、说一些别人不爱听的话时，也是很真诚的，是出于对教育的爱、对教育改革的执着。他不是针对人，而是针对事，更可贵的是他不是为了个人的利益或名声而"呼喊"，而是为了他的学校、为了他学校的师生、为了民办教育。这是他的一个"不在乎"，他不在乎别人怎样说他，也不在乎个人的利益。

我以为，他在金钱、财产方面的的确确"不在乎"，这与他四处宣传的"西安翻译学院是社会的，不是丁祖诒的"这个说法是一致的。他不但不带走西安翻译学院的财产，也不留给他的家人，而且他自己在世时对于物质上的需求也是非常"低标准"的。相反，他对于学校的教育教学设施、对于学生却舍得花钱。在当今民办学校的举办者中，能做到这样的应该不是很多。七年前的一天，他领着我们一行参观完学校后，又带着我来到他的家里。一进门，简直令我吃惊，他的家是一个十分简陋的两居室。家里没有像样的装修，也没有任何像样的值钱的家具，可以用简陋来形容。他最钟爱的是一大纸箱当地产的不带过滤嘴的香烟，大概是7毛钱一盒的。他每天抽烟量很大，舍不得花钱买贵的，所以都是整箱从卷烟厂购买这种便宜的香烟。

丁老真的是为了学校、为了学生、为了教育"不在乎自己"。我觉得，民办教育无论是过去还是现在，或是将来，举办者真的需要有点这种精神。"表面说得好听，背后做的满不是那么回事"的人不可能把学校真的办好，更不可能引领中国民办高等教育走向新的辉煌。

教育在线：丁先生辞世，同路人反响强烈，即使他生前一些关系不那么融洽的同行，也公开发文悼念，为什么？

周延波（西安思源学院院长）：因为在大的意义上，我们很多人都是他的学生，陕西的民办大学能有今天国内领先的地位，丁老先生立有头功，他是拓荒者和领路人。之前很长一段时间，都是他在前面披荆斩棘，我们在后面跟进，今天，这样的时代结束了。

当年思源创业，交大校内（西安思源学院起步于西安交通大学）再也多装不了一个自考生时，有人指点我说：翠华山下有个民办高校，有独立的校园，是自考生的天堂。我跑去一看，果不其然，偌大的校园内数千名自考新生正在军训，军衣军帽，喊声震天……"原来自考班也能办成正规大学"，于是我得到启发和鼓励。于是，方向有了，动力有了，十年后中国多了一所民办本科大学——两万余人规模的西安思源学院。其实不仅仅是我们，全国范围内更多的民办学校都一直在跟进西安翻译学院的发展模式。面对跟进者，丁先生表现得十分大度，每次拜访，他都毫不吝啬地讲述他的经验、他的教训、他的思考。提醒我们少走弯路，鼓励我们不断创新。

今天，人们对高等教育有更多的选择机会，对民办高校有着更高的期望。这个局面我们要在没有丁先生带路的情况下面对了。

蒋国华（中国民办教育研究院副院长）：丁先生从一个普通的大学教师成长为国内外知名的教育家，归根结底是中国 30 余年来教育创新的产物，亦是邓小平南方讲话后焕发出的教育活力的成功体现。丁先生的功业足以证明，是改革开放给予了英雄人物诞生的历史良机。大家纪念他，因为他是时代和制度的夹缝中顽强生长出来的奇葩。他的教育家的声望与头衔并非批发自官帽铺，而是民众给的，这是更加弥足珍贵的。

生前尴尬事

教育在线：当年美国洛杉矶时报上刊登的一则"西安翻译学院和北京航空航天大学是国内最受尊敬的大学"的广告惊动了教育部，以至于教育部新闻发言人专门通报批评。同样的问题我也在另一位全国知名的民办教育家那里看到过。他一面咒骂着媒体收钱颁奖，一面特别收购了一个频道为自己设奖。我们该如何看待民办学校举办人在发展过程中的这些"非常手段"？

胡卫（上海教科院副院长）：你提到的情况，在民办教育这块园地里可以讲早已司空见惯。这恐怕也是现阶段民办教育的悲哀。

丁祖诒的做法，也是不得已而为之，出发点只是为了招揽家长和学生，使自己在硝烟弥漫的招生竞争中获得更多的生源。这些现象，究其原因，是和这些年来我国民办教育一路走来所处的十分弱势的环境有关。

长期以来，国家包揽教育，改革开放后，和教育有关的行为主体参与教育、投资教育的积极性被激发出来，教育由一元变为多元，由单一权力变为权力束，但是强政府、弱学校的局面并没有改变；强公办、弱民办的局面没有改变。同时，民办学校起步晚，不成熟，社会信誉度低，社会支持弱。在我国，懂教育的，没有钱，办不了学校；而有钱的企业家，对教育理解得少，办不好学校。在此背景下，相当一批第一代热爱教育的民办教育人，多靠大规模运作，维持资金链不断裂。所以，招生就成了生命线，而百姓的择校在相当程度上盲目、从众、不理性，在信息上不对称，百姓教育消费又比较盲目的情况下，民办学校的举办者和校长们，为了生存和发展，不得不违心行事、冲撞道德底线了。

要办出真正具有社会知名度、美誉度的好学校，谈何容易啊。原因很简单，潜心办教育的，往往不懂经营；把精力放在学生身上的，往往搞不定来自各方面的纠缠；想闯出一条个性化教育道路的，往往受制于应试教

丁祖诒

育制度；另辟蹊径进行教育创新的，往往和现行法律、法规、政策相冲突。另外，民办教育还有两大根本问题，即"和公办学校享受同等的法律地位""享有充分的办学自主权"，至今没有解决。

身后：西安翻译学院的明天

教育在线：英雄仙逝，西安翻译学院的未来会怎样？相当一部分民办教育创办人年事已高，在民办学校面临新的严峻挑战的今天，在学校治理的问题上应该做哪些准备？

李维民（中国民办教育协会高等教育专业委员会常务副理事长）：这个问题确实需要关注和思考。这不仅是由于西安翻译学院在全国所具有的影响力，也是我国20世纪80年代成立较早的民办高校的第一代创办者逐渐退出历史舞台必将遇到的普遍问题。西安翻译学院的成功建立在两大背景下：从客观上讲，是在我国改革开放初期民办教育所占有的人口红利、市场红利和成本红利的基础上得以迅猛发展。从主观上讲，是在丁祖诒先生的个人魅力和高度集权的管理体制下促进发展的。当今中国正在发生巨变：民办高校将失去创办初期的三大红利，即生源在锐减、教育市场呈多元化、办学投入显著增加而收费相对减少。毫无疑问，今天的举办者将面临更加复杂、多变的严峻考验。

今天在英雄仙逝的背景下要处理好两个问题：首先是稳定，其次是发展。依我看：

第一，需要明确学校的非营利性质，稳定人心。在现阶段，民办高校的发展还必须更多地依靠社会理解和政府支持，坚持非营利性办学定位是获得政府资源的必要条件，是赢得广大教职工和学生拥护的重要基础。至于选择捐资办学、不要求取得合理回报办学，还是要求取得合理回报办学则主要由继任者和院董事会决定。原则上讲，无论选取哪一种都是可行的，区别在于要想最大限度地等同于公办高校的支持力度，则只能走捐资办学，其次是不要回报办学，最后是要回报办学。

第二，确立新的领导核心，坚持集体领导。西安翻译学院新的核心人物应当是最忠实丁祖诒先生遗愿、能最大限度地得到社会认可、政府认可，能把丁祖诒先生的教育思想、教育理念发扬光大的人，能最大限度地维护学校的稳定和发展，实行平稳过渡的人。同时也要看到：任何一个新的接班人都不可能在现阶段具有丁祖诒先生的超强影响力，必须同时建立一个坚强、和谐、有力的领导集体共同战斗，这个集体包含了董事会、院委会和党委三套班子。

第三，实现靠个人能力管理向制度能力管理转变。民办高校随着学校的发展、国家政策的完善以及创办人的年事已高，凭借个人能力管理学校的现象必然会弱化、淡化。而确立管理基础、管理原则、管理方法，科学、规范、有效的管理制度成为治校之本。西安翻译学院的各级领导、干部和广大教职工要以集体智慧尽快形成一套行之有效的管理制度，每个部门、每个人都是以制度办事，承担相应责任，行使相应权力，获取相应利益，由过去浓厚的人治状态向科学的法治状态转变，实现办学民主、治校民主和经济民主。

第四，拟定新的办学增长点，增强全校师生的凝聚力和战斗力。西安翻译学院的稳定不应是被动的，而应当主动出击，创造性地提出更具时代特色、更具西译特点的中长期发展目标。如近期实现申请专业硕士学位研究生招生资格，开展研究生教育。中期积极创建省级、国家级高水平民办院校，最终通过抓管理上质量，抓质量创品牌，抓特色求发展，集中精力排除干扰，把工作重心转移到教学、科研上来，为实现各个时期的宏伟目标坚定不移地继续探索、前进。

（文章原载于：《人民政协报·教育在线周刊》2012 年 3 月 21 日 C3 版）

【相关】

我们失去了一位好战友

陶西平

祖诒同志过早地离开了我们，这一噩耗震动了中国民办教育界。大家因为失去一位优秀的中国民办教育的拓荒者和引路人而感到悲痛。

中国的民办教育是随着改革开放的号角而再度萌生的，它的发展受到传统观念的局限，受到传统体制的束缚，更受到已经形成的传统格局的制约。因此，最初的民办教育的举办者，和其他改革的先驱者一样，是以极

大的勇气、以极其前瞻的目光，使新生的民办学校破土而出的。丁祖诒同志就是其中的杰出代表。

时间已经过去了20多年，第一批诞生的民办学校在全国继续生存和发展下来的已经所剩无几，但整个民办教育事业却在不断发展壮大，成为国家教育事业的重要组成部分。历史会永远记住当年创业者的艰辛和不朽的功绩。

民办教育的生存发展要靠发展环境的改善，更要靠自身内部建设的加强。

丁祖诒有宏伟的目标，尽管有些人认为追求成为中国的哈佛可能只是个梦想，其实这也正如当年不少人认为中国成为世界强国也只不过是个梦想一样，但只有有这样梦想的人们执着地追梦，梦想才能成真。教育是面向未来的事业，丁祖诒描绘了中国民办教育未来之梦，并为之鞠躬尽瘁，鼓舞了一群追梦者为这一目标奋斗。

丁祖诒有创新的勇气。中国民办学校没有多少现成的经验可以借鉴，又不能简单地套用公办学校的方式办学，特别是面对由于多年计划经济体制形成的民间没有雄厚的资金实力的现状，最早的举办者既要创新办学模式，又要多方筹措资金，他们全凭无畏的精神与创新的智慧，在并不平坦的道路上蹒跚行进。丁祖诒正是以惊人的魄力，办出了西安翻译学院这样高水平的民办学校，树立了改革的榜样，促进了民办教育事业的发展。

他还有改革的激情。民办教育事业是服务于社会的事业，需要政府支持，需要社会理解，需要媒体帮助，需要多方关注。民办教育在发展过程中，遇到种种困难，种种困惑，也遇到种种误解和不公平的待遇。因此，需要发出声音。而由于多种因素造成，这种声音主要靠民办教育界自身呐喊。丁祖诒始终是这样一位呐喊者，他那里不断发出的强音，不仅是为自己的学校，也是为了整个民办教育事业，更是为了中国的教育事业。直到身患重病，他也没有停止这种呐喊。从他的呐喊声中，我们听到了对真理的呼唤，对未来的期盼。

我们失去了一位好战友，但我相信在天堂里有一位教育家依然在努力圆他的教育之梦！

（作者系国家教育咨询委员会委员、国家总督学顾问、联合国教科文组织协会世界联合会副主席、中国民办教育协会首届会长）

【链接】

一个世界上最幸福的父亲

丁 晶

他从知天命时才砸了铁饭碗，开始下岗，白手起家，一口气拼了老命，拼了20多年，这20多年来他就是一位最勤劳的农夫，无论晴天下雨，抑或风暴，他都弯着身子在躬耕，从不偷懒。25年，事无巨细，事必躬亲，通宵达旦，他常常穿行在校园的角落，一片纸屑、一个烟头，他都要捡起来。日出日落，他都在校园里、在学生中嘘寒问暖。他的一生都在拼搏呐喊、征服自己。他常给我们讲，人生最大的挑战就是自己，征服了自己就可以征服一切。

从2009年末开始，他便一直在医院中度过，一次次昏迷，一次次苏醒，一次次手术，一次次透析，一次次病危，一次次脱险。2011年5月，听说全国政协要到学院视察调研，他说有好多建言要对政协的同志说，他插着氧气，输着液，由护士、大夫陪着，带病出席调研现场，并做了一小时的发言。看到他躺在担架上，听着他羸弱的讲话，我们的心在滴血。见过为事业拼命的，没见过他这种终身为了事业不要命的。然而，他每次都在关键的时候超人般地出现在学校、出现在学生最需要看到他的地方，他还到学校为学生做动员报告，他说，常人如有一斤血，他只有四两，可是这四两血也沸腾。

2012年的元旦，头一天他还在深度昏迷，第二天却依然亮相在晚会的现场，连医院大夫都跟我们讲，这是生命的奇迹，这是神灵的安排，因为他太爱他的学生、他的学校了。我搀扶着他，他用低沉的声音对同学们说，"三秋相隔，我越来越想念你们，你们似乎已融入我身体的一部分，我爱你们，我要永远呵护你们。"他还坚持唱了一首《为了谁》，在场的同学们全哭了，我知道病魔已将他这刚强的汉子折磨得非常虚弱，他在那次晚会上久久不肯离去。想必他知道这是他最后一次拥抱自己的学生、拥抱自己的学校，是告别、是绝唱。

25个中秋，25个元旦、除夕，他都是和他的事业、他的学生在一起，他把所有的时间和精力都给了学校，和我们家人在一起生活的时间微乎其微。但我们早已不再埋怨他，我们明白，他不止我们这三个儿女，他的爱早已超乎了家庭，超乎了血缘。

他走了，他的万千学子在中国、在世界各个角落里用不同的方式纪念着他，怀念着他，他们从五湖四海赶回母校，给他送行。他是世界上最成功、最幸福的父亲。

注：丁祖诒走后，女儿丁晶毅然挑起重任。丁晶，丁祖诒之女，1969年生，工商管理学硕士。现任西安翻译学院董事长，陕西省第十一届政协委员，中国翻译协会常务理事，西安市科学技术协会常委，陕西省高等教育学会常务理事、副会长。荣获陕西省"三八红旗手"等称号。

（文章原载于：《人民政协报·教育在线周刊》2012 年 3 月 21 日 C3 版）

【印象】

父子两代，从激情到理性

贺春兰

初次采访于松岭大约在 10 年前，那时他正在东北的黑土地上勾勒他的东方剑桥之梦。10 年弹指一挥间，再次见面是在北京一个温暖的秋日午后。这次，他带来了儿子于越，集团的未来接班人。

谈起二十多年的创业经历，于松岭有些激动。作为创业一代，他们面临更多政策障碍，为了发展，常常要冲破政策藩篱。过去"违规"的事，现在看来变成了"开拓"，但在当时的环境下，压力不言而喻。所以，这代人有梦想、有激情、有干劲，当然也有一些沉重。相比父亲，于越话很少，多半是在静静聆听。这个 80 后"富二代"具有同龄人少有的低调与宁静，他继承了父辈身上简朴、吃苦耐劳等品质，同时不乏新一代年轻创业者的睿智与锐气。随着谈话不断深入，可以发现他对很多事情很有想法。

兼具东西方教育背景的于越，视野更加开阔，理念也超越了父辈。他强调制度建设，注重规划设计，在薪资、用人等方面更有魄力。值得一提的是，他并没有否定父亲留下的文化与经验，而是继承地发展。

不过如何传承好父辈留下的教育事业，对于越这代人，仍然意味着很多挑战。

（文章原载于：《人民政协报·教育在线周刊》2011 年 11 月 2 日 C2 版）

于松岭，生于 1951 年。东方剑桥教育集团创办人、董事长，民革中央教科文卫委员会委员，北京大学光华管理学院 MBA 导师。1986 年辞去工作，创办东方剑桥教育集团。从事幼儿英语教育培训，而后转向学历教育，经过 30 年发展，打造了集幼儿园、小学、初中、高中、中职和本科于一体的东方剑桥教育集团。

于越，生于 1980 年，于松岭之子。东方剑桥教育集团总裁、副董事长，全国青联委员，北京大学光华管理学院财务管理学士，英国华威大学组织行为学硕士，北京大学教育学院教育管理学博士。2004—2006 年先后在西门子（中国）有限责任公司、中信资本控股有限公司任职，2006 年进入东方剑桥教育集团工作至今。

【对话】

两代教育人 一种情怀两种治理
——访于松岭、于越父子

贺春兰 陈 曦

经过 30 多年发展，民办教育走到了新老交替的转折点。随着很多教育机构创始人年龄越来越大，接班人成为当前最重要的问题之一。近年来，一些民办教育二代也陆续登上历史舞台。时代不同，学历不同，背景不同，挑战不同……让两代人在用人、管理、扩张理念等方面存在诸多差异。这从于松岭、于越父子身上可见一斑。

从经验主义到现代化管理

于越进入集团之后，提出了"融世界资金、办中国教育"的发展战略，通过与启明创投和美国 Ignition Partners 资本公司合作，完成了首轮 1600 万美元的融资。同时他确立了"做大学前教育"战略，截至 2016 年 10 月在全国 30 个城市已建立 80 所直营幼儿园，预计明年将超过 120 所。

教育在线：于越当初是基于什么原因接父亲的班呢？

于越：我从小受家庭熏陶，对教育事业感情很深。我 6 岁时父母开始创业，他们辛苦一辈子，我不接班谁来接？

虽然在外企待遇丰厚，前景也很好，但这个平台给了我很多机会，对能力锻炼很多，接触的人层次也很高，成就感不一样。在集团 5 年的成长比在外企快得多。

教育在线：父亲给你留下了什么财富？

于越：文化吧。创业时代的文化，比如勤奋、勤俭、尊重、和谐。这种文化积淀对集团未来发展非常重要。

我觉得文化对员工言行举止的制约比规章制度更强，应该通过某种形式向员工传递文化从而使他们获得一种认同感。所以，我们经常对员工培训灌输集团文化，另外也通过培训告诉员工如何向下一个目标奋斗及其达到这一目标所需的素质和能力。

教育在线：你接手以后，希望给公司打上怎样的烙印？

于越：以前集团业务的地域性比较单一，现在已经扩展到全国 30 个城市，未来会更多。随着业务扩展，组织机构会也在发生变化，对人的能力要求也与之前不同，需要适应跨地区管理。作为总裁，我最重要的是管好人和制定好游戏规则。

教育在线：你和儿子在管理方面最大的不同是什么？

于松岭：我们那一代是创业型，充满激情，雷厉风行，敢想敢做。很多时候是靠经验管理，随性成分大。他们这一代管理更现代化、精细化和标准化。

于越到集团之后，组建了年轻的高管团队，确立了融资上市的目标，将集团由独资改为股份制。同时改革了工资体系、激励机制、考核体系，完善了集团的工作流程、财务制度及审计制度，增强了内部管理与控制，等等，使集团步入了现代化管理阶段。

我们在一些做法上很不同，比如他会花几十万年薪聘请财务总监、人事总监等高管，并且还给他们一定的股份，而我之前在薪资方面比较谨慎。我们那代人靠节俭起家，一直很"抠门"，现在做这么大了，广告投放也不多，所以知道我们的人不是太多。

教育在线：过去一代办学者是靠滚动、积累发展起来的，一分钱掰两半花，所以不舍得。这看似省了钱，实际上制约了发展的速度，成本更高。一个集团发展的关键是人，看似投入不少，但他们带给你的不同眼界、思路能够帮助你在激烈的市场竞争中迅速占领制高点。

于松岭：对。我们是创业的一代，他们则要导向未来。经验主义越来越不符合现代社会发展的需要，新一代教育人的成功要靠创新。

教育在线：中国社会正在走向一个精细化、专业化的时代，未来有这样一批新人进入教育领域，不专业的将会渐渐被淘汰。那于越在和爸爸的合作中有冲突吗？

于越：肯定有。

教育在线：发生冲突时一般谁让步？

于越：爸爸让步更多。

于松岭：新的理念我刚开始不理解，但反过来一想，觉得他是对的。2009 年，北大光华管理学院就父子两代在管理上的分歧举办了"第二届北京大学 MBA 案例大赛暨 2009 东方剑桥杯全国邀请赛"，于越的现代化管理方式和理念受到肯定，那次讨论也让我反省了自身的不足。

于越：每当跟爸爸有冲突，我就很痛苦。工作和家庭不一样，不能因为他是我爸就如何如何，我要转变角色。我也在不断探索如何跟他磨合，让他理解我的想法。

于松岭：他常常用很柔和的方式把我说服了。有时和他深谈之后，我觉得自己似乎该退休了。

教育在线：于越这么年轻就担任集团总裁，有没有来自员工方面的挑战？

于越：刚开始挑战蛮大的，业务不熟，人也不熟，很多集团的"老人"觉得我是小孩，站到这个位置主要是我爸的缘故。有些人不听我的，有事直接绕过我，找我爸商量。毕竟我也没有证明自己的能力，那时我刚从商科转到教育，只能顶住压力，踏实苦干。现在好多了。

他的难度其实更大

于松岭认为，相比自己从零开始创业，儿子突然接手这么大的摊子，几乎连适应过程都不允许，压力、难度其实更大。但他相信新一代民办教育者将整体扭转社会对民办教育的看法，导演一个新开端。

教育在线：子承父业不容易，父亲对儿子的期望是什么？

于松岭：他很孝顺，家庭方面我一点不担心，希望他不仅事业成功，而且在教育孩子方面也能成功，这样才能辈辈成功。孩子是生命的延续，也是事业的延续。我的责任在不久的将来会完全转交到他身上。他的难度其实比我更大。我是从零开始慢慢积累起来的，他突然接这么大一个摊子，几乎连适应过程都不允许，就得承担起来，压力真的很大。像他这个年纪的人，常常会去 K 歌娱乐，他没有这个时间，事情太多了，但这是命运的选择。从另一角度看，他的人生起点就跟别人不同，如果做得好，他的人生价值和对社会的贡献度都不一样。

教育在线：儿子接班之后，你准备干什么？

于松岭：我绝不垂帘听政。现在我是协助他从传统管理过渡到现代化管理。等完全过渡好了，我年龄也大了，顶多坚持到 65 岁，绝对不能再干了。干得好与不好是他的事，我不再参与。

教育在线：你父亲说等他 65 岁就把事业接力棒传给你，距离现在还有5 年，你有充分的信心做好准备吗？

于越：我觉得问题不大，但这个好有个程度，如果期望值不高，那没问题；如果期望值很高，这个事也不好说。

教育在线：那你现在对集团长远和近期的发展规划是什么？

于越：近期还是以大学和幼儿园为主，但未来肯定要增加很多国际合作的因素。我们现在也有国际交流的项目。随着来华发展的外国人日益增多，未来我们可能会介入对外汉语培训领域，当然这只是国际交流的一小部分。更长远来说，我们会对学前教育做一个整合，因为当幼儿园数量足够多，在园幼儿数足够多时，可以做一些整合上下游的事情，比如通过这个渠道投放很多与教育相关的产品，这是我们下一步的想法。目前平台还不够大，仍然需要打基础。

教育在线：问一个特别长远的问题，等你 65 岁时，你想把这个机构带到什么地方？

于越：我当然希望做成中国最大的教育机构，我觉得这个市场前景很好，我们也有这方面基础。我们会注重模式创新，在培训方面可能会比新东方做得更大。我 65 岁时可能不会再做学校运营的事了，到时会找到更合适的人选。

教育在线：随着很多"民二代"走上舞台，作为民办教育领域的一名老兵，你希望这些孩子给中国民办教育带来怎样的气象？

于松岭：很多"民二代"也是"富二代"，"富二代"分两种：创业二代和败业二代。民办教育领域中，创业二代居多，这对民办教育的后续发展非常有益。我很高兴看到这么多优秀的民二代，他们拥有很好的教育背景和成长环境，思想、管理方面很现代很超前。现在社会上对民办教育还存在不少质疑，相信他们这一代将以崭新的形象示人，整体扭转社会对民办教育的看法，导演一个新开端。我们也想让更多人知道，我们办教育是为了做事业不是为挣钱，把孩子培养好也是为了民办教育能够持续发展。

我坚信，若干年后中国一定会出现类似哈佛、剑桥这样的世界名校，这需要几代人的努力，所以接班人问题至关重要。但凡民二代接好班，我们都能看到希望。

（文章原载于：《人民政协报·教育在线周刊》2011 年 11 月 2 日 C2 版）

【代印象】

希望百年精诚仍然传承着
创立者王国欣的情怀与梦想

贺春兰

明天是精诚 20 年校庆，我知道这一天对王校长来之不易。作为一直被他热情帮助的忘年交，我把在这一天这个时候能为他做些什么看得很重。明天应邀要在人民大会堂精诚的 20 年庆典上发言，十多年和王校长交往中的一幕幕浮现眼前。

……

创业维艰，我知道这一天对王校长、对精诚人来得太不容易。

每年这个时候，首都的教育媒体人都要到精诚去聚会，我们常常会觉得有热情的家人在等着我们，兄弟姐妹们也都会回来碰面。这样很多年后，不好意思的我们也问，我们能给校长做点什么？好几年过去，校长没有让我们做任何事儿。大家也问，精诚为的什么？

有一天在电话那头，校长哽咽——"翻过山又是坎儿，你说我图得什么？"

作为精诚人的老朋友，这两天，和校长交往中的点滴在我脑海中浮现。去精诚采访，他特别端来了热腾腾的米粥和豆包；出差路上，他和夫人挽起袖子抢过我手里的一摞报纸抱着上火车；他从不做广告，却毫不犹豫的

王国欣，生于 1949 年。北京精诚教育集团创办人、董事长。1992 年，辞去在人民大学的公职，投身民办教育，创办精诚教育。作为中国民办培训教育机构早期的领航者，北京精诚教育集团如今已经发展为一家涵盖 0~18 岁学段，集培训教育、学前教育、全日制小学教育、国际教育等为一体的综合性教育集团。

王洋，生于 1987 年。精诚教育集团创始人、董事长王国欣之子。2001 年赴英留学。先后毕业于英国牛津国王山中学（Kingham Hill School），英国杜伦大学（University Of Durham），并获得金融学学士，国际金融与国际关系学硕士。2011 年年初回国，加入精诚教育集团，和父亲一起开拓精诚的事业。

援助我的公益倡导——其实是他一直在帮我。于是我也常常追问,他为什么?

我们的忘年交起步于十多年前,那是在 2002 年年底苏州一次民办教育高峰论坛上,我因为《人民政协报·教育在线周刊》的首次试刊而讲了一段话,我已经记不得讲了什么,但王校长记住了我,又过了大概 3 年,他特别找到我说,我认同这份报纸,因为你们张扬着理想和正义的力量。

我们的第一次聊天进行了三小时,今天我已经忘记了聊天的内容,只记得采访出来,我脑海中萦绕着一句话——"只因为他对这片土地爱得深沉。"

几年前,他呼喊,社会道德底线已经突破,希望能够发起一个社会责任宣言,唤起更多人的主动担当。当时我们几位年轻人没有特别理解他的感受,没有回应。但是到今年,到了精诚二十年越来越走近的时候,我发现,一度躺在病床上的他萦绕于心的仍然是这个想法。于是我知道了,对正义的呼唤和捍卫,对丑恶的鞭挞已经成为渗进他血脉的东西。

……

在这二十年事业的发展过程中,王校长带领着精诚人有诸多创新,得到了来自方方面面的支持。但作为教育实业家的他,对我国社会转型中面对的各种扭曲之现状想必有太多痛苦的体验,而作为共和国的同龄人,以他的性格,他不仅仅满足于坚守,他更愿意凝聚力量去推动,他希望有更多人为这个社会的美好、正义而努力。

如果一个人把自己的生命和这个国家、这个民族的命运联系起来,他的事业自然会得到更多人的帮助。我想我部分地读懂了校长、读懂了精诚。精诚人给我的印象就是这样:为了这个国家、民族,为了孩子们,至精至诚、团结仁爱、百折不挠。

……

就在不久前的一次采访中我问他,"如果生命倒计时,你还有什么遗憾?""对不起孩子和家人,没有时间照顾好他们,特别是女儿晶晶。"说着,他流泪了。

我问,"还有什么事情是今天的你最想做的?"他说,"我要让精诚可持续,今天是我个人的事业,明天成为大家的事业。"

——我希望百年精诚仍然传承着王国欣校长奠定的文化基因,因为孩子们而安静坚守,因为对国家民族的大爱而热血沸腾、润泽各方。

(作者写于 2013 年 1 月 25 日夜,次日上午,精诚教育集团 20 周年庆典在人民大会堂隆重举行。此文系作者在精诚教育集团 20 周年庆典上的发言。)

【故事】

只因对这片土地爱得深沉

——访王国欣

贺春兰

从屡屡被减负政策叫停的补习班到生动活泼有自己独立的目标体系，"中国少儿业余教育"这一概念从无到有、被承认并逐渐被尊重。其历程中记载着王国欣和北京精诚教育集团同人们的努力。

1992—2006 年，14 年弹指一挥间。精诚从只有 3 名员工、几十名学生起步，发展成为承载并引领少儿业余教育发展的著名品牌。2005 年，专业机构评估，精诚品牌的无形资产达 18 亿元。

2005 年，国内少儿业余教育的领军人物——北京精诚教育集团董事长王国欣邀请笔者，希望帮精诚做一本刊物，而他对这本非公开出版物的期待远远高出笔者的估计，在王国欣的希望里，这本刊物虽由精诚来资助，但绝不仅仅囿于精诚，王国欣希望，她能够让更多人认识到中国少儿业余教育作为一种独立教育体系存在的价值和意义，希望她能成为中外少儿业余教育交流、国内少儿业余教育同行之间沟通的载体，一句话，王国欣希望告诉人们，在我国这样一个优质教育资源短缺的大国，他和他的同人们所践行并引领的少儿业余教育绝不是课堂教学内容的简单重复，她有自己独立的办学目标、科学的课程体系和体现全新理念的自编教材。她服务于孩子们的素质提高，能正规学校教育所不能。

减负浪潮来过很多次，而每每这个时候，很多家长、教师，甚至执行减负命令的官员会热泪盈眶地和精诚人在一起，而每年的招生季节，北京和平里西街万人排队报名的局面更是让很多局外人诧异。王国欣总结说，精诚的成功更多的是因为满足了社会对优质教育资源的需要，"15 年前，我就没有以补习班的模式来办精诚。"王国欣为精诚人的选择与探索庆幸并自豪：20 世纪 90 年代初，英语在很多课堂里被作为知识传授，而王国欣则将其强调为实用的工具，在那时，人们对英语的学习是面向成人的、是零碎缺乏体系的，而精诚则面向少儿开设了四年一贯制以情境式教学为主、强调语言应用能力的教学模式，包括后来发展起来的非英语类教学等，精诚没有沿袭传统教育的做法，她让孩子们在游戏中、在快乐的感觉里去触摸知识，思维也从中得到熏陶。

而减负——这一本身同样顺应百姓呼唤的事情却每每令中国少儿业余教育遭遇尴尬的事实，曾使王国欣伤心：中国少儿业余教育作为中国学校教育之外素质教育的重要载体，还没有被人们清晰的认知，而同行之间的恶性竞争、一些学校为追逐短期利益而采取的恶性补习等手段，都强化了人们对少儿业余教育的负面印象，王国欣希望用实践告诉更多的人，什么是孩子和家长心中期望的少儿业余教育。

而王国欣的视野和胸怀为他的同行者认同，他们认为："我们有一个不泯的教育梦想，希望能为人类、为中国教育做点什么、留下点什么。"这是一次小范围的招聘会上，精诚一位高层和新加盟的同事们的朴素沟通。

在精诚教育集团的档案室里，记者看到了王国欣写于1993年的手迹。在一片片废纸的后面，创业刚刚一年还处于困境中的王国欣展望未来时说："我们要将精诚打造成百年老店。"那时，精诚还很小，王国欣甚至还在别人的办公室里办公，但追求卓越与持久发展的梦想已经根植在他心中。

创新、执着与韧性是王国欣的团队给他的评价。正是不断创新、追求卓越的精神让精诚从当年众多的教育培训机构中走出，且十多年来立于不败之地。"1992年是当时业余培训教育的一个小高潮，电线杆上的培训类小广告非常多。和平里大街上的培训咨询点多如早市的摊位。"一位老员工回忆道："今天全死掉了。当年创业的恐怕现在只有精诚一家了。"老员工佩服王国欣的锐气。

1993年，王国欣以3个人的小队伍承接了我国少儿业余教育历史上的一件大事——承办了北京首届少儿英语大赛，这也是全国第一次少儿类的英语赛事，吸引了北京百万少儿参加角逐，海内外媒体广为关注。这次大赛，由少儿带动成人，最终使得国内民间学习英语的热潮再度升温。王国欣将这件事情称为精诚发展历史上的第一个里程碑，因为他直接成就了其后多年精诚在我国少儿英语教育上的霸主地位。多年后，王国欣还有点自嘲地回忆，"自己做了一件当时力所不能及的事情"。看得出，这件事情也大大鼓舞了精诚人的士气，精诚的档案建设也就在那时开启，很多写在草稿纸背面的文字被珍藏。

而另一件被精诚人誉为里程碑式的事件是在1996年，这一年，在减负的声浪下，很多补习班性质的学校迅速关门，京城数十名特级教师则聚于精诚，在王国欣的倡议下，学校开发了思维能力训练课、表达能力训练课、头脑奥林匹克等，精诚由此开始迈向少儿非英语培训市场。

而在王国欣看来，这样的事件只是颇带偶然性的机遇，而精诚更根本的成功则是因为顺应了时代的趋势。

有记者在写王国欣时用了这样的标题：只因为对这片土地爱得深沉。

因为敏锐，王国欣经常有很多常人想不到的想法；而因为追求完美，王国欣又常常不得不深入细节，从战略到战术，从理念到执行，所以，王国欣自己也为自己的完美所累。王国欣的生活简单到了不能再简单的程度，全身心的痴狂的工作投入，没有任何生活享受，以至于他身边的很多老同志都用"心疼"二字来描述对他的担忧。他随时都可能晕倒，又随时开始战斗。

员工们受累于王国欣的完美主义，但又确确实实地爱他。正如他深爱着他的队伍，不惜为求一才千方加百计，不惜花巨资赢得一个身患癌症的教师的生命延长。在一次新人招聘会上，一位老员工说："这份情、这份爱，我觉得值。十四年了，他豁着命地干，十四年来精诚超常规的发展，足以让这么多年每一个走过来的精诚人感到自豪。要想干好精诚，必须全面地理解精诚、了解精诚，了解、理解董事长，包括了解、理解他的缺点。"

王国欣出身于军人家庭。母亲的刚烈和严厉使排行老大的少年王国欣勤快敏感。多年之后，王国欣回忆自己的童年时曾颇有感慨地说："自己从小不屈从，硬的力量压过来时，反倒非常亢奋、斗志昂扬。"

军人的艰苦历练和军旅生涯中对百姓生活疾苦的了解成为伴随青年王国欣成长的一笔财富。至今，王国欣面前仍然经常浮现出白雪皑皑中和老乡们同甘共苦的镜头。王国欣拥有强烈的社会关怀，用他自己的话说，对政治和社会充满了热情。因而也强烈地关注着社会的变化。

王国欣曾是某名牌大学对外汉语教学办公室主任，在那个年代，国门刚刚开放，和老外待在一起，曾是很多人羡慕的职业。基于对语言必须在生活中学习才能有深刻体悟的认识，王国欣送外国汉语学习者到北京一家酒店里当服务员，而这样一个举动，竟成就了我国改革开放后第一个"洋打工"的案例而被当时的媒介爆炒。"从小就爱折腾，什么事到他那里都能看出问题来"——弟弟对王国欣这样评价，这个从小就敏感而倔强的人，最终再一次在生命既定的轨迹中叛逆。

1992年，王国欣辞去公职。此时的他并不知道，即将在他面前铺陈开来的是一番伟大的事业，而他也将面临从未有过的艰苦历练。多年后，他回忆自己当年的选择时，自豪而自信：我断了自己的一切后路，只能背水一战。

（文章原载于：《人民政协报·教育在线周刊》2006年3月11日特刊D7版）

我的父亲王国欣

王　洋

　　许多人问我，留学回国后到父亲的学校中工作，适应吗？如何看待父亲开创的这份事业？我想，了解、理解父亲的想法，就如现在看他当年送我去英国读书的决定一样，他是一个很有远见的人，他的前瞻性改变了我的人生轨迹，他面对重重困难和诱惑能够坚持原则令我佩服，他的忠厚为人更是潜移默化地影响着我，虽然在我们父子间的面对面交流中，我们从不用这样的字眼。

13岁让我出国留学，这是个在今天看来仍很果敢的决定

　　1997年，在全国数学和语文比赛得奖的我，幸运地被东直门中学首届实验班提前录取。这个班后来走出了北京市的高考状元，还有诸多进入北大、清华学习的学子，但加入这个班对于当年的我来说，却感觉迷失了自我，我隐隐觉得这种知识灌输式的学习方式和密集的题海生活不适合我。当我将要在中国迷茫地度过初中时代时，父亲的一句话结束了这一切。一个周末的下午，他下班回来换过衣服后，把我叫过来，一反常态地让我和他一起坐下，用一个再平常不过的口吻问我："愿意去英国留学吗？"在我当时的年龄，还不知留学为何物，但不假思索地回答了父亲："好啊！"就是这样场景下的一段对话，我的人生轨迹彻底改变了，13岁的我踏上了去英国留学的十年求学路。

　　十年后的2011年，当我硕士毕业回国，英国杜伦大学排名飙升至全英前三名，我当年实验班的同学在我留学归国之后，陆陆续续开始了属于他们自己的留学之路。如果说人生的少年时代是一块海绵的话，我很庆幸父亲当年能够非常果断、非常明智地选择送我出国，我知道他也会担心我吸

王国欣、王洋父子

毒、学坏或者沾染不良嗜好，但即便是十多年后的今天，这个仍然看似非常勇敢并很有前瞻性的决定，已经让我在一个能够充分吸收新事物的年龄里，在英国这个赋予我美好留学回忆的国度里成长、蜕变。

创办精诚，改变了我全家的人生轨迹

回想当年亲眼所见的办学历程，没有人会想到精诚能从租赁一个公办学校办公室里的一张桌子发展到现在。记忆中，上小学前，我从没穿过一件新衣服。家里人一个冬天能吃上百斤冬储白菜。因为没有鸡蛋，一人碗里放几片榨菜冲汤喝成了当年我们全家人的美味。有一年隆福大厦起火，妈妈为了抢购被火烧过但还能穿的衣服，带着我在当年仍旧喧嚣的隆福寺大街早早地排起了长龙。但即便如此，放弃当时令很多人羡慕的涉外公职毅然决定办学的父亲也从来没有动摇过。面对当时国内第一波如火如荼的办班热潮，父亲没有随波逐流而是独树一帜地提出了"办学不办班"的理念。他第一个提出少儿英语概念，旗帜鲜明地倡导学外语应从娃娃抓起，并强调语言的学习应重在听说能力的培养，学外语首先是为了应用而不是应试等一系列全新概念。他坚持为社会创办长期稳定的、为社会百姓服务的、和公立学校课程相辅相成的学校，并以"教学质量第一，学校信誉口碑，社会效益第一"为方针坚持至今。

2001年，距中国第一家学校海外成功上市还有五年时间，包括日后成功运作其他学校融资上市的海外投资机构相继向父亲抛来资本的橄榄枝，对于平民百姓而言，也许上市意味着能够成为百万富翁，意味着家人能够移民海外，衣食无忧，能够将自身创业经历塑造成所谓"励志故事"口口相传，但上市和扩张的背后也意味着要彻底改变精诚的办学性质，从社会性和公益性办学变成以股东利益最大化为根本目标的商业性办学，从奉行至今的"专家治校，名师执教"的办学理念，变成以利润为导向的标准化扩张。最终，父亲为了能够让精诚的办学方向不被资本主导，更为了延续至今的教育理念能够继续传承和发扬，力排众议选择了在他的办学道路上继续前进。

从创立中国第一所少儿英语学校，举办中国首届少儿英语比赛，组织编著第一部针对少儿课外培训的辅导教材，到融资上市的巨大诱惑面前坚持"办学不办班"和"专家治校，名师执教"的理念与原则，如果用一个字来形容父亲和他的办学历程，应该是"韧"。

别人对他可以不仁，但他绝不会对人不义

有时候，我会开玩笑地讲，人这一辈子，身边总会出现几个唐僧似的人物。心地善良有时却忠奸不分，谏言逆耳被念紧箍咒。虽有无奈，但又一路同行。每每在工作中因为对人的态度和他发生冲突时，他都会说"别人对他可以不仁，但他绝不会对人不义"。我则会说他是被人利用、被人欺骗。

但有时回想起来，如果父亲真的善恶不分，又怎能发展到现在。又怎么能够得到老师和校长们的支持。国外的生活，让人习惯刚性思维。但待在父亲身边这几年又慢慢发现，似乎世间真有善报，帮助别人实际上是帮助自己，如果一个人没有感恩、忠厚的性格，他又怎能传经、授业、解惑。从当年同时期 2000 多所学校到今天的唯一一所，似乎他个性当中的厚道、质朴让更多像他一样的老师和校长们，齐心协力，一路同行。

有些人曾经提出中国的教育行业需要回归，需要回归到教育的本质当中去，但我想父亲不用，因为他 22 年一直坚守在教育本质的路上，他从未离开过。

（文章原载于：《人民政协报·教育在线周刊》2014 年 1 月 7 日 C3 版）

【对话】

子承父业，使命传承
——对话王洋

修 菁

还有几个月才过 27 岁生日的王洋，很健谈，谈起感兴趣的话题，有着敏捷的思路，也有着与同龄人相比，更持重和成熟的思想。

小时候有一个周末王洋跟着父母去学校，学校的一位老师从家里带来一块酱牛肉，可把王洋好吃坏了。这位老师见状，和王洋的父母说："你们两个就知道忙，还是多陪陪孩子，在家给孩子做点好吃的，瞧这肉把孩子

馋的。"换作一般小孩，听到这样的话，一定是一肚子的委屈，要和父母抱怨、撒娇，可王洋一点抱怨也没有，回家后他和父亲王国欣说："我可不想让你们天天陪着我，我希望我爸我妈有本事，能把学校办大。"

那年王洋10岁。讲起16年前的这件事，王洋依然对父母没有抱怨，"我还会和我未来的家人讲这个故事，抱歉周末也许陪不了你，因为我希望把'精诚'办好，办下去。"

留英十年，与父亲王国欣一代不同，王洋身上有着抹不去的西洋化标签。见面那天，他上身着浅橙色polo细羊毛毛衫，内衬熨烫挺括的蓝白细格子小领衬衣，下身着合体的卡其黑色布裤子，脚蹬一双有些许夸张的尖头大号黑色皮鞋，说起话来，肢体语言总是很丰富。

他很认同父亲"做人为诚、做事为精"的办学理念，但是也很想说服父亲，在如今的市场环境下，除却保证教学质量和不变的办学理念，还要重视不能任凭其他商业化教育机构肆意占领舆论的高地。

"在国内，我还是有些另类的人。讨厌不黑不白、不混不沌的工作作风，有些像仙人掌，没有伪装，有时会扎到人，但是慢慢在适应，学会外圆内方。"王洋这样评价自己。

采访中，王洋说，自己26年的人生里，从没思考过"父爱"这个词。他和父亲间的交流语汇中，很少存在带有情感类的褒义词。父亲更唯恐他"膨胀"，所以当着他的面，必然一句好话不会说；他也习惯了扮演观察家的角色，当着父亲的面，总是会义不容辞地提出一些非常尖锐的批评意见。

但是家庭环境，不管你接受抑或排斥，终将在一个人身上打下深厚的烙印。王洋很认可这一点。"以后我有小孩了，也会像我爸这样，不管你接受不接受，我就是在你耳边反复念叨着，这些理论终会进入孩子的脑袋里。"

"要么不做，要做就做最好。"这是父亲王国欣一直在儿子王洋耳边反复念叨的一句话。听王洋念他最新一本工作感悟中的一篇篇内容，就是对父亲教子理论的最好诠释。

记录工作感悟，把对自己有启发的话或者案例记下来的习惯，王洋坚持至今。在最新一本笔记的扉页，王洋照旧写下自己工作以来最喜欢的一句话：逆水行舟，不进则退。在其中的一篇工作感悟中，他摘录了2013年11月末，《南方周末》采访李嘉诚的一篇报道中让自己印象深刻的话语以及360董事长周鸿祎的一段治司理念：地在人失，人地皆失；人在地失，人地皆得。

虽然父子间的对话，他们习惯了相互"掐架""挑刺"，但是子承父业的责任感、担当感已经在王洋心中生成。

最近一年，因为工作压力大，晚上睡不着觉的时候，王洋常常问自己这样一个问题：人没了去哪？想想留学十年间的生活历历在目，倏尔十年的时光就在生命的轨迹中划过，但是忽而再想，如果多少年后，精诚的教育事业在他手中办大办好了，能够把父亲22年前的办学理念在他手中延续下去，王洋的心里又有了一份慰藉和踏实感。

"希望几十年后我能够有本事写出一本《办学方略》，如基督教家庭一般，希望后辈通过阅读这本书，能够了解精诚的办学史，不仅将精诚的办学理念传承下去，而且还能够让人信服。"

教育在线：你认为父辈一代有共同的底色吗？为什么？

王洋：他们作为共和国的同龄人经历了我们难以想象的一切。因此更朴实、勤俭，也更看重诚信。

教育在线：目睹父代艰难创业的年代，其中哪个场景最让你刻骨铭心？

王洋：应该是1993年，父亲举办中国第一届少儿英语大赛，因为还处在创业初期，为了省下搬运舞台背景板的钱，赛后，妈妈抱着那块很大的有很多外国孩子头像和英文字母的板子，在夜幕下，站在马路中间，拦下了一辆大卡车，愣是把板子搬回了学校。我记得当时的比赛地点，是在现在的五环外，20多年前的五环外可不像现在这样夜晚还有繁华的灯火，黑黢黢的夜色中，妈妈一个人抱着板子站在马路中间，记得当时急刹车停下来的大货车司机，一直在说"找死啊"之类的话，但是还好他拉了我们，帮我们把板子送回了学校。我当时6岁，但是这一场景，一直留在我的记忆里。

教育在线：用几句话概括你这代人，和父辈比，有什么不同和共同的气质吗？

不敢说一代人，但就一部分人而言，没有经历过父辈在20世纪五六十年代的物质极度匮乏，没有经历过"文化大革命"中的人性背叛，也没有经历过改革开放对于观念的巨大冲击，可能和他们比更容易坐享其成，遭遇挫折或许轻易放弃。但从另一个角度看，我们这代人却更有个性，在创新层面也更加开放，能够迅速地接受新鲜事物。至于相似之处，两代人相同的应该是中国人传统观念里对于亲情和教育的重视。

教育在线：你最欣赏的民间办学者是谁？为什么？

王洋：无锡荣家。当年荣家作为中国首屈一指的家族，其实完全有实力将教育带入资本范畴，通过教育扩大事业版图。但是荣家却把世代公益

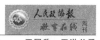

办学立为祖训，将社会化、公益化办学方向坚持、坚守了百年，直至今天。荣家对教育兴国这种坚持不懈、薪火相传的精神特别可贵，特别在当前以商业化和利润最大化为追逐目标的市场环境下，尤为值得传播和宣扬，是我们全行业学习的榜样。

教育在线：面对当下教育政策环境，最想说的话是什么？

王洋：为了能够给社会、家长创造更好的教育服务和产品，同时鼓励行业从业者坚守教育本质、精神和良知，希望政府在政策层面，对坚守、回归教育本源价值，坚持社会化、公益化办学模式的机构和实行资本化、商业化办学模式的机构有所区分的基础上，给予社会化、公益化办学模式的机构以更多、更好的政策上的支持。道理很简单，国家需要什么样态的教育，就应大力扶持这种样态的办学机构。

教育在线：请用简短的话，比较一下中外教育的不同。

王洋：中国教育和国外发达国家的教育最根本的不同是，中国教育吨位决定地位，国外教育是地位决定吨位。在英国，伊顿公学、哈罗公学，两所学校就办学规模而言可能无法与国内有些机构的一个分校相比，但却在英国乃至世界范围内有着广泛的影响力。反观国内，随着商业化教育模式的快速扩张带来的影响力，其在中国发展缺少正向舆论引导的环境下，却被社会广泛接受。

在国内，恰恰有一批所谓知名学校违背国家支持社会力量办学的初衷，以股东利益最大化为办学目的，以学校公司化为形式，以商业化扩张和营销为手段，不惜牺牲教学质量和师资队伍建设，将师资队伍和教学过程标准化，培训大学生无证上岗就业，并加以商业包装成为所谓"金牌讲师""名师团队"，进而逐步扩张，随着扩张和"吨位"的提升，却也竟能变黑为白，倒上以为下，产生所谓口碑和社会影响力。

教育在线：近两年教育培训类企业扎堆上市热是个值得关注的现象，但听起来你是反对教育机构上市的？

王洋：我特别不支持教育机构上市。如果真的"教育应指导社会，而非追逐社会"的话，那么我认为教育机构上市，实际上是违背了国家鼓励社会力量办学的初衷，打破了民间教育机构发展的平衡，更将民办培训教育逼入商业化范畴。精诚不管发展规模如何，面对如何诱惑，面临如何挑战也绝不会让资本指引我们的办学方向。我希望精诚能作为教育类的百年品牌走下去，也坚信唯有坚持始终如一的办学理念，坚持办长期稳定的、和公立教育相辅相成的民生教育，才能够基业长青，为社会不断提供更优质的多元化教育选择。

教育在线： 抛却传承家族企业的因素，如果可以选择，你最想办哪一阶段的教育？

王洋： 如果条件成熟，应该是小学教育吧。我希望将中西方教育理念结合，所谓"中学为体，西学为用"力求创办一所最国际的中国小学，最中国的国际小学。让所有孩子都能够在一所由中国人创办，发展在中国，但又能与国际接轨，虽然国际化，但又不失中国传统文化根基的学校里学习和成长。让学生在一所国际化的中国小学里成为有着传统价值和国际视野的未来人才。

（文章原载于：《人民政协报·教育在线周刊》2014 年 1 月 7 日 C3 版）

【印象】

王玉芬：美丽，从孩子谈起

贺春兰

见到王玉芬，我们完全无法将这位靓丽的女代表和她背后宏大的事业联系在一起，和她可以想见的艰辛联系在一起。清新的妆容、修长的身材、披肩的长发，着一身得体的米黄色短裙，看得出，她用心在每一个细节处张扬着女性的美丽。

20年前曾做过码头工人的王玉芬1988年步入商海，1999年邂逅了教育，在十年的时间里，她和她的团队们缔造了中国基础教育著名品牌，旗下50000多名师生员工。

朗朗笑语中，看不出王玉芬20多年商海奋斗的仆仆风尘，甚至看不到岁月的痕迹，聊天的数小时时间里，也听不到她任何关于艰辛的诉说。谈得最多的是美，"女性应该美啊"，王玉芬笑说，"自己爱美，从小就爱美。"而今天，美更是王玉芬全身心所捍卫的教育事业的需要，"是孩子们的需要"。

有一阵生病，她把头发剪短，没想到，竟收到孩子们想方设法发来的短信："王阿姨，我们喜欢你的长头发，你是我们的董事长。"一个身患重病的小女孩在王玉芬的帮助下康复，出院后写信给她，王妈妈，我一定要活下去，因为有你。孩子们朴素的发自心底的爱让王玉芬感动，本就爱美的王玉芬明白，今天自己的健康牵系五万师生，她需要让自己更美丽。

1999年，在上海浦东已经卓有成就的王玉芬来到地处苏北的江苏淮安，

王玉芬，上海翔宇实业投资集团董事长，翔宇教育集团创办人、董事长。第十一届全国人大代表，第十、十一届江苏省人大代表；曾获全国城镇妇女"巾帼建功标兵"、江苏省"十佳巾帼创业标兵"等多项殊荣。

翔宇教育集团，创建于1999年，总部位于上海浦东，现旗下13所学校，地跨江苏、浙江、湖北三省多地，学段从小学到本科，办学类别涵及基础教育及中、高等职业教育，在校师生50000余人。

投资创办一所学校。2000年应宝应县人民政府邀请，投巨资异地新建宝应中学、宝应实验小学，整合教育资源，组建翔宇教育集团，演绎了"蛇吞象"的神话，被我国教育界称为体制改革的一次大胆探索。

2005年，这一幕重现。她投资两亿多元，将翔宇教育事业延伸到湖北监利。每一所学校，从图纸规划到精品校园，王玉芬都要亲自参与。每一个细节，她都要做到精细、精美。湖北监利40摄氏度的高温里，董事长奋战在建筑一线的一幕幕，每每被同事们忆起。王玉芬也清晰地记得，从监利的工地上回到上海，爱美的她曾对着镜子看着自己被太阳晒得黝黑而粗糙的皮肤发呆。而开学那一天，她又不止一次地泪流，因为美丽校园背后的艰辛，也因为孩子们的笑脸。在江西定南、在新疆伊宁，一次次的助教活动中，这样的笑脸一次次冲击着她的内心，让她由衷地感到幸福。

"已经不喜欢再做锦上添花的事了，我更希望雪中送炭。"王玉芬如此描述她屡屡选择最贫困的地方办学的原因。"要感谢的是这个伟大的时代，是改革开放造就了我们，我是改革的受益者，而今，我希望通过我的努力让更多人享受我们奋斗的成果。而办学毫无疑问是最合适的选择。"于是，今天，王玉芬成为众多孩子的"负责人"。今天的她还正努力将事业进一步向高等职业教育拓展。

2008年，在中国改革开放30年之际，在自己的事业奋斗了20年之际，初次走进人民大会堂，成为一位全国人大代表的王玉芬心怀感慨，她说找不到更恰当的词描述自己，很激动，更多的是责任，总在思考，怎么样将翔宇教育做得更大，让更多的孩子和家长受益。所以，凡是有利于这份事业的，她都要去努力做到，包括让自己更美丽。

"每晚睡觉前，一定要反思白天的得失；每次见一个合作对象前，一定会认真准备；事业上涉及的任何领域，都要研究、学习，绝不打无准备之仗。每晚1小时的体育锻炼。"王玉芬轻描淡写地自我总结，"自己的今天还源于自信、坚持和勤奋。"

这样一个人，在20年中，适应商海的风云变幻；负5万师生之重托，居然还能够把自己收拾得这么精致，我们无法想象她怎样安排她的生活，她的只言片语印证了我们对她日常生活的猜测，严格的克己、非凡的毅力和钢铁般的意志……

我们获得的一个启发是，事业女性原来可以如此美丽，美丽本身就是事业的一部分。

（文章原载于：《人民政协报·教育在线周刊》2009年3月8日C6版）

【对话】

当教育家遇到企业家

贺春兰

在民办教育界，经常会发现校长走马灯似的换，作为资本家的董事长和作为知本家的校长似乎是一对难以协调的矛盾，但翔宇教育集团董事长王玉芬与总校长卢志文的合作无间则在民办教育界树立了董事长与校长协作的典范。在一个紧张的讨论会中偶遇翔宇教育集团总校长卢志文，萌生出要探究的念头。

"我愿意她永远张扬今天的个性"

会场中不便谈论，卢志文迅速地在纸上写下仨字——"丈夫气"。接着又写"正义感、气魄"。

不过瘾，记者遂拉了卢志文到会外。"从社会性这方面来看，她是我认识的最聪明的女性之一，极具判断力，有胆识、有气魄、做事果敢、富有冒险的精神。大刀阔斧，敢想、敢干，聪明、善于学习，善于吸取教训。说干就干，而且一定要干成。绝不轻易后退或放弃，哪怕想一百个办法。那种苦干的劲头，一般人根本没法比！"

"从和宝应县政府签下办学协议，到新宝中开学，只有不到六个月，校园总投资近7000万元、建筑面积达4.3万平方米。即将开学的那几天，王玉芬为首的一班人每天都干到凌晨。她指挥若定，处事有条不紊。当时有人算过这么一个数字：在新宝中开学前的四五天里，她的睡眠时间加起来不足10小时。"

"她也有不完备的地方，有缺点，比如情绪化，一般女性常有的小小的虚荣心。但女性致命的缺点在她身上没有。作为企业家，她事业心强，不随意，懂得分辨人和保护自己。"

卢志文说自己不是很瞧得起人，但"她的敬业精神、待人气魄，使我愿意与她共事。我愿意主动弥补她的一些不足，我保护她的这种性格，不想让她改变。我们要的就是她的冲劲。"对比王玉芬，卢志文甚至检讨自己，

"我以前有这个毛病，前面困难多，就想着是否可以换别的路。"

"爱戴似乎太高，佩服似乎太远。"卢志文一时找不着合适的词来形容他对董事长的认同。

"冲突时常有，但绝不耽误做事"

在翔宇，对外的事情，新项目上马，大型活动都由王玉芬出马，而关于学校管理等内部事物，王玉芬则绝少过问。

卢志文不否认，自己和董事长也时常有冲突。但共同的心血铸就了今天的事业，事业又让彼此自觉地妥协而且包容。

"我们有过很多次的事业碰撞，但每一次冲突总带来事业受损。翔宇的发展有我的心血在里边，我当然心疼。"

"你有没有理想把事业做大？"这是王玉芬质问卢志文的，也是卢志文质问王玉芬的。毫无疑问，两人都有着共同的对事业的向往，于是，一次茶后王玉芬和卢志文约法三章：第一，不许不理睬，不沟通；第二，任何时候都不许说离开；第三，即使有冲突也要继续做事，不要停下来。

"随着时间的推移，心血的付出，两人学会了包容与理解，甚至互相打圆场。"

当一件事情推进到关键时候遇到挫折，王玉芬会宣泄、倾诉，甚至发脾气，卢志文说自己的策略是，不打扰她，不对着干，不否定她，"她有一个特性，老想到别人的好处，想到自己的错误，所以，让她静一静，第二天，她一定会以焕然一新的面貌出现在校园里。"

卢志文说自己也会有情绪，与王董的处理方式差不多。

"让她享受投身教育的多元幸福"

王董原来是上海建材行业的企业家，对教育有多少了解、多少爱，最初的时候并没有把握。"我是教师出身，我跟所有人相处，能具有教育性。"教师、校长出身的卢志文自称"教育性"已经渗入自己的性格深处，对董事长王玉芬也如此，保护她的可贵之处，同时，慢慢地、策略地改变她。用卢志文的话说，叫"小河流水、迂回曲折，创造环境，让她享受教育的幸福。做事有过程、有结果，但如果结果不能给高回报，就理应多给些过程中的回报。"因此，在初创阶段的翔宇，卢志文会特意提醒孩子们，"别忘了在校园里碰到董事长，要多叫几声王阿姨。""这一叫，果然升华了她的爱心，在校园里，孩子很喜欢她，她也很喜欢孩子。有一次王玉芬突然打电

王玉芬

话，'卢校长，我要跟学校里学习最差的孩子吃顿饭。'""很多学校，董事长和校长处得不好。校长上前也不好，退后也不能。怎么样把投资人通常追求的经济回报和办学目标所要求的社会效益一致起来非常困难。我的理解是，改变别人的同时也要改变自己，投资人也要理解我，长远回报比短期利益强，另一方面，你要让人家享受多元的幸福。"

开心地回忆自己对王董的"教育"，卢志文笑谈，实际上自己也被王董"教育"了——不知什么时候，卢志文发现自己具有了更多的经济头脑，开源节流、想方设法。投资、成本、产出的概念都有了。"她的创业史也影响了我的教育观。"因为少年时代家庭条件艰苦，王玉芬没有能够读完大学，便闯荡商海。她的成长经历使卢志文认识到，成才最重要的是"正心、壮志和强能"。"我告诉孩子们一切成功都是劳动换来的，总是想投机取巧肯定走不远，同时要有远大的志向，要有雄心壮志。"

（文章原载于：《人民政协报·教育在线周刊》2003 年 12 月 10 日 C4 版）

【印象】

王卫佳：孜孜以求，乐得其所

贺春兰

2015 年 8 月 9 日，受东方启元顺势教育机构创办人王卫佳的邀请，笔者与中国教育民办协会副会长、学前教育专委会理事长杨志彬一行到郑州王卫佳一手创办的启元小学进行了为期大半天的走访，很是钦佩。校园的一草一木、点点滴滴诉说着王总对教育执着的爱、系统的思考和实践。十多年前创业之初，她便在学校门前种下桃李各一棵，如今桃李满芳菲。她的校园俨然一个生态园，里面有各种植物。她兴奋、痴迷、投入地讲述她对学校的系统思考，从实践到理念再指导实践，她孜孜以求、兴趣盎然。与她聊天，可以清晰地知道启元的核心理念、教育目标、为实现目标所需要的课程、与内容相符合的评价体系等的建构。

谈话期间，王卫佳情不自禁，多次唱到她自己谱曲、作词的致孩子们的歌。可以强烈地感觉到，王卫佳幸福地辛苦着，乐得其所。

优秀创业者的目光都是闪亮的，他们善于发现，善于挖掘并赋予意义；同时愿意分享，愿意释放热情，能够点燃身边人；他们心态开放随时学习、随时自我调整。而办学人最好还有一个特质是爱孩子。这些天然的特质汇聚在王卫佳身上，所以，应该说，她选择教育是幸福的，孩子们选择启元亦是幸运的。五年前，她来京访问，今天，她已然开始走向国际。

2016 年，王卫佳专程到哈佛拜访了多元智能理论的创始人加德纳。王卫佳想展开一场实验，她想进一步吸收加德纳等西方的研究成果为顺势教育

王卫佳，又名王巍珈，东方启元顺势教育机构董事长、总校长。中国民主促进会会员，郑州市管城区第七届政协委员、第十五届人大代表。王卫佳祖籍豫东沈丘，受道家文化滋养，崇尚先贤老子，提出了"聆听其心声、顺势而教育"的理念，主张最大限度地合理开发孩童的野性和张力。创办有国际中学、小学、连锁幼儿园、培训学校、顺势教育研究院等教学实体与研究机构，与耶鲁大学合作开展幼儿教育研究，在纽约成立顺势教育研究所，收购美国新泽西幼儿园作为启元教育机构海外幼教研发和培训基地。

所用，也想让中国品牌、中国探索走向世界。2016 年 10 月，由王卫佳发起并组织的首届顺势教育国际研讨会在河南郑州召开。

我愿意为这样一个不断创新、创造的生命点赞！

（2015 年 8 月 15 日）

【对话】

教育人自当倾听孩子心灵之声
——访王卫佳

陈　曦

期待教育更人文化

王卫佳认为，人文思想至今尚未在我国教育层面很好落实，她期待未来教育更人文化，真正以孩子为本。

教育在线：启元自 2004 年成立以来发展迅速，快速发展主要靠什么？

王卫佳：一家教育机构要想获得长足发展，必须有一个好的理念。我们基于大量国内外调研，提出"聆听其心声，顺势而教育"这一中西合璧的理念。

"聆听其心声"，吸纳了西方人文教育思想。孩子和成人一样，有很多需要，教师和家长要尊重孩子的主体人格，研究、掌握他的天性，"蹲下来"聆听他的所思所想。"顺势而教育"，则继承了我国古代圣贤孔子的"因材施教"和老子的"天人合一"思想。它提出教育要遵循孩子的心智发展规律，遵循多元智能教育理论，尊重孩子的个性发展，顺应社会的发展需求。

当下，儿童教育过于成人化，孩子内心诉求无人聆听，个性难以张扬，这正是很多教育问题的症结所在。

教育在线："聆听其心声，顺势而教育"实际上体现了"以孩子为本"的姿态。

王卫佳：对。这一姿态赋予教育很大的思考空间，它彰显了对学生主体的尊重，是落实人文教育思想的重要内容。说起人文教育思想，并不新鲜。但长期以来，这一思想并未在我国教育层面得到很好的落实。大家在呼吁的过程中仍然在迷失它。眼下，依然存在很多孩子不喜欢学校、对学习不感兴趣等不和谐的情况。所以，我强烈呼吁新人文教育时期尽快到来。提新人文教育时期，旨在引起大家更多关注，激发人们对这一问题的重新审视和思考。

课堂不仅存在于教室

在王卫佳看来，教育存在于与孩子成长相关生活的方方面面。为此，她联合家委会，实行家园共育、家校共建。

教育在线：活动课程是启元的一大特点。但活动过程中常常存在安全隐患，很多学校为此放弃了不少活动。你不怕风险吗？

王卫佳：人生任何时候都充满风险，关键是要具备规避风险的能力、承担风险的勇气和应对风险的措施。我们一直坚持开展活动，因为孩子是大自然之子，需要在大自然中增长见识，磨砺成长，这样才能为日后形成能力打好基础。所以，我们要努力为孩子提供全面发展所需要的课程，不会因风险而打折扣。我们开展活动的频率非常高，可以说是顶着很大风险去做的。

与此同时，我们积极引导家长，并在规避风险方面做足功课。无论是幼儿园还是小学，一旦开展活动，整个集团都会全力支持。我们会从集团调拨大批人力以加强安全力量；而且会提前踩点，了解活动场所的地貌，分析隐患；为了降低路途风险，我们会与司机签订警示合约，以避免酒后驾驶、超速驾驶、情绪驾驶等不良行为，每辆车上还配备一名安全员……总之，我们会尽最大努力把风险降到最低。

教育在线：据了解，启元实行教师会、学生会、家委会"三会"治校，很有意思。

王卫佳：我们主张一种大课堂观，即课堂不仅存在于教室，而且存在于与儿童成长相关的学习、娱乐、活动等生活的方方面面。校内、校外资源相结合，教育才是立体、丰满的。

其中，家委会主要发挥家庭在孩子教育中的作用，实现家园共育、家校共建。家庭对孩子潜移默化的影响不容忽视。孩子都是小精灵，家长言行不统一，他们很容易觉察，时间长了会给他们带来不良影响。因此家长要修身、修性，做好示范。我们对家长做了很多引导，他们也很认可学校

王卫佳

的理念。教师会、学生会则及时反映师生的意见和诉求。"三会"治校，让我们听到了不同层面的声音，更有利于开展教育教学。

焕发孩子的野性与张力

王卫佳主张为孩子创造宽松的成长环境，让他们多亲近自然，以焕发其野性与张力。

教育在线： 教育机构创始人的某些性格，往往会给这家机构打上烙印。你的性格对启元产生了哪些影响？

王卫佳： 童年时期，利用暑假我在乡下度过许多美好的时光。大自然的神化作用让我身上具有一种野性和张力。父母宽松的教育方法，使得这份野性与张力保留了下来。

我认为，野性是一种无拘束的，来自儿童思想、性格、行为等天性的自然释放。张力是儿童在保持野性状态下的能力体现，表现在对自身、他人、外界等方面的认知与思考力、表达与交往力、动手与行为力、自省与抗挫力、探究与创新力等自然能力。野性强的儿童，张力相对比较大。当下，儿童的野性和张力正在渐渐弱化，甚至受到排斥和压抑。合理焕发儿童的野性和张力，使其充满生机和灵气，是确保儿童身心和谐、快乐人生的基础，也是培养创新人才必须思考的问题。据调研，不少成功人士都保留着自身的张力和野性。

教育在线： 毕竟孩子还小，焕发其野性和张力，会不会被认为是对他们的放纵呢？

王卫佳： 任何事物都讲究"度"的把握。焕发孩子的野性和张力也是如此。它绝不是放纵孩子的不当行为和错误思想，而是在科学引导的前提下，让孩子多亲近自然，鼓励孩子思想自由，大胆地说、做和尝试，赞许他的积极表现，尊重他的交友和玩耍权利，允许他犯错误及对成人说"不"。

教育在线： 你是学管理出身，管理学背景为你办教育带来怎样的学科意识？

王卫佳： 管理学对我办教育影响很大。教学和管理犹如鸟之两翼、车之两轮，相辅相成。启元创立伊始，就建立了一套科学、规范的全面质量管理体系，这为我们有效开展教育教学提供了有力保障。

具体来说，我们将全体员工、全部教学与管理流程、全层次地纳入管理模板，细致到月、周、日。我们还设立了干部和教职工两套评价体系，采用定量、定性相结合的方式。除了硬性的制度管理外，更具有软性的人文管理。

我们成立了一个专业的学习共同体，由全体教职员工组成，没有职务之别，人人平等。启元是一个情感大家庭，她赋予员工许多参政议政的权利，每年员工的建议采纳率高达 83%；我们还为每位员工建立了专项健康档案，持续跟踪员工的健康状况……这些年，我们通过科学的管理为教师创造了良好的发展环境，增强了他们的凝聚力。所以，启元的教师流失率很低。

教育在线：你的人生愿景是什么？

王卫佳：我希望不仅做人民满意的教育，而且要做人民称赞的教育。具体来说，我希望将来建成一所国际化、生态化、可持续发展的中国常春藤学校。

随着全球一体化趋势，中国要立足国际，面向未来，教育也要有国际化定位，注重吸纳、融合多元文化，培养国际化人才。我们很早就引入了朗文英语和美国母语 SSRW 课程，同时引进国外的节日、风俗，让孩子从小就有一个国际化视野与素养。

我们一直主张孩子要热爱大自然，学会与自然和谐相处。早在 2004 年我们就坚持教育科学发展观，提出"节约点滴资源、爱护地球母亲"的口号，教孩子学会珍惜资源。在教学中，通过让孩子与动植物亲密接触，培养他们对动植物的爱心，并将这种爱心迁移到人身上。

国际化、生态化、教育的可持续发展，是当今学校发展的方向。

（文章原载于：《人民政协报·教育在线周刊》2011 年 10 月 26 日 C2 版）

【链接】

个性化教育的启元样本

贺春兰

在人类教育文化的历史长河中，教育工作者对教育科学规律、理念、模式的探究从未停止过。

王卫佳

　　早在 2500 年以前，老子在《道德经》中提出了顺势而为的哲学思想，而与老子同时代的孔子的因材施教则是顺势而为思想在当时私塾教育上的体现，因材施教影响了中国及世界的教育研究和教育实践。20 世纪 80 年代霍华德·加德纳教授通过心理学的研究提出了关于人的多元智能理论，这一理论提示人们，人群存在着不同的智力类型，不同的人在不同的智能上占有优势，这一理论为因材施教等人类关于教育要尊重个性特征的个性化教育追求提供了理论支撑。

　　2004 年 5 月，王卫佳顺应家长的诉求，在河南郑州，创办了东方启元教育机构，并提出"顺势教育"的理念；12 年来，王卫佳和启元团队国内外求索，历经 12 年实践，迈出了顺势教育模式化探究的第一步。

　　2016 年 10 月 10 日，中国教育学会名誉会长顾明远、中国民办教育协会会长王佐书等教育研究者云集河南郑州"顺势教育国际研讨会"，大家分享启元顺势教育 12 年探索实践的成果，围绕"顺势教育"内涵共话中国教育发展的智慧。与会者认为："启元样本"为个性化教育追求提供了可供深入研究和广泛实践的典型样本。

　　启元教育人理解的顺势教育这一理念有两个关键词："聆听"和"顺势"，在他们看来，"聆听"是顺势教育的智慧源泉，是最有效的沟通方式，包括对人、对事最细微的尊重和体察；"顺势"则指顺应事物发展的根本态势和趋势，也包括对规律的尊重和把握。启元教育实践者的思考引起教育研究者的关注和共鸣。

聆听孩子心声，顺其势而教，让学习成为终身的快乐

　　研讨会上，小学生们忙碌地穿梭在会议现场，他们或向与会专家一展歌喉才艺，或对休息中的专家进行采访，他们的认真、执着和勇气，让与会长者颇为欣慰。而这样的会议设计正是启元"以孩童为本"的理念体现。

　　在启元校园，人们发现，每一面墙上都展示着孩子的心声，运动场上奔跑着孩子的快乐身影，到处可见为孩子成长营造的植物角、动物园、小超市等各个成长支持角。"教育的根本意义是为孩子的成长提供支持，我们要改变一统化的成人言说状态，聆听孩子的心声，给孩子的成长提供环境、创造条件。"王卫佳说："孩子的心灵是敏感的，孩子的感情和心声是需要被尊重的，启元强调顺势教育，其核心意义之一就在于，聆听孩子的心声，放下'成人权威'，尊重受教育者个体差异，充分考虑到孩子的先天禀性、想法和感受。"

针对这些思考，启元进行了整体研发，开发了百余种特色课程，让每个孩子根据自己的兴趣、爱好进行选修；开发多元智能课程，以教、学、玩合一的方式开展教学活动；开展个人特长展示课程，在大队部的指导下，孩子们张贴海报，自编、自演、自导歌舞节目，展示自己的特长，并邀请家长和老师观看……种种探索让孩子在其擅长的领域都可以成为第一。

王佐书在观摩之后说出了他对顺势教育的体会："一边是环境，一边是心理，在环境与心理相结合的情况下，顺应教育规律，找到最优化的教育方式，顺势教育遵循了儿童成长规律和教育发展规律。"北京师范大学教育家书院常务副院长郭华认为："'启元'强调启发学生内在最根本的学习和发展的愿望，让孩子们成为学习的主体；同时尊重而不迁就，顺势而不放任。用教育的话来说就是顺势而为，有价值地引导。"

聆听社会之声，顺社会之需而教，为未来社会准备建设者

"聆听社会心声，顺其需而教，让人才成就社会的发展"是启元顺势教育的另外一层意思。启元提出了孩童"10＋3＋1"目标素质培养、"五好"儿童评价等，意在将顺势教育这一理念落到实处，为未来社会培养建设者。"10＋3＋1"目标素质培养中，"10"即包括语言、数学－逻辑、空间、艺术审美、抗挫等在内的 10 项智能；"3"即对孩子身心、性格、习惯三方面，培养以求其"好身心、好性格、好习惯"；"1"即对道德品质、关键素质和能力的关注，以求孩子形成"好品质"。

顺社会之需，为了从小培养儿童的财商和服务意识，启元开设了哈哈鱼小超市，超市设有执行经理、售货员、收费处等岗位职务，为学生打开一项通向理财实践的大门；学校实行班级轮职管理和店长负责制，让孩子体验民主化管理。启元中学还定期组织学生开展峰会、金砖五国演讲报告，让孩子对国际政治局势、热点话题形成自己的主张和见解，为其注入"国家情怀"和"国际视野"。

"顺势教育，实际上是一个全人格的教育，它不但培养学生的智力，而且还培养学生的非智力因素。"王佐书强调，"实际生活中，任何一个人的工作都是全人格参与的过程。他还特别举了个例子，司机开车的过程中有技能的分配，还要有责任心和判断力，这实际上就是全人格参与的过程。"

"教育是未来的事业，今天幼儿园的孩子十多年以后才能走向社会，大学生也得几年以后走向社会，几年以后的变化到底是怎样的，我们需要研究。""学生在校内所受到的影响相对来说是可控的，在互联网上受到的影响

王卫佳

永远是不可控的，形势在变化，在这样变化的情况下如何加强教育，如何借势?"顾明远、王佐书两位教育前辈的追问让顺势教育要顺应社会大势变得更为清晰和可以触摸。

聆听自然之声，顺其序而教，促进人类社会可持续发展

走进启元，人们会发现，这里是一座"生态桃花源"，植物角里有 100 多种植物；动物角里，有孔雀、鹅、鹦鹉、公鸡、兔子；百草园中，有石榴、桂树、蜡梅。孩子们可以在自然观察课上，饲养蚕宝宝，观察蚕宝宝脱皮、吐丝、结茧的过程，在小神农试验田里亲手种植植物；还可以参加"乌鸦爱心救助站""啄木鸟生态环保协会"组织的环保公益活动……顺势教育不仅聆听孩童、聆听社会，还要聆听与关切大自然，聆听自然心声，顺其序而教，促进人类的可持续发展。研讨会上，王卫佳如此解释，启元希望让"孩子们在学校就能接触自然，养成爱护一草一木的自律性和责任感"，继而将这种爱心迁移到人和社会。在大自然中奔跑长大的王卫佳强调，教育要释放儿童的野性和张力，让孩子们从小就自然地感受到中国古代天人合一的哲学思想，从而在长大后的一切作为中追求与环境相谐调。野性是孩童表现的一种形式，是一种无拘束的来自孩子行为的自然释放，张力是由内向外的，与生俱来的，野性和张力是塑造孩子坚强和坚毅品格的基础。为此，学校开设了绿色大体育，拓展了军训、科技课程，使孩童的成长充满生机和灵动。

生命本身也有其"序"，一个孩子童年的伤害很多时候会伴随一生，与会者特别强调，"教育不能仅仅为明天而教，聆听自然之声提示我们，人的成长具有阶段性，教育要尊重每个生命阶段，让每个生命阶段都收获该有的精彩，享受该有的幸福，从而为下一个阶段奠基。"

顺势教育：是"民族的"，也期望是"世界的"

2016 年，王卫佳专程到哈佛拜访了多元智能理论的创始人加德纳，而在此之前的 2014 年，启元还收购了美国新泽西的一所幼儿园。王卫佳想展开一场实验，她想进一步吸收加德纳等西方的研究成果为顺势教育所用，也想让中国品牌、中国探索走向世界。

中国教育科学研究院副研究员、儿童心理发展与心理专家李忠忱讲述了他与启元创办人王卫佳的强烈共识："不论我们如何吸收欧美经验，吸收完了还应该是中国的，我们需要深吸收、本土化、再创造。"李忠忱还特别

分享了他经常给幼儿园讲的一个例子：中国人学习国外的文化，坚持改革开放就像果树嫁接，中国的文化要有粗壮的枝，要有深深的根，把粗壮的芽接到中国文化的主干上，不要照搬。"办一所孩子们真正喜欢的学校，培养中国情怀、世界格局的创新人才的教育理念来源于对中国古代教育文化这个瑰宝的认知和吸纳，也来源于对当今教育的反思。"王卫佳坦陈，顺势教育理念之源头是 2500 年前的老子的"顺势而教"、孔子的"因材施教"等优秀教育思想，西方的多元智能理论等也对自己产生过影响。如今，正是要回归到老祖宗的哲学思想上来，重新思考教育的方向。

"相信老子和孔子是中国的，更是世界的，真正走向国际的时候，必须考虑到伟大的中华民族元素。""启元人把自己的点滴工作和我们伟大的中国梦紧密结合，走出中原到中国，走出中国到世界，去学习、去实践、也去创新；我们要把个人发展之势和国家发展之势紧紧地结合在一起，要牢记我们是中国人，牢牢扎根于此。"演讲大师李燕杰教授、中国民办教育学会学前教育专委会理事长杨志彬、中国民办教育研究院副院长蒋国华、中国教育中介服务协会国际学校专业委员会秘书长陈伟等与会者对启元的探索高度评价并殷切嘱托。

（文章原载于：《人民政协报·教育在线周刊》2016 年 10 月 19 日 11 版）

【印象】

王志泽："做教育，一辈子太短"

贺春兰

　　20世纪80年代末，王志泽在美国跑了50多所中小学，看到某学校的一个高中班在设计制作一辆氢燃料汽车，还有的班级在制作一架轻型飞机，从设计、组装到融资、宣传、营销等各个流程都由学生分工完成，备受触动。"理论联系实际的教学，以学生为中心的互动、探究性的环境，这是多么精彩的学习过程啊！"王志泽看得心潮澎湃，"我回国后也建个平台，让孩子们的成长更精彩。我希望孩子们能够快乐地成长，全面发展自己的兴趣，养成良好的习惯，保持本色的创造力。""学校应该是开放的，让人的潜质得到最大程度的释放。"于是，带着对某种生动活泼的本色教育的憧憬，在商界几经辗转后，王志泽认定，教育才是值得自己终身投入的事业。

　　民间有语，龙凤山适合办学堂，是出龙出凤的地方。1993年，在北京昌平龙凤山畔，王志泽带着懵懂的希冀开启了办学之旅；并将从小学起步的这个教育机构的名字定为"汇佳"，"我想让人类智慧在我的教育中得到最美好的汇聚。"

　　父亲的支持帮助王志泽成就了梦想，从北京海淀区教育局局长位置上退休后的父亲王家骏1996年"主动请缨"先后担任了汇佳学校的校长、总督学。今天，汇佳教育已经发展为集汇佳幼儿园、汇佳中小学、汇佳职业学院、新加坡中国国际学校、汇佳海外中心、汇佳科教等各类教育、教育服务和教育科学研究为一体的大型综合性教育集团。汇佳的毕业生已经走向了世界各大名校。而汇佳的版图也已经从北京走向大江南北、走出中国国门。

　　王志泽，汇佳教育机构创办人、董事长。1993年创办北京市私立汇佳学校，发展二十多年至今，拥有汇佳幼儿园40余所、中外合资的北京澳华学校、北京汇佳职业学院，形成了从幼儿园到大学的全学段教育与服务体系。并于2006年创办了新加坡HWA国际学校，使中国基础教育首次走出国门。

"一直以来最想做的事就是搞教育，准备继续搞下去"，王志泽说，"对搞教育而言，十几年太短，一辈子也还太短。我很享受教育的过程，虽然有时很艰难、很痛苦、很纠结，但从中能够真正感受到内涵的东西，体验创造的乐趣，推广先进的理念和方法，改变学生和家长的思维，看着学生一步步成长……"

执着、热情，注重细节、追求完美。访谈中，在场的两位汇佳老师深有感触，"工作中任何一个小疏忽都躲不过王董的'火眼金睛'。在他手下工作很受'折磨'，一个方案往往会被打回去好几次。"而且他习惯反思，经常把具体问题上升到方法论层面，也因此，他往往能从小问题中看到大问题。"很多问题不上升到方法论层面，很难改变。要启发孩子善于从错误中总结规律，寻找方法。"反思、探究等意识正是王志泽希望着力培养孩子们具备的品质，所以，老师们也自然面临着重塑自我的挑战。但因为常常会有成就感，常常会感受到成长，他的团队和他一起甘愿这样"痛并快乐着"。

（文章原载于：《人民政协报》2011 年 5 月 25 日 C2 版）

【对话】

教育之美，美在过程
——访王志泽

贺春兰　陈　曦

国际教育

国际教育打开了一扇窗，让我们有机会学习人类在市场经济中发展教育的全部精髓。不能将国际教育仅仅理解成出国教育。

教育在线：国际化是时下教育界一个热门话题，汇佳很早就走上国际化道路，现在看来，你的想法很超前。现在好像很多学校都在搞国际教育，甚至很多公办名校也都参与进来，你觉得这是好事还是坏事？

王志泽：起初选择国际化道路是出于生存发展的需要——作为一所历史、名气、地理位置都不占优势的私立学校，要想在名校林立、教育发达的北京拥有一席之地，只有提供差异化、特色化教育，别人才能选择你。

而现在很担心大波轰会将一直以来我们致力的国际教育给走样了。国际教育不是出国教育，如果这样的话，那就大错特错了。国际教育是一扇窗口，让我们体验、了解到国外教育，全面学习人类教育中的精髓。学习完全市场环境下如何办教育。我国入世已经多年，教育作为服务业，既要尊重教育规律，又要尊重市场规律，在这两个规律的掌握上，全人类的智慧是相通的。

教育在线：在教育界，似乎有相当的声音抵触市场规律？

王志泽：在我国教育界，在市场与公益的争论中，两重规律都被我们扭曲了。我们口口声声说教育是公益，不能被市场践踏，但我们却严重无视学校的招生和办学自主权——这一教育者天经地义的权利。其实家庭主妇也要遵循收支规律，作为一个实体存在于市场中，不遵循市场规律怎么可以持续？

守住本真

基础教育是一个养成的过程，创新是一种习惯，很多美好品质都是从小养成的一种习惯。教育并不神秘，就是要从小陪伴孩子们养成这些习惯。办教育，真正要认真经营好"办"的过程。

王志泽：国际教育对我而言，就是打开了一扇窗。出国只是1%，99%是教育的过程。汇佳通过加入国际文凭组织（IBO），引进国际文凭（IB），对孩子进行完全教育，在教育过程中吸取国外先进教育成果，对孩子进行各种习惯和能力的训练和养成。

教育在线：IB是一套什么样的课程体系呢？

王志泽：IB不仅仅是一种课程，它是一套教育理念，是一套体系，它提出了作为一个现代人应该具备的人的基本素养。比如探究、反思、包容、正义等品质，其实在人应该具有的基本素养上，全世界并没有太多争议，但我们往往忽视了达成这些美好品质的过程。

在IB的理念指导下，我们研究一套系统的培养方案帮助孩子们养成创新、探究、勇于冒险等品质和习惯。很多习惯的养成靠教科书没有用，需要在日常教学、生活中训练。比如，让孩子从两张相似的图中捕捉细微变化，来培养他们敏锐的观察力；通过不断地给孩子们提出新问题、新环境和新要求，培养孩子的冒险精神；通过马术课程，培养孩子们的责任、关心和驾驭的能力；通过各种各样的聚会，培养孩子们的沟通能力；结合日常作业和活动，帮助孩子们养成反思意识。善于反思是一种习惯，创新是一种习惯，坚守也是一种习惯，善于观察和思考是一种习惯，勇于冒险、探究还是一种习惯。教育其实并不神秘，就是手把手地教孩子养成好习惯。

教育在线：但现实中，老师和家长常常被裹挟着，很少真正注重孩子习惯的培养。比如，奥数本来是对数学感兴趣的孩子开放的，现在为了加分所有孩子都跑去学，这对提高分数固然有帮助，但对一些为了加分而应付性追赶的孩子成长很不利。

王志泽：对。中国孩子很苦很累，待优生想进入中等，中等生想挤入优等，于是家长也帮他们找方法。很多孩子从小就知道方法的重要性。目前的教育是不完全教育，分数、升学率给很多学校和家长带来很大的压力。一些教育机构则成为应试教育的推手，加剧了教育的急功近利。而这些急功近利的教育行为将影响孩子的一生，对孩子个人和对这个民族都非常不利。现在很多成人应试还要找枪手，就是从小养成的应付心理。教育需要坚守，要对得住自己。希望广大同行一起来改变这些现象，守住教育最本真的东西。

教育在线：中国教育改革没有家长参与不行，作为教育工作者要引领家长。当学生、家长都理性的时候，教育就会回归人的本身，回归教育本身。

王志泽：对，是这样。

教育在线：IB 这套教育体系在现实教育环境中，面临的最大挑战是什么？

王志泽：是师资。在这点上我体会很深很深，老师们受原有的按照框框规定的应试教育模式影响太深了，这些意识同样渗透在教育教学的每一个环节中间，导致我们在按照新的理念进行教育教学时的中间过程很艰难。但最后你发现老师开始改变了，老师开始享受探究的乐趣、创造的乐趣。一些家长也开始改变，不再追牛津、剑桥，学生、家长都趋于理性。

走出国门

2006 年，汇佳集十余年的积淀，将自己理解的能够传递中国元素的教育搬上国际舞台，去新加坡办从幼儿园到高中的国际学校。这是第一所中国国际学校，王志泽说，她将用中国文化去阐释大家都认同的教育规律。

王志泽

教育在线：汇佳是国内基础教育中最先走出去的机构，当时是基于什么考虑？

王志泽：汇佳从幼儿园到大学办的都是国际化学校，经过 14 年积淀，我们也想把基础教育拿到国外去展示，接受国际检验，看看基于国际标准的双文化——特别是中国文化，别人能否接受？

汇佳首家海外分校"汉合学校"2006 年成立，目前在校生近 400 人，80％是洋娃娃。走在校园里，看到金发碧眼的孩子和中国孩子一起学习、玩耍，特别激动。现在越来越多的人希望学习中国的语言和文化，我们准备在日后的教学中融入更多中国元素。未来也打算在欧美等地区设立分校，但还需要一段时间，先把新加坡分校办出个样子来再说。在对外扩张方面，我比较保守，更看重品质。

教育在线：新加坡办教育的环境与国内有何不同？

王志泽：在新加坡办学很简单，半天就完成了学校注册。新加坡有一套私人办学的详细操作手册，很多教育信息都在网上，很具体，详细言明了你所具有的各项权利，但前提是你不能把陶瓷说成是金子，否则，会有严格的惩罚制度。

与国内不同的是，新加坡政府只字不提收费问题。国内对民办学校限价其实没必要，收费高低取决于市场需求，消费者会根据你所提供的教学产品做出选择。对大家很担心的各类风险和类似问题，新加坡政府有这样的制度规定，学生去私立学校就读，需要上保险，一旦学校出现意外，将由保险公司负责。

政府负责设计制度，而且目的不是防范，而是帮助企业运转顺畅，尽快做好做强，同时建立信誉体系保驾护航。金融危机时我在北京，新加坡政府打电话过来，同时特别提醒，企业可能遭受损失，并且特别给了补贴。而我们这里政府给的帮助太少了，简单的管制多了一点，特别是百年老校的保证型制度就更没有了。

教育在线：对于教育的未来，你有何期待？

王志泽：教育应该多元化，不拘一格，公办教育应该均衡发展，让全体国民都可以受到教育。对于民办教育，希望政府更加开放，给民办教育更多宽限和空间，形成一个选择教育的氛围，对于国民的教育选择要一视同仁，给予民办教育办学自主权。

（文章原载于：《人民政协报·教育在线周刊》2011 年 5 月 25 日 C2 版）

【手记】

让他们的生命价值系统地投放

贺春兰

　　十多年的记者生涯中，我接触过很多教育实业家，而对教育过程本身有如此天然的痴迷与兴趣的王志泽当是其一。没有能够更深入地采访王家骏先生以及他当年对王志泽的教育期待，但能深刻地感受到，正是自小养成的某种习惯强烈地推动了王志泽今天的创业。他喜欢探究，我眼前甚至能幻化出儿童时代的他玩某种玩具的痴迷。今天，对待教育，他持一样的态度，"人都有自己坚守的东西，纯粹的东西。只有纯粹才不累。做教育也需要这种单纯的坚守。"而这种纯粹的东西一旦自小养成，坚守当不是一件困难的事情，在市场环境下，对教育规律进行探究与坚守是令王志泽痴迷的事情。

　　在此次访谈之后的四月底，笔者走进王家骏和王志泽父子与其团队精心耕耘、守候的家园——位于昌平龙凤山畔的北京汇佳学校，校园里鲜花盛开，生机盎然。孩子们在进行着各种各样探究式的主题活动，护齿俱乐部就设在了校园里。校园的每个角落都为成长创造了环境——父子两代人十多年的全部努力映射在这里，在生机勃发中能够随时感受到王志泽对唯美、精致的追求。沉浸在这样的氛围里，赞叹之余，也由衷地希望政策环境能够稳定再稳定，让这样的挚爱教育的人能够将自己的生命价值在龙凤山畔这片美丽的土地上系统地投放。

　　（文章原载于：《人民政协报·教育在线周刊》2011年5月25日C2版）

【印象】

王琳达：从华贵到高贵

贺春兰　张惠娟

　　提起王琳达，之前的印象仅限于财富和华贵。然而走进怡海花园、走近怡海教育，近距离和王琳达对话，触摸到的却是一个生命内在的高贵。

　　在北京西南四环怡海花园小区里，有大手笔的建筑，亦有怡养心灵的和谐和处处体现着人文关怀的细节之美。这个理想国完整地投射着一个生命的追求——这个生命当感性与理性并存、柔美与豪迈兼具，她胸中有丘壑，也要求在每一个细节实现自己对美好的理解。

　　于是禁不住想追问：

　　究竟是什么样的成长环境滋养了一个如此美好的生命；她在20年前进入内地，面对20年来发展如此迅速的社会环境、制度环境，何以能够坚守理想且完美绽放。又是什么给了她信念和力量？她希望给孩子们带去什么？

　　举手投足间，神采飞扬、笑声琅琅，今天的王琳达，依然雄心勃发："上天眷顾我很多，我还要再做件大事，继续以高质量的教育回报社会。"在怡海教育的宣传栏上，我们看到了这样的话："我们每个人的生命都自成一个体系，一个宇宙，一个世界，高深莫测。你永远不知道，你的能力有多大，你的潜力有多深，你的韧力有多强，你的耐力有多久。除非你尝试！生命有如探险，应该充满好奇与挑战……"——显然，王琳达已经给出了一个精彩的生命样本。

　　王琳达，北京市政协委员，美中关系全国委员会教育委员会副主席、联合国教科文组织全国理事会特约理事，怡海集团董事局主席、怡海教育集团理事长。改革开放后，王琳达作为第一批港商来京投资，打造了怡海花园社区并因此享誉京城。后又在北京怡海花园和长沙怡海星城，构建了从幼儿园、小学、中学，到老年大学完善的社区教育体系。2016年，王琳达作为受邀海外侨胞列席全国政协十二届四次会议。

【对话】

和谐社区中的教育理想国
——王琳达的追求和探索

贺春兰　张惠娟

改革开放的见证者

京城的早春，乍暖还寒，穿过闹市区的车水马龙，来到位于西南四环的怡海花园，人会立刻静下来。这里，天空湛蓝、阳光和煦，路边的小树在物业人员的精心装饰下，已"桃花盛开"，笑迎春风。小区空地上，老人和孩子悠然地放着风筝。无法想象 20 多年前这里竟是荒凉的、堆满垃圾的大沙坑，也无法想象 20 多年来王琳达如何度过。

教育在线： 20 世纪 90 年代，你刚来北京投资时，丰台区在北京可以说是偏僻荒凉的，为什么会选择在这里开辟梦想？在那段岁月中，烙在你脑海中最深刻的记忆片段是什么？

王琳达： 我当时在南方做了一些地产，邓小平南方谈话以后，北京市政府到香港开招商会，我是第一批被招来的。那时候我很多朋友都去了上海投资，但我想了想，北京是中国的文化、政治中心，便选择了北京。

我之前完全不知道丰台区的环境如何。后来签完合同，我带股东来看时便傻眼了：没有电、没有路、没有水、没有气，除了四周都是垃圾的大沙坑，什么都没有。就是那样的一个冬天，地上没有草，天空是灰蒙蒙的，只有几只乌鸦在叫着，我们热切的心顿时凉了大半截。

当时我们有五个股东，面对这景象，他们就说，琳达，我们老了，等不到那一天了，你慢慢干吧。因为那时我三十多岁，他们都六七十岁了。当时，上海在召唤我，股东离开我，家里人也反对，说我太理想主义，在这荒地上投资是天方夜谭。我差不多用了一个月时间思考是去还是留的问题。

教育在线： 是什么信念或者力量让你留下来，并继续支撑你在这里开启梦想之旅？

王琳达：是北京市丰台区政府给了我信念。他们真诚的邀请并期待我留下，一直在给我规划未来的蓝图，那种眼神和语言让我折服。当时，这块地虽然荒凉，但是面积比较大，可以让我实现梦想。因为在南方我开发的都是一栋楼、两栋楼，就没有一个很好的大社区，给我整体管理的机会。我想北京给我这样的机会了。

教育在线：你很喜欢在一张白纸上勾勒心中最美的梦想？改革开放30年来，你感觉中国最大的变化是什么？

王琳达：是的。我在美国迈阿密，曾看到一幅很美的画面：在一片绿树掩映中，鲜艳的红房顶若隐若现，我当时想：这才是人类居住的环境。这个和谐的社区美景打动了我的心，所以心中一直向往着有机会构建这样的梦。

改革开放30年来，我最大的感受就是中国的崛起和中国政府带领全国人民艰苦创业的那种渴望改变，希望创新和进步的状态，从上到下所有人的精神面貌都发生了彻底的改变。今天很庆幸我坚持下来了，开发怡海房产、打造怡海教育，成为改革开放首都发展的见证者，也成为中国民办教育的见证者。

以美好塑造美好

王琳达既善于在一片空白上勾勒最美好的图景，也注重细节和完美。怡海教育很多处令人叹服的细节都源于她的匠心独运。孩子们温暖的鹅黄色校服、幼儿园宝宝量身定制的小马桶、楼梯的低扶手以及栏杆上防滑的间距、外出回来带给孩子们的蝴蝶标本……

教育在线：当时开发了房地产，又怎么想到打造教育这一块呢？

王琳达：刚开始我拿下这么大的土地时，就想，一个成熟的小区必须有完善的教育设施，所以就开始规划学校。但当时我没想到会自己办学校，想小区建成之后由政府办。但丰台区政府那时候教育经费很少，暂时没有经费去办一些新的学校。即便要办，也是三年后的事情。而且三年后要办成了，质量也很难保证。我就想，要办就要办成一流的，再说了，三年后才能办学校，那现在的孩子怎么办。在那么难的情况下，北京市政府、丰台区政府都很支持我，在丰台区有关领导的牵线搭桥下，我就和北京八中、北京第二实验小学谈判，促成了和名校的合作。

教育在线：在那样一片空白的情形下，你还坚持办名校，心向美好，

走进民办教育探索者的精神世界

是什么样的因素塑造了你对美好的追求？

王琳达：我觉得还是从小的素养问题。一个人去追求美，这种美是有很多种的。我觉得最美的是一个人的品性，他从小在什么样的环境中长大，潜移默化地便学会了什么。我的家庭环境对我有潜移默化的影响。我的外婆是徽商，一心向善，经常施粥给穷人；妈妈是受过私塾教育的女性，品行端庄；父亲克己奉公，很讲义气，在这样的环境下，耳濡目染、感同身受，我从小养成了对美好事物的向往和追求。

要给孩子们两只翅膀

孩子们都喜欢叫王琳达"王妈妈"，甚至有孩子说"她比妈妈还好"。这些孩子走出怡海多年，甚至到了海外，依然惦记着他们的"王妈妈"。还有北川中学的孩子们，在王琳达回去时，他们总会自发打出"欢迎王妈妈回家"的标语。而王琳达说，于自己，孩子们的爱已经是最好的回报，她要送孩子们两个翅膀。

教育在线：你将你的家族文化基因投射在怡海教育上？

王琳达：对。受家庭的影响，我在幼儿园就懂得照顾别人。回顾自己的一生，我特别能体会到礼貌和尊重是一个人最应该接受的基本的启蒙教育，所以我把这些看得很重。教育就是培养美、产生美的过程，礼貌和尊重看起来很简单，但对一个人一生都是非常有用的。这些年来，我援建北川中学，成立怡海教育专项基金，带领社区群众为南方雪灾义卖柑橘……通过教育慈善活动，也带动孩子们心向真善美。现在，慈善已经是怡海教育的校本课程。每年开学典礼我都会给每个班送一个存钱罐，让所有的孩子把平时多余的零用钱存下来，等到有人需要帮助的时候，大家一定会拿出来去帮助别人。在他们纯净幼小的心灵中，从小就种下善良、感恩的种子。

我要送孩子们两个翅膀，一个是做人的翅膀，一个是做事的翅膀，只有两个翅膀平衡了，才能飞得更高、飞得更远。

为未来中国准备具有全球视野的孩子

"一带一路"战略让王琳达备受鼓舞，王琳达也因此对怡海教育做出新的战略思考。未来怡海的孩子们必须拥有国际视野，今天，在怡海教育的小学课程中，怡海教育已经创造性地开发了"一带一路"校本课程，让孩子

王琳达

们从小开始就对"一带一路"上的国家文化、历史有深入的理解。王琳达相信，只有了解、理解才可以合作、共赢。

教育在线：我知道您是美中关系协会教育委员会的副主席。这次您又作为海外侨胞被邀请列席全国政协十二届四次会议。列席此次会议，您关注了怎样的问题，提出了怎样的建议？您觉得"一带一路"战略给教育提出了什么要求？

王琳达：在塞尔维亚水灾发生的时候，我们的及时救助无意间收获了那里人们特别的友谊，后来我们又捐助了幼儿园，现在他们非常欢迎我们过去合作。这件事情给我带来一个启发，我们的企业家是"一带一路"战略实施的重要主体，而我们在合作的同时，也要把我们的善意、我们的文化同步输出，广结善缘、做好民间外交。

放眼全球看教育，我认为，一定要培养孩子们的国际视野。"一带一路"国家战略是我国发展的又一个重要契机。作为教育人，理应承担起这样的宏大使命，将不同国家的历史、文化告诉孩子，将不同国家的精神内涵传递给孩子，这样 20 年后，我们的孩子才有可能与世界各国百姓和谐共处，也才可能积极参与国际竞争。现在我们思考中国问题的时候，需要从世界的角度和眼光去系统规划和设计。所以，我们要考虑我们的知识供给、能力培养是否能满足学生长远发展的需要。

（文章原载于：《人民政协报》2016 年 3 月 10 日 30 版）

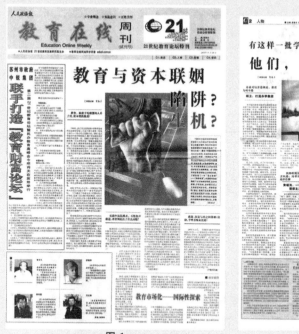

人民政协报
教育在线 周刊 (试刊号)
Education Online Weekly
21世纪教育论坛特刊
苏州市政府 中锐集团 联手打造「教育财富论坛」
教育与资本联姻 陷阱？生机？
教育市场化——国际性探索

图 1

有这样一批学人：
他们，不满足于书斋里思辨

图 2

人民政协报
教育在线 周刊
2016，中国教育，我们见证也推动
基础教育：回归育人本质
高等教育：双一流受关注 立德树人是根本
职业教育：迎来发展春天
民办教育：修法是焦点
关怀弱势群体，聚焦教育短板

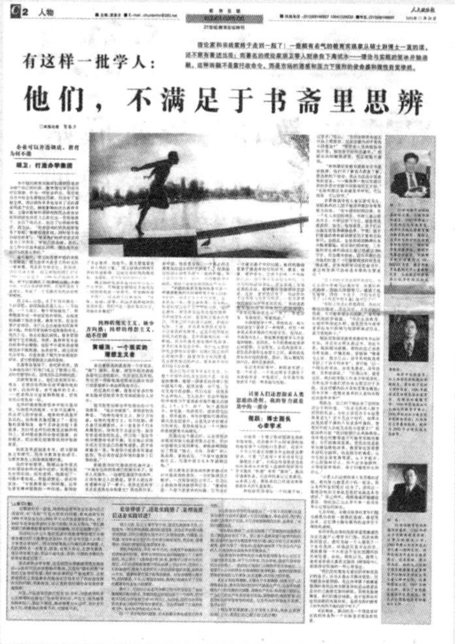

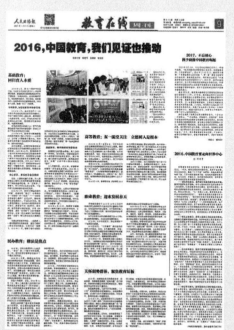

图 3

【图说】

“关怀弱势群体、关注制度创新”是《人民政协报·教育在线周刊》创刊伊始便给自己提出的特殊使命，为此自 2002 年 11 月 28 日第一张试刊号至今，编辑部一直对我国民办教育予以持续的关注。2002 年 11 月 28 日，一次关注民办教育发展的大型论坛在苏州召开，此次会议正值《民办教育促进法》立法前夕，民办教育界高度关注。正是在这次会议上，《人民政协报·教育在线周刊》创刊。（图 1、图 2 分别为这张创刊号的 1 版和 3 版。）

（文/贺春兰）

【漫笔】

联结体制内外、促进多元参与、推动中国教育

——将弱者的声音放大 智者的声音远播

贺春兰

自 1983 年《人民政协报》创刊之始，教育问题就一直被关注。2002 年末创刊的《人民政协报·教育在线周刊》，则更是集中为弱势群体的教育问题大声疾呼，为中国教育困境中的艰难探索喝彩。

社会发展中总会有问题，可贵的是，一批有强烈社会使命感的有识之士——他们有执着的赤子襟怀，他们敢于正视问题，他们的付出常常并不考虑一己之利。我们身在其中，往往被感动并被感召。长久以来，作为《人民政协报》的记者，我们感受着委员和专家们对教育问题的深切关注，亲身见证了很多一线实践者的艰难探索，也被他们强烈的社会使命感感动和感召。因此，"专业理念、实践意识、百姓关怀"是我们对读者的承诺也是教育周刊编辑人的自觉要求。面对热点问题我们强调理性思考、面对难点问题我们强调持久关注。新闻是拿个案说话的，但我们追求全局的真实。或褒或贬，我们要求自己出于真诚、心怀全局，在选择与拒绝之间，我们要求自己努力站在社会发展的高度，时代发展的前沿。

编辑部希望一以贯之地以开拓、包容和强烈的社会使命感关注中国教育的思想界、实践界、媒体人，关怀弱势群体、关注制度创新，成为中国弱势群体教育问题的发现和解决的推动者，一个中国社会变革背景下教育变革的记录者和问题发现者，一个教育民主化进程的推动者和记录者，同时也是中国社会民主化进程的见证者，一个有品质的教育信息服务提供者。

（《人民政协报·教育在线周刊》创刊词，文章原载于：《人民政协报》2003 年 1 月 9 日 09 版，此书收录时有删节。）

【印象】

王红兵：从清华园到幼儿园

陈　曦

王红兵年过 40，依然激情满怀。谈话间，文思泉涌，汨汨滔滔，宛若演讲。直率的他，常常喜欢单刀直入，直白地表达自己的观点。

王红兵也有安静的一面。红缨总部位于远离北京市区的一个写字楼里，王红兵说这里更容易让人沉下心思考。没有应酬的时候，他便和员工"蜗居"在这儿静静搞研究。

王红兵本科毕业于清华大学建筑系，随后攻读了本校文学硕士，在中国教育报工作几年后辗转下海，在幼教圈里摸爬滚打到现在。

王红兵在很多场合谈到清华对自己的滋养。他坦言，从一个幼教门外汉变成专业人士，与清华自强不息、注重探究的精神关系很大。"遇到不懂的问题，我不会退缩，而是打破砂锅问到底，还问锅底在哪里"，王红兵认为，"很多人注重整体感知，缺乏一种刨根问底的精神，对许多代代相传的问题鲜有研究，而教育需要科学化、理性化。"

从清华园到幼儿园，王红兵的经历带有一些传奇色彩，期间也遇到过尴尬和不解。但随着对幼教认识的日益深入，他不再为自己是清华大学毕业生而搞幼教感到丝毫憋屈，而是更加坚定自己的选择，"没有比培养人才更重要的事情了"。王红兵希望通过服务更多幼儿园，影响到更多园长、老师和家长，让更多孩子从幼儿园走进清华园。清华，已然成为一个符号，而

王红兵，北京红缨教育机构创始人，中国未来研究会教育分会理事长，中国民办教育协会学前教育专业委员会副理事长。1990 年，毕业于清华大学，获建筑系、中文系双学位，同年分配至《中国教育报》做记者。1994 年下海创业，研发销售"天才幼儿园园长办公系统"。2001 年，创立北京红缨时代教育科技有限公司。2007 年推出"赢在中国"北京红缨幼儿园连锁项目，目前已在全国发展连锁及联盟幼儿园 4000 余家。2011 年，出版专著《从幼儿园到清华园》。2015 年，成功带领"红缨教育"登陆资本市场。2016 年，出版专著《红缨的力量》。2017 年，发起成立"中国园长常青藤俱乐部"。

王红兵

如何让更多孩子享受到优质教育，成为他长久的追求。

"中国幼教之父"陈鹤琴也毕业于清华，在清华百年校庆之际，王红兵在母校举行《从幼儿园到清华园》新书发布会。笔者以为，王红兵的行动将会昭示更多人从清华园到幼儿园。当下，我国学前教育师资紧缺，教师素质普遍不高，高素质人才更为稀缺。作为整个教育的基石，学前教育亟须大量优秀人才补充到各地幼儿园。在国家大力发展学前教育的背景下，需要更多人从清华园到幼儿园，更多优秀人才加入幼教队伍。

（文章原载于：《人民政协报》2011 年 5 月 18 日 C2 版，书籍出版时有编辑。）

【观点】

"站在未来安排现在"
——王红兵在清华园发布新书《从幼儿园到清华园》

陈　曦

日前在清华大学迎来 100 周年校庆之际，清华毕业生中的"孩子王"、北京红缨教育集团总裁王红兵携新书《从幼儿园到清华园》回到母校，与出席新书发布会的近 200 名读者畅谈教育的心得。

王红兵的人生轨迹是从清华园到幼儿园，可他天天思考的却是一个孩子如何从幼儿园到清华园。清华大学为什么能培养出那么多治学之师、兴业之才和治国栋梁？清华大学人才培养的秘诀到底是什么？如果能把清华培养人才的秘诀贡献给各幼儿园、小学、中学，那意义多大？为此，王红兵有了写作《从幼儿园到清华园》的冲动，他特别渴望把清华给予自己的培养传播出去，经过长达 10 年的酝酿，浓缩成一个基本观点：学习清华好榜样！他认为，孩子打小就要植入清华那些伟大的基因——自强不息、厚德载物；行胜于言；为祖国健康工作 50 年；又红又专；爱国奉献、追求卓越。孩子只有拥有这些伟大基因，才有更好的发展空间。

眼下，中国家长对幼教越来越重视，很多地方孩子上幼儿园的费用，已经远远超过读大学的费用，但面对各类幼教专家的左右支着儿和各种幼教理论的风起云涌，缺乏幼教知识的家长却更加困惑：幼教阶段到底要教给孩子什么？怎么教效果才好？王红兵认为，在学前教育阶段，无论幼儿园还是家长，要把孩子的习惯养成、身心健康、智力开发，作为幼儿教育工作的重点，"3岁看大，7岁看老"的秘密就在于此。

然而目前中国孩子的学习，很大程度上是为了分数。王红兵认为，一旦一个孩子长期陷于为了分数而读书，学习更深远的意义就被扭曲了。"做老师都知道授人以鱼，不如授人以渔。问题是，有多少孩子得到了'渔'的本领？"王红兵说，一个人的优秀，就是"渔"的优秀，而"渔"的优秀，很大程度体现在其思维方式上。他建议，孩子从小要加强"五大思维"的训练，即"站在未来、安排现在""我相信，我看见""聚焦才会赢""成功是成功之母""方法总比困难多"。

在《幼儿园到清华园》一书中，王红兵对钱学森之问也有一些思考，在他看来，"独立精神、自由思想"的办学理念，"古今会通、中西会通、文理会通"的教育追求，"相似，创新之魂"的思维科学，"我是一切的根源，爱是最后的归宿"的处世哲学，"因为口才，所以魅力"的时代特色，是直面钱学森之问的突破口。

（文章原载于：《人民政协报》2011年5月18日C2版）

【对话】

王红兵：搭建家园成长平台

陈　曦

随着"入园难"现象逐步缓解，人们的关注点开始从"能入园"转向"入好园"。但很多幼儿园在教学、管理方面问题不少，尤其是占据学前教育大半壁江山的民办园。作为服务型企业，北京红缨教育机构早在几年前便开始为幼儿园提供专业支持。

每段经历都很有意义

王红兵坦言，从建筑到中文，从记者到幼教工作者，这些看似不相关的经历实际上对他影响很大。

教育在线：从清华大学建筑系学生到 800 家幼儿园、20 万名幼儿的孩子王，你的经历很特别，为什么会从清华园到幼儿园？

王红兵：高考报志愿时，我稀里糊涂报考了清华大学建筑系，后来发现与同学差距很大，后来又报考了清华中文系攻读双学位，毕业后被推荐到《中国教育报》当记者，却发现依然不能让父母富裕起来。受中关村电子一条街"知识经济"诱惑，1994 年我辞职下海，研发了"幼儿园园长办公系统"，被很多幼儿园采用。

选择幼教，是因为大学、中学市场已经有人开发，只有幼教领域尚属空白。转眼投身幼教圈已达 17 年。

教育在线：这些经历对你从事幼教有何影响？

王红兵：从建筑到中文，再到幼教，看似风马牛不相及，其实每段经历都很有意义。就像乔布斯所说，人生看似一个个小碎片，都是为未来的某件大事作准备。

建筑强调结构，搭建体系和盖房子的道理一样。一个公司从小到大，采用什么体系，需要架构；各部门如何协调高效运转，也需要架构。中文则把很多东西变成文字去传播，锻炼了我的表达能力和形象思维能力。而记者要有很强的文字提炼能力，需要迅速把握要点，这些都对做幼教很有帮助。

著名思维学家、钱学森的弟子张光鉴先生的相似论让我把各个专业彻底打通了。我认识到，盖房子是筑造居住大厦，教育是构建人才大厦。建房子根基很重要，所以幼教乃教育之本。

为民办园提供专业支持

王红兵认为，管理不到位、教法不科学等问题制约了民办园的健康发展，他希望通过提供系列服务，为民办园提供专业支持。

教育在线：红缨主要是为幼儿园提供服务，你们为什么选择这一定位？

王红兵：我做过学前教育教材研发，但盗版太厉害，价格控制不了；也尝试过办幼儿园，结果发现并不是我最擅长的，我更想做产品。

长期以来，民办园占据幼儿园的大半江山，但相比公办园，它们无论是教学还是管理，都缺乏专业的支持。管理不到位、教法不科学很大程度上制约了民办园的健康发展，于是我们确立了服务型定位，通过为中国幼儿园尤其是民办园提供教学、管理、家长工作等服务，帮助它们成长。

教育在线：这一定位很重要但在幼教领域很少见，据了解你们在短时间内凝聚了很多幼儿园。

王红兵：是的。我特别感谢北大光华管理学院的龙军生教授，他教给我美国连锁的概念，传递的理念就是，"谁凝聚的人越多，谁越有价值"。所以谷歌、百度那么赚钱。我很受启发，红缨连锁园很快在国内遍地开花。

教育在线：你们如何为幼儿园服务？

王红兵：牵牛要牵牛鼻子。园长是幼儿园的核心，我们首先帮助园长提高他的生命力、领导力和影响力。园长要有旺盛的生命力，这种生命力来自心中的爱。很多园长纠结的原因在于他们总是把问题归到老师身上，而不去反思自己。所以，我们要改变园长，让他们解决问题从爱出发，对老师充满感恩，这样很多问题便迎刃而解。

园长还要具有很强的领导力。领导力的核心是带队伍的能力，我们通过培训告诉园长如何带团队，怎样让团队更有激情和战斗力。同时帮助园长提高产品和服务升级换代的能力。幼儿园的产品是"加工"过的孩子，孩子从两三岁到六七岁，这几年习惯怎么培养？潜能如何开发？创造力怎么发展……我们设计了一系列课程。此外，园长要通过自己的德行、演讲力、感召力等提高自身影响力和凝聚力。

通过系统干预园长，打开他们的心胸，来改变幼儿园发展格局。从干预园长，到干预主要领导层，再进一步干预老师，从而改变幼儿园管理模式、教育理念和服务水平。不敢说我们改变得有多彻底，但我们打开了一点缝隙，看到了一丝光明。

幼教究竟带给孩子什么？

时下，幼儿教育备受关注。面对莫衷一是的理论，王红兵认为幼教要抓习惯、身心健康和智力开发三大要素。未来，他还准备为家长搭建一个成长平台。

教育在线：面对当下各种幼教理论风起云涌，各类幼教专家左右支着儿，你认为幼儿教育到底要教给孩子什么？

王红兵：我认为幼儿教育要抓住三样东西：习惯、身心健康和智力开发。习惯包括生活习惯、卫生习惯、品行习惯、心态习惯、思维习惯等，

王红兵

这一方面要靠父母，但更需要幼儿园把孩子的习惯通过课程一点一点抓起来，而不是去教他们读那么多诗和字。比如，培养孩子从小不抱怨的心态，可能起初他不懂，你用他能理解的语言启发他，时间长了就会起作用。当"我们不能埋怨天气，我们可以改变心情"，"爸爸妈妈别着急，方法总比困难多"成为孩子的口头禅时，会逐渐内化成他们的思维习惯。

身心健康也要从娃娃抓起，家长要做好表率，同时不要太计较孩子在幼儿园的磕磕碰碰，以免造成园所因噎废食。

智力开发，则要帮助学生建构学习的"三大系统"，即动力系统、知识系统和能力系统，也就是解决"我要学""学什么"和"我会用"的问题。

教育在线：你未来的人生规划是什么？

王红兵：我一直有个梦想，希望未来搭建一个关注孩子身心健康成长的网络平台。我们现在只是通过园长、教师干预到幼儿园环境，未来我们还想为家长搭建一个系统、动态、可持续的成长平台，帮助社会培养一批合格的家长。我们会根据孩子存在的问题，在网站上设置早恋科、自闭科、不爱说话科等，从问题产生机制到案例分析到专家视频解答，再到父母献计献策……为孩子分门别类地提供服务。这将对中国整个家庭教育产生深远影响。我们已经建立了系统和架构，正在朝这一方向稳步推进。

（文章原载于：《人民政协报》2011 年 5 月 18 日 C2 版）

【印象】

王晓军：冲动也痴迷

姜　阳

　　王晓军出生在军人家庭，从小看着绿军装，长大后也成了其中一员。1986 年离开部队，她曾去大学教过书，也曾去地方妇联任职，感觉"不够挑战"，骨子里坚韧向上的她放弃了这些安逸的选择。

　　20 世纪 90 年代初，任河南郑州某商业大厦玩具部主任的她，在一次国外幼教会展中，看到令人惊喜的一幕：和国内"排排坐"的小朋友不一样，这里的孩子在房间里或坐着，或趴着，烂漫自由。被吸引的王晓军回国后，看到郑州最好的幼儿园尚没有这样的学前教育。失望之余，为了自己的孩子，她创立了以蒙台梭利教育为主导的"跨世纪"幼儿园。

　　没想到一办就是 20 年，"跨世纪"幼儿园早变成了一个有研发、有培训的"跨世纪"教育集团。

　　成长路上，曾经的军人经历给她的幼教事业打下烙印。至今，王晓军和她的团队仍在不断钻研、优化"跨世纪蒙氏教学法"并致力于把它推广到全国各地，王晓军说："军人强调忠诚。我热爱蒙台梭利教育，在任何情况下都会坚持。"从跨世纪幼师培训基地里走出的三万多名幼师，都被要求专业、认真，这是因为军人强调严谨，"课程中的每一个步骤都有精准的要求，让老师们都要做到"。

　　与此同时，她也有感性的一面。王晓军特别爱孩子："我觉得他们都是天使，那么渴望得到关爱。"跨世纪幼儿园至今仍然坚持全园混龄教育；王晓军也特别爱她的队伍，她说"大家都那么出色"。据说，跨世纪的团队至今在工作之余仍坚持读书学习，充实思想。

_____

王晓军，香港跨世纪国际教育集团总经理兼教育总监。美国森特那瑞大学 MBA。香港跨世纪国际教育集团诞生于 20 世纪 90 年代，主要致力于蒙氏、亲子、感觉统合训练、多元智能、福禄贝尔等国际先进幼儿教育项目的培训、推广、加盟和服务工作。是一家集幼儿教育教研、教学、培训、加盟等为一体的大型综合性企业集团。

跨世纪的手册上，王晓军指着一枝红梅峭壁开，安静地告诉笔者："中国的民办幼教事业发展正难，而跨世纪要如这枝红梅一样，凌寒独自开，俏也不争春。"

（文章原载于：《人民政协报》2014年3月8日28版）

（文章原载于：《人民政协报》2014 年 3 月 8 日 28 版）

【对话】

不忘初心，看准未来
——对话王晓军

修 菁

我始终牢记做教育的初衷，不迷失自己，不迷失方向

教育在线：你为什么那么"痴迷"于蒙台梭利理论。"蒙氏理论"给你的最大触动是什么？

王晓军：我从事蒙氏教育已经近 20 年，蒙氏教育理念的精髓给我的触动首先是在教育上，让我明白，原来孩子是可以这样科学地进行教育的——蒙氏教育强调从生命孕育的那一刻起，就要遵照其生命本能自然的发展规律，用科学的方法和态度促进其自由、和谐地成长，最终成为一个德、智、体综合素质均衡发展的独立人。而这些在我们跨世纪教育集团的蒙氏教育体系中，已经得到了实施和印证，接受跨世纪蒙氏教育的孩子呈现出来的专注、独立、秩序、自信、仁爱、友善、协作、责任等综合特质，受到了越来越多家长的好评，在幼小衔接、小升初中也不断涌现出骄人的成果。

其次，蒙氏教育强调"生活即教育"。通过 20 年来践行蒙氏教育的理念，我的感觉是——生活中处处有蒙氏教育的真谛。如现在提倡的和谐社会，和蒙氏教育 100 年前所倡导的"和平教育"是一脉相承的；现在提倡的"团队合作"也是蒙氏教育所倡导的；甚至包括现代企业管理中的很多理念和做法都和蒙氏教育的理念不谋而合。

教育在线：我注意到你说的一句话："我热爱蒙特梭利教育，在任何情况下都会坚持",同时你又说自己是一个喜欢挑战的人。幼教领域有什么魔力或者吸引力让你走到今天,执着于这一领域?

王晓军:我其实是一个有着很深教育情结的人。在早期从事商业领域工作时,我就给自己定下一个人生凤愿:经营商品成功后一定要回归教育,为社会造福。今天这个凤愿实现了。跨世纪幼教集团先后培训出了3万余名幼教老师,开办了数千个蒙氏教学班,跨世纪幼教集团也成为中国推广国际蒙氏教育领航的重要教育机构。一路走来,我始终牢记做教育的初衷,看准未来,不迷失自己,不迷失方向。

教育在线:一路走来顺利吗?跨世纪幼教集团现在有多少家加盟园?未来的事业版图是怎样的?

王晓军:一路走来确实不容易,但跨世纪集团是一个善于总结经验、建设资源的企业,充分利用过去的成功经验,复制成功,创造更大的成功。因此,20多年来,跨世纪始终以开拓创新、竭诚服务中国幼教事业为己任,历经了从小到大,从一省到全国,从国内到国外,从单一玩具经营到产品、教育两只翅膀腾飞的跨越式发展。时至今日,香港跨世纪国际教育集团已成为中国幼教界知名企业,拥有健全的产品体系和完善的教育体系,在全国20多个省份发展了600多家加盟单位,开办了数千个蒙氏教学班。

未来十年跨世纪幼教集团的发展目标是:在国内的加盟合作单位达到1000家;所有教育项目和业务项目全部实现网络运行;成为上市公司,让企业最终回归社会;在国内创办一所国际幼师学院;创建跨世纪教育基金;在全国打造50家跨世纪教育示范基地;建立一套以跨世纪命名、国内外认可的幼儿教育理论体系;开拓跨世纪幼教国际市场。

靠口碑发展事业,速度会慢些,但是根基会很坚实

教育在线:在当下民办学前教育界,也存在各家为争夺生源,会争相打出自己的特色。你认为孩子在幼儿园阶段该学会些什么?你希望家长提起"跨世纪",最先介绍跨世纪幼教集团的什么特色?

王晓军:我很欣慰的是,现在不论是在我们的大陆总部河南省郑州市,还是在我们加盟单位所在的地区,只要一提起幼儿教育,很多家长都会第一时间想到跨世纪教育,20多年来,我们一直是靠口碑相传而发展起来的。这样做虽然速度会慢一些,但是根基很坚实,我认为做教育不能急功近利。很多家长谈到跨世纪教育时,都会称赞道:"跨世纪幼儿园的孩子天天都很开心、都愿意早早地来到幼儿园,放学了也不愿意回家。"跨世纪毕业生的

王晓军

家长赞美道："跨世纪幼儿园毕业的孩子到小学后学习轻松、快乐，学习成绩好、品学兼优。"常言说：金杯银杯不如老百姓的口碑。家长们对我们教育品质由衷的肯定是对跨世纪教育品质最好的褒奖。

教育在线：20年创业路中让你印记最深、感怀最深的事情是什么？

王晓军：20多年来，让我感动、记忆深刻的事情太多了。创业路上，首先必须提到的是跨世纪的团队，这是一支国际幼教团队。我们常说没有完美的个人，只有完美的团队，跨世纪就是一群志同道合的平凡人，在齐心协力地做着一项伟大的事业。在跨世纪20多年的发展中，有已经和跨世纪并肩作战了20年的员工、18年的员工、15年的、13年的、10年的……还有一批批不断加入跨世纪的新员工，也陆续和跨世纪签订了3年、6年、15年的合同，这些人才是跨世纪持续不断发展的坚实力量，也是让我每每感动至深的画面。

当然，在事业发展中，我的家人也给予了我最大的支持。我儿子今年14岁了，从出生到现在，我很少陪他。然而，幸运的是，从小接受蒙氏教育滋润的他，不仅懂事，理解支持妈妈的工作，而且热爱学习且学习轻松，从小到大，一直是班里的班干部，品学兼优，名列前茅。在2012年小升初考试中，他同时考中了郑州市一线中学的前三名中学，最终进入了郑州中学的超常实验班。更让我欣慰的是，在刚刚结束的香港顶级中学——加拿大国际学校的入学考试中，他经过一轮轮紧张的笔试和面试，最终以优异的成绩，顺利地拿到了该校今年9年级唯一的录取通知书，这所学校有来自50多个国家的学生。2013年，在香港地区国际学校前10名的排行榜中，位居第二位。其毕业生进入美国常春藤大学的人数位居第一位。这不仅仅是做父母的喜悦，更是跨世纪教育的骄傲。

教育在线：刚才你提到新世纪集团的员工稳定性很高，但是现在许多民办园都遇到了招师难以及留住好师资难的问题。跨世纪集团具体是如何应对和解决这一问题的？

王晓军：跨世纪幼教集团的员工队伍中工龄在10年以上的占30%，5年以上的占40%，3年以上的占30%，这得益于跨世纪有一套成熟的管理系统。管理简单来说就是管人、管事。管人的重点是管思想、管成长。管思想要靠企业文化和管理艺术；管成长要根据每个员工的特质，从员工第一天上班就要为其量身定制成长规划和成长路线。管思想、管成长具体体现在对人才的选、用、育、留上。跨世纪集团把员工作为企业最大的资源，有效开展学习、研讨、PK、过课活动；开设中层MBA班，师傅带徒弟活动等，以员工的成长作为促进企业快速发展的最大原动力。

教育在线： 如何看待民办幼儿园未来的发展？

王晓军： 目前民办园虽然比例占到 61％，但据了解，目前 30％处于亏损状态，40％处于收支持平状态，25％处于盈利状态，5％的高端优质民办园有良好的效益回报。

教育质量优劣是衡量民办幼儿园办园成败的重要指标。未来，我认为全国民办园将会呈现三大阵营：一是走优质品牌合作发展之路，逆势飞扬；二是犹豫不决，等待观望，艰难度日，变成第二轮被淘汰的对象；三是先天不足，弱不禁风，最早被淘汰出局。

民办幼儿园要与公立幼儿园争生源、争师资、争社会信誉和地位，就必须努力提升其教育品质。在办园过程中，强化服务意识和品牌意识。既要考虑市场需求设置课程，尊重家长的教育选择权。同时也要注意不盲目迎合家长的需要，重视研究幼儿教育发展规律，严格按规律办事，为幼儿提供完善的教养服务。

（文章原载于：《人民政协报·教育在线周刊》2014 年 4 月 23 日 C3 版）

方志良

【代印象】

为实践者的孜孜研究叫好！

贺春兰

我是一个有文字洁癖的完美主义者，对出版物这类东西尤为在意。因为大家的书橱有限，而信息又太多。但面对方志良先生写序的诚意我还是欣然应允了。原因有三。

其一，责任感培养问题需要关注，更需要求解。

当前职场中和青少年人群中责任感缺失问题已经引起上上下下的关注，但仅仅关注是不够的。我们还需要以解析式的思维研究如何让美好的责任期待变成现实中让年轻人心悦诚服、自主自愿的行动和团队有效的解决方案。

方志良先生根据几十年的职场和企业管理生涯的体验和研究，对责任系统进行了科学的描述、艺术的表达，甚至创作出了这套体系化、学科化的责任动力学专著，从而让责任意识的养成和责任感的培养变得可以触摸。我认为是对责任感养成问题的部分求解，或者至少可以说，是探索的开始，这个方向我认为极有意义，因而愿意支持。

其二，感动于方志良先生的痴迷和他的内外团队包括部分受众眼中释放的光芒。

作为一个企业人，方志良先生痴迷投入于他的责任动力学的研究。自几年前我见到他至今，他矢志不渝，甚至开口便要提及他的4R4P。我从一开始对他的质疑到被他感动。以我的见识，我知道这个社会上能够痴迷于一件事情、孜孜以求、全情投入，同时也带动身边人一起探索和创造的人不多。我有机会和方先生的合作者、团队还有他理念的受益者不止一次的座谈，我发现他们同样痴迷于方先生的理论。来自一个保险公司的30出头

方志良，中国责任动力（4R4P）管理学院、中国青少年责任情商（R-EQ）学院院长，上海库恩企业管理有限公司、责商（上海）信息科技有限公司等多家公司董事长。方志良在青少年责任情商教育方面投入了巨大的热情和努力。

的年轻妈妈告诉我说:"学了他的理论确实受益了,因为搞清楚了什么是责任和义务的边界。婆婆在自己身边给自己带孩子,自己曾经一度迁怒于婆婆带的不好,听了方老师的责任动力学理论搞明白了一点:带孙子对婆婆来说,是义务,是对自己的帮助,不是她的责任。认识到这一点,带着感恩之心看待婆婆的帮助,生活中的沟通便也更顺畅了。"

我们看到的是,年轻人因为方先生的理论而获得了自我与他人的边界意识,因此懂得了责任和感恩。而他的合作者,从英国留学回来的宋卓林,则真诚地告诉我他的初衷:"我愿意帮助方老师把他的学术成果放大。"这样的一群眼睛闪着光的年轻人让我感动,我因此愿意将他们的思考和故事推荐给读者。

其三,源于我对实践者话语权的支持倾向。

我常常穿梭于学术界、实践者等各领域之间,包括我自己在报社的实践体验让我深切地意识到,只有深深扎根于实践的理论才有生命力,而在我国,这样的学人并不鲜见:他们脱离实践、视野窄浅但常常自鸣得意地指点江山,或者拿话语权沽名钓誉,不关心其价值,也不关心它可能的贻害甚或毫无价值的平庸;有甚者常常以自己话语体系听起来的系统性而自命不凡,浑然不知外在世界的否定,一味骄傲地沉溺于自己的小世界里;我对放弃了学者的责任和使命,不能对实践负责也不追求实践价值更谈不上理论创新,从书本中抄来抄去花样翻新浪费大家时光的书籍和文章厌恶已久。转而更愿意给实践者的研究探索鼓掌加油,因为我知道从实践到理论不易,而从理论到实践更难,我切身体验实践者每走一步背后的无限艰辛。

(2016年10月20日,作者为方志良新书《用责任动力学武装自己的头脑》的序言邀约而作。)

人民政协报
教育在线 周刊

方志良

【故事】

从草根营销到责任动力学的前世今生
——对话"责任动力学"提出者方志良

贺春兰

教育在线： 我非常好奇是什么样的东西或者说机缘让你对这个（责任动力学）东西有兴趣，开始致力于研究它？而且花了这么多工夫。

方志良： 这个问题问到了责任动力学（4R4P）研究与发展的前世今生。我研究"责任"的兴趣，来自初入职场后的挫折沮丧的反思："怎么做才算是负责任？"1995 与 1996 年之间，我刚离开学校不久，进入职场应聘了一家电器公司做销售，并被派往北京工作。

刚到北京不久后，我发现新单位工作氛围与管理都太懒散，（在这之前我还曾经在一家日资企业搞生产管理，管理比较规范。）新老同事之间相处得也不太好，老同事总是差遣新同事干活，尤其是公司领导带头和下属玩牌赌博，这个风气更是让我感觉沮丧和失落。

那时候，作为新人我虽然很努力，但因为与上司以及喜欢打牌的老同事不合拍，也不懂得灵活伺候一些老同事的差遣，比如，端茶、倒水，扫地、洗碗、倒垃圾等，有时甚至在表情上抗拒。这样的后果是，更加被老同事轻视或在上级领导面前被抹黑。

那时候，自己感觉特别孤独与无助，心力交瘁，感到前途茫茫。但就在那之后的一天傍晚，一个老业务员几句话彻底改变了我的职场之路，也打开了我毕生研究与探索"责任理论"之门。

其实，那天他并没有说什么高深之道，他说："既来之则安之，我看方志良你这个人工作那么努力，又挺有能力，你一定能够留下来，做得比那些老人更好。"

他言外之意也是希望我能够适当委屈一下自己，讨好一下那几个老同事，因为只有这样才不会被他们刁难，当然也就有留下来的希望。

那个晚上，我陷入了沉思：为什么我会努力做事，却不愿意给他人端茶倒水？难道我主动帮助老同事做一些不情愿的事情就一定是"软柿子"吗？

突然，我发现了自己的问题：我认为凡事通过自己努力得到的结果才有价值，把照顾、关心他人需要的做法当成了投机取巧，因此在心里鄙视。

当我细细品味自己的遭遇与挫折后，我意识到懂得委屈自己，其实也是一种责任表现。那该如何归纳这种做法？

那天晚上，我把端茶倒水"伺候人"、献殷勤"拍马屁"的这类事统统归纳为"应该做"的事。

那晚我第一次认识了自己性格特征的优缺点（现在看来用责任性格总结更加合适：自己喜欢做"努力做"，不喜欢也不习惯做"应该做"的事），而且还决定以后要多做或顺其自然地为他人做一些"应该做"的事情。这个决定改变了我一生的职业生涯规划，那是后话。第二天起，我每天一早起床就主动打扫四合院，主动洗碗、倒垃圾等。

也正是后来几个月，我每天打扫院子和多干些看来可做可不做其实是应该做的事情，让我获得了上级领导的肯定与欣赏，从而让我获得了可以开发市场，做自己愿意"努力做"事情的机会。

往后的一两年中我的脑海中总是会不断冒出"努力做"与"应该做"这两个词汇以及如何在工作中区分它们的工作分类场景。当然那个时候并没有刻意，甚至没有意识到要把这两个词汇联想到责任分类的属性与概念，只是把它当成了职场工作技巧而已。

冥冥之中，"努力做"的好强的性格又再一次驱使了我。人除了"努力做"与"应该做"这两种做法，还有没有其他的做法？比如大家喜欢说的"喜欢做""愿意做""被迫做"……它们之间有没有本质上的区别？

后面的几年中，我一直处在摸索与琢磨的混沌状态中，但我从来没有对任何人提过自己要搞什么"学术研究"。我知道，一旦说出来，那么一定贻笑大方。

教育在线：但其实，你喜欢研究琢磨？

方志良：既然不甘心，又不想被人嘲笑，一般情况下，人的做法要么是卧薪尝胆默默追求，要么是浅尝辄止挫折后无疾而终。所幸的是，我属于前者。

大约在 2000 年前，因为自己营销水平与业绩都很不错，于是特别想结合自己领悟到的"努力做"与"应该做"的理念在职场上的奥秘，将来写一本营销心得的书。那时候，书名都想好了叫《草根营销》。

道理很明显，自己属于非管理学科班出身，非名牌大学出身以及非主流人士的边缘人。用《草根营销》的书名，显而易见已经透露出作者缺乏深

方志良

厚的理论基础与学术底子的烙印。当然我用"草根"一词也意在强调，这本书是作者的经验之谈，绝非学术理论刊物，更不可能是系统的理论。但毕竟一本书不是一个故事案例或一个章节，它要丰满，就得不断地在规律上完善，这样才能够让读者更好地理解与掌握。

于是在这种想法驱动下，我又被激发起了琢磨其他几种营销（责任）做法的浓厚的兴趣，用"琢磨"而不用"研究"一词，在那个时候还是比较合适的，也是有自知之明的。

功夫不负有心人，我一边不断地努力学习管理知识，一边用生活与营销工作中的案例做实践分析与证明，前后花了5年的业余时间，我最终找到了营销中为人处事的四种做法的区别与联系：必须做、努力做、应该做与选择做。故而那个时候的初衷，是想从实际工作中总结出营销的四种做法，更确切地说，是为《草根营销》一书总结出营销经验案例的脉络大纲，真的不敢说我去研究"责任"。

教育在线：怎么从营销经验上升到责任理论？

方志良：当我总结出来人的为人处世的四种做法后，我发现我已经控制不了自己的思绪了！我发现这"四做"远远不只是在营销中运用那么简单，它好像有关责任的分类。那我又该怎么定义责任这个概念呢？又该如何区分责任的概念？此时我发现自己进入了另一个兴趣天地。

在我被自己的研究卷入一个人文社会中最大的概念"责任"的理性理论研究漩涡中时，我被吓了一大跳。翻阅了几千年来中西方哲学家、社会学家对责任的研究，我不敢相信，所有的前辈都是站在责任感性角度研究，少有人给予它严谨的定义与概念区分。这不仅让我恐惧，更让我兴奋。

教育在线：你真正地开启了研究生涯？

方志良：对的。我把业余所有的精力都投入阅读与责任理论有关的书籍、文献与资料中，《草根营销》刚起了大纲就被我否了。我发现的四种做法不仅仅是营销的技巧，它可能涉及人类文明中最抽象的概念也是最常见的现象：责任。

2010年前，我查阅了大量的与"责任"关联的哲学、社会学、法律、伦理学、道德文化、经济、管理学与心理学等研究领域，自认为没有找到责任理论真正意义上的概念定义与完善的体系分类。

这些年，我睡觉有一个特点，床上喜欢放一本笔记本，夜里随时记录下梦中的灵感。

对于我一个学术边缘人，最初几乎不懂社科论文格式，更没有勇气发表什么，于是找了几个教授请教，提出我对责任矩阵理论的见解与建模，结果被对方几句言语品评，羞得满脸通红，无地自容，有的QQ都把我拉黑屏蔽了。打那以后我放弃了走所谓正规期刊发表学术论文的梦。我相信自己发现了什么，也相信自己学术造诣还没有到，但只要我自己敢于沉淀，内容永远会大于形式。这个世界最初不认同，后来跟风崇拜的例子并不缺。我想只要我坚持，这个领域一定会有我的话语权。

教育在线：你的想法与前人有什么区别和超越？

方志良：之前所有的责任研究都具有以下一个或多个特征：前人研究的责任都是站在伦理、道德意义上的感性责任概念；管理学上的责任停留于责任感、责任心等感性励志思维，停留在说教层面。

人们对于法律上的责任与道德上的责任总是形成固有的思维定式，责任就是承担过失；人们所提到的为他人负责、为公司负责、为社会负责、为国家负责都让对方带着巨大的牺牲的感觉。而我所强调的理性责任，基于人自我的需要出发，最终能够让人心悦诚服地理解并践行自己对他人的责任。

教育在线：这个阶段的研究又有怎样的体验？

方志良：没有精神上束缚的自由才是真自由！不用考虑投稿，不用考虑职称评审，我在边缘地带自由地天马行空地思考和探索。在这10年里，我完成了理性责任思维、责任矩阵原理、四种责任基本单位与广义责任定义。

最初我把它运用在企业培训，尤其是在营销培训中，取得很好的效果后，越发奠定了我持续研究的信心。

这以后，我不再怕别人的嘲讽与讥笑。我习惯了花钱请人吃饭听我说四种责任，我相信很多朋友边吃边在心里暗暗骂我神经病。不过我已经习惯了花钱买人骂的快感。

教育在线：你的责任理论现实意义在哪里？

方志良：我的研究告诉我，"责任"不应该停留于立志和说教，它应该是一种符合自己利益的逻辑使然。

2009年我进入了管理咨询行业，在为企业管理咨询服务的时候，我尝试运用我自己研究的成果。我把我对责任研究的成果命名为"四种责任四种力量的管理理念与技术"，英文缩写"4R4P"。

在很多企业服务中，我运用4R4P辅导，得到了不错的反馈。再后来，我把4R4P体系发邮件给北大纵横创始人王璞先生，他邀请我进入了北大纵

方志良

横做合伙人。在北大纵横做管理咨询合伙人时，4R4P 得到了当时一些同人的认可，也得到了企业的认同与赞许。

2011 年，我特别想学会钢琴，于是买了钢琴和声乐书学习。我是一个特别执着、刻苦学习的人，很遗憾，练习钢琴我左右手总是无法协调，实在是没有这方面的天赋异禀，没能学会。但也正是学习音乐音符以后，我突然得到了一个巨大的启示，数字符号化责任"音符"。

我做的第一件事就是把四种责任单位进行统一的高低阶定义与区分，这个灵感来自钢琴的黑白键与高音区与低音区。接下来我开始运用数字符号化责任单位，并采用集合的思维。这个阶段是研究最痛苦的时候，为了用数字符号化区分责任的高低阶，特别是数学建模，我整整花了五年的时间，完成了责任的数字符号化的建模设计，并得出了责任总公式：$R = R1(-1, 0) + R2(0 \sim N) + R3(0, +1) + R4(C/c)$。

可以说，责任矩阵数学建模与责任数字符号化翻开了责任理论研究的新篇章。

有了责任数字符号化公式表达之后，责任现象的研究开始一泻千里。接下来我运用数学逻辑表达式（不等号、等于号、大于号、加号，等等）把现实中总是存在的两种责任现象之间的逻辑关系彻底地表达了出来。

责任现象居然可以通过简单的数学符号逻辑公式表达，这太不可思议了！我把这个现象称之为责任现象学。这种责任逻辑思维表达式一经推出后，得到了来自全国各地乃至全世界对责任研究感兴趣的人的青睐与认可。

有了责任现象学公式作为责任理论研究的表达式，很自然地我们就可以分析人类责任现象中人与人之间的责任动力系统问题，于是责任动力学在这种背景下正式提出。责任动力学涉及责任供给与责任需求侧的分析，也就涉及责任主客体的构建与分析。

我认为，责任动力学是发现人类责任现象的普遍性规律，我并不希望人们用实用主义或功利色彩的眼光去神话或妖魔化地过度解读：责任动力学有没有用？我只想回答人们：每个人都具有四种责任高低阶，也具有关于责任的逻辑思维，但有没有用，如何用，取决于自己的理解。犹如大家都会用阿拉伯数字，但不代表人人会成为数学家或亿万富翁。

责任动力学衍生出来许多实用的管理技术包括责任性格测试，责任性格特征分析，岗位责任胜任力模型，责任绩效考核等各个领域，当然，这些都需要特定的专业知识才能更好地理解与运用。

教育在线：你现在一方面在做概念、思想体系的建构，另一方面用市场化来推动它（责任动力学）在现实中落地？

方志良：对的，现在责任动力学体系已经相对完善，我也得到了我曾服务过的两个企业家的投资，他们都有将责任动力学带向未来的信念。我们还得到了江西应用科技学院的支持，成立了江西应用科技学院职场责任动力学研究所并在全校范围进行教学。我对项目推广的未来充满信心。

教育在线：在推广责任动力学这套思想体系的过程中，最让你兴奋的和你面对的最大挑战是什么呢？

方志良：兴奋的是我用数字符号定量化了责任，并用定性的方式解决了责任属性概念；面临的挑战是，向大家讲清楚还有很高的壁垒，或者说，用数字表示一般人不太容易理解和进入。实践中发现，很多人一旦进入，便非常着迷，而且发现很有用。很多人因之而改变。

教育在线：你追求的终极目标是什么？也就是你给你自己和现在的企业（学院）确定的使命是什么？

方志良：我们希望未来更多人能够用责任动力学的逻辑思维方式认识自己和他人的行为，责任动力学成为青少年德育或管理学的基本教材。

（双方邮件笔谈于 2017 年年初）

图 4

图 5

图 6

【图说】

2003 年 8 月 22 日，由《人民政协报·教育在线周刊》主办的第一次教育之春系列沙龙在全国政协礼堂金厅举行，主题聚焦"民办教育的发展空间"。劳凯声、吴华等关注民办教育发展的学者和黄藤、洪秀平、熊嘉等民办教育实践者对话，侯小娟、季平等全国人大和教育部的官员与会。（见图 4）

2011 年 5 月 25 日，《人民政协报·教育在线周刊》举办了以"关注民办教育上市"为主题的第 37 次教育之春沙龙，关注新东方上市以来的民办教育机构上市风潮。教育部原副部长、时任全国政协教科文卫体委员会副主任赵沁平出席了此次会议，怡海集团董事长王琳达、北京王府学校校长王广发、中公教育集团总裁李永新等参与了此次沙龙并发言。（见图 5）

随着高考生源的减少和国家公共财政对普通高等教育投入的剧增，全日制自考助学教育面临严峻挑战。曾经辉煌一时的专修学院逐渐走向没落。如何引导这批教育资源转型和发展，《人民政协报·教育在线周刊》多次研讨、关注、报道，图 6 为 2010 年 11 月 17 日《人民政协报·教育在线周刊》对相关问题的专题报道。

（文/贺春兰，图/舒晓楠、郭娜）

走进民办教育探索者的精神世界

【链接】

以规范的机制、开放的组织形式
打造多元参与平台

教育之春系列沙龙是由《人民政协报·教育在线周刊》编辑部依托人民政协超脱的环境空间和强大的人力资源主办、多家教育机构资助的开放性的公益交流平台，建设地、持续地言谈关系教育发展的热点、难点和冷点问题。强调政府、学界、企业界、媒体人和全国人大代表、全国政协委员、民主党派人士等的多元背景参与和无边界交流，以期促进教育决策科学化，推动教育实践。沙龙创办于 2003 年 8 月，至今已经开展了近 80 期，今天仍在多系列持续开展。

沙龙文化特征：多元背景、无边界交流

沙龙目标追求：联结体制内外、促进多元参与、推动中国教育

【漫笔】

教育之春系列沙龙聚焦"民办教育发展、
制度困境与地方探索"

贺春兰

由公益资金资助的教育之春系列沙龙自 2003 年 8 月始至 2006 年年底，先后开展了两期共 18 次。一期沙龙从无到有，在学术委员会的建设、大媒体平台的构建、主持人的筛选、主讲嘉宾的评估等方面构建了一整套机制，形成了自己独特的文化，简略地说，就是在文化特征上，强调"多元背景、无边界交流"。在工作方法上，强调"用开放的组织形式赢得广泛的资源支持""用规范的制度建设打造可持续发展的参与平台"。

教育之春沙龙这一形式本身的构建在当时成为一期教育沙龙的核心目标。同时，在沙龙的定位上，基本上走过了两个阶段：第一阶段，学术传播平台，在这一主导思想指

导下，沙龙主讲者中，占多数的是学者，而听众中占多数的是首都各大学的研究生。第二阶段，沙龙在 2005 年春调整了方向，特别将"促进不同人群之间的沟通、理解和彼此建设"作为方向，特别强调了沙龙参与者与研讨问题之间的相关性和有效性，也即除学者和媒体外，我们力邀更多利益相关方的参与。

经过研究，自 2007 年开始的"教育之春沙龙"特别将内容锁定为：民办教育发展、政策困境与地方探索。这是因为，长期以来，对中国教育发展有巨大创新意义的中国民办教育一直面临制度困境，有强烈的政策诉求却少被倾听。而教育之春沙龙依托的重要平台是《人民政协报·教育在线周刊》编辑部这一特有的平台。基于人民政协的平台特点，教育周刊创办以来，一直将"关怀弱势群体、关注制度创新"作为办刊目标。所以，今后教育之春沙龙将从中国教育全局出发关注中国民办教育的发展、当前面临的政策瓶颈，而地方在相关问题上的积极探索将在沙龙上被作为案例放大。也就是说，沙龙将充分依托《人民政协报·教育在线周刊》这一平台，从以学术传播、促进交流为中心转向为民办教育发展扫除政策困境提供表达平台，也为地方良好探索提供传播平台。

这就意味着，教育之春沙龙在促进学术传播和观点交流的同时，将会基于学术委员会已有研究结果，充分利用人民政协的力量，对民办教育这一弱势群体予以特别关注。沙龙的选题将更有指向性，沙龙的参与人群也将扩大，力邀民办教育界的代表性人物和相关部门、全国人大代表、全国政协委员和学术界进行充分的交流和对话。

（文章原载于：《人民政协报》2007 年 7 月 18 日 09 版。注：教育之春沙龙原名 21 世纪教育沙龙，自 2009 年起沙龙特别更名为"教育之春系列沙龙"，并更换了 logo，沙龙"多元背景、无边界交流"的风格不变。沙龙 logo 中绽放的迎春花，寓意着组织者愿意携手社会各界一起推动并迎接中国教育的春天。）

走进民办教育探索者的精神世界

【印象】

尹雄：果断也执着

贺春兰

在诺丁山咖啡见到了传说中中国民办培训业的黑马尹雄，近距离接触尹雄会强烈感觉到，要真实地了解在全国已经有 17 万学子的"巨人"，需要走近这位创办者和领军人。

谋面之后的强烈感受是，这匹黑马能做到常人所不能，源于他有执着的理想主义，也源于他清晰的思维和架构感，他对"研发"这个芯的重视。记者面前的尹雄很喜欢思考，凡事都有自己独特的想法。他重视研发、创新和模式推广，这往往让他比同行先行一步，也让他在面对挑战时少了几分牢骚，多了几分从容。

这个十六岁考上同济大学桥梁专业的大学生，因为喜欢吉他，而走上了今天的事业发展道路。从履历看，尹雄身上具有浓郁的理想主义色彩，也果敢而执着。当年为了吉他理想，他毅然放弃大学教师的安稳工作，北上寻梦。为凑足学费，他办起吉他班，结果沉醉不知归路，由吉他班扩充到电子琴、围棋、书法、美术等培训班，从此一发不可收拾，建起"教育百货大楼"，并在各地铺摊设点，教育"巨人"迅速崛起。

可以想见的是，他的空间思维、逻辑思维和他的艺术想象力，再加上

尹雄，北京启迪巨人教育集团董事长，北京巨人教育集团创始人。尹雄 16 岁考上同济大学桥梁工程专业，20 岁毕业后分配到重庆交通大学任教，25 岁获讲师职称，同年在重庆市高校吉他大奖赛中夺得冠军。出于对吉他的热爱，他在北京大学访学期间到中央音乐学院学习吉他，为凑学费于 1994 年 7 月创建吉他班（北京巨人学校的首个培训班），后来扩展到多个学科培训班，从而走上了办学之路。北京巨人教育集团始于 1994 年 7 月 18 日，是由一所培训机构发展成的大型综合教育集团机构，涉及领域有教育培训、全日制教育、出版、加盟等。其培训覆盖幼儿、青少年、成人教育领域。2014 年，清华大学旗下的启迪控股股份有限公司战略投资巨人教育。

一些理想主义色彩，最终成就了他。而今人过中年，但他依然有梦，而且定位清晰："我希望帮更多孩子读完高中，因为平均学历水平影响个人命运、民族未来。"

（写于 2011 年 10 月，见贺春兰搜狐博客。）

【对话】

同质化竞争是暂时的
——访尹雄

贺春兰　陈　曦

构建"教育百货大楼"

巨人很早便着力打造类似百货大楼的全科式教育超市，与此同时设立了八大教研室，加强课程研发和师资培养，以保证快速发展中质量不下滑。

教育在线：你最早提出"教育百货大楼"的概念，巨人一直也在朝着这个方向发展。相比很多教育机构从单一业务起家，你为何有这个想法？

尹雄：小时候觉得百货大楼是最好的地方，什么都能买到。后来做教育，起初并没这个概念，当从办吉他班扩展到电子琴、围棋、书法、美术、英语等多个培训班之后，我发现教育也可以做成一个类似百货大楼的全科式"教育超市"，为学生提供一站式服务。这样学生可以有丰富的选择，也不用在一个机构学完数学又跑到另一个机构学美术，他在巨人既能学数学又能学美术，节省了很多时间和精力。我们的目标是做全科式教育，尽管一些科目是亏损的，我们也在坚持做，主要想给家长、学生提供很好的体验。很多机构也在从单一业务发展到多个方向，这已成为趋势。

教育在线：全科式教育带来很多方便，但容易忽视教学质量。你们如何避免这种风险？

尹雄：巨人在同行竞争中胜出的根本原因是教学质量。为保证巨人在快速发展过程中质量不下滑，我们早在 2001 年就开始设立学科教研室，先后成立了小学的语数外、初中、高中、幼教、文理潜能、冬夏令营等八大教研室，它们支撑着整个教学体系的建设和师资培养，以保证每个学科在业内的领先优势。教研室注重教学课件的设计、研发与推广；并在全北京范围内寻找优秀老师对他们进行培训，然后定出一个管理方案考察教师的教学过程和教学质量。

教育在线：巨人在短时间内迅速崛起与学科教研室密不可分，你如何管理这些教研室？

尹雄：我比较包容，也比较放权。教研室成立之初，我会选择合适的负责人，告诉他们怎么做，等教研室建起来之后就让他们按自己的想法走，我一两周与相关负责人见一次，而不会天天盯着他，这样能够充分激发他们的潜能。目前教研室的体系很完善，除了一直坚持的名师策略之外，还有支撑 3～18 岁的整套教学体系，从所用教材到讲课方式到培训教师都有一套完备的程序。以培训教师为例，我们设立了一个助教体系来培训那些不会教书的教师。助教通过集团统一培训、观摩名师讲课、一对一讲课辅导等系列培训，最终学会如何讲课。

教育在线：这些年巨人也很注意铺摊设点。

尹雄：设网点主要为了方便学生就近入学。有时候家长觉得你虽然好，但离家太远，便放弃了。教育应该像麦当劳、肯德基那样离家 5 分钟就能走到。另一方面，在激烈的市场竞争中，铺网点很重要，如果别人先做起来，你再铺就晚了。

相比质量，网点还是其次。像我们有一些尖子班，老师都是北大、清华数学系或物理系的毕业生，仍然会有一些家长愿意跑很远的路送孩子过来。

教育在线：不同教学点师资水平和教学质量存在差异。信息技术的出现或许能在一定程度上缓解这一现状。有人说信息技术已经从过程的支持性力量变成先导性力量，你们有没有开设相关网络课程？

尹雄：我们一直很重视信息技术，现在已经开始研发远程课程，可能在半年后推出。这样学生在巨人不仅接受面授课程，还可以在网上观看其他老师的讲课视频，这样如果某个地区的教学不理想，可以通过网络弥补，这将解决师资参差不齐的问题。另一方面，也有利于将优质教育资源推广到更大范围。具体规划还在研究中，但一定是以统一全国的教学质量为目的。我们还有专门的巨人论坛，访问量很大，家长、老师可以在上面交流经验、想法。

教育在线：你是学桥梁专业的，它给你带来怎样的学科意识？

尹雄：桥梁专业需要很强的空间想象力，这让我在办学过程中注重宏观架构。我们在发展时首先会从整体框架着眼，巨人在北京、全国的扩张都是按照这种空间想象去做的。不仅如此，桥梁专业让我对事物间的相互关系比较关注，我会把物化的"桥梁"关系运用到人与人、部门与部门、机构与机构之间。

课外辅导会让学生更快乐

近年来，课外辅导班异常火热，却也饱受诟病，很多人认为它加重了学生的负担。尹雄认为，如果家长正确引导，并尊重孩子的兴趣，课外辅导可能会让他们更快乐。

教育在线：你如何看课外辅导对日常教育教学质量的冲击？它是否会加重学生的课业负担？

尹雄：从负担的角度看，那些成绩差的孩子心理负担很重，如果帮助他们把成绩提到班上的中上等水平，他会感觉很好，不觉得课外辅导是负担。再就是看他对某一课程是否喜欢。如果老师照本宣科，学生不爱听，就会感觉很累。我们的课堂很活跃，设计了很多游戏，孩子们很喜欢，盼着周末上课。

从幸福感的角度看，我们发现不爱学习天天玩的孩子未必幸福，他们总在班上垫底，缺乏自信，幸福指数很低。而那些跟着好老师学习、成绩不断提高、劳逸结合的孩子很幸福。其实，很多孩子选择课外辅导不完全是家长所逼，而是他们自己想学些东西。

所以，培训学校不是让孩子产生负担的原因，可能让他们更快乐。比如，假期有的孩子喜欢打乒乓球，他们可以去外面散打、瞎打，也可以选择到培训学校在教练指导下打，这样既玩了又学了，他们会获得乐趣。还有些孩子一放假就天天打游戏，与其这样还不如报个班学点东西。所以，随便玩也不是孩子成长的最佳方式。我觉得家长既要引导孩子查漏补缺，又要尊重孩子的兴趣、爱好。

教育在线：不少教辅机构开设的课程也差不多，会不会产生同质化竞争？

尹雄：说同质化我不完全同意，我认为这种品牌机构和一般机构在教学质量、教学管理、课程研发等方面都存在差异。比如，我们每个教研室都有几十个人去研发课件，老师每堂课怎么讲是有设计的。同样的课件我们会复制到北京100多个学习中心。你不可能要求所有老师都是最棒的。但有了统一课件，可以保证教学质量。这些是一般机构没法比的。

同质化竞争是暂时的，比如一对一教学大家都觉得是同质的，但我们已经在研发一对一的整套教学体系和教材了，这就是差异化教育。

教育在线： 你下一步的人生规划是什么？

尹雄： 等企业上市之后，我会逐渐退出，更多在决策层面做些方向性引导。我会抽出更多精力去做一些公益事业。

我发现，中国还有很多孩子读完初中就不读高中了，其中女生占多数。他们不是不想读，而是没钱读，在贫困地区和边远农村尤其如此。我觉得这不仅仅是贫困问题。过早踏入社会对人的发展很不利，初中生学习力、理解力有限，提升空间很小，这将影响未来劳动者队伍的整体素质。

社会现在对留守儿童、贫困大学生等资助比较多，却对这一群体关注得很少，而他们的数量还很大。所以，我想成立一个基金，让更多孩子有机会读高中，提高学历，以提升整个国家的平均学历水平。如果国家将来要扩充义务教育范围，我建议把高中纳进来。

（文章原载于：《人民政协报·教育在线周刊》2011年10月12日C2版）

【印象】

史燕来：精致红妆开创博大事业

陈 曦 钱 凤

　　经过十多年的锤炼与沉淀，史燕来和她的红黄蓝团队凭借系统的教科研优势，积累了丰富的儿童教育教学产品和内容资源，同时借助资本之力和互联网之翼，以开放的姿态构筑专注学前领域的多业态、多品牌互动滋养的儿童教育生态平台，为中国学前教育发展注入了活力和生机。

　　记者曾在多个场合见过史燕来，她给记者的初步印象是妆容精致。第一次近距离接触，是在一个温暖的冬日午后。

　　谈起教育理念、园所发展，史燕来如数家珍，举手投足间透着自信和从容。作为全国数百家亲子园和近百家幼儿园的掌舵者，她保持着少有的平和与淡定。她用女性独有的柔和与感性营造着一种温馨和谐的园所文化，同时又在未来战略、发展目标和管理方面，保持着理性。

　　史燕来坦言自己思维比较跳跃，喜欢做别人没做过的事，正是如此使得红黄蓝在不少地方成为业界率先吃螃蟹者。她好静好思考，遇到事情会全盘考虑：能给孩子、家长、员工、团队带来什么？她觉得只有替别人考虑，才能有收获。

　　在史燕来宁静的外表背后，记者依然能感觉到她的激情，正如她所说，"激情是活力，这样才会把困难当作财富，辛苦并快乐着。"

　　（文章原载于：《人民政协报·教育在线周刊》2012年1月4日C3版）

　　史燕来，红黄蓝教育机构创始人、董事长，全国三八红旗手，北京市丰台区第八、第九、第十届政协委员，北京大学法学学士，清华大学—澳大利亚国立大学管理学硕士，北京师范大学发展与教育心理学研究生，曾获北京市劳动模范、CCFA中国连锁年度人物等荣誉。

　　红黄蓝教育机构于1998年创建第一家亲子园，开创0～6岁一体化早期教育模式，先后成功打造红黄蓝亲子园、红黄蓝幼儿园、竹兜育儿三大教育品牌，以及红杉优幼、青田优品、叮咚老师、巴拉乌拉等品牌，搭建园所、家庭、社会的"教育金三角"，在全国300个城市拥有1300多所亲子园和近500所高品质幼儿园，致力于培养健康、快乐、有竞争力的儿童，让每个孩子享受适合的爱与教育。

【对话】

愿每个宝宝都能享受最适合的教育
——访史燕来

陈　曦　钱　凤

不要改变孩子的个性

前不久，红黄蓝推出"竹兜快乐家庭"家教产品，史燕来希望通过这套产品帮助家长科学育儿，尊重孩子个性。

教育在线： 学前教育在人的一生中起着非常重要的作用。眼下学前教育机构竞争特别激烈，你觉得在竞争中站稳市场，最重要的是什么？

史燕来： 要想从众多幼教品牌中脱颖而出，一定要有自己的核心竞争力。红黄蓝的核心竞争力有三个：第一个是亲子园、幼儿园互动发展形成的0～6岁学前一体化教育模式。我们从创业至今，一直坚持自身特色模式，为孩子提供专业、完整、高品质的学前教育服务。第二个竞争力是立体教育。儿童教育单靠亲子园、幼儿园是不够的，所以我们在教育内容创新、自主研发方面，始终坚持立体教育，即将园所教育、家庭教育、社会教育很好地融为一体。第三个竞争力是团队。红黄蓝是董事会管理下的骨干员工持股制，从创建之初我们就没有控股股东，公司是大家的，这在中国学前教育领域很罕见。在红黄蓝跟我一起创业十年以上的人很多。大家在这里能够感到被喜欢、受尊重和价值感。其中，我们拥有一批管理人才和专家队伍，这是支持红黄蓝长远发展的一支重要力量。

教育在线： 红黄蓝最初做亲子园，后来发展了幼儿园，之后又扩展到家庭教育产品，正在形成一条完整的学前教育服务链。这一链条是如何形成的？

史燕来： 20世纪90年代，0～3岁孩子教育在国内还很薄弱，很多家长育儿很盲目，我们调查发现亲子教育很重要，应该开展研究并且推广，尤其是1998年我生完孩子之后越发感觉到这是一个问题，也是一个市场。于是我们坚持自主研发符合中国儿童成长规律的教育产品，并于1998年7月创办了国内首家亲子园。

但亲子园一周只有一两次，对孩子的连续性观察研究的机会相对少，因此我们从2003年开始做幼儿园，结果发现了很多3～6岁孩子的特质和需要，之后将这些成果反推，便更加深入地了解0～3岁孩子应该如何培养。另一方面，幼儿园是孩子习惯、性格养成的关键期，但家长并不了解孩子在园所的情况，如果周末继续亲子园的互动，则可以更好地了解孩子，对孩子进行有针对性的培养，于是我们把亲子园延长为0～6岁整个学前阶段。现在我们的亲子园和幼儿园既独立运营又相互联动。

随着早教行业进一步成熟，单纯的课程已经不能满足广大家长的需求。2008年，我们启动了家庭课程和教育产品研发。去年9月，我们推出了"竹兜快乐家庭"家教产品，现阶段为7～36个月的孩子提供每月不同的教育礼包，每包都有适龄儿童的DVD动画片、CD原创音乐、玩具、绘本、手工书、家庭环境材料、妈妈书等多种产品，深受家长欢迎。

教育在线：据说研发"竹兜"耗时三年多，耗资几千万。为什么花费这么多精力、财力来研发这套产品？相比其他家教产品，它的特别之处在哪里？

史燕来：红黄蓝团队中很多是既有早教专业优势又是做爸爸、妈妈的人，所以我们有条件和能力将优质教育带到家庭，帮助更多孩子。很多父母童年时的某些缺憾希望孩子能弥补，这对孩子不公平，这是我们研发竹兜的一个初衷。此外，我们发现国内外很多早教产品并不适合我们的孩子，甚至一些开发产品的机构缺乏教育背景和体系研究。所以，我们希望设计一个具有中华民族特色，符合中国孩子心理、行为特点，寓教于乐的产品。

"竹兜"产品不仅培养孩子的生活习惯，还激发孩子的创造力和自主学习能力，最重要的是尊重每个孩子的个性。《竹兜快乐家庭》有五个主人公：熊猫竹兜形象阳光、积极向上，交往能力强，善于发现、解决问题；河马塔塔平和内向，遇事总要多想一想；还有性格秉性各异的图图、悠悠、球球。大多数家长都希望自己的孩子能成为"竹兜"。我曾很纠结要不要把"塔塔型"儿子"改造"成"竹兜"。"竹兜"产品出现后，我的思想发生了很大转变，我发现伴随自己个性轻松快乐成长非常重要，现在我总是带着欣赏和爱的眼光看儿子，他不张扬，但很有思想。前不久他在学校发言中制作了关于夏季达沃斯论坛的PPT，还跟我辩论"奋斗与机遇"的问题，和我讨论周恩来对毛泽东的重要性……这些让我很感动，现在我充分尊重和欣赏他的个性。其实，每个孩子都是本质独立且有差异的个体，每种性格都有成功的典范，我们不要改变孩子的性格，尊重就好了。

教育即服务

史燕来认为，做学前教育要树立服务意识，不仅为孩子健康成长服务，也要为园长、教师发展服务。

教育在线：做学前教育这么多年，期间有没有难忘的辛酸苦辣？

史燕来：辛酸的事情我想不起来，满脑子都是幸福的事。比如，去年三八妇女节时，一上班发现办公桌上放着一块温馨的粉色手工香皂，我的名字镶在中间，原来是一个老师的心意，我感觉特别温暖。还有我40岁生日那天，我们有个教师培训结业仪式，让我去做总结。到了后我简直震撼了：100位参加培训的老师围成半个圈，有人捧着鲜花祝我生日快乐，十几位老师还做了个人床，说我太累了，让我休息一下，我感动得热泪盈眶……这些温暖的感动太多太多。

教育在线：看得出你是一个感性的人，和员工关系很融洽。

史燕来：作为女性管理者，我觉得应该展现女性比较理解人、体谅人的一面，在管理上，我相对亲和，喜欢轻松、快乐、温馨但高效的氛围。

做学前教育需要感性，必须要真心爱孩子，但管理中的理性必不可少。管理者最重要的是定战略和用对人。目标正确了，我们就清楚做什么，怎么做。举个例子，对于乔布斯逝世的事情，我问园长，"活着就要改变世界"这句话很多人都听过，但他到底改变了什么？从乔布斯身上，红黄蓝可以借鉴什么？……作为一个新时代的园长，常常需要跳出教育看教育，跳出学前看学前。

我们要求红黄蓝园长具有教育性、互动性和时代性。比如，我们要求园长背规划纲要；看世界杯和奥运会开幕式、国庆阅兵式等，这样他们才能紧跟时代步伐，对孩子进行无形的引导教育。

教育在线：除了这些，你还有哪些管理理念和大家分享？

史燕来：我的座右铭是：作为管理者，不要把自己当回事。我不喜欢个人很光鲜，但很难凝聚团队。未来社会不仅企业内部要有很好的合作，企业之间也要开放、学习，这样才能应对整个大环境。

人不是管出来的，而是被吸引来的。我不管人，但每年目标没有落实不下去的。一方面，我们坚持内涵式发展，让园长和老师不断看到总部新意与提高。同时，我们坚持加盟、直营一家人，关心加盟园发展。2003年，我们创办第一家幼儿园时正赶上SARS来袭，在各种成本压力下，我们实行了"金字塔式"工资制（职位越高，工资越低），即便如此，我们还为全国加盟园减免一半左右的年度使用费，SARS之后我们凝聚力剧增。

此外，我们坚持教育即服务，不仅为孩子成长服务，也为教师和园长发展服务。我们对园长进行信息管理、财务管理等各种培训，让他们享受红黄蓝的理念、环境，不断成长。

上市是水到渠成的事

2011年9月红黄蓝引进第二轮2000万美金风投，融资将主要用于内涵建设。史燕来表示，上市是一个水到渠成的事。

教育在线：前不久红黄蓝引进了第二轮风投，这笔钱将花在哪些地方？

史燕来：红黄蓝自2008年引进大规模融资之后，2011年又用两个月完成了第二轮风投2000万美金。融来的资金将主要用于内涵建设：一是继续进行核心产品研发和信息化建设，同时引进优秀人才；二是用于新园所的建设和发展；三是通过实体和网络营销相结合的方式，推广"竹兜"产品。

教育在线：近年来，幼教领域成为风投青睐的对象，你怎样看待幼教和投资的关系？未来有没有上市打算？

史燕来：我们和风投是基于共同理想彼此支持、共同发展。我们在选择融资伙伴上非常慎重，融资方对我们很信任也很宽松。我们有需要时他们会在战略、人才、管理上给我们支持和建议。

至于上市，我觉得不用太急，是一个水到渠成的事，当企业健康良性发展的时候，上市将更好地提升品牌。

教育在线：你未来的人生愿景是什么？

史燕来：希望每个宝宝都能享受最适合的教育。我们将组建红黄蓝教育研究院，并通过不断创新，实践和发展立体教育，努力构造理论体系，争取在教育研究、培训、标准化管理、文化创新、科技创新等方面有进一步提升。希望红黄蓝人共同努力在未来行业整合中成为中国儿童教育的领导品牌。

（文章原载于：《人民政协报·教育在线周刊》2012年1月4日C3版）

红黄蓝：发力供给侧　让普惠园不普通
——专访史燕来

张惠娟

随着消费升级和供给侧改革的持续推进，我国民办学前教育进入提升品质、提高品位、创新业态和模式，提供更多更好教育消费的转型期。如何扩展优质教育资源，最大限度地满足社会多元需求已经成为当务之急。

作为中国儿童教育领导品牌之一，红黄蓝教育机构提出"品牌化、专业化、生态化"的发展战略，借助资本之力和互联网之翼，探索共建、共享、共赢的品牌发展之路，为广大幼儿园发展注入成长"芯"动力，让优质的学前教育惠及更多 0～6 岁婴幼儿家庭。

推出"红杉优幼"：让服务升级，让产业"连接"

刚刚过去的 2016 年，在红黄蓝教育机构的发展足迹中，"北京红杉优幼联盟"的成立可谓是浓墨重彩的一笔。

"如何才能让更多的园所优质发展，让更多的孩子享受适合的爱与教育？"在红黄蓝教育机构创始人、总裁史燕来看来，仅仅依靠红黄蓝的几百家幼儿园的资源还远远不够，还要连接一切有助于园所发展和孩子成长的力量。在这种背景下，红黄蓝依托全球优质的教育资源和近 20 年的行业经验，携手国内外知名科研机构、行业协会，于 2016 年 7 月正式推出了"北京红杉优幼联盟"。

北京红杉优幼联盟通过搭建专业幼教服务平台，为中小型普惠幼儿园提供课程、产品、师资、管理、培训等多业态合作和多维度服务，帮助园所提升教育质量，创新服务模式，打造办园特色，实现品牌的快速成长和良好的社会效益。

短短的半年时间，北京红杉优幼联盟顺利进驻北京、广州等一线城市，同时在广东、江苏、浙江等发达省份生根发芽，还获得了传统幼教区域河南、河北、山东的认可。此外，福建、内蒙古、四川、辽宁、湖南、陕西、山西、江西、广西等很多省份都已经飘扬着北京红杉优幼联盟的红旗。

"红杉优幼的愿景是——'与孩子同心，与园所同行，与北京同质，与世界同步'，我们希望优质的教育能够通过更加便捷的方式普及到全国各地，帮助众多有志于学前教育的人士创业，帮助非品牌幼儿园提升特色，实现成长。在推动园所快速优质发展的同时，能够让更多的孩子享受优质的学前教育服务。"作为中国民办教育协会学前教育专业委员会副理事长、丰台区政协委员，史燕来不忘心中那份沉甸甸的社会使命。

为了让更多的普惠园发展成为"品牌有光芒、资源有保障、管理有方向、招生有策略、教学有目标、未来有发展"的"六有联盟园"，北京红杉优幼联盟在全国各地召开园长特训营，涉及教学课程、督导支持等培训内容。"行业大数据和国家政策让我看到了幼教事业的广阔前景，对于普惠园的发展有了更加明确的定位和认识。红杉优幼特训营对于联盟园的发展给出了专业的指导和支持，我们有信心共促普惠园的优质发展。"来自四川凉山的张园长在学习中悟出了普惠园品质发展的"红杉优幼模式"。

"过去，园所是我们的世界；现在，世界是我们的园所。"在史燕来看来，借助北京红杉优幼联盟这一平台，把优质的教育资源和经验输送到广大中小型普惠园，创新园所发展模式，提升教育质量，连接一切有利于孩子成长的力量，为幼儿园发展注入"芯"动力。

专业品质，生态思维，"连接"卓越未来

在激烈的市场竞争面前，红黄蓝之所以"勇立潮头"，其原因在于一直坚持质量为核心的内涵式发展道路，不断进行课程及产品研发，促进品牌服务升级，从而推动全国园所健康、优质、可持续发展。

从1998年创办第一家亲子园，2003年创办第一家幼儿园，到如今遍布全国300多个城市的1300多家亲子园和近500家高品质幼儿园，几十家幼儿园荣获"一级一类园""省市级示范园""优秀民办幼儿园"等称号，红黄蓝保持了规模和质量的同步增长。在近20年的发展中，红黄蓝围绕0～6岁学前一体化教育，先后成功打造了红黄蓝亲子园、红黄蓝幼儿园，竹兜育儿三大教育品牌。其中，红黄蓝幼儿园和红黄蓝亲子园都成为中国幼教行业的著名品牌。除此之外，北京红杉优幼联盟、青田优品跨境母婴电商、叮咚老师早教入户等创新品牌，使红黄蓝在其"三原色"的基础上，更加"五彩缤纷"，百花齐放。

"如果说幼教是座大厦，那么质量就是基石，如果质量不能保障，其他都是空谈。而幼儿园的质量升级离不开两件事：课程和师资。"在史燕来看

来，自主研发是红黄蓝发展的源泉，每年至少进行 30％的课程升级，而不断改版创新的课程背后则由强大的专家团队做支持。"自创立起，红黄蓝就邀请国内外专家成立了教科研中心，2014 年升级为红黄蓝教育研究院，对优质教育资源进行分析、吸纳和整合，不断推进学前教育改革与创新，努力建构适合中国儿童自主成长的立体教育方案。"

"专业就是尊严，学习成就未来"，红黄蓝始终把教师队伍建设放在重要战略位置，将科研、教学和人才培养紧密结合，搭建专业化发展平台，努力培养"有理想信念，有道德情操，有扎实学识，有仁爱之心"的"四有教师"。"我们将师德培养和法律意识的学习，纳入红黄蓝教师培训工作的重中之处。"史燕来强调，"对于一个合格的红黄蓝教师而言，爱心责任、专业素养、师德建设、法律意识，一个都不能少。"

除了内部专业的培训体系，红黄蓝不断地吸收国外先进教育理念。2015 年，红黄蓝与美国埃里克森儿童发展研究院达成中国区独家战略合作，通过游学考察、暑期面授、在线学习等多种方式，帮助幼儿教师提升专业素养，拓展国际视野，以满足多元背景家长的不同需求。

"一个教育品牌要保持从优秀到卓越的成长，实现百年教育梦想，需要运用生态思维整合过去的发展成果，构建开放的、可持续发展的生态系统。"在史燕来看来，红黄蓝与时俱进地选择了互联网科技与金融资本作为腾飞的双翼，通过儿童教育、互联网科技、金融资本的"三轮驱动"，搭建多品牌、多业态相互滋养的 0～6 岁儿童教育生态圈，致力于成为中国幼教产业的领航者和链接器。

家园共育，打破"围墙"，搭建儿童教育生态圈

在全球化的大背景下，今日的家庭教育已不是传统"围墙式"的家庭教育，幼儿园也不是传统意义上的幼儿园，孩子们的教育更加开放、多元、个性化。如何满足新生代家庭不断提升的教育需求，培养懂育儿、会育儿的智慧父母，是红黄蓝关注的重要内容。

"当下，国家十分关注家庭教育，在政策给予了很大的支持。但随着社会节奏的加快，工作压力的加大，年轻父母陪伴孩子的时间严重不足，而且在陪伴过程中缺乏有效的沟通和交流，陪伴质量堪忧。"史燕来在调查中发现，一些家长虽然在理念上很重视"亲子陪伴"，但在实践中做的却远远不够。

"随着二孩政策的放开，我国每年新增人口预计在 300 万～800 万，提

高教育质量需从源头做起，所以，家庭教育、家园共育的话题引起社会高度关注。"史燕来说，家庭教育是一切教育的原点，关系着家庭幸福和民族未来，而高品质的亲子陪伴是最好的家庭教育。"我们倡议将每年的 6 月 16 日作为'亲子日'，在这一天，全国亲子家庭的大人们能够提前回家一小时，全心全意陪伴孩子一小时。"为了呼吁更多的家庭提高对孩子成长的关注，2016 年 6 月 16 日，红黄蓝首提"616 亲子日"，倡导高品质的亲子陪伴。

在史燕来看来，"孩子的童年无法重来，家庭教育是孩子成长的重要基石"，她希望通过"616 亲子日"的设立以及亲子季的落地活动，带动全国红黄蓝亲子园和红黄蓝幼儿园的数百万家庭，从而辐射到更多的家庭、社区和城市，让亲子陪伴的概念深入人心，成为良好的社会意识和习惯。

"怎么让家长走进园所，怎么让园所的教育理念走近家长，走进家庭？"史燕来介绍，红黄蓝将重点在家园合育、家庭教育方面发力，通过持续研发的竹兜育儿家庭教育产品、红黄蓝慧心父母课堂以及全国巡回育儿公益讲座，把园所教育延伸至家庭，帮助家长解决育儿难题，掌握科学育儿的理念和方法。此外，红黄蓝陆续在全国各地开展家庭引导师、亲子团体咨询师的培训，史燕来期待着每一位亲子教师未来都能成长为家庭教育专家，"像种子一样向全国的家庭播撒亲子教育理念，造福更多的家庭。"

路漫漫其修远。史燕来表示，教育机构只有守住"良心"和"自律"，真正从家长和孩子的发展需求出发，通过专业的科研引领、有效的服务支持和产业价值延伸，才能永葆生命力，学前教育行业也才能健康、有序的发展，实现百年教育梦想。

（文章原载于：《人民政协报》2017 年 3 月 7 日《民办教育可持续发展特刊》）

走进民办教育探索者的精神世界

【手记】

推动优质教育均衡的市场力量

——为红黄蓝的探索和践行点赞！

贺春兰

豫西山城一位朋友小白在当地为女儿寻觅优秀的亲子机构而不得，最终加盟了红黄蓝，成为红黄蓝在老家的一个加盟商，将红黄蓝的理念和模式在豫西山区的一个小县城推广；红黄蓝则为其提供研发、团队培训和品牌支持；如果没有红黄蓝，小白和当地很多人将与优秀的亲子教育机构无缘；而像小白们这样的投资人自己创办优质亲子教育机构的路也会很漫长，小白自己的孩子和河南老乡更多的孩子将会在他们人生的重要发育期错过优质的早期教育。

笔者曾质疑，小白们为何要持续依赖红黄蓝？红黄蓝前瞻性的研发理念、持续不断的课程优化升级和细致入微、充满爱心的服务感动着很多加盟商，也最终获得了笔者的认同。原来推动教育均衡，在政府之外，还有如红黄蓝这样的孜孜以求注重研发的民办教育机构。他们正在通过市场的力量，吸引越来越多对教育有热望的加盟商，通过研发支持辐射，系统的培训管理，最终推动中国教育的均衡优质发展。尤其在义务教育之外，在三、四线城市，在一些政府力量顾及不了的地方，如红黄蓝这样的品质和模式，市场力量的发挥对中国教育优质均衡发展尤为需要。

为红黄蓝的探索和践行点赞！

（文章原载于：《人民政协报·教育在线周刊》2015 年 3 月 8 日 17 版）

【故事】

冯建的另类选择

张　眉

只要你努力，只要你奋斗，你的命运一定可以改变

　　北京新干线学校董事长冯建是北京郊区农村的孩子，母亲是农村家庭妇女，父亲是一个工厂里的钳工。

　　初二的一天，冯建在厨房里帮母亲做事，母亲对他说，长大了你接你爸的班去吧。好歹也是铁饭碗，吃皇粮的。不料小冯建回答，我不，我要自己开工厂，办一个 500 人的大工厂。母亲接了一句，说，你有病啊。然后再没搭理他，转身做自己的事情。

　　若干年后，冯建回忆起来这件事，他说，这是我母亲第一次说我有病。在以后的短短的 30 多年的人生历程中，冯建说自己有太多被别人说"有病"的经历。他说，我从小就是一个特立独行的人，想法总和别人不一样。别人要往东我偏往西。所以很多人说我是"怪人"。说到这里，冯建哈哈大笑。

　　第二次"犯病"，是在冯建参加工作一个月后。初中毕业后，由于家境原因，不能供他上普通高中，成绩优异的冯建考上了职高。毕业后顺利分配到了船舶部下属的无线电厂。终于也和父亲一样，拥有了一份铁饭碗。上班一个月后某一天，18 岁的冯建偶然读到《海外文摘》上一篇介绍松下幸之助成长和奋斗史的文章。很多年以后，冯建说，"那篇文章改变了我的一生"。文章很短，但是给年轻的心灵带来的震撼却极大。他的脑中闪出一个念头："我要出国留学！"他的念头立刻变成了强烈的愿望：我要到发达的国家去看看，学习别人的先进经验。20 世纪 90 年代初，一个农村出身的小工

　　冯建，1998 年日本留学归国，创办北京高考复读学校——北京新干线学校。2004年他在日本福冈成立了海外分校——"北京你好"中国语中心，向海外学生传授汉语知识，传播、弘扬中国文化，成为中国较早在海外独立投资建立汉文化学校的民办教育机构，开始了推动中国教育走向世界的努力。2009 年在加拿大建立第二所海外分校。

人，冒出要出国的念头，不论是对于他的父母，还是对于常人，都无异于天方夜谭。

可是，按照他当时的学历和知识，都不能达到出国留学的需要，于是他决定先考大学。他马上行动起来。每周一、三、五学习日语，周二、四、六学习文化课准备考大学（成人高考）。

冯建家住在公路旁边，每天都有无数的汽车和公交车路过，家里很吵，没法安静学习。每天下班后，他就在清华大学的自习室学习到晚上 10 点，然后回家。10 点后，公交车末班车没有了，家里也安静了下来。他接着学习到凌晨 4 点。

就这么坚持了 5 个月。成人高考结果下来，他考上了中国人民大学经济学专业的成人大专班。在录取的 130 个人中，他名列第 9。按照规定，排名前 10 名的学生可以直接去本科班学习。

冯建的第三次"怪人"举动，是在他上成人大学一年之后。冯建学完了大部分的课程。这时候他的脑海中另外一个念头逐渐清晰：参军。

他知道，日本的留学生活很苦，需要足够的体力、能力和意志力，对于他来说，部队正是培养这些品质的最佳场所。

考大学的念头和行动已经让他的父母震惊，参军，意味着放弃铁饭碗，意味着放弃即将到手的大学学位，这是他们坚决不能接受的。尤其是对于冯建的母亲来说，铁饭碗就是她这样的农村妇女一生的梦想和追求。对于冯建"疯狂"的想法，他们说，"要参军，就别想进家门！"好在第一年因为体检不合格，冯建没有当成兵，让他的父母松了一口气。

但冯建铁了心要参军。第一次兵检回来以后，他用了半年的时间对自己进行了疯狂的体能训练。他的父母千方百计阻止儿子放弃铁饭碗去参军，冯建两次到武装部去报名，两次被父母偷偷地去求武装部的人把他的名字划掉，但又都被他及时发现补上。最后冯建终于如愿以偿地参军了。

当兵已经成为不可改变的事实，冯建的父母说，那就到近一点的地方当兵吧，就到北京或者河北，离家近，条件也好一些。但是冯建说不，"我要到最艰苦的地方去"。于是他去了山西的山区里。这个决定又一次让他的父母无法理解。但是冯建知道，只有最艰苦的地方才能更好地锻炼自己，才能为未来适应高节奏、高强度的日本留学生活做准备。

1992—1995 年，三年的军人生涯，他坚持完成了学业，同时学会了开车、烹饪，立了功，入了党。"该学的都学了，该有的成绩都有了。"由于综合素质和各方面条件都不错，退伍后，冯建被直接分配到中南海，给首长开车。

但是冯建舍弃了这个"香饽饽"，决定自己创业。此举再次遭到父母的强烈反对。

他说，我要自己开自己的车

在父母的反对声中，他开始了第一次创业，一边创业一边准备去日本的签证。和朋友合伙在中关村做办公器材的零售生意，每天四处向人推销自己的产品。冯建说，"第一次创业的经历，为我在日本找到第一份工作起了极其关键的作用。"

九个月后，公司的业务蒸蒸日上，他的月收入已经达到了 4000 元。当时局级干部的月薪也不过 2000 元。1996 年 10 月，去日本的签证办下来了，冯建决定撤股。他连借带凑，一共揣了 11 万元到了日本。

他的母亲满肚子牢骚，她不能理解自己的儿子，放着好好的工作，放着这么高的收入不要，为什么要跑到日本去受罪？他的父亲也反对，一个人躲在屋子里生闷气。但是他们知道，冯建决定了的事情，十匹马都拉不回来。

在日本的冯建，每天打工 15 小时，学习 4 小时，骑自行车 1 小时，睡觉 3 小时。每天如此。

冯建出国的初衷，和大多数人一样，是为了读一个研究生、博士生，镀镀金，然后回国。

两年以后，冯建决定回国。1998 年，正是中国人出国的高峰期，愿意回国的人还很少。包括老师、同学、校长在内，几乎所有人都不能理解他为什么要回国。"大脑有障碍"，是别人对他说得最多的话。校长也语重心长地要他"慎重考虑"，实际上也是反对他回国的意思。几乎所有人认为，冯建回国舍弃了读完硕士、读博士的机会，很不值，他完全可以在获得了学位后再回国。"一时间，说我'有病'的声音一片。"冯建说。

"在日本的每一天每一秒都是学习。"冯建说，在日本的社会中每一个细节都是学习的过程，他从日本人和日本社会中感悟到，对于创业而言，学历并不重要，敬业精神、对客户负责、关注细节、科学化管理、不断创新，才是创业的关键。

同时，他看到了中国市场的潜力，他认为，回国创业的良机已经到来，当时的中国已经为创业者提供了一个自我实现的良好平台。

回国后冯建创立了新干线。3 年后，新干线学校已经成为北京规模最大的高考复读机构。现在，新干线已经成立了6个分校，并在日本设立了海外分校，旗下还有两个广告公司，并有自己的杂志。

"对今天的成功，我一点都不奇怪，因为在过去的六七年，甚至是十多年中，我已经为自己今天的成功做了充分的准备。"他用自己的亲身经历告诫年轻人，"无论做什么，一定要有目标，先确定目标，针对目标选择合适的路径，有目的地安排自己的生活；走一步看一步是不行的，那样经常会走错，不知道自己在哪儿。"

而他所有的成就，最初的影响都来自18岁那年偶然在《海外文摘》上看到的那篇关于松下幸之助的短文。那篇文章对他的最大的影响是两句话，"只要你努力，只要你奋斗，你的命运一定可以改变；不管你的基础如何，只要你愿意，一切都可以改变。"

"松下能做到的，我一定也可以做到。而且，我的条件比松下好，他只有小学三年级的学历，我的比他的高多了。"他自己的这句话和松下的话，成为他现在教育学生和年轻人最经常说的话之一。

只要方向是对的，成功只是时间的问题

对他产生重大影响的另外一句话是在2005年年底，一位房地产界前辈对他说的话："小伙子，只要方向是对的，成功只是个时间的问题；如果方向是错的，失败和崩溃也只是个时间的概念。"

"今天我取得的成就，在我18岁的时候就已经设想好了，但是我没有想到它会这么快。"一切都实现之后，冯建开始茫然：方向在哪里？他说："说实话我自己挺迷惘的，不知道自己下一步该怎么走。"在他看来，成功到一定程度，金钱的数量和事业的规模不过是个数字概念。

他说，我就是个不安稳的人。每次总是在快要成功的时候，我就开始想着下一步怎么走。对我来说，量的变化只是把自己事业的摊子做得更大，但我想要的是质的飞跃。

穷孩子出身的冯建，一直以来的理想，不过就是吃饭、还债、经济独立，拥有宽裕的物质生活，有一份自己喜欢的工作；今天的他，按照社会的标准，算是很成功了。有很多的媒体邀请他去做访问，给年轻人讲怎样才能获得成功。

但是在今天的冯建看来，以前自己将经济的独立和职业的自由作为成功的标准"很肤浅"。现在，他成功的标准是：一、能为别人带来快乐；二、教育的学生是否成功；三、有一个健康的身体；四、有一个幸福的家庭；

五、能对社会有所贡献，能够帮助更多的贫困孩子上学。

2006 年年初开始，冯建数次到四川和云南的贫困山区、少数民族地区考察，看到了艰苦的生活环境下失学的孩子，看到了孩子们想要学习、对知识的渴望、对未来的憧憬，决定为孩子们做一些事情。

他因此成立了一个专门为帮助云南、四川两地的彝族孩子上学的"新干线——王亮"工作室，并决定在 2006 年和 2007 年两年时间资助 1000 名彝族孩子上学。至今为止，资助的孩子的数量已经达到了 700 名。

他还定期到国家扶贫开发协会做义工，并提出建立少数民族工作服务处、专门帮助少数民族孩子上学的设想，并负责该工作室的全部策划和执行工作。

他还在策划一个"少数民族文化艺术国际博览会"，打算以民间的形式，向海外推广少数民族文化，借以扩大少数民族文化的国际影响，使得更多的人关注少数民族的生活状况，帮助更多的孩子上学。

就在记者采访的前两天，冯建刚为冰心老人发起的"希望书库"捐款了30000 元，并打算将书库的募款工作扩大到海外，让国际友人、海外华人更多地关注山区的孩子。

……

一次又一次地捐助行动，让很多人不解。"很多人都说我有病，好好地赚钱为什么要把钱砸到那些没有回报的地方啊？"

他说，因为曾经也是穷孩子，所以看到那些需要帮助的孩子，总是忍不住慷慨解囊。从事教育本身，就是一个帮助别人成功的事业；而关注贫困地区的孩子，帮助更多的孩子获得受教育的机会，则把他的视野扩大到了整个社会。现在的冯建，已经把成功的标准从追求自我的成功，转向以帮助别人获得成功为成功，乃至以推动社会进步作为自己的成功。

因此，当记者问到，创业这么多年以来，最有成就感的一件事情时，他脱口而出，"是帮助了 700 个孩子上学"。接下来，冯建希望，自己能够帮助更多的孩子上学，"这是值得我做一辈子的事情"。

（文章原载于：《人民政协报·教育在线周刊》2007 年 2 月 14 日 C4 版）

【印象】

朱敏：思想飞扬，践行入微

贺春兰

　　我所在的报社与二十一世纪幼儿园恩济分园一墙相隔。常常通过通透的玻璃窗默默观察着那里的欢笑和静谧。

　　终于，在 2004 年 12 月 6 日，北京市 20 所先进民办学校颁奖会上，我们第一次邂逅了一直低调做事的朱敏。面对"邻家"友善的询疑，她只是笑："教育是做出来的，不是说出来的。"笑得饱满，但不张扬。

　　朱敏，这位二十一世纪幼儿园的统帅，从事学前教育，应该说相当的"科班"。首都医科大学学医出身的朱敏在从事幼教实践几年之后特别攻读了北京师范大学学前教育专业的硕士学位，后又进一步返回到幼教实践。谈到当前教育上诸多颇为敏感的话题，朱敏都有自己的思考，而且这思考充满着辩证精神。记者特别强烈的印象是，她懂教育，对教育有着基于社会责任的理解与理想。也因此，她执着、她坚持、她不随风倒。

　　"教育毕竟是教育，你必须全身心投入地去创造，但又不能将孩子复制成你自己；不能因为我们自己视野的狭隘限制了孩子的发展。""教育理想可以很远大，但教育本身还要从细节开始。"忽然发现，在低调而静谧的背后，朱敏原有着如此飞扬的思想和明快的表达。

　　但在本质上，朱敏是一个教育实践者，她的一切思考，都源于并最终落脚于细致入微的实践。

　　而作为北京市政协委员的朱敏，在幼儿园的日常管理之外，还有一份

朱敏，北京锡华未来教育股份有限公司董事，北京市二十一世纪实验幼儿园总园长。北京市第十一、十二届政协委员，海淀区第十五届人大代表，中国儿童少年基金会理事。北京市二十一世纪实验幼儿园由锡华实业投资集团于 1995 年投资创建，是北京市最早的民办寄宿制幼儿园之一。经过近 20 年的发展，目前已成为拥有数十所高品质国际双语幼儿园的幼教集团，办学地域覆盖北京、长春、长沙、苏州、成都等多个城市。

特别的社会情怀。她关注很多身陷困境的儿童的心理问题，她为多元教育评估标准的构建鼓与呼。

（文章原载于：《人民政协报·教育在线周刊》2005 年 1 月 25 日 A4 版）

【对话】

专业思想引领幼教实践
——走近朱敏

贺春兰　　胡虹娅

孩子的成长需要幼儿园充满爱的、辩证的引领

教育在线：是什么让你在幼教领域一坚持就是十年？

朱敏：成就感，这是一种很细致的成就感，来源于生命对生命的反馈，可能只是孩子一句稚嫩的问候。你会觉得你和孩子，彼此创造了一个温馨的家。

教育在线：作为民办园的掌门人，你的教育理想是什么？

朱敏：让每一个孩子获得理想发展。这里有两层含义：一是面向全体孩子，二是面向每一个孩子的每一方面。让每一个孩子不同的智能在高速发展时期得到张扬，在滞缓发展期得到帮助。

孩子快乐地成长从而身心得到发展是一个最佳的目标。不要横向地去比较他们。学习本身对孩子并不是负担，负担是标准划一的评估、比较。而这一评估又恰恰没有考虑到孩子自身的发展速度。在一定阶段，没有发展不代表孩子就没有发展的希望了，要等待他自然成熟；即使真的不能发展，也没有关系，他还有别的方面的专长。这需要家长的理解。

教育在线：阅读媒体关于你的资料，有一句话给我很深的印象，你提出对孩子要"一蹲二抱三牵手"，听起来很亲切。

朱敏："一蹲二抱三牵手"即蹲下来讲话、抱起来交流、牵着手教育。它是二十一世纪幼儿园的财富。我简单谈一下"蹲"和"抱"。去年 11 月有这

样两个同质的新闻引起热议，都是商场的"跪式服务"，一个在哈尔滨，一个在天津。园里组织老师展开了讨论。而我们之所以强调"蹲下来"而不是"跪着"，也考虑到一个尊重人和自尊的问题，既要尊重孩子又要尊重自己。民办学校收费相对较高，家长会下意识地认为：我交钱你服务。所以，我们要求老师在家长面前一定要有自尊，而且要引导家长，并不是无条件地被动服从。"牵手"体现的是老师的主体作用，现在学界盛行的有"儿童中心论""双主体论"。但孩子是不会天然成长的，需要浇灌，也需要剪枝。如果要达到有效学习，必须有老师的引导。教育就是这样，是一个需要怀着充沛的爱心去艺术地辩证地牵手孩子们发展的过程，一味地迁就或武断地拒绝和拔高都不行。

在本土化优先基础上的国际化中产生中华民族的新未来

教育在线：你们的定位是提供优质教育，你如何看今天的市场需求？

朱敏：我国经济发展很快，教育需求呈现出多元化的特点。部分人群对教育提出了更高的要求，应该有一批这样的学校来满足这种需求。

教育在线：你非常提倡教育的国际化，这与你在多个国家和地区居住的背景有关？

朱敏：多年以前，在新加坡，人家问我是不是台湾人、香港人。在美国，人家问我是不是日本人。我很受刺激，不能再让孩子们遇到这样的尴尬。于是回国后，我立志给孩子们提供多元文化的土壤，让孩子们具有国际意识和国际视野，最终在与本土文化传承的结合中缔造出新的文化、新的品格和气质，以铸造出中华民族的新未来。

教育在线：你在强调国际化的同时还特别强调本土化？

朱敏：国际化的前提首先是本土化。母语优先，本土文化优先。否则，异域文化就会是一种侵略，让人丧失自我。而没有自己本源的人是没有立足之地的。

教育在线：这样的思路怎么来？

朱敏：起源于我们的英语教学。我们的老师多是基督徒、志愿者。当时我们明确要求不能传教，但外教们关于圣诞节的活动设计一下子就将孩子们吸引了。我突然意识到，不能随英语教学的开展单一传递西方文明，还是要以中国文化的滋养为主。于是我们把中西方的节日都列出来，做各种各样的活动。其实我们的新年文化同样丰富。当我们搞了反映中国新年的主题活动如包饺子、放鞭炮、扎灯笼等时，外籍老师也同样被我们的文化震惊和吸引了。

不能因个人的偏好限制孩子的发展

教育在线：锡华教育的理念是"使普通儿童获得理想发展"，强调"培养孩子们做豪迈的中国人"，为此，你特别在二十一世纪幼儿园开设了多元文化课程？

朱敏：是这样的，一开始，体现多元文化内容的活动是片段式的、松散的、随意的，我想我们不能因为个人视野的狭隘限制了孩子的发展，不能因为某个老师个人的偏好而将国际化变成小山村，于是，我们特别聘请了专家、教授按照上述的理念开发系列的多元文化的教材。我总在想，教育是一门艺术，但教育还是科学，关系孩子的终身发展和国家的未来，在尊重老师个人创造的同时还应该体现国家意志和民族利益，因此不能失之随意、不能因园所文化和老师个人的爱好而被随意删减。

教育就是教育，不论国办还是民办。我们对外籍老师特别要求：你必须全身心地投入，但绝不能变成你的教育，复制成你的本土的教育。

不能轻易追风迷失自我

教育在线：前几年，"蒙台梭利""瑞吉欧"盛行的时候你们没有动。而这一两年，等大家纷纷起来质疑的时候，你又特别引进了"蒙台梭利教学法"？

朱敏：对。当"蒙台梭利""瑞吉欧"遍地开花的时候，我们没动。为什么？首先，我考量了自己园里有没有能承担的老师，结果是没有。我们觉得时机不到。而且我也知道，当时的蒙氏已被商业化了，成了大家吸引家长的一个砝码，能够领悟并贯彻其思想精义的少而又少，大多买一套教具就自诩蒙氏了。那时候，我们是在全力准备老师，老师的培训是要花大量时间的，不是一蹴而就的。今天经过摸索，我们相信：理念成熟了，老师也具备了。于是在二十一世纪幼儿园分园之一的亦庄园国际部我们全面开展了蒙氏教学。

今天，二十一世纪幼儿园经常面临着扩张的诱惑，但很多时候我拒绝了，优秀的能实施你的理念的师资并不是一夜间就能培养出来的。二十一世纪幼儿园集十年之功走到今天，我珍惜她的品牌和文化。

教育在线：面对教育的每一次波澜，你并不是跟风而动？

朱敏：绝不能无原则地左摇右摆。当你决定做不做的时候，你首先要了解它，并且了解你自己。你行不行？老师行不行？市场需不需要？作为一个办园者，要把持得住不能迷失方向。绝不能跟风而动，给教育"注水"。盲目跟风市场的结果有可能就是被市场抛掉，因为忽然这样忽然那样，你不知道自己的特色在哪里，家长也不知道你的特色在哪里。

你的轻易跟风，草率实验还可能影响孩子的一生、耽误孩子的未来。

做出特色便不怕竞争

教育在线：当前民办教育发展的整体环境不容乐观？

朱敏：我习惯首先检讨自身，我的要求是不是合理？自己生存的本源找到了没有？抓住了没有？做教育一定不能以自我为中心，个人利益要服从国家利益，要从整个大教育的需求来看民办教育，才不会失掉自己的市场。不能期待国家把公办的奶断了给我喝。一句话，立足特色找空间。我常常对老师说，不能低头拉车，要了解国家法律、政策，要学会整合资源，最大限度地发挥政策的优势空间。

教育在线：无论"春天论"还是"冬天论"，你的内心都波澜不惊？

朱敏：关键是要有一个好的心态。如果你是一个压力感很强的人，你起步就失败了。我自信我就不怕竞争。孩子的需求是多元的，没有一个幼儿园能够涵盖所有的需求，做自己有能力做好的事情、特色立足。我们不能眼看着家长无可奈何地把孩子送进来，然后无可奈何地等待着孩子被同一个模子浇铸。

参政议政从学前教育开始

教育在线：听说因为你在管理中特别加入了提案制度的内容？

朱敏：园领导每年至少要有一个针对园所建设的提案，如被采纳，有奖。一线教师只要参与就有奖。我们给老师们话语权，老师们就会尊重孩子的话语权。"参政议政"从小开始。孩子们关心的面很广，大到总统大选，小到一棵草的生命。孩子是小公民，从小要给他们足够的话语空间，而不是培养一只大人想让他说什么他就说什么的"小鹦鹉"。二十一世纪幼儿园的文化就是这样，一个由管理者、教师与孩子之间的民主链构成的特有的文化。

（文章原载于：《人民政协报·教育在线周刊》2005 年 1 月 25 日 A4 版）

图 7

图 8

【图说】

　　2007 年 1 月 16 日，教育部出台《民办高等学校办学管理的若干规定》，并于 2007 年 2 月 10 日起施行，在此背景下民办教育产权问题凸显。2007 年 7 月 5 日，教育之春沙龙聚焦"民办教育的产权困境"。民办教育学术界和实业界齐聚人民政协报社，争分夺秒交流交锋。(见图 7，图 8 为后续报道)也正是在这次沙龙上，教育之春沙龙持续聚焦"民办教育发展、制度困境与地方探索"。就在此书编辑过程中，民办教育促进法修订完成，1＋3 文件出台，而法律精神和中央一系列精神的落地，则亟须地方积极也创新地贯彻执行。

　　(文/贺春兰，图/舒晓楠)

【链接】

第 17 次教育之春系列沙龙议程

(2007 年 7 月)

主题：民办教育发展、产权困境与地方探索

时间：7 月 5 日(周四)上午 9：00—下午 5：00

沙龙地址：北京恩济西街 人民政协报大厦二层会议室

上午 9：00 —9：30，沙龙工作概览

主持人：贺春兰，教育之春沙龙创办人、《人民政协报·教育在线周刊》主编

主题发言：

韩　民，沙龙 07/08 年度学术委员会主席、国家教育发展研究中心副主任

吴　华，沙龙 07/08 年度学术委员会主席、浙江大学教育学院民办教育发展研究中心主任

罗晓明，浙江商会副会长、吉利集团副总裁、吉利大学执行校长

谢　湘，沙龙媒体顾问团主席、中国青年报社副社长

上午 9：30，问题提出：民办教育发展遭遇产权困境——民办教育实践者的感受与发现(每人 15 分钟)

主持人：王钧，周刊/沙龙发展顾问团副主席，中关村 IT 专业人士协会执行副理事长

主题发言：

张杰庭，全国政协委员，锡华集团董事长、北京光彩教育基金会秘书长

罗晓明，浙江商会副会长、吉利集团副总裁、吉利大学执行校长

张恕生，江苏省教育学会民办教育专业委员会副会长、江苏致远教育集团董事长、宿迁市政协常委

拓展发言(每人 5 分钟)

民办学校投资人代表

贺惠山，广州岭南教育集团董事长

肖　川，厦门华天涉外职业技术学院董事长

施振西，周刊合作伙伴单位、深圳振西科技学院董事长

陈　逸，南京钟山学院董事长

自由发言

上午 10：30 —12：30 问题解读(每位发言者 20 分钟)

主持人：陈　光，中华职教社副总干事

保育钧，全国政协委员、中国（民）私营经济研究会会长、全国工商联前副主席

韩　民，沙龙 07/08 年度主席、教育部国家教育发展研究中心副主任

刘　林，沙龙 07/08 年度学术委员、北京民办教育协会常务副会长

张铁明，沙龙 07/08 年度学术委员、广东教育学院民办教育研究中心主任、广东省民办教育促进条例起草小组组长

拓展发言（每人 5 分钟）：

王　华，沙龙政策法律咨询顾问团副主席

孙建中，石家庄外语翻译学院院长

自由发言：20 分钟

12：30 —13：30 午餐

13：30 —15：30（每位发言者 20 分钟）

主持人：张巨河，07/08 年度周刊发展顾问团主席、中国多元职能协会副会长兼秘书长

主题发言：

忻福良，上海工商联民办教育协会秘书长

王文源，沙龙 05/06 年度学术委员、北京民办教育研究所所长

陈孝大，上海远东学校校长、中国教育学会管理分会常务副理事、上海嘉定区民办教育协会会长

王兰山，贵州省经济体制改革研究会副会长

拓展发言：

黄玉林，江西城市学院董事长

王图强，北京人文大学执行校长

鲁加升，厦门南洋学院董事长

孙建中，石家庄外语翻译学院院长

第五时段：15：30 —16：30

民办教育产权问题的地方解决方案和相关问题思考（20 分钟）

主持人：吴　华，沙龙 07/08 年度学术委员会主席、本次沙龙执行主席

主题发言：

曹永安，沙龙 07/08 年度学术委员会委员、齐齐哈尔职业技术学院院长（案例介绍：齐齐哈尔职业技术学院的产权改革）

任铭跃，黑龙江省教育厅政策法规处处长、社管办主任（黑龙江省关于产权问题的思考）

李维民，沙龙 07/08 年度学术委员会委员，陕西省教育厅社管中心书记、副主任（陕西的相关问题并处理方案）

案例评点(每人 10 分钟)

史　朝,沙龙指导委员会委员、沙龙 05/06 年度学术委员会主席、国家教育行政学院教授

陈　宇,中国就业促进会副会长

自由评点(15 分钟,每人 3 分钟):

16:40 —17:05 总结发言

朱正东

【印象】

朱正东：严谨也豪迈

解艳华

　　历时八年打造的正保远程教育集团在董事长朱正东的带领下顺利在纽约证券交易所成功上市，向世界展示了一个涵盖 13 个行业、149 个职业辅导类别、可以"自由选择"的职业远程教育版图。

　　20 年前，随着全民下海的召唤，出生于江南水乡的朱正东一个猛子扎进了商品经济的大潮，尽管那时他还是一名在校大学生，却早早开始了"倒爷"的营生，那时候的他骑着一辆破旧自行车穿梭在南京的大街小巷，倒腾着市场上凭票购买的电子产品，尽管没有赚到钱，却第一次触摸到了市场经济的脉搏。

　　10 年前，就职于某大型国有企业的他，凭借两次经商闯荡的经验和历练，俨然成为销售有线通信产品的业务骨干，并顺利走上了管理岗位。

　　今天，历时 8 年打造的正保远程教育集团在他的带领下顺利在纽约证券交易所成功上市，向世界展示了一个涵盖 13 个行业、149 个职业辅导类别、可以"自由选择"的职业远程教育版图。

　　朱总的人生经历可谓充满传奇色彩，而他仿佛只是在欣赏人生旅途中的不同风景。问及如何做到如此豁达，他说，有理想有追求，是需要"不顾一切"的精神的，我做一件事情，先考虑它的美好前景，这是从战略上来考虑的，然后全部身心投入去做，在做的过程中一个一个地解决问题。如果

　　朱正东，正保远程教育董事长、首席执行官、总裁，中国远程教育的领跑者。2000 年创立正保教育。2008 年 7 月 30 日，带领正保远程教育成功登陆美国纽约证券交易所（股票代码：DL），成为中国第一家在纽交所上市的远程教育公司。

　　正保远程教育从"中华会计网校"（www.chinaacc.com）起步，目前拥有 18 个品牌网站，开设 200 多个辅导类别，覆盖了会计、医药卫生、建设工程、法律、创业实训、中小学、自考、成人教育、考研、外语等 13 个不同行业，2016 财年培训规模达 371 万人，高居中国远程教育领先地位。

一开始就考虑问题很多的话，就会畏首畏尾。做一件事，我更多看的是好的方面，有利的一面，而不是过多地考虑问题，如果一开始考虑的就是困难，就是问题，那就不会去做了。

（文章原载于：《人民政协报·教育在线周刊》2008 年 11 月 5 日 C4 版）

【观点】

线上与线下，彼此难颠覆
——访朱正东

贺春兰

"全国教育信息化工作电视电话会议"日前召开，国务委员刘延东重申教育信息化的重要性并对教育信息化的未来发展做出战略部署。通过信息化的手段推动教育公平，实现教育的跨越式发展已然成为国策。

而在助推教育信息化的道路上，朱正东和他的正保团队已经走了多年，现在仍在孜孜以求。

12 年前，朱正东创立正保远程教育集团，旗下的中华会计网校一举成为同类考前培训机构中的领头羊；2008 年 7 月 30 日，正保创始人朱正东率领正保远程教育集团成功登陆美国纽交所，成为中国第一家在纽交所上市的远程教育公司。

4 年之后，2012 年 7 月 30 日晚，朱正东率领团队庆祝集团上市四周年。在美丽的锡林郭勒大草原上，当大屏幕上的上市回顾视频出现，当参与美国上市的高管团队热情相拥，当庆祝的香槟喷发欲出，当欢快的音乐奏响，当热情的内蒙古人载歌载舞，人潮里的欢呼声响彻草原。

日前，笔者走近有"中国远程教育领航者"之称的正保远程教育集团董事长朱正东。

打造开放课堂、探索移动学习

资料显示，我国使用手机上网的网民已达到 2.33 亿人，"教育"紧随"游戏""读书"之后名列手机最受欢迎的应用排行榜第三，已经有越来越多的用户通过手机等移动终端进行学习。业内人士指出，远程教育与移动互联网的紧密结合，即移动课堂的全面普及，将惠及不同行业、不同人群，让远程教育深入人心。这些也正是朱正东当前痴迷的事情。

教育在线：正保远程教育集团自 2000 年成立以来一直是我国远程教育新技术、新模式的开创者和引领者。最新学习技术的应用，对公司的最大挑战是什么？是课程资源还是市场环境？

朱正东：不是课程资源，挑战一个是技术，一个是市场，技术方面可能更重要一些。比如，教育课程，用什么形式放到网上，如何更适合在手机上观看实际上是个很大的挑战。

教育在线：你觉得教育领域电子商务的繁荣、市场的催生靠什么？

朱正东：要有一些企业做出卓有成效的引领和推动。事实上，市场需求一直存在，需要有企业赶上先机做这件事，并且要做得非常简单易用，不能专业化，大家都可以到平台上传下载东西，开课买课。做得越简单，整个教育领域的电子商务就会变得越活跃。

我非常憧憬这一天的到来。网络教育的普及能迅速提高全民素质。正保愿意不遗余力地推动。

教育在线：市场的高峰会在什么时候到来？

朱正东：只会越来越好，会一直增长，这是必然的。突破性增长可能就是近三五年，一方面我们的社会对这方面都达到了一定的认知高度；另一方面就是开放的概念、环境氛围都形成了。

移动课堂未来持续性的增长是毋庸置疑的，但真正爆炸性增长，要做好开放的概念。关键是我们的产品和平台如何吸引更多的人过来。如果开放平台这个概念能被意识到，那才是中国教学方式变革非常大的一次飞跃。

教育在线：从新闻上看到，2012 年 3 月 8 日，"正保教育开放平台（www. chinatet. com）"正式推出？

朱正东："正保教育开放平台"是正保基于第四代互联网技术，倾力打造的共建共享教育开放平台。平台希望通过开放的教育理念，先进的互联网技术，实现跨地域、跨专业、跨人群，全国乃至世界教学资源的共建共享。

平台上的用户既可成为教师也可成为学生。一方面任何一个人在某方面有知识、有特长都可以传到网上去，可以很小，只是几分钟的一个视频、一个 PPT，或者文字资料。只要你某方面有特点就可以当老师，任何教师

走进民办教育探索者的精神世界

均可通过与平台共建、上传、直播、回答问题来展示自己的能力和特长；课件传上网络平台后就带来另一方面的事情，比如客户在看到某一课程后好奇，觉得对自己的学习有帮助，这个时候选择购买、下载或在线听，也就成为学生。这样就形成了上传下载的师生互动，任何学生均可通过平台在线学习、下载、观看、提出问题，找到适合自己的教学资源。整个过程都是在网上完成的。

这个平台的良好运转需要我们有很多课件，各种各样的，当然这需要我们做好归类，做得很细致，搜索功能也很好。随着网上的东西越来越多，学生的选择性也强，觉得哪些好就会有相应的评价，好坏课件就会有个排名，形成一种效应，大家在选择的时候便有了依据。这样整个线上线下就会活跃起来。

而要将整个系统完善起来，技术上还是有一些挑战的。我们从中、小学入手，做了三年，虽然今年3月份上线了，但还需要完善。这个平台完善以后，整个上传、下载课件就会很方便了。

教育在线：这样的学习方式和途径对成人来讲很有用，那么对于自觉性不是很高的中、小学生会有怎样的效果？

朱正东：与一般人的理解不同，对小朋友来讲，网络教育恰可以表现得更好。传统的课堂和网络教育是有区别的。传统课堂学习时间较长，容易枯燥；而平台上的课比较小，针对某一知识点进行讲解，学习的主动权在孩子和家长手里，他们自己找喜欢又适合的课，对孩子而言比传统的课堂更有吸引力。

教育在线：我知道，正保远程教育集团近期倾力打造了"手机看课"学习新方式。移动学习推出的效果如何？

朱正东：目前正保的大部分网站都推出了手机移动课堂，可以支持苹果、安卓、塞班、微软等系统。总的来说，效果很好。移动学习实际是网络教育的一种衍生，也属于远程教育。通过市场实践调研学员需求，我们在医学、建筑等很多领域都推出了相应的移动学习和手机应用。

教育在线：目前你们上线的平台中，使用得最好的是哪一个？移动学习主要做的哪一块？

朱正东：用得最好的还是基础教育和职业教育，职业教育一直以来就有很多很好的课件，我们整合就可以；移动学习主要做的是职业教育。比如会计领域，除了传统网上看的课程，还可以通过手机看课程、进行答题训练等，这样碎片的时间都能利用起来。

朱正东

上市后时代

在正保集团的官方网站上，在庆祝集团上市四周年的纪念活动结束后，我们看到正保人用这样一段激情与豪情交织的语言形容当时的心境：开怀大笑，不醉不归。

教育在线： 现在你整个人的状态怎么样？企业上市给你带来了什么？

朱正东： 压力比较大，因为投资人期望值比较高。国外的资本市场要求相对规范严格。我们上市已经4年了。为了适应国外市场的规范，我们对整个体系做了调整，这对企业的长期发展非常有好处。过去虽然也想规范管理，但是没有外力，不容易坚持下去和走得更深入。现在外力要求我们必须这样做，不这么做就不符合规范。应该说，上市对于企业整体的规范化运作还是非常有好处的，强迫我们必须达到它的要求。

但实事求是地说，在国外上市对业务的发展没有太大的帮助，因为我们的用户群体不是我们的投资人，我们的投资人也不是我们的用户，投资人和用户是完全脱节的。

企业进入资本市场就应该具备一定的条件，长期保持高速增长，给投资人回报，但是我们是刚刚达到某一个高度还没有完善。所以说到了资本市场，我们自身的发展和期望值是有差异的。

上市之后我一方面是企业的拥有者之一，另一方面是打工的。我们说做教育的首先要练内功，把内容做好，但投资人投了资就是要看回报。所以我们既要把基础工作做好，也要满足投资者的需求。我们要从中找到平衡。

教育在线： 新东方VIE结构遭受质疑对你们有影响吗？

朱正东： 我觉得尽管现在对VIE结构有质疑，但它还会继续存在，否则中国很多企业去海外上市就没有办法操作了。当然，还需要在具体操作或监管方面下功夫。因为企业在国内上市有困难，国外上市对行业也有限制，比如某些行业对外资有限制，所以最终只能变成协议控股的形式。

教育在线： 新东方被调查对中国上市的这些培训行业有什么影响？

朱正东： 当然有影响，他们是龙头老大，他们都会被一下子打下来，整个行业的估值就会下降，这种情况下，其他企业也会相应地下降。尤其和它同类型的企业，基本上都会同升同跌。

教育在线：是否期待国内上市的通道打开？

朱正东：能打开当然更好，正保不一定能享受到这个政策，但是对于整个行业的发展是很有益的。国内上市理论上不难，需要加大政策支持和扶持的力度。

线上教育将对线下教育带来颠覆性的变革

信息化的趋势让教育领域内线上、线下的人都变得焦灼起来。线上的人考虑如何提供更能满足学习者多样化学习需求的资源及简单灵活的资源呈现方式。线下的人担忧网络时代的信息化教育和学习方式会冲击线下教育的传统地位。对此，朱正东不以为然。

教育在线：业内有担心说，互联网企业的兴起将带来教育培训领域颠覆性的改革，正保集团就是一家互联网企业，你对这样的说法怎么看？

朱正东：理论上是成立的，但要真正颠覆传统教育很艰难。人的需求多元化，在线学习和学校教育适用的领域和对象不同。线下是基础教育的天下，线上是一种补充形式。我看不会有根本改变；而线上对职业教育、继续教育可能会更有市场，因为互联网宽松的碎片化的学习方式更能满足这些学员随时随地学习的需求。应该说，线上、线下都有各自的市场。但做线下教育的人有这个危机感是好的，因为这个危机感逼迫他们把线下教育做得更好。

多年前我曾说过，线上和线下的结合才是远程教育或者说教育的最高境界，到现在我仍坚信这一点。在某些领域纯粹线上很困难，而只有线下也满足不了需要。现在很多学校都在实施远程教育，线上教育也在跟线下结合，就像围城内外、现实空间和虚拟空间的转换一样。相信线上、线下两条线会慢慢走到一起，若干年后走成一条直线，最终通过线上、线下结合共同为学有所教的社会努力。总体来看，在相当长的时间内，线上教育和线下教育呈互补状态，双方不会彼此替代。信息化发展的背景下，线上与线下的结合是教育的最高境界。

教育在线：线上你是当之无愧的引领者，线下你做过什么？

朱正东：线下我们做了一些尝试，但规模不大，主要在尝试线上、线下如何更好地结合。客观地说，我们还没有找到更好的方式，短期内不会大量投入。

教育在线：你现在在构思些什么？

朱正东：最近一年时间一直在做手机应用这方面的技术研究，目前我们已经把基础工作做完了，然后就是把平台推出去。

　　教育在线：你个人时间怎样分配？

　　朱正东：专注于战略研究和企业内部的管理。以前不怎么外出，现在出去的时间比较多，感觉时间不够用了。

　　（文章原载于：《人民政协报·教育在线周刊》2012 年 9 月 12 日 C3 版）

【印象】

朗健大姐朱桂玲

贺春兰

  第一次广西之行，差点因为贪恋繁茂的绿植而错过与她的相遇。众人口中的她，是广西民办教育行业当仁不让的女老大。45 岁毅然从公办机构下海，她与两位合作者一起，背水一战，成就了今日广西最大的民办高校——广西外国语学院。谈起她的做事风格，有人用"柔中有刚，刚中有柔"来形容，还有人用"雷厉风行，风风火火"来评价。

  我对她的兴趣，源于她和另外两位小她不多的男性董事长的成功合作，我想知道，这个合作中的舵手是什么样子。

  刚下车便迎来她扑面而来的热情。虽然还在病中，但她的精神却丝毫未减，拉着我的手走进校园，兴奋地分享着自己学校的一切。"擦了点粉才出来的，这边的男同志可不要听哦!"她有些俏皮地说。

  和优秀学生家长联合创业，和合伙人喝酒解决矛盾，天生乐观让她谈笑风生中讲起的创业故事多了几份机运与诙谐。

  十年前，南宁一所中学有这样两个优秀的少年，他们都是年级佼佼者，成绩也是你追我赶。"妈妈，每次都是我和我们班上那个小孩在争第一!""好，我去看看，这小孩的家长是谁?"他们的父母由此相识。这两个少年正是朱桂玲董事长的女儿韦茜，黄超香副董事长的儿子黄达。随后，两位父

  朱桂玲，从 1993 年创办广西大学第二幼儿园优教部（全区第一所双语幼儿园）开始，到 2001 年，创办集幼儿园、小学、初中、高中于一体的南宁市东方外国语学校。2004年创办广西外国语学院，现任广西外国语学院董事长。

  2011 年 4 月，经教育部下文批准同意将广西东方外语职业学院升格为本科高校并更名为广西外国语学院。学院占地面积 154 公顷，校duty面积 33 万多平方米，全日制在校生 14000 多人。目前开设有泰、越、柬、缅、印尼、老挝、英、法、西班牙、韩、日、汉等多个语种及各类本、专科专业数十个，涵盖了文学、经济学、管理学、艺术学、工学五大学科门类，是广西外语专业人数最多、语种最多的外语类本科高校。

母萌生自主办学的念头，找到另一位教育工作者，如今的副董事长黄灿。荒原建学校的创业经历由此开始。

问起最感兴趣的合作问题，她爽朗地笑了，半开玩笑讲自己的女性智慧。"当然有矛盾啦！体力上我又斗不过他们。有矛盾的时候我就拉他们去喝酒，把他们灌醉。然后打电话让他们的老婆开车把他们带走。""你喝吗？""我也喝，我装醉，哈哈哈！"

但是，对待工作，她永远保持纪律严格。

由三个董事长为中心组成的管理班子，刚成立就约法三章，首先就是，亲人不得干涉学校管理工作。每周的董事会，大家一起商量决策，确认经济支出，一齐签字。

由多位热爱教育教学的校长们组成的教学班子，负责学院的教学课程问题。管理队伍只有建议，没有决策权。"好，我们回去商量一下，再决定是否采纳您的意见。"朱董的包容与尊重，给教学队伍足够的自主空间。即使她自己对教学有想法，先得到的也是这样的回复。

说起近日即将成立的广西民办教育协会，她难掩激动与兴奋："我们终于有'家'啦！一个人没有了家，没有了国，那他是什么，叫花子！你看看我们，终于有'家'了！"对于小她多岁而担任会长的肖开宁，她特别表示支持，"我现在老了，民办教育协会成立，该让年轻有为的人当会长，我在台下给你们鼓掌去！"虽然年近六十，依然活力不减，"联合会员募捐，支持1000个广西贫困学生入学"，是朱董想为协会添的第一把彩。

健朗、热情、包容、魅力……初次与她相谈，我脑中不断涌现新的形容词。

业已入夜，本以为故事要终止，却无意间听到她老父亲的故事，发现其背后的精神源头。老前辈是朱熹后人，也是一名教师，家里挂着朱子家训，他也常对子女强调要向上向善。在朱董困难时，老人固执地想为家乡农村捐一所学校，说："建不好一个学校，我死都不瞑目！"女儿终随了老父亲的心愿。几年后父亲离世，遗嘱就是把自己所有积蓄在学校设立奖学金，让更多娃们能上得起学。而她秉承遗嘱代管至今……到此时，每位听者的鼻头都不禁有些酸。

我眼中的大姐，魅力四射。

（写于 2013 年 12 月 14 日，见贺春兰搜狐博客。）

【对话】

因遗憾成就一番事业
——对话朱桂玲

陈亚聪

"我没上过大学，但孩子们不能也如此"

教育在线：你们那代人很多选择投身民办教育，有的为了自己的孩子，有的为了改变教育现状，你当时为何选择办学校？而且还是办投资较大的高等教育？

朱桂玲：我家是朱熹的后代，老家房屋大堂上至今还挂着"读书起家之本，循理保家之本，和顺齐家之本，勤俭治家之本"的家规。我出生在一个知识分子家庭，我的父亲朱炳甘一生从教，是20世纪50年代哲学专业研究生，也是一位大学教师，后错划为右派，下放到宾阳新宾中学任教。母亲是位淳朴、善良的家庭妇女。

父亲一生从教对我影响很大，使我从小就树立了为教育事业做贡献的理想。1973年，我到农村插队做知青。到农村后，发现村子里女孩子们都没有读书的机会，于是我趁着每天做工后晚上休息的时间教孩子们读书。后来，在村民们一致推荐下我当上了村里的民办教师，开始踏上承传父辈的教书之路。教学条件很艰苦，我一个人带三个年级4个班，一天忙下来整个人累得都不想说话，每月也只有18元钱。1977年国家恢复高考，我抱着试试看的想法递了报名表。成绩出来后，全公社第一批考上大学的只有两个女生，而我就是其中一个。由于父亲的历史背景，政审没有通过，已上大学分数线的我没能如愿拿到录取通知书。后来因招生人数不够补录到中专选择了师范学校。我永远都记得上学临行前父亲对我说的话：虽然你考上了大学只能读中专，但你不要怨天尤人，有书读就是幸福。毕业后我选择了高校到广西农学院当了一名幼儿园教师。

没能上大学是我一辈子的痛，抱着这种遗憾和奢望，在机会成熟时，我和我的合作伙伴办了这所大学，圆了千千万万学子的大学梦，也圆了自

朱桂玲

己的大学梦，当时我45岁。投资办教育，是我父亲的梦想，是我从小到大的理想，也是我认为最幸福的一件事。在我看来，不管是民办教育还是公办教育，都是为党和国家、为社会培养人才。

教育在线：办学之路肯定并非一帆风顺，你曾遇到哪些难过的坎儿？

朱桂玲：大学当时是在政府和教育主管部门的支持下办成的。万事开头难，更何况是民力办大学。遇到的坎儿很多，当时最让人痛心的是各种不相信和质疑的声音。

大学刚办时，没有人相信我们能够成功，没有人愿意跟着我们做，只能找些民工和远方亲戚，在荒山上开辟学校。建校初期，没水、没电、没路，找不到工人。建筑工地需要用发电机发电抽水，晚上要守夜，因为太偏僻太荒凉，加上风吹松吟，半夜工人受不了，连发电机都没关就跑回了家。

2004年学校第一次招生，共招来214名学生，很多人都嘲笑我们："一栋大楼一条江，一列火车叫嚷嚷。"虽然很苦很累，但我们都坚持不放弃，把学校办下来了。

随着党和政府以及广西教育厅等主管部门对民办教育的大力支持和关心，我们克服了种种困难。在2004年之后，乘着中国－东盟自由贸易区等一系列国家发展战略的东风，学校终于打开了东南亚国家的大门，走出了一条国际化办学特色的道路：与东南亚国家联合办学，为中国－东盟自由贸易区输送大量小语种人才。

"共同的目标让我们走到一起"

教育在线：广外是你和两位男性董事长一起合作创办的，怎样的一番因缘际合？

朱桂玲：当《中国合伙人》这部电影公映之后，很多人也比喻我们三位办学者是广西合伙人。但是黄灿副董事长说，中国合伙人已经解散了，广西合伙人永远在路上。

我们三个已经合伙办学了将近20年，为什么我们能够合作这么久？因为我们有共同的理想，我们是把学校作为自己的事业来做，我们用心把学校做好。我们的办学理念和人生理想是一致的，我和黄超香副董事长都是77级考上大学而没被录取的学生，我们有种遗憾和抱负：通过办大学圆更多学子的大学梦和圆自己的大学梦。

我的年纪比他们两位大，我把他们当作弟弟来看，他们也把我当大姐

一样对待。黄超香是学土木工程专业出身，当时是广西建工集团第二建筑有限公司总经理。黄灿博士毕业，是一位大学教师。我们三个当时都有铁饭碗，但是因为共同的理想和目标走到了一起。不管遇到任何困难，我们"三个臭皮匠，顶个诸葛亮"，我们三驾马车取长补短，相互勉励。我们三个都是共产党员，建校初期学校还没有学生，我们就成立了党支部，我担任党委书记，用党的思想指导办学，按照党的指导方针办学校。这是我们取得胜利的法宝。

教育在线：性别不同，你们之间合作是否会有矛盾？你们之间又有哪些相处之道？有没有让你印象深刻的事儿？

朱桂玲：舌头和牙齿这么亲密的搭档还打架，更何况是三个没有任何血缘关系的人。矛盾肯定会有的，合作近二十多年了，磕磕碰碰，一路走来，简言之就是要有共同的信念和目标。

我们三个都是共产党员，都遵循党的教育方针办大学，我们的信仰是一致的，我们经常互相勉励互相鼓励，重大决策上，求同存异，最终达成共识。

我的两个搭档黄超香和黄灿对办大学有着很大的格局。后者有着丰富的教育教学管理经验和渊博的学识；前者当时是大集团公司的老总，对办教育有着远见卓识，在建筑方面也有着无可比拟的优势。他们对办大学的远见卓识和渊博的知识与我的宽容互补。虽然有时候我们有意见、有分歧，但是我们的目标是一致的，所以能达成共识，合作也永远是愉快的。

另外，我们还有一条规定：举办者与管理者严格分开，严格执行教授治学。从我们的第一任周仪校长，到第二任周兆祥校长，到现在的李露校长，我们都坚持教授治学，因此学校才能够走到今天。

教育在线：如今广外管理如此之好，与你个人魅力分不开，如何将其转化为一种可以长久持续下去的现代化治理制度？

朱桂玲："大爱"是我们学校着力打造的校园文化之一：从董事会到教师再到学生，用"爱"相互凝聚。即便学生毕业之后，我们也永远挂念着他们。每年我都会去泰国看望毕业后在泰国创业、就业的学子，也常常资助他们开展各类活动。我包括学校所有领导对每一位毕业的学子都很牵挂，这是学校延续的生命。

我精心营造学校的每一处景点并将之长久保存，因为我希望建校百年时，学生还能找到他们当年学习的教室。每送走一批学生，我都会在毕业典礼上给他们做报告，我会告诉他们：30 年，40 年……我们等着你们再次回到母校。我用母爱包容、呵护学生，这种"大爱"已经成为学校维系老师和学生的灵魂，也丰富了学校现代化治理制度的内涵。

为民办教育积蓄力量

教育在线：如何选择、培养下一代接班人，以保证广外事业的持续发展？

朱桂玲：培养接班人，不仅指自己的孩子，还包括学校的中层干部、教师和留校工作的学生。我认为，在学校工作 6 年以上教职工，都是我们家庭的一员，都是家人。为了教职工安心地工作，我们创办了优质幼儿园、优质中小学，解决了教职工子女上学读书的后顾之忧，也确保了教师队伍的稳定。

我的后代也很优秀，女儿韦茜获得了香港大学博士学位，并荣获香港大学优秀毕业生。我的后代在父辈的影响下，对教育有着热爱和责任。我对培养后代有严格的规定：能上就上，条件达到就上。

对于学校管理团队我们也有专门的培养制度，比如定期分批对中层干部进行进修培训，组织国内外专家对管理团队进行管理理念更新等。这种管理团队培养机制，确保了广外的各项工作能够持续发展。

教育在线：分类管理即将实施，你怎么看如今的民办教育大环境？未来，民办高等教育应该如何发展？

朱桂玲：民办教育分类管理的实施，有利于落实国家对民办教育的鼓励和支持政策，也有利于规范对民办教育的监督管理；分类管理明确了非营利性民办学校和营利性民办学校的办学属性，有利于鼓励扶持政策的精准实施，将会为民办教育开辟广阔的天地。

我认为，民办高等教育应依据分类管理等国家法律法规，完善制度建设，加强内涵发展。我相信，今后民办高等教育在中国高等教育中将会发挥越来越大的作用。

（2017 年年初，作者与被访者通过邮件笔谈。）

【印象】

漫步西京：父女共舞成就梦想舞台

贺春兰　修　菁

　　他们是一对令人心生羡慕的父女。

　　父亲任万钧 20 年前抱着通过教育改变国民素质的梦想，创立了西京学院，历经创业初期的招生难、购地难、筹资难，20 年后，将一所业已拥有土地所有权的校区、27000 名学生、没有贷款、拥有高层次教师队伍和高素质教学管理队伍的绩优学校，交给了女儿任芳。

　　女儿任芳从小就是一个"心怀大梦"的女子。立志当老师的她，第一份工作是在西安市一所公立幼儿园当老师。可是从进园的第一天，她就知道自己的天地绝不是这样小，尽管未来要干什么，并不清楚。在幼儿园的 6 年里，任芳很少与同事进行家长里短的攀谈，只专心带好自己的班，业余时间则用来埋头补习英文。6 年过去，当新任园长做家长调查时，只有任芳带的班，没有一位家长投诉，班里的小朋友都表示很崇拜老师。新园长意识到，该重新审视并重用这个老园长眼里"心气高"的女孩了，可是任芳却婉拒了，因为有更大的事业需要她去干。

　　彼时，正是社会力量办学兴起之时，任芳向当时正在办工厂的父亲征询意见："我想去办教育，您会不会支持我?"女儿的想法和父亲的念想一拍即合，怀着同样的从事教育事业的热情，父女搭档，投身于民办教育事业。

　　任万钧，西京学院创办人。曾当过 10 年中职教师，创办过企业。1994 年创办民办西京大学。2005 年，西京大学升格为本科院校，定名为西京学院。西京学院 2009 年取得学士学位授予权，2011 年获得专业学位研究生教育资格。是教育部首批获准具有硕士学位授予权的 5 所民办高校之一。

　　任芳，任万钧之女，西京学院现任院长、第十二届全国政协委员。做过 6 年幼儿园老师，先后求学于西北大学和澳大利亚国立大学，获经济学博士学位。1998 年加入西京学院，从基层教学管理岗位干起。2013 年春，任西京学院院长。

按照父亲的要求，女儿任芳求学回到学校后，从基层管理岗位干起，创立了学校国际交流部，之后又主抓教学。在女儿稳扎稳打地向前走，逐渐树立起威信和群众基础时，父亲任万钧也干出了几件让西京学院被各方所关注的事。

一位经济学科的老师，因为在讲项目投资与回报案例时，对纳税问题只字未提，被正好来听课的任万钧发现，课后，这位教师随即被解聘，因为此事，任万钧和西京学院上了中央电视台的《新闻联播》。

中间年龄、中间学历、中共党员，父亲任万钧一手抓起的"三中"辅导员队伍，让西京学院成为民办高校中的党建工作标杆校。

女儿眼中，父亲就是这样一位正直、专注、不畏困难、不甘于平庸的人。

迎难而上，大刀阔斧地开展教学改革，遇到学生和老师中间产生的棘手难题，总是能够找到办法，很快平复；父亲眼中的女儿，是一个抗挫败能力强、敢于创新、懂管理的新一代教育人。

漫步西京学院校园，开阔的场地、大面积的苗圃、各具功能的教学楼和研究中心……一位跟随了父女10多年的西京学院教师说，每每看到学校纪念光盘里的一幕幕图景，都会眼角湿润："学校能走到今天太不容易了。我最感佩的是这对父女对办学宗旨的高度一致。这么多年，他们把所有精力、所有资金，都投到学生、老师身上。"

此前曾采访过多组民办教育机构两代从业者的故事，任万钧、任芳这对父女呈现出的故事和状态，让人欣慰。

"我现在有充分的信心和自豪，在民办教育领域，两代人接班方面，我们是最顺畅的。"不善高调的任万钧，采访中也不禁高调了一回。西京学院——是这对父女先后起舞的梦想舞台，在这个舞台，两个生命体也找到了人生的幸福和满足感。回京多日，任万钧那历经沧桑的幸福笑容，仍定格在笔者脑海中。

（文章原载于：《人民政协报·教育在线周刊》2014年6月25日C3版）

走进民办教育探索者的精神世界

【对话】

有梦才有舞台
——走近任万钧、任芳父女

贺春兰　修　菁

我眼中的她/他

教育在线： 如何评价女儿？

任万钧： 决定让她接班前，我给她规定了几个要完成的任务：读完博士、去国外高校看看、在国内公立高校挂职锻炼下、再在自己的学校从基层做起。现在看，我规定的这几个任务她都完成了，而且完成得都很好。现在将西京学院交给她，我很放心，也很愉悦。人生的成功莫过于创下了一份事业并且后继有人，培养了让自己引以为豪的子女，年老时无所忧愁，还可以发挥余热，干喜欢的事情。

教育在线： 对女儿的期许是什么？

任万钧： 我希望她带着西京学院能爬到一个办学质量的新高峰，希望她能够跳出民办高教圈子来看西京学院未来的发展。一个人，没有能力，只有忠诚，所办之事达不到一定高度；没有能力，再不专注，那就是老话：富不过三代了。我认为任芳有不怕困难、迎难而上的能力，有敏锐的眼光和思维，懂管理、有办法，所以我对在她带领下的西京学院的未来，很看好。

教育在线： 如何看待父亲？

任芳： 他是一个很开明的人，善于学习，愿意接受新东西。学校开信息化的讲座，他有时间都去听，去了解现在高等教育领域很热的慕课是怎么回事，翻转课堂是怎么回事。同时，他是一个很坚韧的人，不管遇到多大的困难，都打不倒他。困难面前，他总是抱着怎样去克服的心态。这么多年，还真没看到他在困难面前退缩过。

2007年，学校基建需要更换校园里的电缆。邀请外人来换，需要几十万，为了省下这笔钱，父亲下令暑期全校停电一周，带头带着全校员工下到埋管道的、不足1米宽的地沟里，一节一节把原来的地缆拉出来，再把新

电缆放进去。要知道这个管道里还有供热管，为了隔热，供热管外层是用尼龙编织材料包裹着的，而不足1米宽的管道，人下到里面免不了要触到这些编织材料，与汗液交织到一起，会让皮肤瘙痒难忍。但是父亲就是这样一个人，在很多人眼里认为干不了的事，他会挑战极限，想方设法逾越困难。

他从开始创办西京学院就立下一个决策原则：按需发展、量需而行，要干就干彻底，而不是惯常的量力而行，这样一个决策原则留下的结果是，像你看到的，西京学院的校园很大很开阔，学校功能校舍很完善。

我们处在好时代

教育在线：我听过与你同代的一位民办教育办学者对创业路的评价：这是一段含着泪水的坚守。你怎样评价走过的20年创业路？

任万钧：我把这段路程比喻为：含笑带泪的胜利。

教育在线：对于同行对政府政策的诟病，你是什么心态？

任万钧：我认为我们对于政府要报以耐心和希望。政府出台一项政策，为了审慎，从措辞到举措细节，总是要多方论证和研讨，我们要善于换位去想，要理解政府。具体到民办教育领域，其实我们陕西省政府还是很支持和扶持民办教育发展的，陕西省是最早出台《鼓励和支持民办教育发展条例》的省份，现在我们每年可以拿到3000万的陕西省财政补助，未来我倒是希望能够从国家的层面对民办教育的公共财政投入以及财税优惠政策等给予优惠和扶持。

教育在线：和你父亲聊，他好像很少抱怨你如何看自己所接下的这份事业以及当下民办教育所处的外部环境？

任芳：我觉得我们生在了一个很好的时代，无论多么困难，我们都有机会实现自己的理想。对待外部压力，与其抱怨，不如努力办好学校，应对风险与挑战。当出现问题时，是去批评还是找到背后的原因去解决，这不仅需要一个积极的心态，更需要格局与胸怀。

我认为每个人身上都有做一番事业的潜质，只是我比较幸运，有机会拥有这样一个干事业的平台，现在我要做的，就是如何让学校每一位员工身上的正能量得到发挥，让西京学院第二个20年发展得更好。

民办高等教育有未来

教育在线：如何看待民办高等教育现在的生态和未来发展空间？

任万钧：我对大部分民办高校的未来不乐观，因为有两个因素会制约他们未来的发展势头，一是土地，二是欠债。现在很多高校还没有自己的土地，有90％的高校还有银行欠债。还有一个要面对的重要挑战是，生源总量在减少。所以，对于民办高校的未来，一是呼吁国家尽快出台"促进民间力量办学30条"，从顶层加大对民间办学的扶持和保障；二是民办高校自身要为生存而努力，办学质量不提高，生存状况肯定不进则退。

教育在线：今年是西京学院建院20周年。你如何看待西京现在的发展状况，给西京设计的未来发展规划是什么样的？

任芳：西京学院经过前20年的发展、积累，现在一切都比初创时要好，处在现在这个节点上，我们特别需要总结、提炼。所以，我给西京学院庆祝建院20周年定的主题是：回望。我们要总结此前20年西京走过的路，我们去总结创业时的初衷。"无论何时，不要忘记为什么而出发"，这句话说得很好，西京创办的初衷是：一切为了学生、为了学生的一切。通过今年的总结，我们要回归办学的初心。

我对西京学院的规划是，到2020年，西京学院可以成为高水平西京大学，有国内外的知名专业与学科。

（文章原载于：《人民政协报·教育在线周刊》2014年6月25日C3版）

【印象】

向泓：于温婉中见力量

贺春兰

曼妙的体验、曼妙的身姿、曼妙的声音、曼妙的美食、曼妙的贵阳小雨。此次教育之春系列沙龙 24 贵阳一行中，沙龙媒体顾问团副主席、《中国教育报》编委刘华蓉无意间提出的这一词汇被大家着实演绎了一番。我如此界定曼妙的含义：曼妙是这样一种感觉，她可能转瞬即逝，但却又永久定格在人们心中，成为永恒。她缥缥缈缈，如影如风，不可触摸又让人感觉强烈。总之，在贵阳曼妙的细雨中，教育之春系列沙龙第 24 期的参与者们，或者我可以看到的大多数参与者们，体验到了一种曼妙的感受。作为教育之春沙龙走向地方的一次珍贵探索，4 月 29 日，沙龙一行 50 人从云南、北京、贵州各地聚集到贵阳外国语实验学校。贵阳教育局李秉中局长作为沙龙执行主席主持了此次沙龙，而向泓校长所在的学校——贵阳外国语实验学校则承办了此次沙龙。一天的沙龙，我们得到了丰富的信息，一线的探索令我兴奋。教育内部已经发生了翻天覆地的变化。从北京海淀到贵州毕节，我们看到虽然教育发展不均衡，但一个特别可喜的现象是，教育正在越来越走近现实生活。同样令我欣喜的是，无论是地方政府，还是社会组织，大家都在积极行动，而不是哀叹。——从这个意义上说，这次沙龙的成果出乎我的意料。沙龙结束，向泓校长特别安排我们参观了青岩古镇。一个古色古香的小小院落里，大家尽享贵阳的绿色美食。成就这一切的向泓校长话不多，只默默地微笑着，沉醉、享受在其中，所以，大家一行不感觉到压力，尽情放松。——在欣赏和被欣赏中，在友谊的滋润中，劳顿的身心得到了滋养。此行贵阳，为什么能够如此曼妙，这样的感觉能够复制吗？作为沙龙的组织者，我追问，最后的答案是，可以尝试，但并不容

向泓，贵州纽绅教育集团创办人、董事长兼校长。1996 年创办贵阳新世纪外国语培训学校从而踏上民办教育的投资、管理之路。纽绅教育集团涵盖了从学前教育到十二年一贯制的基础教育领域，旗下有三所学校、八所幼儿园和两家公司。

易复制。向泓校长长我十多岁，却和我有共同的唯美追求与浪漫情怀，大家心有默契久矣，教育界我这样的朋友应该不少，但在整个人群中却也并不多见。此行贵阳，让我得到一个启示：教育之春系列沙龙除了研讨严肃的教育问题之外，还可以提出一个新的独立的目标，即提高每个参与者的幸福指数。

而向泓以这样的形象留在我的记忆里，微笑着成就他人，成就事业，于温婉中见力量。

（写于 2009 年 5 月 9 日，见贺春兰搜狐博客，有删节。）

【观点】

经营一所学校就像打理一座花园

向　泓

作为有别于公立学校的办学体制，民办学校在教育领域有很多说不清道不明的身份和定位。20 世纪 90 年代，为解决社会需求间的矛盾，实现"穷国办大教育"，于是在社会经济发展突飞猛进而教育法律、法规和管理政策还没有做好准备时，民办学校迅猛发展却又一批批倒闭，当社会寄望于民办教育像西方国家那样提供优质教育时，带来的却是对民办学校的种种质疑以致民办学校的社会信誉度大打折扣。

21 世纪初，《民办教育促进法》颁布实施，但由于认识上不统一，不同部门间对于民办学校政策的不协调以及民办学校自身建设的问题，处于体制外的民办教育未能得到充分发展。

回首 15 年来从事民办教育的经历，我想从一个校长的角度谈几点感受，期望在未来实践中不论历经风雨还是邂逅彩虹都有一种淡定。

第一，办学是办学者的理想追求和人生选择。办学者或校长应该是快乐、幸运的，因为民办学校灵活自主的办学机制，对于追求理想的管理方式和教育理想的人是时代赋予的机会。

第二，办学者是好的经营者。经营一所学校，就像打理一座花园。刚涉足民办教育时，我满腔热情地为自己的学校勾画了一幅很美的蓝图，那种形而上的理想化、唯美的管理模式、课程建设、教师状态、学生成长以及家长认同等，让我铆足了劲。渐渐地，当一切想象落到现实时，我才发现那些美丽的向往在脚踏实地的现实面前是多么不堪一击！国家政策、生源、师资、经费等一系列支撑条件所造成的问题，不得不让我妥协以调整思路，把理想拉回现实，起点是从生存开始。

第三，民办学校的地位应该是一种真心实意付出后的社会认可。我常给团队提三个问题：如果你是家长，你为什么给孩子选择这所学校？如果你是这所学校的学生，你因为什么感到骄傲？如果你是这所学校的教师，你因为什么安心教书育人？这些问题要解决的是学校的社会信誉度、学生的自豪感和教书的归属感问题。对它们的满意答案，意味着我们一生所期待的优质教育的诞生。

第四，一名好的校长要具备好的品质。要善于学习，有丰富的学识，遵守教育规律，能够用专业的语言描述业务的事情；做人、做事要有境界和气度，成为教师自觉效仿的楷模；要有健康的胸怀去容纳一切可容之人与可纳之事，要有集中全体智慧和民意的整合能力；要不断建立与教师思想交流的机会，不仅要有倾听的耐心，还要有主见，能够始终坚持办学目标，精益求精地做好通往办学目标途中的所有小事。

对这些感受的温习，是一种幸福，正如教育学者朱永新所概括的过一种"幸福的教育生活"。置身这种"生活"中的我，仍对一些问题心存担忧，比如当前关于学前教育政策的"突飞猛进"，能否使已经形成的优质民办教育资源在强势的"政府的教育政府办"时期寻来稳定发展空间？会不会像一些民办学校校长所担心的那样："我们不怕同行间的竞争，那只会让我们做得更好；我们怕的是公办教育的超常规发展，我们的老师全考到他们那里去了。"

（文章原载于：《人民政协报·教育在线周刊》2011 年 7 月 27 日 C2 版）

校长角色：方寸之间，自有天地

向　泓

坊间一直流传着关于校长的这么一句话："做校长难，做中小学校长更难，做民办学校的校长难上加难！"发展难？管理难？成绩难？究竟何"难"之有？

初为校长

校长这个词对我来说有点"大跃进"的感觉，那时我刚刚从一名教师成为一名办学者，角色的华丽转型并没有带来心理、管理上的转型。每周我依然沉浸在十几个课时的教学快乐中，在我看来，课堂始终是给予我快乐的天堂。所以每听到有人喊我"校长"时，我都心中惶惶。我始终不愿将教师这一陪伴自己太久的灵魂从身体里剥离。

当初，我只是想把自己喜爱的职业做得更好一点，事业做大一点，但学校的快速发展，让我有种"人在江湖身不由己"的感觉，我只能顺应这种发展的需要改变自己，而这种改变真是情不由衷的。面对3000多名学生同时接受培训的外语学校，我必须着眼全局，着手管理；我必须致力于课程的开发与研究，建立切合实际的课程体系；必须提高教师的职业道德素养和业务能力，必须进行教学过程管理和质量监控，等等。我已经不能再把自己单单投入某一教室去畅享个人教学的乐趣，而对其他全然无视。回想从那时到现在的经历，真是有着无限的感慨。

所谓校长

校长，中小学的校长，不是官员，而是领导，是个"孩子王"、是个"教师头"——心中装着每个孩子的成长，时时想着教师。校有大小，校在城市与乡村，校有公办和民办……不论何种规模、何种地域、何种性质，校园都应该是校长的领地。既然是领导，就应该引领和指导着教职员工在自己的领地里辛勤耕耘，为学生终身幸福奠基，为教师成长与发展铺路。

可是，有的校长思考如何变着法给老师加钱，有的校长则为了学校生计四处奔波。同是校长，如此大的反差，该如何去定位？

在学校管理环节中，如果说，校长要做"道家"，基层干部则应做"法家"，中层干部应做"儒家"。

作为法家的基层干部必须执行其主张的"法治"，强调纪律，"严刑厚赏"，"以法为教"，"以吏为师"，以制度管人，行事讲究效率。

基层干部把关的是学校教育教学最基本的流程和细节，他们不需要"深入基层"就可以了解最真实的情况，他们能否严格执法和敢于顶真碰硬，是衡量一所学校执行力高低最重要的指标。唯有严格执法，制度第一，才能做到令行禁止，实现组织的高效运作。

作为儒家的中层干部必须执行儒家主张的"德治"，强调"自律"，主张"以理服人""以德感人""以情动人"；恪守中庸，防止"过"和"不及"两个极端，把握好"度"，于上于下，于人于事，张弛有度。

中层干部负责学校一个面或者一条线的工作，是校长和基层干部及一线老师之间的桥梁，要将校长宏观办学理念和学校发展战略具体化、制度化，需要协调上下左右的关系，建立团队，化解矛盾，开展活动，同心协力完成组织目标，才能有效地化解基层执法过程中的各种矛盾，纠偏守中，保障组织的正常运转；才能让校长摆脱烦琐的管理事务束缚，腾出时间和精力，提升自身素养，实现组织的理想和追求。

作为道家的校长，则应"无为而治""无为而无不为"，追求"以柔克刚"，"以弱胜强"；强调"政简刑轻"，反对"繁复苛重"，减少干预，放手放权，不把人的主观意志强加给事物及其过程；强调"以正治国"，重"内治"，辨方向，谋大略；强调"谦下"为本，做到"人尽其才""才尽其用"。

校长是一校之魂，需要超前的理念、正确的决策、敏锐的观察、慧眼识人和科学的行事。校长的思想应该是深邃的、博大的，必须高瞻远瞩，抢抓机遇，把握时代脉搏，不断汲取新的理论知识，善于突破常规的思维定式，不断追求新的境界，推出合理的改革构想，从而创造独特的办学模式和学校发展的崭新蓝图。除了以自己高尚的师德修养去影响教师，还必须加强自身的学习，建立终身学习的理念，以自己的学识去影响教师，从而以表率的力量打造书香校园。因此，校长不能整天被杂事包围，琐碎事务缠身，无暇充电，孤陋寡闻，缺乏思考，否则容易故步自封、妄自尊大、目光短浅、抓小遗大、坐失良机，甚至会不辨方向、盲目指挥、误入歧途。"想事"比"管事"更重要，"管事"比"做事"更重要。校长做"道家"不是"坐而论道"，"无为而治"更不是"无所作为"，而是"以纲论道，纲举目张"，重宏

走进民办教育探索者的精神世界

观，强细节，即所谓宏观调控和精细化指导，宏观紧跟时代，细节彰显价值。

每个人都有做校长的潜力

校长在常人看来似乎高高在上，在老师心目中更是如神一般，不敢议论、不敢评价、不敢非议、不敢摇头，此举常常能使得一些校长沾沾自喜，沉醉于自己的权威，结果是"华威先生"，一事无成。

任何企业都有上、中、下三层管理关系，这是一种联动、互动的有机管理。三者之间任意两者，如纵向只敬畏权威，而不同心同德，横向只求自保，而不相互搭台，都将从内部直接毁掉一个企业。

为了解决过去管理中上下不贯通、横向欠协调、各自为政的管理状态，经过深思熟虑，我推出了"周值班校长制度"——中层干部轮流做校长。每人一周，在值周期间行使校长权力，让他们亲身经历从宏观到细节的校长角色体验，巡视校园、观察情况、处理事务、协调部门，如遇教师大会，还兼任大会主持等，并在次周的校长办公会上做值周情况报告，最后我才用一一点评形式，现场培训。

我欣喜地看到担任值周校长的中层干部们从战战兢兢到游刃有余，从无所适从到有条不紊，从部门小团体利益出发到思考全校机体运转，校长的视野在他们的身上不断体现。他们最终以能力、水平、公正赢得了师生员工的认同，全校师生员工均以良好的心态来面对和配合"校长们"的工作，执行力就不言而喻了。是"周值班校长"的实践告诉了我，每个人都有做校长的潜力，校长敏锐的观察，知人善任，大胆放权，给愿做事的人提供平台，能做事的人提供舞台，群策群力，万事可成。干部们得到了锻炼，视野开阔了，水平提高了，头脑科学了。因此，我们得打破"媳妇熬成婆"这样的成规。

校长的"虚"与"实"之度

管理是一门学问，把握好管理中的"度"更是一门学问中的学问。我会用当初李瑞环做全国政协主席时的那几句话要求干部们，即"补台不拆台，到位不越位，帮忙不添乱"。

初为校长的时候，总是求全责备，总觉处处不放心，事事要过问，处处要插手，总喜欢越俎代庖，一竿子插到底，把中层撇在一边。乍一看去，好像当事的学生也罢，教师也罢，家长也好，是满意了——不满意能行吗，谁敢不给校长几分面子？但是时间一长，把中层干部弄得无所适从，丧失威信，却把自己陷入琐碎杂务的泥潭。

实践让我充分感悟到了，管理中"务虚"和"务实"的度，关键在于校长的胆略。校长要慧眼识人，品德为先，才重一技，用人不疑，疑人不用。要聚能人，不苛求全才，要做到人尽其才，才尽其用，优势互补，优化整体。古人云："良才美玉，宜在用。"中层干部是校长思想的贯彻者、学校管理的执行者。校长要大胆放权，必须充分信任，授予职责，赋予权力，充分发挥他们的主观能动性和创造性，司其职、行其权、尽其责、见奇效。

所谓实，体现出校长做人做事的风格和品质。对待中层宽严相济，思想上尊重、感情上融洽、行动上一致、组织上服从，政令畅通，令行禁止。但坚持学校的教育教学目标、管理理念不能变，比如我校"优质服务、优质教育"的办学理念不能变；严于律己不会变，善于学习，勤于思考，深入实际，调查研究，采集信息，不偏听偏信，去伪存真，去粗取精，研究发展大计，制定重大决策。平时走一走、转一转，准确掌握第一手资料。看一看、查一查，加以归纳整理、分析研究，然后予以引导和指导。听一听、谈一谈，收集民情，研究身边所发生的事，随时为某一举措或工作的不足补位，不断改进和完善。学一学、研一研，以读书丰富自己的内涵，提升校长的教育理想和信念。

校长在学校管理中把握好了虚和实的度，其实学校的规则执行就顺畅了。校长不要怕下属比你更聪明更能干，我们应该为有聪明能干的属下感到高兴。刘邦的手下哪个不比他聪明能干？可最后谁做的皇帝呢？也不要怕别人说你太潇洒，做甩手掌柜，要时刻保持头脑清醒，胸中有数，做到万事成竹在胸，进退有度，方能不失方寸。

做个快乐校长

现在回忆以前做教师是一件很幸福的事情，单纯、简单、快乐，放假的日子全部属于自己，每学期的期末考试之后，质量分析、总结一交了事。对于那时的上司——校长，似乎也没有什么特别的印象，只是觉得校长是管大事的。

后来，自己做了校长，迷茫过、犹豫过、失望过，但一步一步走到今天，所得所获颇丰，并开始感悟快乐。

校长只是学校中的一员，"是教师的教师"。校长要实实在在地做人，做朋友——同甘共苦；做导师——专业引领；做榜样——身先士卒。当我

"蹲下来"同老师、学生说话时我快乐了。

当我多做学问而少做行政时，我的理念、思路便会得到教师、学生认可，那时我享受到了成功的快乐。

当由于我合理地分层授权，把大量工作分给其各级班子成员去做，以摆脱烦琐事务的纠缠，腾出时间来做真正应该由自己来做的事，充分体现"都管，都不管"这一管理者的最高境界时，看到人人都可以得到发展和满足，人人都可以享受到快乐时，我就是最快乐的人、最幸福的人。

（文章原载于：《人民政协报·教育在线周刊》2012年5月9日C3版）

图 9

图 10

图 11

【图说】

2007 年 4 月 28 日至 29 日，以"义务教育阶段民办学校的权利保障与发展空间"为题，由《人民政协报·教育在线周刊》和河南民办教育研究会联合在河南郑州主办了"首届中原民办教育振兴论坛"。浙江大学教授吴华、时任上海教育科学研究院民办教育研究所所长胡卫、时任北京民办教育研究所所长王文源等参与了此次论坛，彼时，因为享受不了"两免一补"，民办学校学生大量流失，以接收留守儿童为主的河南农村民办学校濒临倒闭，校长们群情激昂。教育周刊对此问题给予了大篇幅的持续的关注。见图 9，第一届中原民办教育振兴论坛的后续报道。

2008 年 1 月 1 日至 2 日，以"农村民办学校：利益表达与政策诉求"为主题的第二届中原民办教育振兴论坛暨第 19 次教育之春沙龙在河南举行。现场有人打出了"感谢《人民政协报·教育在线周刊》对河南民校的持续关注"的条幅。在条幅前，一位民办学校校长拉着笔者合影（见图 10，曹占武摄）

2015 年 11 月 18 日，国务院常务会议决定，从 2017 年春季学期开始，统一对城乡义务教育学生（含民办学校学生）免除学杂费、免费提供教科书、补助家庭经济困难寄宿生生活费。2015 年 11 月，《人民政协报·教育在线周刊》对政策的突破进行了追踪报道。（见图 11）

（文/贺春兰）

【漫笔】

媒体的责任与使命

贺春兰

周刊编辑部 2007 年 12 月 27 日举办的"分享 2007、点题 2008"迎新春茶话会上，来自全国人大，全国政协有关局、室的领导和来自各界的著名学者、实践者提出了殷切的期望，我和编辑部的同人们在收获幸福感的同时也备感压力。

4 天之后，2008 年元旦，我来到河南郑州，参加在这里举行的第二届中原民办教育振兴论坛，主题仍然聚焦河南农村民办学校的生存和发展。

"感谢《人民政协报·教育在线周刊》"的横幅醒目地悬挂在会场后方，我知道，大家的感谢是真诚的。自去年 4 月份首次"中原民办教育振兴论坛"开办以来，作为主办方，我们曾一次次为他们的焦躁和无序担心。

而这次，特别突出的感觉是，会场里洋溢着温柔的感动。人们用一种特别感谢的表情看着我们，温顺地听从我们的安排，回想去年 4 月，盛怒的校长们几乎要把我们请来的嘉宾们赶下台，理由仅仅是学者们的学术观点不支持民办学校的利益诉求。

虽然"两免一补"政策在部分县市的落实还有待时日，但邻县不断传来的好政策还是给他们以鼓舞。从我们的调查来看，对即将到来的胜利，校长们满怀信心。一位与会者激动地握着我的手，"我主要是来看看你们"。

再后来，会场里开始有人站起来发动大家订阅周刊。

编辑部究竟做了什么，得到大家如此支持？我试图梳理。

"编辑部其实不一定完全支持你们，只是搭建了一个让你们与各方对话的平台而已。"这句话我之前就说过，当时校长们非常惊讶。正是考虑到政策问题牵系各方，编辑部不敢轻易决断，在特别将目光投注给河南民办学校的同时，版面上却展开了民办学校该不该得到"两免一补"的讨论。

但在赋予其话语权方面，我们不遗余力。

教育事关各方利益，而今天的中国社会，利益群体分化已经成为事实。而政策，作为对稀缺资源最具权威意义的分配，自然应该由各利益主体参与。基于此，沟通、对话，促进决策者、政策执行者与学者、实践者、教育受益者等彼此的了解与理解十分必要。

我们不是没有自己的见解，但上升到政策这类如此专深的问题时，我们不敢决断，于是，我们习惯搭建平台，让各方来言说。

所以，在我们的同一块版面上，既有支持河南民办学校的声音，也有持不同意见

者，甚至有双方激烈的争论。唯一不变的是，我们做报道、开沙龙，促使问题被持续关注，促使更多关注相关问题的人走进问题的发生地，比如学者和律师。

感谢河南民办学校的校长们，最终理解了我们。"参加你们沙龙最幸福的感受是在和谐的氛围里，有人关注、有人倾听。可以平等对话。"一位民办学校校长如是说。

2007 年年末周刊举办的新年茶话会现场，人大、政协、学者、实践者，各方代表汇聚一堂，关注周刊的发展，让我们欣慰、感动。人们寄予了我们很多希望，但我想，我们最大的优势之一仍然在于，促进事关弱势群体教育问题的被关注，促进事关教育的重大问题的各方沟通。

（文章原载于：《人民政协报》2008 年 1 月 16 日 05 版）

【印象】

刘林：开放成就格局

贺春兰

初识刘林感觉他博闻强识、四通八达。直至真正走近他，才发现，是开放的心态、开放的制度设计最终成就了北京城市学院（原海淀走读大学）的昨天，也为年轻的刘林开创了大展宏图的舞台。

决定采访刘林，是因为有消息透露北京城市学院正在进行产权制度改革，刘林透露了他们通过改革要实现的理想追求——以开放的制度设计、开放的组织形态赢得广泛的社会信任和社会支持，为北京城市学院今后的昌盛奠基。

采访时已经是 2003 年年末的最后一天，刘林忙碌地将时间一推再推。直至晚上 8 点采访结束，他还安排了另外的一场活动。据说，刘林的头发原来硬得像钢丝一般，非常浓密，如今 30 刚过，已经略见稀疏。

刘林的志向并不仅仅在一所学校，讲到人生理想，刘林说，希望以民间的身份为老百姓谋利益。所以，他非常看重自己新当选的人大代表身份，他说："选民给我的支持是我不竭的激情之源。"刘林自叙，学生时代曾是充满叛逆，和校方谈判、为学生谋利益，今天热情未减，只是秉性温和了许多，学会了建设性地解决问题。

（文章原载于：《人民政协报·教育在线周刊》2004 年 1 月 7 日 C4 版）

刘林，教育学博士，教授，享受国务院"政府特殊津贴"专家。现任北京城市学院党委书记、校长。1995 年中国人民大学毕业后到海淀走读大学（现北京城市学院的前身）工作，先后任副校长、党委副书记、常务副校长、党委书记、校长。

北京城市学院（原海淀走读大学）创建于 1984 年，是经国家教育部批准成立的一所综合性普通高校，具有颁发国家承认的研究生、本科学历学位资格，学校同时举办专科高等职业教育和外国留学生教育、成人继续教育。

【对话】

用开放的组织形态赢得广泛的社会支持
——走近刘林

贺春兰

"20年的改革开放历程，中国教育理论界最大的概念突破之一是'教育产业'的提出。"

"产权的问题我们今天可以不去主动关注它，但早晚有一天要面对它。"

"建立社会化的学校治理结构自然能够赢得更多的支持。这在今天需要境界，明天则是学校发展所必须。"

"能赢得未来的，必然是制度最先进的，而不是私立的成分最纯的。"

不明晰不是活不下去，明晰了会走得更长远

教育在线：十六届三中全会提到"产权明晰"，民营经济界反映强烈，教育界少有反映，真的如一些学者所说，产权的概念是经济界的，与教育不相干吗？

刘林：当然不是。在产权问题上，我们可以不去主动关注，但有一天，必须去面对。现在之所以反映不强烈，某种程度上是因为我国教育还处于一个特定的市场状态，教育机会供给不足，尽管有市场竞争，许多学校日子不好过，但还没有到救亡图存的地步。处于这种背景下的学校，现金并不特别的短缺。现实上还没有到通过产权变革来解困、发展自己的时候。也就是说，产权的意义对多数学校更多的是通过控制权、使用权而维持生存和短期发展，还没有到必须通过经营产权、交易盘活的时候。一句话，不明晰不是活不下去，明晰会走得更远。

教育在线：是否也与教育理论界的淡漠有关？

刘林：对，目前国内对教育产权问题的理论研究不够。改革开放20年来，中国最具突破性的概念是"教育产业"的思想，但这种思想仍然停留在

基础理论层面，没有深入制度层面。比如对民办教育的发展建议，大家要么过于宏观的谈一通，要么过于拘泥于微观层面的具体问题。

教育要成为社会发展的先导产业和基础战略产业，教育制度本身应该是最先进的。现在相对滞后，我们的教育，从体制到内容，还没有把社会上最先进的东西全部吸收进来。

教育在线：民办教育界山头林立，似乎缺少统一的组织做整体的利益诉求。

刘林：确实。因为中国民办教育界山头林立，没有统一的组织为其代言。实际上，在实践中因为产权不清晰带来损害的案例并不少见，更重要的是影响了发展。

公与私殊途同归

教育在线：很多人的观念中认为海淀走读大学的发展是因为戴了顶红帽子？总有一些机会主义的嫌疑？

刘林：绝对不是一个简单的戴红帽子的问题。20 世纪 80 年代初，中国私学兴起时，很多有政治后台的人参与办学，傅正泰只是一个穷教授，可就是他把事情做成了，他找到了一种形式，让民办机制和正规教育结合起来，把政府力量与非政府力量很好地整合。你接触他，会发现，他是一个大开大合式的人物。没有观念的禁锢，只强调发展发展再发展，傅老从来不拘泥于形式，也不在意什么名分，所以他才能够走得远。因此，我认为，新中国民办教育史谁都可以不写，但不能不写傅正泰。20 年后，海淀走读大学这个体制的价值才能更加凸显，也才更能看出傅老的先见之明。

即使今天，仍然会有很多人质疑，我们不是一所纯粹的民办学校。但现在看来，老傅当年的努力是开创性的。公与民，殊途同归，不断分化也不断融合，符合历史方向。从中国改革轨迹来看，混合所有制符合历史方向，而且在教育界一样非常适用。今天越来越多的学校已经不是非此即彼的产权结构。很多新的主体进入教育，再也不是要么公要么民了，随着教育主体所有制的多元化，公私之间的共性在显著增加。这是一个世界性的趋势。所以，传统的公与民的二分法有些过时了。

公、私原来的区别主要在于办学主体和经济来源，现在经济来源的区别越来越小。越来越多的公办学校开始依靠学费和自我运营发展，越来越多的民办学校开始获得更多社会资源与政府补助。

公办学校今天的改革，以日本为代表，政府将学校推向社会，变成社会的独立法人，过去公办学校要对政府负责，今后将对社会负责。民办学校也在改革，从而具有了更强的社会属性。在国外，私立大学通常对董事会负责，而董事会成员中社会人士已经日益多于投资者。康奈尔的 42 名董事会成员中，只有一人是康奈尔家族的人，而哈佛大学的董事会成员中没有一个哈佛家族的成员。不管把教育作为事业还是产业，它都是益在社会的公共服务，所以公共社会资源是教育发展的不尽源泉。而政府财力和私人资本毕竟都是有限的，必须要有一种开放式的社会属性的学校治理结构，学校才能发展。

让制度设计为今后的发展奠基

教育在线：今天摆在学院面前的挑战是什么？

刘林：今天的北京城市学院面对的不再是生存问题，也不是一般性的发展问题，而在于是否能够继续保持领先的地位，怎样保持强劲的竞争力。

对我们挑战最大的是两类学校，他们也都给我们带来了非常大的启示。

一是西安帮的启示。他们把大学当成了企业来运作而非传统的以学养学。我们一直信仰著名教育家梅贻琦的话，大学者，非大楼之谓也，乃大师之谓也。但是今天，大学需要大师还需要大楼。这也是 1999 年之后，我们采取重大步骤的一个重要原因。

但最根本的竞争来源于财团办学。不少有企业背景的学校投资以亿计，这让我们充分认识到资本的力量、产权的力量。传统的以学养学、滚动发展的路数受到了挑战。于是我们想到了改革产权、优化制度。

相信我们今天的改革将为北京城市学院今后的百年昌盛奠基。但需要说明的是，我们不是因为产权不清才进行改革，而是要通过产权改革，建立起真正意义上的现代学校制度，为我们今后的长远发展打下基础。

走向法人治理，现在需要境界，将来是发展必需

教育在线：我国教育产权改革的整体方向是否会像日本那样，走向社会法人治理？

刘林：对，我个人认为公办、民办学校都会走向社会法人治理。根本的目的是要通过开放的制度设计争取丰富的社会资源。

教育在线：这需要境界？

刘林：今天是，但未来不是。只有建立对社会负责而不是对某个人、某个集团负责的社会化管理体制，才能赢得更多的社会公信力和社会资源。早

晚有一天，仅凭自己的力量，以学养学的路子将不足以应对社会竞争。而投资者本人抑或是政府的资源都是有限的，只有社会的力量是无限的。

清华大学国家已经投入数百亿，但与哈佛比还相去甚远。所以要真想办一所百年老校，一所一流大学，必须建立一流的现代学校制度。

实际上，能赢得未来的，必然是制度最先进的，而不是私立的成分最纯的。混合所有制是理想的趋势。独立学院就是一个典型的例子。

教育在线：独立学院政策面临广泛的争议，你的态度呢？

刘林：如果以学校为本，我绝对反对。但站在老百姓的角度看，我举双手拥护。独立学院的出现是中国民办教育发展的分水岭。现在大家看到的是冲击，但没有看到优势。有大局观的民办教育工作者，现在考虑的应该是埋头苦干，研究怎么去吸收各种体制中的优势，为现有体制注入活力。竞争的现实是客观存在的，我们能改变的是努力提升我们自身的竞争力。

（文章原载于：《人民政协报·教育在线周刊》2004 年 1 月 7 日 C4 版）

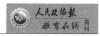

【印象】

刘金田：从未忘忧国

张惠娟

    刘金田院长儒雅敦厚且满腹经纶。谈话间，他引经据典，信手拈来，将他的办学宗旨和育人理念很自然地诠释开来。他说，著名国学大师南怀瑾先生的《论语别裁》让他走进了孔夫子充满光明的仁爱世界，也使他在后来的教育实践中将儒家经典文化渗透内化本心，并外溢感染学生。

    刘金田很有社会责任心和担当意识，谈及教育乱象，亦愤慨呐喊。当不少大专院校在"空心化"和"产业化"经营的时候，他不忘对学生"传道授业""精雕细琢"；在这个培养健康人才的校园里，他先让学生接受传统文化的熏陶，先做人，再做事。他很注重启发、引导学生的价值观："生命是世界上最美好的存在；健康是每个人最宝贵的财富。"他将"爱护生命，促进健康"作为学院师生共同的使命。他将"仁民爱物，修身立业"作为校训，教育学生要善待他人，珍爱万物，修得美好品行，创立人生基业。

    谈及未来，刘金田说："以西安生物医药技术学院为基地，汇聚一大批业界内外仁人志士，整合国内外可利用的教育资源，以未来 10 年之期，面向中国乃至全球健康产业市场，致力于创办一所独具特色的民办医药大学。"

    刘金田还有一个梦想："借'文化强国'的东风，大力推进文化复兴，让全国各类学校植入中华文化的基因，使中华文化代代传承，发扬光大，走向世界。"谈及这个文化教育蓝图，即将步入人生天命之年的刘金田目光如炬，信心满满。

    （文章原载于：《人民政协报·教育在线周刊》2011 年 11 月 16 日 C4 版）

    刘金田，民革成员，西安生物医药技术学院创办人、理事长兼院长。1994 年受著名教育家黄炎培先生职业教育崇高理想的感召，从国办医学院毅然辞去公职，只身来到西安创立民办学校。其麾下的西安生物医药技术学院是由西安市教育局管理的一所全日制的以健康类专业为主的学院。自 2003 年创办以来，学院坚持以培养健康产业实用人才为定位，目前已发展成为我国生物与健康产业实用人才培养基地之一。

【对话】

民办院校要积极担当传承文化的使命
——访刘金田

张惠娟

2011 年 10 月，中共中央在十七届六中全会确立了建设社会主义文化强国的宏伟目标。日前，在云南昆明召开的中国民办教育发展大会上，教育部副部长鲁昕对民办院校传承文化提出热切期望，她说："希望民办教育在文化传承、文化建设、文化创新上做出应有的努力和贡献，希望看到所有的民办学校都有自己崇高的学校文化。"对此，民办教育工作者深受鼓舞。西安生物医药技术学院院长刘金田更是兴奋不已，多年来，他以传承主流文化、培育青年才俊为己任，经年致力于在校园内外宣传中华民族优秀文化。面对中华文化复兴的重大历史机遇，他再度发起在学院内外普及国学经典学习活动。

校长要成为真正的公众知识分子

"国运兴衰，系于教育；教育成败，校长有责。在世界价值多元、中国社会急剧转型的时代，校长要具有知识分子的自觉担当，铁肩担道义，妙手著文章，把传承文化作为兴学育才的首要任务，革故鼎新，开创新路。"

教育在线：在您 17 年的校长生涯中，您怎样理解校长作为知识分子这一角色？

刘金田：在我看来，中华民族面临着伟大复兴的历史机遇和文化强国的大好时机，校长也必须拿出"天下兴亡、匹夫有责"的勇气以及敢作敢为、舍我其谁的自觉担当，以一个真正的知识分子的济世精神，在教育事业中坚持传承人文道德，培养青年成为优秀公民。

校长应从狭义的知识分子提升为真正的公众知识分子。在过去，知识分子被解读为受过高等教育、拥有某门学科文凭，或从事专门职业、具有技术职称的专业人士。但一个真正意义上知识分子，不仅仅是一个有知识的专家、有文化的学者，还是一个追求真理的探索者、特立独行的思想者、人类精神价值的传播者，也是社会正义的守望者，他应当对民族、对国家、对人类、对后世负起责任。

教育在线：您很注重传统文化对教育的作用？

刘金田："建国君民，教育为先。"在漫长的历史长河中，一代又一代杰出人物为增进人类福祉毕生效力，终成不朽。那些先知先觉的圣贤大德和文化大师，他们的精神生命永存于世，是历代、知识分子的榜样与楷模。儒家知识分子更是秉持"为天地立心、为生民立命、为往圣继绝学、为万世开太平"的博大精神，教化一代又一代中华儿女"格物、致知、诚意、正心、修身、齐家、治国、平天下"，使中华文化光耀千秋，构成了中国传统教育的真灵魂和真精神。

教育在线：当今社会，校长当有什么作为？

刘金田：我以为，校长所要负责的，首先应是传承人文道德，培养优秀公民，建构社会良知；其次才是传授专业技能，教习学生学会做事，养成职业能力。

现今在任的校长如我辈中青年人，早年大多无缘接受较为系统的国学熏陶，对中国传统文化知之不深。未来的校长接班人亦多偏重于科技理工专业的学习，普遍缺少文史经哲等人文社会科学积累。即使从文科院系毕业者，亦多限于单一意识形态的教条训导，或仅是学科知识的填鸭。当代社会出现道德整体滑坡，已是不争的事实。不少人精神空虚，信仰危机，私欲膨胀，物欲横流，社会精神文明建设缺少支柱，物质文明也连环受害。经济掠夺式增长，污染加剧，假冒伪劣商品充斥市场，屡禁不绝。"德行缺失"，实乃国家大患。

面对这样一个无法回避的现实，唯有正本清源，从教育做起，从学校做起，从校长做起，从一个真正的知识分子的坚定选择出发，传承文化、不懈努力，才有真切的希望可以企盼。教育兴国，文化强国，才可免于空谈。

总之，作为民办院校的校长，理应以一个真正的知识分子的才智、气度、眼界、胸襟，责任心、社会良知与使命感，努力做中国文化的学习者、继承者、传播者、践行者和创新者。

民办教育要"启之以爱，化之以文，齐之以武"

"扼杀文化、抛弃信仰、失去敬畏的时代是混乱的；没有信仰，没有理想，追求金钱第一的社会是不幸的。在这样的环境里，一个人不可能有真正幸福的人生。"

教育在线：西安生物医药技术学院的育人理念是什么？

刘金田：民办教育本身肩负着培养合格公民与造就职业技术劳动者的双重使命。职业院校学生的个人素质直接关系到社会和谐与毕业生就业竞争力。我院十分注重对提升学生素质的养成教育，把"启之以爱，化之以文，齐之以武"作为育人理念。

教育在线："启之以爱"怎样在教育实践中落实？

刘金田：启蒙、开启、启发和培育学生的爱人之心，是一切教育活动的首要任务，既是目的，又是开端。爱之于教育，有如光之于世界。没有爱，就没有教育。在学院的人才观中，开宗明义要培养学生成为仁爱之心与立业之术兼有的人类健康事业工作者。在仁爱教育实践中，我们通过丰富多彩的校园文化活动，实施"七爱"教育："爱生命、爱父母、爱人民、爱国家、爱人类、爱自然、爱真理。"我们期望每个教室、每间宿舍都应当成为爱心洋溢、相亲相爱的大家庭。

教育在线：如何用传统的经典文化来熏陶、教化学生？

刘金田：用人类文明的智慧之水哺育、教化、感化乃至升华青年的精神生命，使一代新人被人类优秀文化所化，使人所思无邪、乐而好礼、温文尔雅、文质彬彬、文明高尚，就达到了"化之以文"。

我们采取儒家文化经典为主流文化源头活水，对学生言传身教、耳濡目染、"随风潜入夜，润物细无声"，从具体做法上，我们注重校园文化建设，如为孔圣人立像，以儒家核心理念命名楼、阁、亭、廊与道路，借儒家文化格言制作楼堂楹联等。为了打造外在的文化环境，我们把校园也设计成立体的"文化书"。学生行走在其中，就能感受到经典文化气息的弥漫。

教育在线：怎样让传统文化渗透在校园环境中？

刘金田：学校设有传统文化墙，教学楼、校园景观及宿舍楼的命名都充盈着文化气息，像"仁爱楼""省身楼""笃志楼""尊贤路""尚礼路""九思廊"；学生宿舍楼"至善阁""明德阁""修身阁"。另外，每座建筑都题写了楹联。比如："忠孝诚信，真善爱美""格物致知诚意正心，修身齐家立业济世"。学院办学人的文化使命就可以从这一副副楹联中得以展现。

教育在线：对学生"齐之以武"的初衷是什么？

刘金田："自由主义教育一害青年，二害国家！"当前不少高校学生管理

刘金田

松懈，学生素质养成训练机制尚需完善，学生训练偏于宽松，甚至出现了生活自由化偏向，放任自流、不负责任。由于大学毕业生综合素质下降，一些企业往往拒绝接收应届大学毕业生。"教不严，师之惰"，由此出现的大学毕业生就业难问题，必须引起教育界深刻反省。

"齐之以武"是指在学生教育与管理过程中，借用军队培养优秀军人的机制与方法，对学生进行较为严格的准军事化训练，帮助青年在求学时代开始锻炼其坚强的意志、忠诚的品质、勇敢的精神、严明的纪律和迅捷的作风，培养其良好的自律能力、任务执行能力和团队合作能力。

西安生物学院在育人理念中提倡"齐之以武"，旨在强力推行学生素质养成教育，努力提升学生综合素质，增强学生就业竞争力。我们要努力把学校打造成为训练刚健勇毅之士的大军营。

（文章原载于：《人民政协报·教育在线周刊》2011 年 11 月 16 日 C4 版）

走进民办教育探索者的精神世界

【印象】

见证汤有祥的质朴与豪情

贺春兰

2004 年 11 月 27 日，国内外四方宾朋踏上了新中国第一所私立高中——安吉上墅私立高中的红地毯。凛冽的寒风里鼓声高昂激越，时年 57 岁的汤有祥，孩子般地跑上演讲台，像个元帅般说道，"20 年是我们发展的里程碑，更是我们奋进的起点。"

笔者与汤有祥相识于 2002 年年底一次民办教育会议上，此后，时不时地，他常常会来电讲述他对民办教育的思考和呼吁，顺便也向笔者了解一下外面的形势。他说，了解外面大势最为必须，为此，百忙中的他常常读报到深夜。

他的宇翔教育集团如今已经拥有浙江上墅私立高中、浙江宇翔外国语学院两所学校。

"以校养校太难了！"为了支撑学校的发展，他又坚定地走上了多元化的发展道路，今天企业运转不错，汤有祥说，办学因之轻松多了。

【故事】

汤有祥和他创办的新中国第一所私立高中

吴 丹

汤有祥，让上墅私立高中成了竹乡安吉一张亮丽的名片，安吉因为上墅私立高中而声名大振。

汤有祥，上墅教育集团创办人、董事长兼校长，系第九届、第十届浙江省政协委员，民进中央联络委员。先后荣获浙江省"园丁奖""绿叶奖"，"首届浙江全面小康特别贡献人物""全国第四届黄炎培杰出校长奖"等荣誉称号。

他用33年的时间，在为中考失利的孩子找回幸福而努力着。他的努力，让同学们爱上读书并找到了久违的快乐。

为民致富的办学初衷

"我一生就做一件事：把学校办好。教育是国计、是民生，教育可以救国、兴国、强国，投资教育就是投资未来经济增长。"2013年12月1日，汤有祥获得首届中国（浙江）全面小康特别贡献奖时发表获奖感言。

"人才是小康致富的源头，汤有祥创办的私立学校没花国家一分钱，却为国家培养了5万余名毕业生，这所学校从小到大，从弱到强，学校的发展具有特别的意义！"推选委员会这样评价。"人才是致富之根，科技是致富之本；治穷必须先治愚，富民必须先兴教。"这是汤有祥一直的想法。

乡村教师出身的汤有祥，从他开始从事教育工作的那一天起就信奉这样一句话："少年强则中国强！"中国的少年靠什么才能强起来？教育！然而，20世纪80年代的现实却不容乐观：山村青年普遍缺少受教育的机会。1984年夏，中考结束。拥有40万人口的安吉县，当时的4所高中招生人数极少，初中毕业生只有15%的学生能升入高中，剩下的学生在"千军万马过独木桥"时纷纷落水，只能流向社会。落榜的学生食不甘味、寝不安席，他们的家长更是为孩子的前程担忧。汤有祥陷入了沉思，自己出身贫寒，6岁就失去父亲，之所以能有今天，完全是靠助学金上了学。"生我的是父母，培养我成为有知识、有文化的人民教师的是党和人民，我时刻牢记在心，不忘报恩。我要为孩子们创造新的机会。"

1984年，经安吉县教育局批准，汤有祥创办了安吉上墅私立高中，他的名字也从此在安吉家喻户晓。汤有祥的办学目标很明确，就是为了给更多的孩子提供继续读书的机会，用教育改变山区农家子弟的人生。

艰难坎坷的风雨历程

创办于改革浪潮、成长于风口浪尖的上墅私立高中，走上了一条崎岖坎坷、披荆斩棘的创业之路。

学校创办以来，由于人们对党的改革开放政策和对私人办学有一个认识过程，难免受到诸多"非议"和阻挠，真是"风波不停，磨难不止"。

1985年5月，首届农职班学生突然接到不准参加高中段学校招生考试的通知。为争取学生参加升学考试的资格，汤有祥四处奔波，上下求援，疾声呼吁，终于在距离考试前的两天得到批准。

1991 年，上墅私立高中的招生陷入了困境。全省普通高中证书会考的考籍人数控制在省下达的普通高中招生计划之内。这意味着一直采取计划外招生的上墅私立高中不仅 1991 年的招生指标不能落实，就连 1989、1990 级在校的高中学生也难以参加一年后的各学科高中证书会考。这让汤有祥心急如焚，他硬着头皮给县有关领导写了报告。《光明日报》《中国青年报》和新华社浙江分社等多家媒体记者还就此写了内参，引起了中央领导的关注。当年 9 月 6 日，浙江省教委向湖州市教委下达了《关于追加上墅私立高中等学校 1991 年普通高中招生计划的通知》，这个问题才得以解决，上墅私立高中直到全国各地学校开学后 20 天才开始招生。

从 1987 年到 2000 年，这样的难题出现多次。面对冲击，汤有祥力挽危局，宁折不弯，顶住了一次又一次冲击，没有汤有祥艰难跋涉的坚强毅力，就不会有今天上墅私立高中的发展。

长兴不衰的特色发展

回顾上墅私立高中的发展历程，汤有祥校长不仅以敢为人先的首创精神和艰苦奋斗的创业精神创办了学校，而且以特色创新的教育理念和锐意改革的办学实践发展了学校，熔铸了学校的特色品牌，从坎坷走向辉煌，谱写了成功发展的精彩篇章。

"不求人人升学，但求个个成才"，这是汤有祥的办学宗旨。汤有祥认为，人人是才，人无全才；扬长避短，个个成才。后来他又提出"教育要使人人成功，不能培养失败者"的教育理念。"抛弃一名后进生，对一所学校而言，只是千分之一或几千分之一的损失，而对一个家庭来说，却是百分之百的损失。"汤有祥主张尊重学生人格，发展学生个性。许多当年初中学习基础一般或较差的学生，在这里经过三年学习后，发挥了他们的个性特长，成为优秀毕业生，考进了理想的大学，或者走上就业、创业之路，成长为优秀企业家。学校每年有 200 余名毕业生出国留学。他用近 33 年的时间，培养了 5 万余名毕业生，遍布海内外。

2002 年，汤有祥又投资 1.5 亿元创办浙江宇翔外国语专修学院。2008 年，安吉上墅私立高中被教育部认定为国家级重点中等职业学校，成为杭州师范大学附属高中。如今，已发展成为以大学为龙头、以高中为基础、中外合作、校企联营的上墅教育集团，在改革创新中实现了跨越式发展。

民办学校是市场经济的产物，必然要在市场竞争中优胜劣汰。20 世纪

80 年代兴办的民办学校相当部分倒闭或者规模萎缩、难以生存，而汤有祥和他创办的安吉上墅私立高中，经过近 33 年的坚守，在改革创新中的成功发展、做优做强，今天已然成为中国民办教育的领跑者。

（原文写于 2016 年 12 月，有删节。）

走进民办教育探索者的精神世界

【故事】

用情做教育

——访许景期

陈亚聪

　　"他是真的爱教育，是位大慈善家。你一定要好好采访他，挖掘他心里的东西。"北京会议中心9号楼大厅，看到记者在采访，全国政协委员郝际平上前寒暄几句后，一脸认真地说道。

　　郝际平口中"一定要好好采访"的人叫许景期，全国政协委员，闽南理工学院的创办人、董事长。在两位委员的聊天中，记者听到这样一段话："当初那些公司如果没卖了办学校，中国的富人排行榜里肯定有你的名字。"在许景期断断续续的讲述中，记者慢慢了解了这位别人眼中教育慈善家的人生轨迹。

　　出生在闽南一个普通农民家庭的许景期，小时候算得上学霸，初二时却因"文化大革命"辍学当起了采石工学徒。1980年，29岁的他嗅到改革开放带来的商机，只身带着家乡特色小五金进京当起推销员，先后创立10家企业。1998年，他与长春光学精密机械学院（长春理工大学前身）合作创办长兴工业学校，为此，他卖掉了香港的别墅、内地的一座加油站、一块看涨的地皮，筹措了1000多万元作为最初的办学经费。之后，除了给兄弟留下一个企业，他陆续将其他企业变卖，投资将学校从中专升格到大专、本科，后正式更名为闽南理工学院。18年办学，许景期共投入约16亿元。

　　一位企业家，为什么放着舒适的生活不过、大把的钱不赚，转身去办大学？没有基础、没有人脉，怎么打造民办理工高校品牌？只有初中学历，

　　许景期，第十二届全国政协委员、闽南理工学院创办人、董事长。1998年，许景期创办了长兴工业学校，1999年学校升格为大专，更名为长兴职业技术学院；2007年，学校通过教育部高职高专人才培养工作水平评估，成为福建省唯一一所从专科升格为本科的普通高等学校；2008年更名为闽南理工学院。从最初偏隅乡下、租借校舍、只有138名学生，到现在学生近1.5万人、两个校区。

又该怎么管理一所万人的学校？面对这些看似过不去的坎儿，许景期的回答是两个字：用情。

怀着乡情办学校

在闽南有条不成文的规矩：教育孩子一定要爱国爱乡、"光宗耀祖"，有机会就一定要做一番大事业，一代代传承下去，让家乡兴达。这并非单指赚大钱，也指做对社会有利的事，用许景期的话来说就是"人活一世，要留个好名声"。这也是为什么，在北京干得好好的他，拿着3亿元现金回乡创业。不过，他深知，做实业能为国家和地方贡献税收、为社会解决劳动力就业问题，但影响力有限，除非是做到像李嘉诚、比尔·盖茨这样的高度。"做教育就不一样，一代传承一代，以点扩面。"办一所民办高校，让家乡更多的企业和孩子受惠，便是许景期"光宗耀祖"的新事业。

为啥选择了最难办的大学？这源于许景期两次真实的经历。

1993年9月底，许景期跟随香港企业家考察团到日本考察，那是他第一次出国。过海关时，看到一个通道人比较少，他直奔那儿，结果安检员拿过护照一看，啪的一下，生气地将护照扔回许景期手里，手往旁边一指，很生气地说了一堆他听不懂的话。"我猜，他应该是让我走旁边的通道。"就在许景期转身要走时，几个白皮肤、高个子的人走过来，安检员恭敬地弯腰、让开。这种境遇让许景期很感慨，"母亲强壮了，海外游子才能被尊重，这靠的就是高素质的人才。"

当时，正值亚洲金融风暴，福建民营企业受到较大冲击，倒闭数量在20％以上。"一是大家都是产业密集型企业，竞争力不强；二是管理粗放，没有实现规模化。"可日本却损失很小，原因是他们有高科技技术，高级工程师也大都来自早稻田大学等名校。这更坚定了许景期办学的决心。"高素质人才是企业发展的第一要素，只有将适宜人才转换为生产力，研制出高科技产品，才能增加企业抵抗风险的能力。而企业良性运转，才能正常纳税，为国家提供继续扶持教育的资金。"

对教育的执着赢来合作机会

没有师资，没有生源，而且理工类高校需要在实验设备上花费高额投入，作为一个外行人，无论哪一点对许景期而言，都是难以跨越的阻碍。怎么办？企业家出身的他选择走校企合作的办学路子：办教育一定要高起点、请懂行的人、做专业的事。"香港理工大学的前身就是20世纪70年代初一批企业家参与创建的香港技工学校。尽管大家起家都是劳动密集型产业，但他们明白：企业的长久发展，教育是后盾和支撑，校企要合作。"

20世纪80年代末，由于地理位置特殊，福建省的理工科大学近于荒漠。考虑到当地经济、教育实际，许景期决定创办一所以工科见长的技术型学校。有人向他推荐了长春理工大学，一所以光电技术为特色的国家重点高校。

一所民企要与一所重点高校合作办学？许景期这一想法，最初并不被对方重视和理解，就连朋友也劝他放弃，"当时还没有类似的先例，大家都不知道如何解决体制问题"。可是，许景期是那种"不撞南墙不回头"的人。学历不高、不会说那么多高深的教育理论，再加上浓重的乡音，谈判的艰辛可想而知，可他愣是凭着一腔热情和诚意打动了对方。儿子回忆，父亲曾先后9次北上，有一次是腊月二十六，还发着39℃的高烧。

多次商谈推敲，对方终于派出考察团，到福建石狮对许景期的兴达集团的经济实力进行考察论证。而这也让他正式走上了变卖企业办学的道路，再没回过头。

1997年9月，双方签订建立产、学、研联合体的协议，引进对方人才，在石狮建立科技园区，组建科技成果中试基地和产品生产基地。合作分为三个步骤：创办中、高等院校，培养储备人才——开展科学研究，进行中试——开发科技产品，转化为生产力。这算是开了当地"校企合作"的先河。

钱？事业？不，用情才能留住人。

学校刚成立时，第一届学生只有138名，是许景期和学校首任校长，开着一辆破旧的夏利车，挨家挨户敲开老乡的门，费尽口舌说服老乡让孩子继续接受教育招来的。而教师加上校长也不过8人。如今，学生已然过万，老师也有700余名，其中任教十年以上的超过50％。这番变化与许景期的管理分不开：尽可能亲力亲为，把学校当家，把学生、老师当亲人，用情办学。

许景期的秘书告诉记者，近十年来，许景期几乎没有假期。早上8：30到学校，检查工地、与学生交流，了解学生学习、生活状况；如果白天应酬多，晚上回家吃过晚饭、洗完澡，再回学校处理事务，一直到11点。"他每天待在学校的时间都超过10小时，恨不得长在学校。"而节假日，他也要待在学校值班，原因是：作为学校领导，自己时间比一线教师自由些，节假日尽可能让老师们好好休息。

自从宝盖校区二期施工之后，许景期更忙了，就连垃圾桶放哪儿都要操心。"咱毕竟干过房地产，而且眼见为实，学校的事可马虎不得。"那些日子，他的时间被分割为三部分：白天在宝盖工地抓建设速度和质量，傍晚回蚶江校区批示大小文件，剩下睡觉的时间不足 8 小时。

这个"家长"还要操心老师的个人问题。例如，他出钱建了教职工公寓，装修好的三室一厅，免费给老师住。每年除夕这天下午，他都要亲自采购一些水产品给不回家过年的老师一一送去，顺路给孩子包些压岁钱。"我们真是把他当家人，碰到解决不了的事，第一个打给他。"提到许景期，尽管自己因为他的加班很少休假，可秘书脸上还是掩不住的笑容。

还有一部分时间，是许景期留下来跟学生聊天的，学习、人生、事业，领域不限。"可以'零距离'了解年轻人的想法，对于开展工作很有帮助。"还有两件与学生的事是他绝不会错过的：新生入学第一课、毕业教育课。他不会讲高深的道理，就是像个邻居大爷：开学时给学生算一笔账，聊聊这些年上学花了父母多少钱；毕业时，以一个过来人身份，告诉孩子们上班了应该怎样干活、遵循哪些制度。

许景期曾说，2013 年学院本科评估通过后，自己承载的任务便可告一段落，"那时就有时间旅游了"。可如今，花甲之年的他仍活跃在一线，丝毫不见休息之意。问他啥时候去旅游？他说："等到干不动了，就是把学校捐给国家的时候了。"是的，他不准备留给孩子，因为在闽南人看来，下一代的事业要自己打拼。

（文章原载于：《人民政协报·教育在线周刊》2016 年 3 月 16 日 11 版）

【印象】

孙珩超：不滥财，不傲官

张宁锐

"如今，我年近半百，满脸沧桑，创业的重担和重大的社会责任常使我喘不过气来，好在我是一个能感悟事物本质的人，学虽不多，易化作自我……附着在我身上的云雾和光环都不能罩住我的本心。奔放激动、纯真坦诚总使我在复杂的环境中保持着青春和活力；劳作和勤奋亦使我身体钢朗、无疾无弛；闲暇时读点中国传统文化片段，联系自我，使自己升华品质、理解人类，借以化解心中的疑惑，不怨天尤人……"孙珩超在《创业与思考》中的这段话是他自己的形象表白。

孙珩超很健谈，且思路敏捷。回忆过往经历，论及职教发展，滔滔不绝。他常被下属称为"老爷子"，这一称谓表达了大家对他的尊敬和爱戴。

孙珩超这样梳理自己的人生信条：不滥财，不傲官；不慕大仙，不追明星；能随大流，但不随流；要做有学问的人，不做无知的人；做跟着时代同进步的人，不做固守和倒退的人；做宽慈的人，不做尖酸的人；做合流的人，不做古怪的人。

（文章原载于：《人民政协报·教育在线周刊》2011 年 11 月 9 日 C2 版）

孙珩超，第十一届全国政协委员，全国工商联常委，宝塔石化集团董事长，银川大学创办人、校长，国务院特殊津贴享受者。1984 年至 1993 年在兰州大学法律系工作，1997 年创办宁夏宝塔石化集团有限公司，1999 年创办银川大学。银川能源学院（银川大学）是宁夏回族自治区教育厅和银川市政府共管共建的以工科为主的本科院校。

【对话】

产业在前　教育在后
——走近孙珩超

张宁锐

1999年，正当很多国企创办的学校被剥离给社会时，孙珩超以宝塔石化集团为基础支撑，办起了银川大学，十余年探索，因为校企之间的良好互动，学校得以快速发展。今天，校企融合正在成为教育部职业教育改革力推的方向，孙珩超的探索可资借鉴。

人生：受过苦难更懂责任

孙珩超认为，农村经历让他养成了一种宽厚、坚韧的个性。在他看来，现在鼓励大学生去农村支教、当村官，为农村带去了先进的思想、文化，冲击了当地的落后观念；同时也从农村社会继承了很多优良传统。

教育在线：每个人身上都有明显的时代影子，巨大的动乱后曙光乍现，造就了一批被称为"78级现象"的社会脊梁性人物，你正好在那个时代步入大学。能否分享一下你的童年和大学时光？

孙珩超：我那时是"孩子王"，从小学三年级到初中、高中一直当班长，高中还是学生会主席。只要我在教室，我们班没有一个敢出去玩儿的。我们班样样不落后，班主任很放心。

那时我踌躇满志，也有毛主席"孩儿立志出乡关，学不成名誓不还"的志向，还没上高中，《三国》《水浒》《岳飞传》《说唐全传》几乎能倒背如流。但"文化大革命"前搞"三反、五反"运动，父亲遭受打击，全家人被迫迁到农村，在当时也很没地位。从此我就和农民风里来雨里去。大家干活儿一闲下来，就围着我让我讲书。当时文化生活很枯燥，农民听讲书可高兴了。为此，他们还抢着替我干农活。

经历过很多苦难，更懂得自强。恢复高考之后，我在繁忙的劳动之余，见缝插针地复习，于1979年考入西北政法大学。

教育在线：这些经历对你后来创业和办学应该很有帮助。

孙珩超：是的。它是一笔人生财富，让我养成了一种宽厚、坚韧的个性。

教育在线：这也是你们那代人的共同特点。现在国家也鼓励很多大学生到农村接受再教育，你怎么评价？

孙珩超：鼓励大学生去农村支教、当村官，这非常好。

那年我陪复旦大学校长到宁夏西吉县三河中学调研，看到一帮复旦大学研究生，扎着我老家妇女的头巾，穿着自己做的纳底布鞋，脸蛋晒得黑黑的，在大西北的山村里给孩子们讲课，非常朴实。

晚上，支教老师把他们的床腾给我们住，他们自己则把课桌拼起来睡。这些老师没有工资，学校给的一点补助也不舍得花，看哪个学生困难，就资助学生了。我当时特别感慨：有过这些经历的人，不知要比那些宅在家等爸妈找工作的孩子，强过多少倍。去年我为宁夏团委组织的支教同学送行，这些同学告诉我到农村之后更懂得如何爱戴父母、勤俭节约了。

这些大学生为农村带去了先进的思想、文化、信息，冲击了农村的落后观念；同时他们也从农村社会学习、继承了很多优良传统。

教育在线：在农村受苦会让人懂得承担责任。

孙珩超：是的，责任不容躲避。一位佛学大师曾劝我皈依，我说，我心中有佛，红尘中自有佛。我办企业帮助很多人就业，办学校给很多山区孩子提供学习知识、技能的机会，我觉得在现世中做些有益的事，比在清静山寺里自修更好。佛教有"大乘""小乘"，"小乘"修自己，"大乘"修众人。

职教：一个政策不能解决所有问题

随着职业教育迎来较好的政策机遇，办职教的人越来越多。孙珩超呼吁，职业教育要差别化发展，不要一拥而上。他建议不同地区设立职校的标准、专业特色和办学特色都要有差别，本科层次的职校与普通本科也要不同。

教育在线：是什么样的动机让你创办银川大学？

孙珩超：一方面，企业需要人才，办职业教育与办企业相得益彰；另一方面，作为企业家要承担社会责任，办学可以为家乡，尤其是农村的孩子提供学习知识、技能的机会，这是践行社会责任的义务和使命。

教育在线：对于践行社会责任，很多企业家选择捐资助学，而你选择亲自"下水"办学。后者除了出资，还要付出更多心血。

孙珩超：相比捐资，办学确实难很多。为了确保对银川大学持续、稳定的投入，我们特别成立了独立法人性质的教育投资控股公司，以避免企业兴衰对教育事业的影响。所有投资到学校事业中的资金，都归属教育集团，用于学校发展，我们永远不从学校中取利。我有一个心愿，40年后，我要把一个优秀的职业教育特色的大学交给银川市政府。

教育在线：办职业教育现在迎来了较好的政策机遇。

孙珩超：是的。我前几年一直呼吁把职业教育作为一个办学方向，而不要被某个办学层次卡住，不能是考不上大学的上高职、考不上高中的上中职。2010年出台的《国家中长期教育改革和发展规划纲要》，基本上回应了这个呼吁。全社会、各级政府都认识到：没有职业教育，实现工业现代化、装备制造业先进化，都不可能。

职业教育备受重视，也就吸引更多人投入其中。所以我今年提案呼吁：要差别化发展，不要一拥而上。首先，设立学校的标准要有差别。东南沿海的发达地区，城市基础设施好、财政投入足、师资力量强、工业底子厚，这些标准要往高拔，为更先进的工业产业服务，向更高端的职业教育发展；对那些少数民族地区、欠发达地区，办教育则要有不同标准和不同政策，要把建校标准设低一些，否则就办不成，而这些地区的经济、社会发展迫切需要职业教育。

教育在线：还是应该有个基础性的标准吧？否则，像实训场地，如果达不到一定条件，职业学校对学生的培养质量就会受到影响。

孙珩超：这个我们赞成，如果总体标准比较高，政策扶持上就要差别化对待。一刀切对西部欠发达地区的职业教育是勉为其难，甚至遏制它们的发展。

教育在线：标准可以分层。

孙珩超：对，中国这么大国家，一个政策怎么可能解决所有问题？

不仅如此，办学特色和专业特色也要有差别。职业教育一定要根据国家产业布局、产业形成的特点来办，比如广州有个学校叫××能源化工学院，倒不是说广州就没有能源、化工，但肯定不是优势所在。而在广州办海洋产业方向的职业技术学院，就很合适。有一年，挪威一家造船公司委托我们培训船员，他听说我校有个鹤泉湖，问我能不能放船。我说能放旅游快艇，而他却要放一个退役军舰，这不开玩笑了？

根据产业布局办职业教育，可以优化资源的配置，避免浪费；成熟的产业基地已经培育了成熟的产业技能人才，职业学校在这里招聘双师型教师不费劲。此外，本科层次职业学校要与普通高校有差别。教育部应鼓励中专和大专层次的职业学校升级到本科层次，以培养较高层次的专业技术人才。但升级到本科一定要限制它办职业教育的特性不变，如果转为普通本科，意义就不大了。职业教育的本科层次是普通本科无法替代的。

教育在线：办本科层次的职业教育比办普通本科高校，在某种意义上难度更大。

孙珩超：想办好这种职业教育，需要三个条件：第一实验，第二实训，第三实习。实验是小投入，有个几千万元就能配齐；实训是中投入，没有模拟工厂，学生就引不进去，训练不出来，耗材成本也非常大；真正的职业教育还在实习，实习不是模拟，要进工厂，对自己过去所学的技能、原理进行全真环境下的检验。

我去年的一个提案是鼓励大中型企业办职业教育，因为小企业规模扛不住，大中型企业规模大，办职业教育，可以将产学研结合起来，用人、实验、实习也能结合起来。

（文章原载于：《人民政协报·教育在线周刊》2011 年 11 月 9 日 C2 版）

人民政协报
教育在线周刊

【代印象】

仰望星空，脚踏实地，方是正解

李光宇

总理提出"大众创业、万众创新"，是年轻人实现个人价值非常好的历史机遇。年轻人非常聪明，也非常勤奋。在政府的大力推动下，庞大的中国市场一定会释放出惊人的活力和潜力，对此我深信不疑。

我想提醒年轻人的是，创业需要激情，也需要理性。我是1989年参加高考的大学生，也是新中国第一批从政府部门走出来"下海"的公务员，那时候这种双重"天之骄子"身份跑出来创业是非常需要勇气的。创业之路绝非一帆风顺，不仅需要心理准备，更需要有知识储备、情商基础和拓展资源的能力。我在俄罗斯掘到了人生的第一桶金，但在异国他乡，我也曾连续吃过一个月的泡面，也曾遇到过危险的动乱局面，也曾动过打退堂鼓的念头，是"读万卷书、行万里路、交八方友"支撑着我一路走了过来。那时的我一穷二白，但我有这些东西作为创业这场恶战的"粮草"，这是比启动资金更为宝贵的财富。

正如就业不是每个人最好的出路一样，并非所有人都适合创业。对于大学生而言，大学阶段是为创业奠基的最佳时机。在这个阶段积极开展知识储备、资源储备，多进行实践和磨炼，多看些书，多交些朋友，多了解世界，多反省自身，将有助于创业路上多一些机会、少一些失败。理性审视自身，理性判断市场，理性做好准备，理性做出抉择，仰望星空，脚踏实地，方是创业问题的正解。

（文章原载于：《人民政协报·教育在线周刊》2015年3月18日09版）

李光宇，中国宇华教育集团董事局主席，第十二届全国人大代表，全国劳动模范，北京大学光华EMBA校友总会执行副会长。

自2001年发展至今，拥有从幼儿园到大学共25所学校（包括9所幼儿园、6所小学、7所初中、2所高中、1所大学），学校分布在河南9个城市，在校学生总数5万多人。

【观点】

李光宇："我不得不支持暂缓表决"

陈亚聪

近日，《中华人民共和国民办教育促进法》（以下简称"民促法"）二审"不通过"，全国人大代表李光宇是这一结果的见证者和参与者。作为宇华教育集团董事长，他同样是民办教育大军中的一员，草案中提及的"分类管理改革"对民办教育有多重要，他比多数人清楚也更为关注。去年两会上，他曾领衔30名全国人大代表提出"实行民办教育分类管理"的议案；今年12月10日，他还受邀参加全国人大法制工作委员会组织的教育法律一揽子修正案通过前的评估会。

正因为了解分类管理的重要性，他说自己"不得不支持暂缓表决"。"作为基层代表，为了民办教育长远发展，面对草案中并不完善的配套措施条文，我必须提出修改建议，哪怕会因此造成修法的延期。"12月22日，全国人大常委会对教育法律一揽子修正案草案分组审议上，李光宇表达了自己的建议。

民办教育的税收优惠力度应大于高新技术产业

李光宇参加过几次教育部牵头的十部委关于《民办教育促进法》30条修订的讨论，会上曾讨论过，民办教育税收与高新技术产业一体对待。但在他看来："前者对国家的贡献比后者更大，享受的税收优惠也理应更大。"实际上，西部大开发中一些地区为了招商引资，所得税税率只有9％，而且是"五免五减"，而软件企业的综合税负只有6％左右，李光宇说，"难道教育不应该比这些企业更低一点吗？"尤其是从事学历教育的机构，无论是否为营利性，客观上都在为国家、社会培养人才，所产生的效益是长期性的、外部性的，而且投资规模大、回收周期长、商业化色彩弱。即便是营利性，也应该本着鼓励、扶持民办教育发展的大原则区别对待，使其在应纳税税种上少于、税率上低于、整体税负低于高新技术企业。为此，他建议在草案原文第四十六条后加上一句："从事学历教育的营利性民办学校享受比高新技术企业更大的税收优惠。"

土地划拨优惠，营利、非营利民办学校应一视同仁

按照草案的意见，如果民办学校选择营利性，土地不能划拨，而是通过出让形式取得教育用地。李光宇认为，这会造成一系列问题。

首先，如果选择营利性，土地成本差不多跟房地产商业用地一样，那还有几个人建得起学校？其次，原有学校转为营利性，当初的划拨用地还得补交土地出让金。"按现在差价补，还是按当初差价补？可不管按哪个节点都交不起。"

李光宇介绍，国家以温州为民办学校分类改革试点，有 416 所学校做出了选择，但只有 40 所登记为营利性办学，其中 37 所为培训机构，大都是租房，学历教育仅占 3 所。"这 3 所肯定是原来都交了出让金的，如果现在再让他补交土地出让金，估计没有一所能成功。"

按照目前修改草案推行，等于客观上强迫所有的民办学校都走向非营利性办学，既没有真正实现分类管理，违背了修法初衷，又伤害了民办教育投资者、从业者的积极性和信心。对此，李光宇建议将第五十条改为："新建、扩建民办学校，人民政府应当以土地划拨等方式给予优惠。教育用地不得用于其他用途。"

保护举办人合法权益，"向前看"才能平稳过渡

分组审议上，有人大常委建议将过渡期由三年调整为三至五年。对此，李光宇说自己不太同意。民办教育已存在 30 多年，像分类管理这样涉及根本的重大改革，肯定要结合各地不同实际情况边试边改，只给三年调整期太过仓促，不利于总结经验在全国推广，还可能会影响现存学校。他建议将调整期改为五年，且出资人可以按照合理回报的原则取得合理补偿，以便实现平稳过渡。

李光宇请教过法律专家，出资者对所办学校享有的权益包括财产性和非财产性两方面。作为实践者，他说自己和其他举办者一样，从办学那天起就知道资产不归属个人及公司。可除了财产性权益以外，非财产性权益即对学校的重大决策权、选择管理者的权利，还有这两项权利的集成、转让和赠予权，是不是应该通过法律明确并保护？

"修订法律是为了解决此前不清晰的问题，而非推倒重来。"李光宇认为，要算大账，充分考虑修法之前民办学校财产关系的实际情况，做出合

法、合情、合理的安排，维护举办者的合法权益。"只有尊重历史既定事实，妥善处理现存民办学校问题，才能让分类管理真正落地。"针对此，他建议：对决定施行前设立的民办学校，在决定施行后五年内调整为营利性学校的，对调整前学校已形成的土地等资产及已缴税款仍按照修改前的民促法相关规定执行。

2015 年 9 月 30 日世界经济论坛发布了 2015—2016 年全球竞争力报告的排行榜，中国位居世界第 28 位，可大陆地区民办教育竞争力指数只有30%，即使与许多经济发展水平不如我们的国家相比，仍有很大差距。李光宇希望可以尽快完善配套措施，使得分类管理改革更快、更好地推动民办教育发展。

（文章原载于：《人民政协报》2015 年 12 月 30 日 09 版）

【故事】

李永新："做企业，本质上就是做人"

张惠娟

"我们这个行业有一位可敬、可信赖的'大当家的'!"在 2013 年 11 月 22 日举办的第二届民办培训教育行业校长高峰论坛上，中公教育集团董事长李永新与同行们分享教育企业营利模式创建与产品打造经验。他在发言中，首先透露了刚刚在中国民办教育协会培训专业委员会第二次代表大会换届选举会上发生的一个细节。"在昨天的换届会上，70 多岁的章家祥先生再次当选我们培训专业委员会的理事长。章理事长说他之所以想再次干下去，是因为他觉得这个行业有一大帮有激情、有梦想的好哥们儿、好兄弟。既然大家信任他、选举了他，他就想继续为中国民办培训教育事业呐喊、奔走、努力、奋斗。"话语至此，台下响起阵阵掌声。

"章理事长还说，希望大家都为行业发展出谋划策，真心把这个行业聚拢起来，营造一种家的感觉。"李永新稍作停顿，环视大家说，"一个人到了70 多岁，可谓已经历了人生的风风雨雨，但还能有如此的激情和热情，还能如此有使命地和大家一起干一番事儿，我们怎能没有干劲，怎能不对未来充满信心?"李永新声调不高，但特别有力量。

"一个领导，之所以能取得一番成就，就是因为他首先把'人'做好了。一个团队也是一样，只有每个人都有情有义，才能成就一番事业。咱们这

李永新，公务员考试培训的开拓者和领航人，中公教育集团创始人、现任 CEO、首席研究与辅导专家。1999 年本科毕业于北京大学政府管理学院，大四在校期间创办了以素质教育为目标的北京象牙塔信息技术中心，即中公教育集团前身，走上了创业之路。2001 年开始从事公务员考试培训工作，开创了全新的职业培训新领域。

目前总部位于北京，在全国 31 个省市自治区拥有近 500 家直营分校和旗舰学习中心，是当前国内直营分校覆盖城市最广、专职教师数量最多、公职类职业培训规模最大的现代化职业教育机构。业务类型主要包括面授培训，网络远程教学，各类教育辅导图书、音像、网络、教材等产品编辑、出版发行。

个行业凝聚了一大帮有情有义的哥们儿。大家在一起互相帮助、风雨担当，共同为行业的发展着想，若能做到这个境界，仔细想来，人生啊，不过如此。"李永新这一番话带来掌声雷动。

"我是在一分钱都没有的情况下开始创业的。在座的各位，最起码都有点家底。所以，相信自己，你们也肯定能行！"接下来，李永新与大家分享了自己从白手起家创业，发展到今天在公务员培训领域占有一席之地的奋斗历程。他告诉大家只要怀揣梦想且方法得当就扎实走下去。

李永新的父母都是工人，在家里的四个孩子中，他是最小的。李永新1995年考上北京大学的时候，尽管一年的学费只有700元，但家里还要向亲戚借。毕业后，对生活充满梦想的他选择了创业。"刚开始，我们租了一个六平方米的办公室，吃住都在那个地方，我一天的生活费只有3块6毛钱……"创业伊始的李永新历尽艰难，但他打出的"北大应届毕业生首办的中国第一家数字教育公司"的宣传口号，迅速引来社会的关注。"其实，那个时候我自己都不知道数字教育具体怎么做。"所以，送机票、送鲜花、做翻译……只要能赚钱，便什么都做。经历两三个月之后，他觉得这样发展下去不行，开始思考发展方向。

"我们第一个正式着手的项目是'高考状元演讲团'。后来发现，高考状元的演讲水平参差不齐，演讲的效果不稳定，项目模式不能标准化，所以就不能被广泛地复制，不能规模化。"发现问题之后，他们又转战奥数培训领域，但又发现新问题："一节课40分钟，但每节课老师需要拿出10分钟的时间维持纪律：'嘿，别动啦。嘿，坐好了，你妈妈让你来听课啊。'"李永新说，在这样的课堂上，他们感觉不到生命中交流互动的价值所在，遂果断放弃。后来又进军"高考复读"领域，打出聘用名师上课的牌子。但不久后又发现，"学生成绩的提高是一个长期的过程，仅靠几个名师的几堂课效果不大，且名师上课时间不可控。"

"怎样选择既感兴趣、又可控制，且有标准化运作模式的项目稳定做下去？"结合前三次选择项目的经验，最终李永新选择了公务员培训项目。"我是北京大学政务学院管理系毕业的。那时候，按照系里的要求，每个人都要参加公务员考试，所以，我们对公务员考试太熟悉了，这种项目做起来也很有成就感。"经过不断摸索，他们采取了最先进的互联网盈利模式，并在此领域里不断深耕细作，一直发展到今天公务员培训行业的领头羊。"李永新结合自己创业的经历，告诫在座的同行，选择培训项目盈利模式参考的三个标准：一定要选择标准化的运作模式，另外，一定要选择感兴趣的项目，且项目要可控。

（文章原载于：《人民政协报·教育在线周刊》2013 年 12 月 11 日 C3 版）

【对话】

"坚守不易，但很必要"
——走近李永新

陈　曦

公考辅导不单是考试过关

公务员考试辅导直接目标是通过考试，但李永新希望在这一过程中不仅向学生传授知识技巧，而且改变他们的心智，帮助他们树立理想，同时成为一个善良正直的人。

教育在线：当初为什么选择从事公务员考试辅导？

李永新：选择公务员考试辅导是一个过程。起初我们想为高校和社会提供 3D 式对接业务，一年后流产了。后来做高考状元经验演讲，发现很难控制——状元高兴就讲得好，不高兴就讲得不好。随后涉足少儿教育，虽然做得很好，但提不起兴趣——一节课要花一半时间教育孩子们不要吵闹好好听课，我觉得价值和成就感体现不出来。后来又做高考复读辅导，结果发现它很难标准化。

经历过这些失败，我发现做好一个教育企业必须要拥有核心研发，而且产品要标准化、可复制、规模化，再就是兴趣。最终我们锁定了公务员考试辅导。当时很少有学校开设这方面课程。我们是行政管理的背景，又都考过公务员，对这个领域比较熟悉，于是就自己搞研发。就这样一路坚持下来。

教育在线：这个领域里同质化竞争也很严重啊。

李永新：同质化是一个阶段性的产物，不可避免。目前公务员培训市场呈现井喷状态，少数机构提供的服务有限，这时其他机构就通过模仿的方式满足额外需求。目前国内几百家公务员考试辅导的机构，大多数处于抄袭状态，真正搞研发的很少。教育是恒久产品，产品不好怎么让人通过考试？没有好的教育理念，怎么能改变人的未来？我想只有经过一段时间，真正做研发的教育企业不断增多，才能避免同质化。

就中公教育而言，我们是以产品驱动的。我们从事公务员考试辅导的员工有 2000 名，其中 40％专门做研发。我们有一套专门的研发体系，通过整合大家的研发思想设置项目、目标和团队，不断创新课程。目前我们的课程已经是第 6 代了。

教育在线：研发可谓中公教育的一个核心竞争力。除此之外，中公在行业胜出的其他优势是什么？

李永新：我们拥有覆盖广泛的市场渠道。目前我们的 102 所分校，分布在全国主要的省会城市和地级市。从教育连锁角度看，这有利于我们横向拓展，做大做强品牌。

再就是文化。我们的核心文化是做善良的人。这听起来很简单，但真正把它作为一个企业的核心价值，并且按照这种价值来经营企业是很困难的。

做善良的人，核心是帮助别人。在帮助别人的过程中，寻求自身的价值和利益，包括经济利益。我们做公务员考试辅导，直接目标是通过考试，而深层次上我们仍然希望回归到教育的树人本质，不仅向学生传授知识技巧，而且改变他们的心智，教他们正确看待人生、世界、金钱、权力、地位等，帮助他们树立理想，同时成为一个善良正直的人。

教育在线：这些是如何实现的？

李永新：首先我们要求教师以身作则，一言一行要体现一种风范。另外，教师每节课至少要安排 5 分钟给学生讲一些人生观、价值观方面的内容，比如，怎样看待理想、青春、信念，怎样对待领导、下属、同事，等等，这些东西如果真的讲到学生心里去，他们很容易接受。一次，一个学生打电话说，"李老师，我现在是公务员了，五年前你们培训的具体内容都忘光了，但您讲的一些做人做事的道理我一直记得。"只要让学生变得更加纯善，更加正直，踏踏实实做事，走到哪里都会成功。

教育在线：所以，备考公务员的过程在一定程度上也是对学生心智的一种锻炼。

李永新：没错。

上市只是实现教育目标的助推器

中公教育正在上市途中，李永新认为，上市只是实现教育目标的助推器而已。他希望国家放宽政策，为教育企业开通在国内上市的渠道。

教育在线：很多教育机构纷纷引入风投，规模迅速扩大，对此你有没有压力？

李永新：压力并不是很大。引入风投对企业发展具有一定促进作用，但不是决定作用，关键还是看教育质量。这种口碑带来的市场价值，远比一些机构通过高投入盲目扩张强得多。真正对教育起作用的不是资本，而是师资以及企业的核心价值、体制、文化，等等，这些都是长期过程，很难用钱解决。这些年我们一直坚持教育品质为先。

教育在线：坚守不是件容易事。

李永新：但事实证明这个坚守是对的。我们的市场份额一直在增长，现已达到48%，居行业首位。这让我们更加坚定对教育品质的坚守。

教育在线：有没有考虑上市？

李永新：对职业教育来讲，上市是一个趋势。上市不仅可以提升教育企业的品牌、信誉，而且将聚集更多优秀人才。上市之后，企业软硬件都会升级，学生将获得更好的体验和服务，企业的竞争门槛自然就抬高了。我们已经在上市过程中，2010年中公就已经按照上市的要求规范公司运营的各个方面。我们引进了法律、财务、审计等中介机构，只不过没有引进投资公司。因为我们的主营业务是培训，运作模式良好，现金流充裕，企业本身在往上市的路上走，只是要不要投资伙伴分一杯羹的问题。

教育在线：上市以后会有增长的要求，你如何平衡资本和教育的关系？

李永新：上市之后需要思考如何在每年30%的增长压力下又不违背教育理念，这对企业提出了更多挑战和压力。但我觉得教育和资本之间并非不可调和，总会有办法，资本固然要增长，但不能影响我们作为教育企业的良心，这也符合投资者的长远利益。说到底，上市实际上只是一个过程，不过是实现教育目标的助推器而已。

教育在线：将来准备在哪里上市？

李永新：如果政策允许，我们当然会在国内上市。去国外上市，企业的宣传、品牌效应根本达不到，而且上市成本很高。

在国内上市，不仅市盈率比较高，而且企业对国内的会计准则、法律准则、监管准则比较熟悉。现在中国概念股在美国被打压，固然有造假因素，但也有规则不统一的原因。如果在国内上市，像美国这种集体诉讼可能会少一些。

教育在线：其实很多教育机构都渴望在国内上市。

李永新：对，大家都在等政策。比如，学历教育和非学历教育机构要不要分类管理，这个问题很复杂。作为一个职业教育培训机构，我们与一个公司没有区别，完全按照工商部门的要求纳税。希望政府相关部门能为我们开通一个在国内上市的渠道。

教育在线：除了公务员考试，中公也涉足了事业单位、村官、军转干等考试辅导，你们何时开始拓展业务范围的？

李永新：几年前就开始拓展了。教育培训业已经进入一个多元化时代，扩展是一种趋势。企业需要追求稳定发展，一旦将来公务员考试政策发生变化，企业会面临很多风险，所以必须对它做一些横向拓展，把鸡蛋放到不同的篮子里。实际上这些考试比较相关，都属于公职领域。

教育在线：多元化发展会不会冲淡教育企业的核心竞争力？

李永新：有可能，但可以规避。就我们来说，我们做公务员考试辅导，进入会计、银行方面的考试辅导时，会把在公务员领域积累的包括架构、渠道、市场、流程、管理等一套系统成熟的模式复制过去。企业竞争其实比的就是这套模式。

（文章原载于：《人民政协报·教育在线周刊》2011 年 8 月 31 日 C2 版）

图 12

【图说】

　　2008 年 11 月 29 日，在《国家中长期教育改革和发展规划纲要》广泛征集各界意见期间，《人民政协报·教育在线周刊》承办了"改革开放 30 年之民办教育纪念论坛"，这次论坛的主题特别设为"责任与使命"。图 12 从左到右依次为《人民政协报》时任社长、党组书记邬旦生，全国人大常委会常委、民进中央副主席王佐书，全国政协副主席、民进中央常务副主席罗富和，国家总督学顾问、中国民办教育协会时任会长陶西平，教育部发展规划司时任副司长宋德民，正保远程教育集团董事长朱正东。

（文/贺春兰，图/贾宁）

【漫笔】

许嘉璐："把培养具有崇高灵魂的人放在第一位"

贺春兰

"大家筚路蓝缕的创业，今天，我们站在了新的历史起点上。我希望若干年后，能出现一批敢于和本省、本市优秀公办学校竞争的民办学校，敢于和国际知名大学竞争的民办学校！"中国民办教育协会是经中华人民共和国国务院同意，由国家教育部和民政部正式批准，于 2008 年 5 月 17 日正式成立。成立仪式于北京国际会议中心举行，全国人大常委会原副委员长许嘉璐和台下 600 余所民办教育机构的代表进行了一次深情交流。

"从孔夫子到陶行知，我们的老祖宗创造了多少值得我们承继的经验啊。我们从旧体制中走来，还常常带着旧的影子和习惯。期望大家解放思想，在体制、机制、专业乃至教学方法上创新再创新。"

"希望各民办机构把培养具有崇高灵魂的人放在第一位！当前全世界都处在困惑中，物质与精神，技术与人文，自身和他人，人类和自然。希望你们——教育工作者应该成为社会的表率，学为人师，行为世范！优秀文化、优秀品德的传承不仅仅限于学校，一定要扩散至全社会。汶川地震中死难的教师们所表现出来的勇敢无私是我们的表率！"

在平和的语言和高昂的情绪中，许嘉璐先生进行了近 1 小时的即兴演讲。偌大的会议厅全场静寂，人们全神倾听。

"举办者、管理者和教师，都能成为人师、世范，中国民办教育何愁不能成为全国教育的中坚！"

话音未落，台下，掌声经久不息。

（文章原载于：《人民政协报》2008 年 5 月 21 日 11 版）

【对话】

"在办学上，我们彼此尊重"
——对话李罡及女儿李一嘉

解艳华

　　25岁的女儿李一嘉倾情加盟北京现代音乐研修学院（北音），轻而易举赢得美国顶尖化妆学校的信任，并实现合作，为父亲创办的学校打了一个"漂亮仗"。在生活上，父女彼此尊重，在办学上，二人理念高度趋同。

　　"北音特效化妆学院成立。"今年8月，北京现代音乐研修学院院长李罡在微信上发了这样一条信息。信息后面，附了一句话："我女儿从美国学成归来，循着父亲的足迹，蹒跚起步，竭尽全力。请大家支持。"这条信息像是卖了一个"关子"，女儿加入北音，女承父业，还是另有发展？在民办教育圈，"子承父业""女继母志"的案例已不少见，儿女与父辈之间的冲突摩擦也不时上演。北音的情况是怎样的？

　　9月20日，新成立的北音特效化妆学院迎来了第一批16名学子，给这批学生授课的是来自美国电影化妆学院的教师Wendy Ann Rosen，院长女儿李一嘉成为化妆学院主要负责人。谜底自此揭开，学院的成立是李罡女儿一手促成。一年前，24岁的李一嘉单枪匹马赴美国洛杉矶电影化妆学院，并向学院高层提出合作请求，经过数月谈判，终达成合作，迎来了国内首个特效化妆学院的成立。

　　"我基本都没插手，都是她在操办。"李罡说，以前一些国内知名化妆培训机构也曾向该学校提出合作请求，但都"铩羽而归"。"没想到一嘉办成了，

　　李罡，1996年创办北京现代音乐研修学院，任董事长、院长；1998年创办北京市现代音乐学校，任董事长、校长。

　　北京现代音乐研修学院是以培养音乐传媒、国际演艺、影视娱乐等应用型、复合型、原创型人才为主要办学定位的民办非学历高等教育机构。学院创立于1993年，1996年开始招收全日制学生。

　　李一嘉，中国北音国际教育集团执行董事、北音影视化妆学院创始人、院长。

而且很轻松。"用李罡的话说，这件事情女儿做得很漂亮，但只是做了一件"小事"。说这话时，李罡疼爱地看了一下女儿，赞赏之情溢于言表。

现在，李一嘉正忙于翻译美国教材和学生事务。在学生面前，她是一个严厉的老师，谁的化妆盒子用完没有清洗，化妆台上摆放凌乱，都会受到她的批评。她告诉记者："我希望学生们来到这里不仅仅是学习化妆技术，更重要的是职业道德和专业理念。要从一开始就给他们树立起尊重自己职业的观念，我希望改变整个行业的发展。"说这话时，外表娇小瘦弱的小姑娘眼睛里闪着光芒。

当然新时代的年轻职业人生活总是丰富多彩，结束一天繁忙琐碎的学校工作，晚上李一嘉会去参加一场音乐剧的排练，她在剧中担任女主角。李罡并不阻挠，在他看来，让女儿体验不同的人生历程，会享受到更多精彩。

在记者眼里，这是一对很合拍的"上阵父女兵"。

女儿的初衷是改变化妆行业的生态

教育在线：为什么想要成立一个特效化妆学院？

李一嘉：在美国读书的时候，我就对化妆产生了浓厚的兴趣，经常会上网浏览相关信息，也会买来产品试验比较，后来我的硕士论文就是围绕建立一个向亚洲人推广化妆产品的视频网站撰写的。刚从美国回来时，我曾参加过国内一档歌唱选秀节目，在比赛中，我发现中国的化妆行业要落后美国、韩国一大截，不仅是化妆技术，更重要的是他们对化妆职业的定位和认识，比如，韩国化妆师会很尊重客人，不允许自己服务的艺人在演出中有一点瑕疵，而中国的化妆师经常是草草了事，这无形中将化妆水平和化妆师的档次拉低了。

另外，我们经常会看到美国大片中的骷髅妆、僵尸妆等，他们有一批技艺精湛的特效化妆团队，并把特效化妆作为产业来经营。中国不仅没有知名的专业化妆品牌，连顶级的特效化妆师都很稀缺，我们会看到抗战片中死人造型中流的血都很假，在高清设备下经常出现明显的瑕疵。所以我很着急，这个行业怎么会这样。我在美国的时候，经常看一档家喻户晓的特效化妆师比赛节目，也了解过美国电影化妆学院。由此，我就想着能否结合自己的专业背景，将美国最顶尖的化妆教育资源引入国内，没想到很快就成功了。

教育在线：女儿办成了资深人士没有办成的事情，你认为原因在哪里？

李罡、李一嘉父女

李罡：这应该得益于她多年的留学背景和国际视野，她了解美国人的思维和交流方式。她英语沟通能力强，学的是传媒管理专业。做事又比较勤奋，比如前期她进行了长达9个月的调研，光预算就做了20多页。为了挑选最好的化妆用品给学生用，她光去上海、广东、香港的美博会就去了好几趟，教室里的桌椅板凳都是她去工厂量身定做的，连美国来的老师都赞不绝口。

我们精神追求高度一致

教育在线：当初女儿提出建立特效化妆学院设想的时候，父亲的反应是什么？

李一嘉：基本没有反对，从小到大，父亲都比较尊重我的意见，比如我当年毅然决然地选择去英国读高中。当时我在北京十一学校读书，是海淀区重点高中，又在实验班，如果不出意外，可以轻松地考入北京重点大学。但是父亲并没有反对，默默地为我准备出国的学费。后来我又选择到美国洛杉矶攻读传媒管理专业，并考入了传媒学科全美排名第四名的南加州大学，父亲也很支持。

李罡：她提出这个想法我很赞同。因为我们学校本来走的就是"人无我有，人有我优"的差异化办学路线，原来学校依靠培养流行音乐人才打下了一片天空，现在各大艺术院校这一块都起来了，但是还没有化妆专业办得特别好的学校。我一直鼓励创新，做第一个吃螃蟹的人，正好她有这个劲头，我当然支持。

教育在线：在开展工作过程中，父女俩有无矛盾？

李罡：没有矛盾。我一开始就提出高标准、高起点办学，不能办成批量化生产的培训班，因为我是从这个阶段办学起家的，她现在起步，只能比现在更好，不能走回头路，否则我们多年经营的学校品牌就毁于一旦。

李一嘉：我和父亲的办学理念、精神追求和价值观高度一致。要做我们就做最好的，遇到不懂的地方，我会向父亲求教，他会适时地给我讲解。我们彼此尊重和信任。

教育在线：如何评价你们之间的父女关系？

李一嘉：在成长过程中，父亲是我的人生导师，在面临选择的时候，我都会征求他的意见，我很尊敬我的父亲。在国外的时候，小女孩喜欢时尚，就想做国际代购也是一件不错的事情，后来跟父亲打电话，他只说了一句话：我送你出去，不是让你卖衣服的。这句话给我警醒，我想我应该有更大的人生追求。后来，因为喜欢唱歌，并被几家公司相中，也想过当艺人，父亲就告诫我，一定要弄清楚自己到底要什么，于是这个想法也作罢。

李罡：不给对方压力，循序渐进，水到渠成，随风潜入夜，润物细无声。（笑）

"不想给后来者留下一个烂摊子"

教育在线：其实你（女儿）在国外名校毕业，又多才多艺，应该有更多的发展道路，为什么选择回归到学校，与父亲并肩作战？

李一嘉：选择教育行业，我想与我们的家风、家教有关。很小的时候，爸爸就整天把如何教好学生挂在嘴边，学校第一届毕业生的姓名至今他都记得，如数家珍。他对教育充满一腔热忱，有很多自己的见解，并且一直坚持，耳濡目染吧，不知不觉就加入这支队伍来了。

李罡：她身上有很多正能量，没那么多坏毛病，对于喜欢的事情，她会很认真负责地做下去。选择回到学校，其实并没有刻意为之，只要她做自己喜欢并且有价值的事情，我都支持。

教育在线：现在想来，你在孩子教育的问题上有哪些经验？

李罡：我觉得家长最重要的是不要给孩子设限，要尊重孩子，在保证安全的情况下，让她去尝试一切可能的事情，不要去控制和规划她的人生。她在国内读书的时候，曾经参加过金帆、银帆合唱团，都是她自己考试通过的。后来她还自己报名参加了英语口语大赛，拿到银奖，我都很惊讶，后来听她说，上高中的时候英语老师是外教，为了练口语，她每天主动找老师练习。到现在引入美国院校合作，她也没觉得是一件多么困难的事情。我想，让孩子敢于尝试，会体验到不同的人生。

教育在线：未来女儿会接手学校吗？

李一嘉：我还没想这么远。

李罡：看她个人兴趣，现在她还年轻，人生经历还不成熟，等她熟悉了这摊业务，到时候再决定，如果她喜欢，就交给她，如果不愿意继续，我也会有其他安排。

教育在线：对学校未来发展有何打算？

李罡：还是走"精品"路线吧，我不想把学校做成"杂货铺"，最后什么都没做好。做学校，我很谨慎，不盲目拓展，虽然也有资本诱惑，但是我还是坚持稳步良性发展，我不想给后来者留下一个烂摊子。

（文章原载于：《人民政协报·教育在线周刊》2014 年 10 月 15 日 C3 版）

人民政协报
教育在线 周刊

杨红卫

【代印象】

要把握时代赋予的良机

杨红卫

  创业都是从对美好梦想的憧憬和追求开始的，对未来有向往，对自己有期待，对生活有热情，才能做个拥有梦想、追求梦想、实现梦想，积极向上的人。

  我的创业之路是从当老师开始的，怀着"让所有想要上学的孩子都能上学"的愿望，我开始了自己的创业生涯，投身民办教育，创办学校。20多年过去了，当初对创业的炽热梦想，更加坚定了我对自己所从事的事业的信念。

  抓住创业好时机。相比而言，这是一个大学生创业的最好时代。目前教育部各项制度鼓励大学生创业，国家对中小企业创业的扶持也很大。

  这个时代为创新和创业提供了一个前所未有的机遇和平台，为青年人创业、就业创造了无限的发挥空间。当今社会呼唤创业者，呼唤激情、智慧、创造和创新。有志于创业的年轻人，应把握时机，抢占先机，积极探索适合自己的创业之路。

  成功源于不懈坚持。"方向对了，坚持就能成功。"在创业道路上，碰到的困难远比预想多得多。但是在创业者身上，必须有种"坚持的特质"，一旦是决定要做的事情，一定要想方设法、不打折扣、通过不同的途径去实现，就像是蚕食桑叶一样，"要一点一点地吃完"。

  找准方向是创业的必要条件，加上自身持之以恒的努力，就一定能克服重重困难而如愿以偿。不要因为眼前的一时阻碍而怨天尤人，只要符合国家和社会的需要，只要符合大众生活的需要，坚持下去，你的付出一定会得到回报，你的价值一定会得到彰显。

  杨红卫，云南翰文教育投资集团有限责任公司董事长，云南经济管理学院创办人、董事长，云南经济管理职业教育集团理事长。云南经济管理学院创建于1992年，2004年经云南省人民政府批准设置为全日制普通高等专科职业院校；2014年经国家教育部批准，升格为应用型普通本科高校。

创业需要团队的支持。创业不是单打独斗就能成功的，除了自身的努力和机缘之外，还需要家人的理解、朋友的帮助、团队的支持，陪伴你的人越多，成功的概率也会更高。对于创业者来说，有了这样的后盾，有了这些支持，你才会在一路前行中感到"踏实"。

（文章原载于：《人民政协报·教育在线周刊》2015 年 5 月 18 日 09 版）

【对话】

"平凡的梦想因努力而伟大"

——访杨红卫

张惠娟

2011 年冬天，中国民办教育发展大会在云南召开。期间，教育部副部长鲁昕在云南经济管理学院进行调研时，对该学院解决教师住房的举措给予高度赞扬。她说："因为爱老师才能培养高质量的学生，爱老师更是民办学校获得双赢的举措。"带着对这位民办教育人的尊重与好奇，日前，笔者尝试走进该学院掌舵人董事长杨红卫的心灵世界。

创业赶上了好时机

"邓小平南方讲话，给了我们这代人创业的机会。"杨红卫说，她当初选择民办教育的路是对的。"从最初的培训学校到今天的教育集团，一步一个脚印，走得很坚定，很沉稳，夯实了基础才到达今天的。"

教育在线：是什么让你坚定信念选择办学这条路？

杨红卫：在投身民办教育事业之前，我只是一名普通的大学老师，从没有想过自己会成为一个民办教育集团的董事长。出于对教育事业的热爱，在丈夫的影响和指导下，我满腔热情，勇敢地投入民办教育事业中。同时，当老师的经历，让我对"让所有想要上学的孩子都能上学"的愿望十分强烈，这使我几十年义无反顾投身民办教育。

教育在线：你办学之初，当时是怎样的一个时代背景？

杨红卫：在小平同志南方谈话的鼓舞下，特别是小平同志的"不管白猫黑猫，捉到老鼠就是好猫"的鼓舞和启发下，很多知识分子开始创办民办教育；也正是从这时开始，国家鼓励民间资本进入教育市场，鼓励有识之士创办民办教育。那个时候，民办教育在云南也刚刚起步。正是在小平同志讲话的鼓舞下，在国家政策的鼓励下，让我对创新教育模式，丰富教育形式，探索办学体制的多元化有了崭新的认识，对举办民办教育满怀憧憬，赶上了政策的好时机。

教育在线：邓小平南方谈话，对中国民办教育最大的影响是什么？

杨红卫：自从小平同志南方谈话到现在的 20 年里，民办教育发生了天翻地覆的变化：由小到大，由弱到强，由自生自灭到政府关注。不论是管理的规范性，教育的前瞻性，还是招生的规模上，社会影响力和认可度上等都非昔日可比。特别是办学质量有了大幅提高，根据党和国家对民办教育政策上的扶持，各级政府对民办教育给予的具体指导和帮助，应该说，民办教育的发展具有更为广阔的发展前景，只要我们共同努力，民办教育将以强大的竞争力和公办教育在同一平台上做出贡献，受到社会欢迎。

民办学校是市场经济的产物，成功的学校要与时俱进，紧跟社会经济发展步伐。办学需要用"三只眼睛"，即一只着眼于学校的内部管理，一只着眼于市场变化和需求，一只着眼于政策的导向。要将教育事业当作一项教育服务行业，真正体现"以人为本"和"博爱"的思想，以一颗平凡的心去做一项伟大的事业。

创业，从提着面糊贴招生简章做起

杨红卫创业之初，民办教育还基本上属于"荒地"，只有一些零散的小型培训班。她和丈夫提着面糊，拿着招生简章去四处张贴；到旧货市场成批购买铁床、课桌椅……她的打拼之路就此启程。

教育在线：2001 年，您创办的培训机构被云南省教育厅批准为全日制普通中等专业学校，学校招生计划列入省内普通中等专业教育总计划中，面向全省统一招生。2003 年 11 月，学校被省人民政府认定为省（部）级重点中专学校。2004 年 3 月，学校被国家教育部认定为国家级重点中专。2004

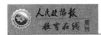

年5月，学校升格为高等职业学院。学校经历了从培训学校到职业中专再到高等职业学院的三级跳，这三个不同阶段，作为民办学校，在办学上有哪些特殊的困难？

杨红卫：其实，在任何阶段，资金问题都是民办学校建设和发展中的首要问题。办学之初，我和先生白手起家，自筹资金、租用校舍、聘请教师，并奔赴全省各地进行招生宣传，度过了艰难的岁月。我还清晰地记得，为了招生，我们提着面糊，拿着招生简章去四处张贴，奔忙回来后，就接到电话咨询，想到学校来就读，当时觉得非常欣慰，自己的辛苦没有白费。

在此过程中还经历了很多的困难，例如：学生到校后，宿舍不够，许多领导和老师就把自己的宿舍腾出来给学生住，还亲自到旧货市场成批购买铁床、课桌椅；亲自带领教职工种树，搞校园绿化；为迎接新生到校，带领教职工打扫学生宿舍卫生到凌晨。

随着发展，升格为中专学校后，我们把主要精力放在自建校舍上，想方设法筹集资金。1997年下半年在昆明海源地区征地，自建校园，1998年8月投入使用，大大改善了办学条件。

教育在线：听说你当初建1500多万的校园没贷一分钱？

杨红卫：是，没有贷款。我就想方设法动员父母、兄弟姊妹、亲朋好友及全校教职工拿出所有的积蓄来投资办学。当时，包括我的父母、兄弟姊妹、亲朋好友都拿出他们所有的积蓄，筹得了200万元资金。因为他们知道，办教育是利国利民的大事业。开发商对我很信任和支持。他们既不怕我跑了，更不怕我还不起他们的垫资，也许被我的为人和我的责任心，还有我的办学精神所感动了吧。所以，我没贷一分钱的款建成了1500多万的校园。最后，我用事实证明了我的判断和我的坚持。在3年期限内还清了开发商的垫资，树立了办学的信誉和学校的形象，为以后学校的进一步发展创造了一个良好的开端。

教育在线：用200万元资金建设1500多万的校园听起来有点不可思议，而那些资金又必须在3年内还清，你哪来那么大的胆量和气魄？

杨红卫：这来自两个方面：其一，对未来的正确判断。公办教育资源满足不了人民群众对优质教育的需要和选择，很多考生都被高分挡在了学校门外，所以，民办教育的出现正好满足了这一日渐旺盛的教育需求市场。其二，也是最重要的，就是我的"坚持"和"责任"。

我还清晰地记得，招生期间，有些学生因考分太低不能被录取，家长们就到学校求我们想办法把孩子收下，从那时起，我就下定决心：一定要把学校办好、办优。同时，办学过程中我也发现，这些学生接受了教育，学有所长并因此而改变了命运。

教育在线：采访中，你多次提到你的先生孙澄教授，他在事业上给了你什么样的力量和支持？

杨红卫：是我的丈夫孙澄影响和指导我走上了民办教育的办学之路。他是上海知青，1977年恢复高考以后，考入了云南师范大学，学习历史。

我们经历种种困难，一起创办了学校。他深爱着教育，在专业领域有建树，长期在高等院校从事学术研究工作，治学严谨。他还涉猎广泛，在建筑学、园林等方面有深入的研究。在学校不断壮大发展的过程中，他对学校的建筑进行了统一布局，为教学楼、学生公寓进行了人性化的构造和设计，配备了齐全的设施。因为云南的太阳能资源很好且环保，我们的学生宿舍很早前都配备了热水器。他还亲自设计规划校园环境，建成了海棠花园、樱花大道，使学院绿荫满园，鸟语花香。所以他不仅是我事业的指导者，还是学校的规划者和总设计师，他的规划很有前瞻性。

未来，民办教育大有可为

杨红卫说，回想起来，原本一个很平凡的梦想，因为不懈的努力和坚持而变得伟大，也使她找到了可以对社会有所作为的领域。但现在，她更加深切地认识到：民办教育既解决了政府教育经费不足的问题，又满足了社会、学生和家长的需求，所以未来的发展将大有可为。

教育在线：办教育离不开钱，但又不能为了赚钱而办教育。你认为该如何协调民办教育办学效益和经济效益的关系？

杨红卫：办学和做企业我认为有很多地方是一样的，社会效益和经济效益是相辅相成的关系，不能孤立地割裂开来看。办学质量高，学校的社会美誉度、知名度、认可度都会得到同时提高；在这些都提高的同时，考生自然会更多地选择你；有了生源，经济效益自然也就有了，为社会做出的贡献自然也就大了。

所以，首先是把学校办好，把质量提高，只有学校办好了，成了名牌学校，经济效益和社会效益自然都会双丰收。

教育在线：现在，你们学院已成为云南省规模最大、在校生人数最多的民办院校。你们的办学优势是什么？

杨红卫：我们把拥有人才当作兴校立校的法宝。

第一，尊重、重视教师。学校建立了一套"待遇留人、环境留人、感情留人、事业留人"机制，每年定期上调教职工的工资；学校的教师公寓，家具、厨具、家电配备齐全，我们的老师都有单间的住房，那些结婚的老师都有套间，最大的有100多平方米。我们装修好，把家具、电器配备好，他们拿着行李就能入住了，有效解决教职工的后顾之忧。学院全覆盖办理了五险一金，及时足额地缴纳各种保险，是同类院校中福利待遇最好的学校。学校还网罗了大量云南省高校的专家、教授来我校任教，对教学、管理进行督导。

其二，尊重学生的个性发展和重视学生的成人成才。就读高职院校的学生虽然考分不高，但是他们阳光、乐观，有很好的心态，学校在教育中对他们进行人际交往能力方面的引导，对他们未来的成长和发展充满了信心。学校在注重学生技能培养的同时，促进学生全面成长。一是注重技能和职业能力的培养；二是注重对学生的兴趣培养和个性发展；三是注重培养学生创新能力；四是突出职业教育特色，提升学生的就业核心竞争力。

教育在线：结合20年的发展经历，你怎么看待民办教育未来的发展？

杨红卫：民办教育和公办教育都是国家的教育。所以，民办教育首先是要提高教育质量，办好办优。优质民办教育应当是站在时代发展和教育前沿的教育，应当是全面提高学生素质和发展学生个性特长的教育，应该是勇于、善于教育创新，并具有鲜明办学特色的教育，应当是能为学生就业、发展、成功奠定良好基础的教育，应该是具有高度社会责任感和良好社会信誉的教育，在好多方面有公办教育不可比拟的地方。

当然，民办教育在发展过程中还存在一些问题。比如：招生问题，民办教育办得再好也被"另眼相看"，所招生源都是先公办再民办，并非同等条件同等待遇；土地问题，存在一些限制。希望民办学校在办学中遇到的这些问题能够随着我们国家的进一步发展而逐步解决。

我对民办教育的未来充满信心。相信有一天，也会像西方发达国家一样，民办教育成为最受公众喜欢的优质教育。所以，民办教育大有可为。

（文章原载于：《人民政协报·教育在线周刊》2012年2月29日C2版）

【印象】

杨文泽：宁静的热爱

贺春兰

　　四年前，杨文泽曾接受过本报采访。那时的他面对媒体，略显局促，笑着说，"我不知道怎么跟记者打交道。"四年后，再次交流，多了一些从容。

　　他善于观察、体会和反思。"每天工作的八小时，是否关注到了自己内心最想要的东西？"进入不惑之年的杨文泽一直追求自己心灵的方向。他说，人生定位就是在找到自己心灵方向的前提下，做适合自己做的那一件事。当每天工作的八小时与心灵方向一致时，是幸福的。

　　与杨文泽谈话时，"热爱"两个字的重复率很高。在他眼中热爱会带来工作的热情、激情、有价值的创造，进而带来个人价值与社会价值的完美结合与实现。

　　他鼓励人们试错。其实他从水电到法律的专业，再到毕业后做思维教育本身就是一个"试错"的过程。他相信，只有在"试错"的过程中才能真正找到适合自己做的事，并对其倾入热爱与激情。他喜欢乔布斯的那句话："唯一能使自己得到真正满足的是，做你认为是伟大的工作。做一份伟大工作的唯一方法是：热爱你所做的工作。如果你还没有找到这样的伟大工作，那就继续寻找吧，不要妥协。"

　　杨文泽专注于对新事物的探究和创新，他给予勤奋一种积极性的"加法式"的理解，即勤奋不应拘泥于体力上的消耗，更应体现为智力活动中的钻

　　杨文泽，北京东方之星思维教育机构创始人、董事长，中国思维教育的倡导者和先行者。1966年生，中国政法大学法律专业硕士。1995年投资创办北京东方之星幼儿教育机构，并担任负责人至今。东方之星始终专注于思维教育的研究与实践，目前已发展成为以思维教育理论研究、课程开发及教研服务为主体的、全国性的专业思维教育机构。目前，东方之星已在全国25个省市设立的分支机构为数千所幼儿园、数百万家庭提供思维教育解决方案与服务。是中国儿童思维教育的开创者和领导品牌，在儿童思维教育领域有着非凡的成绩和卓越的贡献。

研与探究。通过这种勤奋，他从积累和沉淀中收获，并获得源自内心的快乐体验。

（文章原载于：《人民政协报·教育在线周刊》2012年2月22日C3版）

【对话】

享受思维教育之乐
——走近杨文泽

贺春兰

与思维教育结缘

学水电和法律专业出身的杨文泽，在职场上却将目光锁定在思维教育上。在他看来，同样的环境条件下，人和人的成绩不同在相当程度上是因为思维差异所致。

教育在线：我在实践工作中切实意识到人的思维差距所带来的能力差距。好奇的是，你是怎么对思维教育感兴趣的，而且这么多年一直认准了它？

杨文泽：其实我最初不是搞幼教这块的。我本科学的是水电，后来上政法大学读的双学士，学法律。可是毕业后这两个专业我都没干。创业伊始也是搞的水利项目，后来就转到思维教育上来了。

在读书的时候我就发现，有些人的成绩你死活追不上，但是你也可以看到有些人也追不上你。那时候我就想，同样的老师，同样的作业，同样的努力程度，但是学习差异为什么会很大。

我切身体会到，读政法大学的时候两方面对我的影响很大。第一，我读的双学士，同学中大量的人是文科背景的，而我是理工科背景的，我就发现我跟他们的思维差异很大，我也能从他们身上学到很多东西。第二，因为学法律，很多西方的文明杰作都会涉及，所以我会更欣赏西方科学强调解析的思维方式。

教育在线：有一个学化学的人曾说，结构不能保证唯美，但能保证一个底线。任何事情，模式化、结构化之后才能被复制，才能把成功放大。

杨文泽：是啊，这方面一件特别典型的事，就是有关张衡的地动仪，最近科学院有人把它复制出来了。后来我才知道，以前教科书上的图片原来只是一个壳，里面是什么结构我们完全不知。张衡这种智慧的闪光我们不知道怎么复制，所以这么多年我们没有人再有过这种闪光。但这个人使用西方的方法把它做出来了。再比如，IBM有一个以客户为中心的理念。做企业的人都知道，要做到以客户为中心是难的，但是IBM是怎么做到呢？通过一套管理工具——"关键时刻"来贯彻在企业的各个岗位和环节。

我们能做的就是怎么使西方的工具本土化，这是科学的思维方式产生的结果，而这个工具是可分解的、可拆分的。

我经常对员工说，现在东方之星第16年了，咱们现在做事和当初比起来是事半功倍，因为掌握了一些"工具"，分清楚了哪些事情是该做的，哪些是不该做的，问题本身也被拆分了，结构化了，参与的壁垒降低了。

胡佛水坝的启发：热爱是创造的前提

在杨文泽看来，对于人类而言学习是一件特别愉快的事，呵护孩子们对学习的热情至关重要。

教育在线：你是如何理解学习的？你认为学习的真理是什么？

杨文泽：我当年学水电，去美国参观胡佛水坝的时候，突然悟到了学习的真理。当时美国是为了刺激经济才建的胡佛水坝，要求承接这个任务的人在6年内把工程做完。胡佛水坝是当时世界上最高的拱坝，它是用混凝土浇筑的，如果按照传统的工艺去浇筑的话需要100多年才能完成。这时，他就面对了一个人类没有解决的问题——怎样在6年的时间里完成？在面对这个问题的时候他在学习，他代表整个人类在学习。他想，混凝土浇筑是必须等一层干了以后才能浇下一层，那么加快混凝土干的速度就是关键。但是怎么样才能达到这个目的呢？这个设计师首先想到了水，水能够加快混凝土的凝结。他就建多高坝蓄多高水，但是不接触水的一面怎么办，他就想把水引过去啊，于是就创新地采用了埋管的方法，把水库里的水导入坝体，带走热量，使坝体冷却凝结。带着对问题的探究和热爱，他只花了4年就建好了胡佛大坝。

教育在线：其实它背后有许多人文的东西，有很多启示。

杨文泽：对。学习这件事对于人类而言，是特别愉快的一件事。其实人类发展的过程就是不断学习、不断迎接挑战的过程。我们的孩子在成长过程中也会遇见挑战，很多时候他们不知道为什么要做这件事，看不到事情背后的价值。我曾遇见一位小学六年级的孩子在做一道非常复杂的计算题，他边做边喊，"这道题太难啦！"毫无疑问，他在面对这个题目的时候是难受，痛苦的。但是美国那个设计师在面对大坝难题的时候是兴奋、快乐的。就是说我们的孩子从小到大没有养成一种对问题探索的心态。这个问题导致的一个后果就是他们很难热爱一件事。

教育在线：我也听过这个观点，一个人事业能否成功取决于他的热爱，成功在哪个领域取决于他的智慧。

杨文泽：确实，水平相当的两个人，从研究生到博士，整个过程下来就会有差距，不是差在智商上，而是差在对问题的探究和热爱上。

教育在线：热爱其实会让自己变得幸福。一个人只要热爱一件事，并且沉迷进去，就会发现应对挑战的过程是令人快乐的。其实，这个不断迎接挑战的意识和能力在学生时代伴随着解析一道道难题的过程就已经开始了。

杨文泽：是。但遗憾的是，很多时候，我们的教育过程没有培养起孩子们对学习的热爱和迎接挑战的冲动。

当然，在学习上，不是每个孩子都能够应对学习的挑战。我们要给孩子们一些帮助，使孩子轻松地面对学习中的挑战。比如，女孩子在幼儿园更爱玩芭比娃娃，喜欢跟角色之间进行情感交流；而男孩子更愿意去建构。而且人是越擅长的东西越愿意干，越不擅长的东西越想回避，但在我们的教育当中，本身的优势差别较少考虑，面对的问题和挑战也很少被关照。

事实上，不同的人面对同一个挑战时，因为他的能力储备是不一样的，所以表现出不同的应对能力，空间的思考能力、符号的思考能力等都不一样。很多时候，孩子们先天就存在差异。而我们往往用同一张考卷测量所有的学生，相当一部分孩子在这种体验中感受到的是失败。

因为找到了心灵的方向而快乐

杨文泽认准了思维教育，也享受着思维教育的乐趣。身边的人担心他累，而他自己觉得很快乐，因为他感觉自己找到了心灵的方向。

教育在线：其实看你腼腆的个性，我们很为你在市场上的竞争担心呢。

杨文泽：哈哈，东方之星之所以在行业内很低调，不跟别人竞争，是因为我们自建渠道直营，所以同行不关注，只有需求方关注。一直以来我们就只专注于思维教育，我们不是在做教材而是在做解决方案。所谓做解决方案，就是基于孩子们的需要而进行的方案设计、服务供给，我们的终极目的是促进孩子们的思维成长。所以，我们不大关注同行，关注别人。

教育在线：你的很多同行都在关注引进，你却花很大精力在关注研发？

杨文泽：是，我们高度重视研发，因为中国教育和外国教育面对的问题不一样。事实上，人类历史上相当多有价值的研发都是在企业做起来的，需求拉动着研发。而我们幼教界的现实则是，给钱—研发—散去，较少基于需求的持续的关注。

教育在线：那你对专职研究的学者有怎样的期待？

杨文泽：在学前教育这个行业，学者的话语权太大了，对上影响政策，对下影响实践。所以，学者更要有使命感和责任感。现在我的直观感觉是，学者也浮躁。

教育在线：我觉得你们的探索很珍贵。但我在不同圈子中穿梭，感觉民办幼教工作者很受质疑，你的感觉呢？现在社会上有一个流行语——纠结。正处转型期的中国社会，实在有太多东西难尽人意，有时会很让人困惑，你们做实体，更是要和方方面面碰撞，纠结吗？

杨文泽：我认为，在这个世界上总有一些大道，如果你寻找到这个大道，终究可以在竞争中胜出。我身边的人都觉得我做得太累，而我自己觉得很快乐，因为我热爱。

一个企业存在的基本道理就是创造价值，如果东方之星实现了"让孩子更聪明"这个独特的价值，我们就把握住了"大道"，也找到了我自己心灵的方向。所有东方之星人都能感到我们所做事情的价值。在东方之星，所有参与的人也都享受到了由此带来的快乐。我觉得，无论今天的中国还是未来的中国，都有大道在里面，创造市场价值，满足客户价值，实现员工成长是根本。

（文章原载于：《人民政协报·教育在线周刊》2012 年 2 月 22 日 C3 版）

【印象】

杨爱绿：几分腼腆几分童真

姜　阳

与爱绿教育集团董事长杨爱绿只有短暂的相见，她给人的感觉是单纯、明朗，甚至有些童真和腼腆。2014 年春，《人民政协报·教育在线周刊》举办的民办学前教育政策建议座谈会上，来自全国各地的民办幼教人相聚畅谈，有发展中的痛苦，也有对未来的期待。轮到她时，笑而不语，把发言的话筒递给了自己的同事。事后，她眨着眼睛，好似害羞的小姑娘："人太多，我有点害怕不敢说，还是让年轻人替我讲吧。"

晚间再次相聚，话题沉重，对面的她却依是笑靥。说起民办幼教人的被误解和政策阻力，她期盼地握着手说："您看哎，怎么让大家了解我们的一片痴心呢？走近了才知道，今年春天我邀请你们来看看我的幼儿园吧！"

从 1987 年到 2013 年，当年一个小小的温州农村幼儿园如今已经扩大到了三十多所，分布中国多地。而且，杨爱绿的幼儿园，都是可以在当地评上一级、二级的优质园。

留住孩子就是留住家长，留住家长就是留住企业，留住了企业就是留住税收。"政府要有这个认识啊！"杨爱绿说，"很多时候高层领导认识非常到位，可一到了执行就变了样。"

话语转至她的幼教王国，杨爱绿的脸上又再度明亮起来"你来看看吧，即使在乡村，爱绿的幼儿园都会让你惊讶呢！快来看啊！"

（文章原载于：《人民政协报》2014 年 3 月 8 日 28 版）

杨爱绿，爱绿教育集团创始人、董事长。1987 年投身创建爱绿品牌。目前爱绿教育集团已经发展成一家以学前教育为主营业务的综合性教育产业集团。迄今为止，爱绿的足迹遍布中国四大地区（华北、华东、华南、西南）、六大省市（北京、上海、重庆、浙江、广东、福建）。集团现有 30 多所爱绿幼儿园，涉及领域除幼儿园之外，还包括艺术培训学校、亲子早教中心、国际幼儿游泳等项目。集团目前在职员工 1800 多名，累计投资达数亿元。

【对话】

偶然邂逅　一生追求
——访杨爱绿

修　菁

敢闯才有机会

20 世纪 80 年代初，到市里听到的一个同龄姐妹的创业演讲，激发了杨爱绿内心的"爱拼"因子。"人家能做的，我也能做。"45000 元、15 位追随者，杨爱绿开启了温州民办学前教育之门。

教育在线：当一名幼儿园老师是你最初的职业理想吗？如何和幼儿教育结缘的？

杨爱绿：1979 年夏天，我从温州萧江高中毕业。校长觉得我声音不错，留我在小学部做音乐老师，因为父母都是工人，当时也不知道可以考大学之类的事，觉得能当中学老师也是一份不错的职业，就这样我和教育结缘了。当幼儿园老师是因为我没有受过专业的音乐教育，教音乐课几年后，很快嗓子就出了问题，校长又找到我，说你愿意教幼儿园不？

教育在线：当时听到校长这个建议，你有什么想法？

杨爱绿：我听到校长这一建议，反问了他一句：什么叫"幼儿园"？因为在当时的萧江乡没有一所幼儿园。校长说就是把上小学前的孩子聚集到一起，代父母照管一下。

教育在线：怎么想到自己创办幼儿园了呢？

杨爱绿：因为当时正是改革开放初期，温州萧江很多家庭都在家开了手工作坊，家里的孩子没人照看。后来幼儿园不得不借用小学旁祠堂和租用旁边的民房作为教室，才能满足孩子家长的需求，我在这所幼儿园教了四年，发展了四五个班。

1982 年下半年，一次跟随温州妇联主席到乐清听一位退休教师的报告，说的是她带领 7 位青年投资 1500 元租民房办幼儿园的事，这个报告深深影响了我。回到乡里，我和萧江妇联主席商量，我想"人家能做的事，我们也能做"，我们也可以自己办幼儿园，这个想法得到了15位老师的响应，我们每人从家里拿了3000元钱。但是45000元还不足以办一所幼儿园，我们又说服了乡里的30位企业家，向他们每人借1000元，许诺4年后归还，并为此刻了一个碑，放在园内。

教育在线：初期的创业顺利吗？

杨爱绿：最初几年还是蛮艰苦的。因为孩子多、老师少，开园最初几年，一个班级只能配一名教师。从带班到保育、做饭、保洁，一切都是这名老师管。当时给教师的工资也很低，每人每月105元。要过年了，我们还得操心建园的木工、泥工的工钱，所有教师挨家挨户地求捐求助，才凑足工人的工钱。我们还办了30桌幼儿园开园酒席，用酒席收到的礼金为幼儿园铺了水泥的活动场地。

教育在线：从开办第一家园，过了几年时间，你又开办了第二家园。爱绿现在有多少所幼儿园？

杨爱绿：1987年我们开办了爱绿集团第一家幼儿园，1991年开办了第二家，现在我们已经有31所爱绿幼儿园，遍及北京、上海、温州、重庆、厦门等地。

孩子就该早早体验生活

2004年，杨爱绿在浦东新区开办了上海浦东爱绿幼儿园，同时将集团总部搬到了上海。她希望借助上海的天时、地利、人和的大环境，把事业做得更大更强。

教育在线：我注意到您的经历，1993年，您32岁，两个孩子的母亲，两家幼儿园的园长，在这时选择去上海幼儿师范高等专科学校全脱产就读，当时出于什么考虑决定去读书？

杨爱绿：虽然事业越做越好，两家幼儿园当时都被评为县一级的幼儿园，但是我觉得仅凭自己原来的知识底子远远不能将事业做大做强，就决定带着8岁的儿子、5岁的女儿去上海读书。

教育在线：三年的科班教育给你带来什么？

杨爱绿：上海的学前教育做得很扎实、规范，在全国是领先的。这也是我后来让两个孩子留在上海读书，并把爱绿集团总部放在上海的原因。

教育在线：爱绿幼儿园缘何选择以艺术启蒙为立园之器？

杨爱绿：我当年那么喜欢音乐，喜欢唱歌，就是因为不懂得科学的发声方法，把嗓子弄坏了。所以，我想在我的幼儿园里，一定要让喜欢艺术的孩子得到科学的、正确的艺术指导；一定要让孩子从小接触到美的东西，并让孩子知道什么样的艺术是美的，科学、正确的审美观将影响孩子一生。基于这样的考虑，这几年我们聘请了一批国内知名的舞台艺术家作为园里的指导老师。

教育在线：爱绿的孩子也比同龄的孩子多一些走上国家级舞台的机会？

杨爱绿：是。从 1997 年起，每年我们还带孩子走出国门，去美国、芬兰、匈牙利、澳大利亚、中国香港等多个国家和地区交流演出，他们的表演与健康的精神状态让外国友人看到了中国儿童的风采。我们从 2006 年起就参加央视少儿春晚的录制。每年都有孩子荣获全国少儿艺术大赛的金奖。

教育在线：对于学前儿童教育，你的理念是什么样的？现在大家普遍有种对幼儿园教育小学化趋向的忧思。你认为孩子在幼儿园阶段该学会些什么？

杨爱绿：从我个人的经验看，我觉得自己就是一个不爱死读书的孩子，所以许多的经验都是从玩中获得的。所以，我认为孩子在幼儿园阶段首先要学会玩耍、养成良好的行为习惯、有责任意识、能合群。基于这样的理念，在"我爱社区"课程中，我们让幼儿走出围墙，走向社会，融入社会，让孩子们积极主动地与周围环境互动，与周围的人接触，从而主动积极地去探索世界，让幼儿真正成为学习的主体；在"我爱温州"系列主题活动中，我们努力挖掘本土文化力量的园本课程，让孩子在乡土文化中得到自然熏陶和滋养；在园本艺术课程中，我们让孩子在自己的"小舞台"上秀出个性、秀出特长，培养活泼、自信、充满艺术气息的一代；在"区域活动"中，我们在注重知识、技能、习惯培养的基础上注重社会性的教育，让孩子把随时攒下的饮料瓶送到幼儿园的收购处，换取的零钱攒到周五可以从幼儿园的超市买东西带回家。我们还在郊区建有自己的农业基地，意在让家长带着孩子领养树木，开展亲子种植。我觉得现在的小孩成长得有点太顺了，应该让他们从早期就建立一点责任意识、走进社会、体验生活。

教育在线：许多民办园现在都遇到了招师难以及留住好师资难的问题。爱绿集团有没有遇到这一问题？是如何解决应对的？

杨爱绿：这一问题我们感觉还不是很强烈，我想民办园之所以难留住优秀的师资，一是这些优秀的老师出于面子，认为在公办园任职好听。二是民办园的待遇没有公办园好。说到这一点，我认为温州市政府对民办教育的9+1支持政策很值得推广。现在温州部分地区的民办幼儿园和公办幼儿园间的老师已经可以相互流动，对于民办幼儿园的等级评定、民办教师的职称参评和社保缴纳政府也都将会一视同仁，给予适当补贴。

我们集团的做法是，用物质、制度、情感三管齐下留住人。爱绿教育一直很关注如何保证教师队伍的和谐与稳定。某种程度上，我们认为人才的价值应该与物质的待遇成正比。我们对优秀的1/3教师采用书香激励奖、特殊贡献奖等方式给予高工资、高待遇，使优秀人才安心留在集团，对中下水平教师采用绩效评价法、激励其不断进步。整体上我们集团教师的福利普遍高于同等民办学校。

（文章原载于：《人民政协报·教育在线周刊》2013年4月17日C3版）

【印象】

纪世瀛：狂在勇气，情在担当

贺春兰

纪世瀛用高昂的激情去跋涉，以坦然的心境面对收获。他的"狂"，狂在思想上，狂在行动的勇气上，而其实不乏对过程艰辛的理性认知和失败的隐忍。熟谙教育的人都知道，学习化社会的理想半个世纪前就已经提出，纪世瀛的很多关于教育创新的提法在教育上早已经是旧话，但理想境界的真正实现还需要更多纪世瀛这样的能人用狂热的激情去推动、以坦然的心境去理解。

【故事】

待到山花烂漫时，他在丛中笑
——中关村狂人纪世瀛的理想意境

贺春兰

一

第一个吃螃蟹的人究竟是什么滋味？这个问题曾一次次唤起纪世瀛的万千感慨，但并不影响他的选择。

纪世瀛，改革开放后第一代企业家，历任北京民营科技实业家协会会长、北京市政协委员、北京企业管理学院院长。18岁考入中国科技大学，成为大物理学家严济慈的关门弟子；在中国科学院从事核聚变研究。1980年，同柳传志、段永基、陈春先等一起下海创办中关村第一批民营企业，成为中关村创始人之一。2000年，纪世瀛进入民办教育界，成立了中华世纪英才研修学院，任院长。

1983 年 10 月 23 日，纪世瀛和同事走出中国科学院，在中关村创办了中国较早意义上的民营科技企业。从此，一支又一支科技"游击队"迈出大专院校、科研院所的高墙，把科学变成技术，又把技术变成产业。中关村也由短短的"电子一条街"，逐步成长为中国最具有影响力的高新技术园区。对创业初期承受的巨大社会压力，60 多岁的纪世瀛记忆犹新：我们被查过账，被封过门，被盯过梢，被立案调查过，曾被看成"二道贩子"，难登大雅之堂。作为中关村民营科技企业第一代创始人，纪世瀛亲身经历了中关村科技园区从萌芽、发展乃至形成规模的全过程。而今，纪世瀛作为"中关村第一闯将"被人记忆，而其在企业经营和财富积聚上似乎算不上显赫。

20 年后，21 世纪伊始，纪世瀛特别选择在同一天，也就是 2003 年的10 月 23 日请了教育部的几个领导见证，宣布自己要进入民办教育界。因为20 年的创业史让纪世瀛痛彻心扉的体验了中国人才之缺、企业界人才之缺，同时，纪世瀛坚信，真正的企业实战人才是书斋里培养不出来的，而中国上亿的人口包袱要转化为人力资源仅靠大墙内的教育也是不可行的。

纪世瀛创办的北京世纪英才学院强调"由将军教打仗，在战争中学习战争。在理论中讲实践，在实践中求理论"。他提出了"四联导师制"的教学模式——实践派（著名企业家登台主讲）、学院派（著名经济学家及教授）、外教派（国际著名工商管理教授）、国学派（中华传统文化专家教授），他希望古今中外、全面教练，使企业家得到全面提升，从而打造企业界的"黄埔军校"，培养高素质的企业家群体和顶级决策者的目标。

而纪世瀛的理想其实不在于经营一所学校。"教育，太保守了，我不求什么，就是希望冲击一下这块堡垒。"

二

全国人才工作会议的召开让纪世瀛振奋，在学院第二期 MBA 研究班开学仪式上，纪世瀛特别做了"人才战略、强国之本"的讲话。"我这人不是那种看见文件就激动的人。而在看了中央人才工作会议以及决定后，我真是很激动。12 月 26 日是中国最伟大的人才的诞辰，在这天发表人才工作的决定有没有特别的意思，我不知道。但是我看到这个日子的时候，突然想起：中国最大的人才是谁？毛泽东！一个师范生！而 110 年后的这一天，党提出了'四不唯'——不唯学历、不唯职称、不唯资历、不唯地位，这个事情开辟了中国人才观的新纪元。"

"教育不改革，中国没希望。改革的思路虽然千头万绪，但我的基本建议是从民办教育切入搞一次教育革新的大胆尝试。"

"历来的改革都是从体制外开始的，自己否定自己很难，很多事情都是这样，想改很难，不管是教育的、科技的。教育也是一样。我们现在对民办教育支持的热度不够、政策不活，很难使民办教育有一个很大的发展。《民办教育促进法》虽然已经公布很长时间了，民办高校连个名字都不能和公办的高校平等，必须要加上研修等字样，以表示它们是民办的，这不是一种歧视吗？"

在纪世瀛看来，中央人才会议标志着民办教育的战略机遇期到了。实际上教育有两块主要阵地：一块是大墙内，一块就是大墙外。大墙外就是民办教育的天地。"十几亿人的教育是一个广阔的市场，不可能完全依靠大墙内的教育，所以民办教育大有希望。""我们教育改革的另一项任务就是拆墙，不是把大学的围墙拆掉，而是要打破墙内墙外的隔阂，冲破这个大墙，把公办教育和民办教育结合起来。总之，呆板的传统的教育时代该结束了！教育应当革命！民办教育则将成为教育体制创新和机制创新的主力军。"

三

有一个学生送的普普通通的小镜框被纪世瀛一直珍藏，虽然忙碌，还是特别拿出给记者看。一个在花丛中微笑的邓小平的像。下面写着："待到山花烂漫时，他在丛中笑。"

今年62岁的纪世瀛自述"浑身是病"，但依然"上蹿下跳"，"我主张先做狂人，再聚拢能人，最后做好人。"

经常有亲人劝他放慢脚步，"缺了你，世界照样转"。记者面前饱经沧桑的纪世瀛自然深谙这个道理，但他也知道，路是一定要人走的，而他，有勇气做这样的先锋甚至先烈。"改革必须要有一批勇敢分子，当年一批有超前意识和现代思维的知识分子，突破原有的科技体制，开创了一条民营体制的道路。他们下海之初，摆在他们面前的是深渊和火坑，历经磨难、久经风雨，才有今天中关村的火爆局面。""作为一个人，如果不能为社会发展做些贡献，和动物有什么两样，它觅食，你揽人民币。不同的人生观有不同的追求，挣很多钱也不一定有价值。"

今天，萦绕在纪世瀛脑海中的是要冲一冲教育的保守封闭之习气，促使教育打破围墙。他一次次地建议北京市政府在拥有众多著名高校、科研院所的中关村地区建立一个集各种企业家培训、技术讲座、科学普及、形势报告等为一体的学习广场，邀请经济学家、企业家、艺术家乃至政治家形成一个全民参与、全民学习的场所，使学习走出学府大院而形成广场文化，让著名专家学者走向公众，贴近实际，贴近百姓进而形成大众文化。从而改变过去'墙内高科技，墙外贫困区'的教育状况。"

而他麾下的世纪英才学院在风景秀丽的平谷玻璃台风景区也已经租赁了 12800 亩山景，开始着手建立他理想中的"企业家休闲学习村"。北京一位领导还特别建议他改叫"学习谷"，而纪世瀛知道，这一美好的憧憬实施起来将是一条漫长的道路。

提到中国民办教育界现在山头林立的状况，纪世瀛以过来人的坦诚说，"没关系，这是一个必经的过程。"

（文章原载于：《人民政协报·教育在线周刊》2004 年 6 月 9 日 C4 版）

图 13

图 14

【图说】

图 13，2010 年年初，《国家中长期教育改革和发展规划纲要（2010—2020 年）》（公开征求意见稿）发布，并再次广泛征求社会各界意见和建议。2010 年 3 月 2 日，两会前夕，《人民政协报·教育在线周刊》举办"中国民办教育贡献力并《规划纲要》意见征集座谈会"，邀请教育部官员、两会代表对话民办教育工作者。图中从左到右依次为全国政协常委、国务院参事任玉岭，教育部时任政策法规司副司长宋德民，全国政协常委、民革中央副主席何丕洁，全国政协副主席、民进中央常务副主席罗富和，教育部政策法规司司长孙霄兵，全国政协教科文卫体委员会办公室巡视员张文珊。图 14 为会后《人民政协报》的特刊报道。

（文/贺春兰，图/贾宁）

【漫笔】

《规划纲要》引专家与公众对话，开风气之先①

贺春兰

这段时间以来，参与《规划纲要》起草和建议的专家们分外忙碌，据知情人士透露，应相关部门之邀，他们已经在年前授命，就《规划纲要》写导读性文章，目的在于为公众理解《规划纲要》做引路人。而在笔者看来，无论是从政策传播的层面，还是就学者的使命感而言，专家走向公众都是应该的，而且是必需的。

意义需要言说，共识需要在沟通中达成。

恰是因为人人都有一定的受教育经验，在某种程度上，每个人都会有一套自己的"教育理论"，每个人都对教育有话可说，有话要说。因此，人人都可以成为教育的言说者。反映到集体行为层面，如果是看病，病人因为不懂，很容易听从医生的建议，而教育，尽管国家三令五申强调素质教育，强调减负，家长还是会根据自己的教育观和社会观对孩子的学习行为施加某种影响。

笔者认为，对于教育行政部门而言，在各种声音和诉求纷杂的今天，不仅科学决策需要专家参与；在政策的传播、执行层面也同样需要邀请专家参与以帮助公众理解复杂表象背后的本质，了解碎片般的社会现象背后全局的真实。

如果我们本就很稀缺的、少之又少的专业工作者沉迷于书斋，不屑与公众对话，那无疑意味着教育理论资源的浪费。

教育科学需要在全社会普及，需要有多种手段引导专家学者关注社会实践，引导更多学者走出书斋，即以生产知识、建构学科为追求转向关注、倾听、回应公众的心声，回答国家和百姓最需要回答的现实问题。为此，笔者认为，有关部门有必要在制度层面采取措施引导学者关注社会问题，积极从专业的视角回应社会问题；同时，也要创造并善用契机，在一些百姓关心但不明白的政策问题上，通过在报纸、网站上开设专栏，和民间联手组织沙龙、论坛等方式，有意识的搭建平台，鼓励专家参与其中与公众沟通。

（文章原载于：《人民政协报》2010 年 3 月 24 日 09 版）

---

① 本文中《规划纲要》即《国家中长期教育改革发展纲要（2010—2020 年）》。

【对话】

"民办高校需要支持，也需要监督"
——访肖开宁

陈亚聪

"从企业到教育挺难，但值"

教育在线：众所周知，办教育是件耗时、耗力、耗财的事儿，而且还要承担很大的风险。你当初为什么选择这样一件极可能是"费力不讨好"的事儿？

肖开宁：每个人都是有梦想，当有条件去完成自己的梦想时，"费力不讨好"之类的利益得失，就不会起什么作用了。我也许还是"性情中人"，是一个"理想主义者"。

进入教育行业，既是一个偶然机缘，也是命运的必然。2002 年，我公司所在的南宁华侨投资区华侨职业高中因生源剧减而生存困难，学校连围墙都没有，教师只拿几百元的月工资。当园区领导有意让我助力一把时，触动了我内心回归教育的"弦"——接盘这个职高，开启了进入教育的大门。随后发现，教育需要投入太多、太多了，只能抽取企业资金不断投入，逐步完善了学校的教学住宿条件，但中职仍没有明显的起色，亏损依然十分严重。直到我下决心增加更大的投入，不仅停掉了从事的主业，抽取资金，而且大部分时间都投入办学当中，终于办成了广西经济职业学院，从 2008 年

肖开宁，1962 年出生于广西桂林，现任广西侨联第九届副主席、广西中华职业教育社副主任、广西壮族自治区政协第十一届委员、中国侨联第九届委员、中国民营经济研究会常务理事。1982 年至 1992 年在广西体育专科学校任教，历任助教、讲师、副教授。1992 年在邓小平南方谈话感召下，辞职下海，创办拥有十多亿资产的凯宁集团。

2008 年创办广西经济职业学院并担任董事长兼院长。2013 年发起成立广西民办教育协会，当选首任会长。2016 年发起成立广西非公有制经济发展研究会，当选首任会长。曾获"黄炎培杰出校长""广西优秀企业家"奖等多项荣誉称号。

开始招生，不断投入、建设、管理，八九年后达到 6000 多名在校生时才略有改善。

这根"弦"既包含了我祖父和父母亲三代执教、家里亲人中也大多有从教的背景，也包括了我感恩小平等老一代当年允许全国高考入学，让我这个地主、归国华侨的后代有机会踏入大学校门，还包含了我经历了从学校到企业，再从企业角度发现了许多当时学校教育脱离社会实际的问题，愿意亲自尝试，为之服务、为之努力的情结，或者叫情怀。

从今天的角度看，当年那种不怕亏损、不怕责难、不怕投入更多的金钱和精力，甚至放弃当时盈利明显的项目也要办学的决心，也许有点傻。静下来一想，仍然无怨无悔，觉得值。

教育在线：一开始，为什么没有从投入较小的低龄教育开始，而是直接选择了职业教育？

肖开宁：首先是机缘巧合，当时有这么一个机会进入教育界。其次，当初投入教育，就没有从投资回报率考虑，而更多考虑的是职业教育为自己熟悉的知识领域，职业教育最接近企业，我又有企业管理经验，办学校会好一些。再次，办职业教育挑战性较强，更考验管理人的能力和素质。我从企业出来，冒险性强一些，也就敢于尝试了。

现在看来，职业教育与企业界、职场的融合确实是大趋势，校企合作、校办企业、校园产业、发展等仍是必需之举。只有让职场、业界主导的市场需求在职业教育领域的资源配置中起到主要作用，才可能真正让中华民族伟大复兴中起至关重要作用的中国人力资源发挥潜能，各产业人员的工作效率具备国际竞争力。

所以，若从直接经济效益看，我是不应首先投入职业教育。因为这个领域公办职校职院资源丰富，竞争力强，民办职校职院生存困难。但从发展趋势来讲，职教领域由于贴近市场，民营企业办职业教育更有优势。当逐渐回归理性、政策落实、能公平竞争时，民办职业教育的强大竞争力就会体现出来。相信不远的将来，不仅一批优质的非营利性职业院校会出现，一批有职业教育背景的上市公司也会出现。

教育在线：广西经济职业学院成立即将十周年，办校这些年，肯定会遇到很多挑战。在你记忆里，最难过的坎儿是什么？

肖开宁：回顾这十多年的办学历程，特别是近十年举办高职以来，所碰到的"坎"和"难"，几乎也像唐僧遭受的"八十一难"一样，历历在目。也许是当年办学投入巨大，资金链几乎断裂，债主年终逼债堵门的"难"；是为了不拖欠教职工工资，被迫借"高利贷"的痛苦；是为了将低分的年轻学子培养成适应未来职场、业界挑战的豪杰，被迫严格要求（如要出早操、拉练远足、下企业实训、勤工俭学）学生，而被部分同学误解的伤心；是放着轻松富足的海外生活不去，却孤身在条件相对艰苦的环境下拼搏，而被许多人，特别是亲近之人的不理解的伤感；又或者是经济社会生态改变，竞争愈加激烈后，面临艰难抉择的无奈。

不过，这些都不是什么过不了的坎儿。

"协会是支持者，也是监督者"

教育在线：我了解到，你在很早之前就呼吁成立广西民办教育协会，为此，还特地在 2013 年广西两会上提交提案。为什么如此重视这件事？

肖开宁：十多年前进入民办教育领域后，我一直在观察民办教育界的运作及状况。这个行业，其实既有贡献巨大、影响良好的部分，也存在违规操作、野蛮生长的一面，鱼龙混杂、群龙无首。

广西有近万所民办学校、民办幼儿园，有 150 多万的在校生，而政府教育厅中，仅有一名干部在主管这个领域。若无人协调、组织、为这个行业发声，既可能对国家、人民政府十分不利，容易"出事"，也可能使这个行业的从业者失去"家"的感觉。

2012 年时，广西教育厅规划处处长李向红委托我出席陕西民办教育协会的成立典礼，让我一下了解了这个行业的巨大潜能与问题。作为政协委员，我就此提交了提案，建议成立广西民办教育协会。这份提案得到了政府的回应，教育厅厅长还指示由我牵头成立筹备小组。可见政府是积极作为的。

历经艰辛，协会终于成立了，已经过了三个年头。

教育在线：其实，无论是推动民办教育协会成立还是担任会长，付出的远比得到的多，你为什么愿意做这样一个"先锋者"？

肖开宁：广西还有许多民办大学校、教育集团，论实力、论资历，他们都比我更适合当会长。但要做好会长，的确要奉献很多。不仅仅是金钱，更多是时间、精力。要公正做好行业的事，既要协助政府管理好行业，也要为行业发声、说话，肯定会牺牲自己的利益。但是，这个世界上，总得有人出来承担责任，总得有人具备担当精神。只要公正无私、无愧于心、无愧于会员就好，一切误解和委屈等都会成为过往烟云。

当会长这些年，失去直接利益，特别是经济利益的肯定比直接得到的多。因为别人会拿放大镜来看你，要公正解决涉及人的问题，哪有这么容易平衡？上对政府，下对会员，中对竞争对手，还要争取行业利益，在各种场合要发声，必然会得罪人，何况像我这样不完美的、有点"傻"的人。所以，我有时常常困惑，难关怎么这样多？何时才是尽头。但第二天醒过来，阳光依然明媚、灿烂，日子还得过。

民办教育碰到诸多不公平、不公正和诸多困难，也许正是这个行业的魅力之处，正是它的发展空间与潜力。作为一名先锋者、创会之人，开办时并不困难，难的是长期坚持，真正为行业谋利益、为政府当好助手，协助管好。事太多，而精力、时间、资源都有限。面对挑战带来的风险与刺激，要有情怀、有理想，这也是精神支柱之一。

欣慰的是，广西民办教育协会近几年来，为行业、为政府都做了不少实事，得到了同行及政府的一些肯定，问心无愧。"又做成几件事"，这就是我们奋斗的源泉。

教育在线：在你看来，行业协会在推动民办教育发展进程中，需要扮演怎样的角色？

肖开宁：随着政治生态的改变、改革开放的推进，今后"管办评"分离将成为必然，政府职能会更加规范，更多的行业协调的工作将会由行业协会来承担。

协会也是一个缓冲层。当一些行业单位出现问题时，若由相对中立的协会来协调，会更加公正公平；教育教学质量的评估将起着越来越重要的作用，协会的作用空间将越来越大；行业协会还将在制止恶性竞争、保护良好环境秩序、维护会员合法权益、协调会员之间的矛盾等方面起到重要作用。

此外，在当前《民办教育促进法》修订之后，协会面临着组织调研，收集意见，与政府协调，为行业力争利益的多重机会与压力。协会可以进一步组织会员，协同合作、共同发展、拓展市场，争取更大利益。

"民办教育者应抓住机遇，大胆作为"

教育在线：你一直"敢说"，在创建更宽裕政策环境上，多次为民办教育发展仗义执言。有人说，管好自己的一亩三分地儿就好，何必惹这些麻烦。你好像有不同的看法？

肖开宁：不忘初心，勇于前行。在政协、在各种场合，我发表了一些意见，特别是代表民办教育行业提出过许多建议。的确，发出这些提案与建议，对我本人及公司、学校来说，并没有直接的好处，甚至起到相反的作用。

如何在有限的生命里，对社会、对他人、对自己多干些正能量的事，每个人都有自己的看法。仗义执言，也是一种活法。关键是要真正为全员好、为师生好、为行业好、为国家好、为政府好，提些中肯的建议，即使被误解，岂不乐乎？其实，只要认准方向，持之以恒，目标总会实现的。

教育在线：民促法修法已通过，分类管理也将开始实行。你怎么看如今民办教育发展的大环境？下一步，民办教育者又该何去何从？

肖开宁：民办教育促进法的修订已经尘埃落定，各种观点都有，从不同的角度看到的问题也不尽相同。回过头看，我认为民办教育促进法的修订总体是利好消息。至少比原来的民办教育促进法进步了许多，提供了新的机会。

在大局已定的情况下，建议民办教育举办者首先要配合，在框架范围内依法办学，这是根本之处。教育从业者只有遵守国家教育方针，以及相关的法律法规，才可能生存与发展。

其次，要注重立德树人。经历数十年改革开放的过渡期，原有的德育体系已经有很大的改变，而新的核心价值观、德育体系的建立将成为重中之重，党组织在学校中的建设也要放在首位。所以，民办学校更要注重德育、职业品德教育。

第三，要不忘初心，实事求是。民办学校应根据自身情况与发展趋势，做出适当的选择，确定好自己学校的发展路径。营利性、非营利性、混合所有制、国际化教育等，都可以为祖国的教育事业做出贡献。只有自己才能做决定，不要因为大意而错失机会，从长远讲，国家对民办教育的支持力度一定会越来越强。

第四，练好内功，加强实力，提升教学服务品质，是未来办学的重要部分。市场的选择是残酷的，只有优质的教育，才能生存下来，成为品牌，甚至久远的品牌。

第五，市场需求的多元化、多层化、个性化，也给我们相应的挑战和机会。因此，办出有特色的学校，找到市场的需求点，是民办学校应补的功课。

第六，民办学校要想可持续性发展，必然要适应未来"生态环境"，提升自己的"进化"能力，创新发展，这也是生存发展的必然之道。

无论怎样选择，中国的民办教育事业都要往前发展。对于一个诞生过孔子这样伟大民办教育宗师级人物的土地，在此产生一群优秀的、屹立于世界之林的民办教育领导人物，也不是幻想。机会，也许正慢慢来到。

（2017 年年初，作者通过邮件笔谈。）

【对话】

为中国培养更多"南丁格尔"

——访沈小平

甄晓燕   宣心骋

将美国先进技术带回来

将美国先进的护理理念和技术带回国,为国家培养大量高素质高水平护理人才,驱使沈小平在事业上升期放弃多年奋斗带来的优越工作和生活,只身回国创业。

教育在线: 作为海归学者,旅美 15 年间你取得了很多成绩,有哪些感受与大家分享?

沈小平: 最大的感受是忙碌、充实。从 1988 年 4 月到美国俄亥俄州立大学医学院留学到最终完成博士后研究之后留校,每天忙不完的学业、工作、社会活动就容不得我有半刻停下脚步,恨不得每天有 48 小时,那么多年我从来没觉得寂寞和时间够用过。

经过这么多年奋斗,也逐渐获得广泛的认可。1998 年,我担任了美国国际儿童癌症治疗(中国)联合委员会总干事,和中国福利会、上海宋庆龄基金会一起在国内首次设立了"关心中国儿童癌症基金"。1999 年,有个上海东方小伙伴艺术团赴美访问的活动,我是全美巡回演出总协调人。当时

沈小平,2003 年从美国回祖国创办上海民办高校系统第一家卫生技术与护理学院,现任上海思博学院董事副校长、卫生技术与护理学院院长,教授。学院被评为上海市特色示范性高职院校建设单位,护理专业被教育部和国家卫生计生委评为首批"全国职业院校健康服务类示范专业点"。

1998 年国务院侨办授予其"优秀海外华教工作者"称号,上海市人民政府先后授予其"上海市白玉兰纪念奖""上海市华侨华人专业人士杰出创业奖"和"上海市归侨侨眷先进个人"奖章等荣誉。

巡回演出十个城市，观众近万人，反响相当不错。类似的弘扬中华优秀文化、促进中美交流的活动，我和朋友们在美国先后主办过十多次，经常受到中国驻美国纽约总领事馆和俄亥俄州政府的表彰。

教育在线：按理说你在美国发展得很不错，却突然选择回国创业，让很多人不可思议。

沈小平：其实不是突然，应该说是必然。每个中国学子心中都有深深的报国情怀。留美期间从事各种研究，让我得以近距离接触到美国先进的医疗护理技术，让我获益匪浅，也深切感受到国内在这方面的差距。这么多年我一直有个心愿：将美国先进的医疗护理技术和行业标准带回国，为国家培养一批高素质、高水平的新时代高级护理人才。2003年，祖国医疗卫生事业处于飞速发展期，我觉得时机成熟了，就毫不犹豫地决定回国。

教育在线：回国创业并非一帆风顺，有没有后悔过？

沈小平：不后悔。改革开放为国家带来了长足发展的大好机遇，也为海归回国创新创业提供了充分的展示舞台。现在很多人羡慕我、支持我，这充分证明当初我回国的决定是正确的。

归国创业：鲜花与荆棘并存

从最开始的"两张桌子和椅子"，发展到现在3个专业、2200余名学生的高职护理人才培养摇篮，鲜花与荆棘并存的道路上，沈小平一步一个脚印，走得稳健、也走得长远。

教育在线：刚回国办学的时候是什么情形？

沈小平：那时候还是蛮艰难的。我记得当时跟助手到处奔波、办手续的时候，学院的教学大楼才盖到一半，办公室里只有两张桌子和椅子。一切都是从零开始。

经过九年的艰苦奋斗，学院现在可以说是初见成果了。

我们在2006年和2007年获得了上海市政府"上海市民办高校教学高地建设基金"共560万元，建成了国内一流的信息化护理实训基地。2010年又荣获中央财政资助项目260万元，成为国家级重点建设实训基地。现在我们有全职教职员工63名，在校学生2200余名，已经同27家三级甲等医院和30余家二级医院建立了教学实习合作关系。

教育在线：人才质量要通过用人单位的检验。护理学院毕业生的就业前景如何？

沈小平：相当好。九年来，我们培养了 3000 余名毕业生，就业率在 99％以上，首次就业率和签约率在 80％以上，其中护理专业 55％以上签到上海市三甲医院。许多医院的老师跟我反映说：思博的学生特别有礼貌、乖巧懂事，最难得的是勤奋好学、珍惜岗位的那股劲儿。我们的毕业生很受欢迎，可以说在上海卫生护理界已经打造出一个"思博护理品牌"。

教育在线：看得出你很注重打造品牌，办学之初就有明确的品牌意识吗？

沈小平：对，打造有品牌的专业护理学校是我的理想。我们打造的"思博护理品牌"包括三方面：专业技能拓展有特色、护理信息技能国内领先、综合人文素质高。在高职护理院校，我们首次设立了护理信息技能课程模块，让学生熟悉掌握现代化医院护士所急需的护理信息技能。专业技能是基本功，但职业道德同样重要。我们对学生提出了很高的职业素养要求，要求他们做到：温文尔雅、礼仪得体、勤勉诚信、仁爱敬业。

教育在线：专业技能可以通过考核来保证，那人文素质、职业规范如何落到实处？

沈小平：我们有一套激励机制。建院伊始，我就提出了八个字的院训：勤勉、诚信、仁爱、敬业。都是从职业规范和道德素质的角度来谈的。从 2005 年开始，我们每年都要评选"勤勉之星""诚信之星""仁爱之星""敬业之星"，以及综合素质和学习成绩双优的"天使之星"。这套评选机制在学生中的反响相当好，争当"院训之星"蔚然成风，通过这些评选活动，学生的人文素质、职业规范得到显著提高，这也成了我们校园文明建设的一个特色。另外，还有平时对养成教育的重视，职业素质和学习生活的严格要求与管理，等等。

教育在线：学院下一步的发展规划是什么？

沈小平：我们正在全力打造现代化"信息化护理实训基地"。这个实训基地以"信息化""网络化"为特色，以实训室功能布局为线索。利用信息化的教学环境，加强对护理专业学生的技能培养。这是国内首个具有现代意义的信息化护理实训基地，在此基础上探索创新我国高职护理人才培养模式，办出自己的特色来。

教育在线：创办护理学院，让你赢得了很多鲜花和掌声。谈谈你未来的人生愿景吧。

沈小平：在每年的"5·12"国际护士节上，我都对学生们说，我是个追梦的人，这么多年我不停地追求一个又一个梦想，来实现自己的人生价值。

沈小平

而我最大的梦想就是办一所全国最好的护理学院，培养出更多中国的"南丁格尔"。对我而言，鲜花和掌声，不仅是一份荣誉，更是一种责任。其实，办学之路并不平坦，鲜花与荆棘相伴，掌声与叹息并存。但责任一直都常挂心间。我觉得无论做人还是治学，只有时刻牢记这份沉甸甸的责任，人生才能一步一个脚印，走得更远、更平稳。

（文章原载于：《人民政协报·教育在线周刊》2012 年 7 月 18 日 C3 版）

【印象】

张杰庭：实践而后呼吁

贺春兰　张　眉

　　作为拥有多摊事业的实业家，张杰庭对一篇文章的严谨出乎笔者意料，而在他不经意间流露出的深沉的使命感更让笔者感动。他仔细核对自己说过的每一个数据，而后说：你们要认真再认真，其实很多人包括委员的建议，有意或者无意，往往是代表自己所在的利益群体的，而你们，因为超脱更可能接近真相、接近公正，你们要努力给政府提供真实的数据，因此需要特别地认真啊。现在社会问题很多，政府攻坚到了最艰巨的阶段，咱们要说点能帮政府正确决策的真话。

　　作为实业家的张杰庭早年习惯缄默，记得几年前接受采访，他会严谨地按照提纲回答，因为"我们是做实业的，要少说多做"。而现在，从呼吁要像为农民工讨工钱那样的力度来给中小学生减负到呼吁鼓励而非限制民办教育的发展，张杰庭勇敢地站在前台。在实践过程中发现行业内普遍性的问题，思考建设性的制度性的解决方案成为张杰庭对自己的主动要求，以至于践行而后建言或边呼吁边践行，成为今天作为全国政协委员的张杰庭习惯的一种工作状态。

　　张杰庭，经济学博士，第十、十一、十二届全国政协委员、第十四届北京市人大代表，民革成员，锡华实业投资集团创办人、董事长；北京市二十一世纪国际学校董事长、校长；北京邮电大学世纪学院的创办者；中国光彩事业促进会副会长、北京光彩公益基金会发起人。锡华集团从1993年创立北京市二十一世纪国际学校，以"政企联办，产教结合"的创新理念开启了我国民办基础教育的先河；1995年创办北京市二十一世纪实验幼儿园，成为北京乃至全国民办学前教育的旗帜；2005年与北京邮电大学合作，共同举办了教育部直属高校在京唯一的独立学院——北京邮电大学世纪学院；2010年，在教育部和北京市教委的支持下，北京市海淀区政府正式批复北京市二十一世纪实验学校更名为北京市二十一世纪国际学校。至此，锡华教育形成了从学前教育、基础教育、高等教育，到国际教育完整的民办学历教育体系。

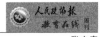

从投身房地产到在国际资本市场上融资，从兴办 21 世纪中小学到涉足高等教育，从出国留学项目到参与开办对外汉语学校，张杰庭率锡华教育集团在教育服务链上进行了全方位的探索。记者采访的当天，张杰庭正在和世界某知名教育品牌接触，他希望能够进一步整合国内外优质的教育品牌。如果说之前的张杰庭在探索自有品牌的教育发展道路上探索，今天的张杰庭则开始将视野瞄向国外，致力于把国外的优质教育品牌引进国内，致力于让汉语言和中国传统文化走向世界，致力于为更多的中国孩子进入世界名校就读开辟通道。业界人士指出，实业家背景的张杰庭有可能给中国民办教育的实践带来一些新的思维。而正因为有在企业运作的深厚背景、有在教育各阶段实践的真切体验，张杰庭发现的问题，提出的解决思路，很多时候更有针对性。

"一个个微观个体有活力了，社会才能更加和谐、富足，要千方百计保护民间的积极性。"对民办教育发展环境中现存的种种问题，作为实业家的张杰庭要求自己心态平和、在理解中推进，而作为全国政协委员，张杰庭则希望呼吁政府创造宽松的、公平的环境，让民间有信心去探索、创造。

（文章原载于：《人民政协报·教育在线周刊》2007 年 1 月 17 日 C4 版）

【故事】

一切只为"做豪迈的中国人"
——访张杰庭

贺春兰

2014 年 9 月 21 日，作为首都首批民办学校之一，北京市二十一世纪国际学校将迎来 21 周年生日。21 年前，学校创办人、年轻的张杰庭曾为学校提出"做豪迈的中国人"的校训。而在当下的时代背景下，面对全球化的浪潮和中国梦的呼唤，这一校训之于一所国际学校，尤显珍贵。

一

早年一次到国外的经历非常深地触动了张杰庭。20世纪90年代初的一天，张杰庭到马来西亚访问时随意走进路边的一家杂货店，想买一个当地的特产——锡盘。店里的一位老人试探性地问他——你是台湾人？香港人？当张杰庭回答自己是从中国大陆过去的时候，老人很惊讶，那时候有机会出国的大陆人还很少。老人特别免费送给张杰庭一个锡盘，殷切地交代，"年轻人回去好好干，咱中国强大了，我们这些人在国外也才有地位。"

"这件事对我触动很深。"多年之后的今天，坐在记者面前的张杰庭已经人到中年，回忆起自己年轻时的那一幕记忆犹新。

不久后的1993年年初，刚过29岁，出身于教育世家的张杰庭将赚到的钱毅然投入教育，以期教育报国。而他给二十一世纪学校提出的校训便是：做豪迈的中国人。并在学校开发了系列的"做人课"。

很多年后，很多家长见张杰庭，特别告诉他，这个校训对他们的影响很大。

今天走向国外，很多学生也告诉张杰庭，这个校训意义很大。

"做豪迈的中国人，发自内心。我们这代人是听着《岳飞传》《杨家将》长大的，讲的都是精忠报国。其实提出这句话时没有很多大道理，作为一个中国人，最起码你要爱国。""你爱这个国家，才能感受到这个国家对你的爱。"张杰庭重复强调。对出去的孩子，无论是女儿还是学生，张杰庭没有担心，"咱们的孩子还是愿意回来，这里有他们的亲人和做事业的热土，今天已经不比过去，中国人已经可以颇有几分豪迈了。孩子们出国接受现代西方教育，继承传统文化，未来一定能做出大事来。"张杰庭一次次地给校长交代，老祖宗留下来的精华不能丢，要把孩子们的心留住。

今天张杰庭于21年前创办的二十一世纪学校已经接到了第一个学生的捐款10万元。张杰庭说："他懂得爱，懂得感恩，他爱母校，相信他也会爱这个国家。"

二

二十一世纪国际学校的发展20多年来一直曲曲折折。随着政府对公办基础教育大规模的投入，在创办之初一度辉煌的二十一世纪学校也曾一度陷入低谷。

2010年，张杰庭果断决策，将学校转型为一所国际学校，同时内引外联，国内与北京十一学校合作，国外与美国的精英中学——费尔蒙特学校携手。

十一学校全面开放规章制度、管理流程及考核评价体系；开放优质的教育教学和教科研资源，以观摩听课、教学研讨等形式分批分层对二十一世纪学校教师进行培训；选派执行校长、10 余名骨干教师及学科带头人到二十一世纪学校长期工作；同时，引进 AP 课程，派师生到费尔蒙特学校长短期培训。

教育教学由十一学校派人负责，民营机制运作，校长有充分的自主权。

对学校的具体运转，作为投资人的张杰庭并不具体过问。但他有基本的关于做人、关于教育的思考。这些思考 20 余年来，他想方设法坚持传递。

"对孩子，我强调首先要向自己的父母学习。"毕业典礼时张杰庭特别会让孩子们面向家长三鞠躬。张杰庭强调孩子们要学会交朋友："这是一个友谊可以特别纯洁的年龄，我希望他们的友谊能够在这个年龄扎根，当有一天成年时，他们能够团结起来为这个国家做些事情。"

张杰庭还希望孩子们拥有好身体、好心态。"要想未来为这个国家做大事情，就要有好身体，要有足够的抗压能力，否则，你坚持不下去。好身体好心态才能应对未来社会竞争。像我们这些人，每天都要面对很多挑战很多无常，我主张孩子们要有足够强的自愈能力。没有愈伤能力，这么多事儿怎么能承担？一切为了孩子，任何事情只要对孩子好，我只要听了风，就赶快告诉校长。"

张杰庭常常推己及人，女儿在国内的求学经历曾经促使作为全国政协委员的他一度为素质教育鼓与呼。"你们不搞素质教育，要分数有面子，孩子不痛快，我当家长心疼。凡是家长想必也都心疼。"后来女儿选择了出国读书。"出去后性格开朗了，在国外孩子们是自主学习，其实也累，孩子说常常要到凌晨，但能够自主驾驭时间。"这让张杰庭下决心让二十一世纪学校做转型的探索，他坚信，办教育要把选择权交给学生，要让师生快乐。

三

2010 年，张杰庭与北京十一学校开启了合作，并由二十一世纪实验学校转型为二十一世纪国际学校。张杰庭回忆，十一学校校长李希贵最能打动自己的一句话是：我要让我的老师体面、尊严的工作和生活。"老师不快乐，孩子能快乐吗？"

而今，张杰庭将学校的办学权完全放给了校长。"我只是一个投资人、

走进民办教育探索者的精神世界

董事长，教育理念、教育思想我会和校长交流，但要靠他们去实现。"

今天的二十一世纪国际学校生机勃勃。张杰庭的教育梦想得到了令他放心的践行。时不时地张杰庭会将一些关于家长、孩子们或者外界的消息给校长，但他绝不干预。

"21年，这是一个二十一世纪教育人继往开来的 21 年。顺应时代大潮，满足家长多元化需求。为国家培养栋梁人才始终是我们不变的追求。"

回顾 21 年办学路，张杰庭如此总结自己的探索，"顺应历史潮流，坚守该坚守的东西，同时超越、创新，内引外联。教育给我带来了成就感、荣誉感，成就了我年轻时的梦想。"

拥有 21 年民办教育探索经历的张杰庭已经拥有 10 多年担任全国政协委员的经历。作为全国政协教育界委员中少有的有民办教育经历的委员，张杰庭一直致力于为中国民办教育的政策环境鼓与呼。目前张杰庭已经在为明年的提案积极准备，希望为教育界引入外国教师问题呼吁。

（文章原载于：《人民政协报·教育在线周刊》2014 年 9 月 17 日 11 版）

图 15

【图说】

　　经历了千呼万唤的艰难过程，承载着民办教育界沉甸甸的期望，2008 年 5 月 17 日，中国民办教育协会在北京正式成立，这是我国民办教育领域第一个经过法定程序由政府正式批准成立的全国性行业组织。国家总督学顾问陶西平当选为协会首任会长。应陶西平先生之邀，笔者担任了协会的首任副秘书长。

　　2011 年 11 月陶西平会长卸任，将接力棒交给了全国人大常委、民进中央副主席王佐书。笔者和中国民办教育协会副会长秦和等联合策划推出的《人民政协报·民办教育发展》特刊记录了换届现场民办教育界对陶西平先生的尊敬和爱戴，对中国民办教育协会的期冀。图 15 为特刊小样。

（文/贺春兰）

【漫笔】

教育类社团：财富还是包袱？

贺春兰

在教育部主管社团分支机构研讨会上，社团分支机构要不要扩大成为与会人士讨论的一个焦点。有说法指出，对中国教育而言，社团组织是一个"矿藏"，多一个分支机构便多一份积极性；而另一种说法是，多一个分支机构就多一个"包袱"，多一个"定时炸弹"。

支持还是限制，成为摆在教育主管部门面前的一个选择。

笔者认为，当前我国正处于社会转型期，在公民素养还有待提高的背景下，支持并推动有官方背景的社团组织的深化和细分，推动其焕发活力、将触角伸向基层，从而为各方公众代言当是策略而有价值的选择。鉴于此，笔者建议教育系统要鼓励甚至要有意识地培育社团组织在教育领域里的发育、发展和壮大。

受之前体制的影响，我国教育领域内半官方的社团组织多扮演政策执行的角色，表达功能发挥薄弱。而利益综合的缺乏则导致普通公民对教育政策的日常参与成本高、代价大且效能差。事实上，管控松动、政社分开、鼓励自治是我国社团管理的一个趋势。十七大报告中指出："要健全党委领导、政府负责、社会协同、公众参与的社会管理格局，健全基层社会管理体制。""要重视社会组织建设和管理。社会组织具有提供服务、反映诉求、规范行为的积极作用，把它们的作用利用好、保护好、发挥好，有利于降低政府社会管理成本，有利于增强公民的社会认同感。要支持各类社会组织承担社会事务，参与社会管理和服务。"这无疑明示：在政府职能转型过程中，社团组织无疑将得到大力扶持和发展。

对教育系统而言，如果能够有社团组织协助普通公民进行初步的利益综合，为决策提供备选方案，则意味着决策成本大大降低。社团组织的"屏障"作用和"传送带"作用还将帮助公民个人摆脱情绪化等干扰，提升公民参与的理性化水平，降低公民参与的政治成本。同时，社团组织的存在也方便承担起政府权力退出之后的公共管理职能，防止走回一放就乱的老路。否则，政府转变职能后所留下的权力真空很有可能成为破坏社会稳定、导致社会失序的各种力量的生长空间。

当然，有为才能有位。当前，在我国政社分离的大背景下，社团组织本身有待转变观念重新定位，摆脱"等靠要"思想，真正将视角向下，规范运作，瞄准自己联系的公民群体，为其提供有价值的服务。

（文章原载于：《人民政协报》2010 年 12 月 22 日 09 版）

【印象】

精锐张熙：气场也精锐

解艳华　甄晓燕

　　再次见到张熙，他衣着休闲，脸上挂着明朗的笑容，举手投足间恍若一位邻家大男孩。让人很难跟第一次在"中国民办培训教育行业发展高峰论坛"上见到的侃侃而谈、答辩自如、深谙中国教育培训业成长发展之道、hold 住全场的那位"70 后"新锐企业家联系起来。但对话一开始，他"精锐"的气场又回来了。

　　"朝为田舍郎，暮登天子堂"，张熙出生草根家庭，自认为不是那种特别聪明的孩子，赢在踏实，具有进取之心，做一件事就把它做好。从 5 岁喜欢看小人书开始，张熙大量地阅读历史人物和商界精英的名人传记。他说："要有'远大'的思想，应该在巨人肩膀上去发现自己的视野。"

　　高考状元，北大、哈佛学子，世界 500 强企业高管，企业家，张熙成功之路可以说涵盖了众多家长对自家孩子的期待，他符合一个榜样的气质和标准。记者笑言："你完全可以成为企业的代言人，对于家长，您本身的学习力就是说服力。"张熙微微一笑，轻松地说："我们精锐的风格叫淡定低调。就跟乔布斯的名言一样，'Stay hungry, stay foolish.（求知若渴，虚心若愚）'"

　　张熙，精锐教育创始人兼首席执行官，1996 年毕业于北京大学，2004 年毕业于哈佛商学院，获工商管理硕士（MBA）学位。2007 年底创立精锐教育，秉持教育创新的理念和国际连锁化运营模式，立志成为中国教育行业最受尊敬的品牌。创立精锐教育前，张熙曾在多家世界 500 强公司担任高管。

　　精锐教育创立仅 8 年时间，已在全国开设 150 余家学习中心，旗下拥有精锐教育、至慧学堂、精锐·学汇趣、精锐·优毕慧等多个子品牌，在读学员近 35500 名，在职员工近 5000 人。

走进民办教育探索者的精神世界

【对话】

做有职业经理人素养的教育企业家
——走近张熙

解艳华　甄晓燕

追求契约化精神　对顾客负责

世界 500 强企业高管的身份在张熙身上打上了深深的"契约化精神"的烙印，追求创新的不安分基因又促使他的职业生涯易辙而行，然而无论在哪个轨道上，都没改变张熙"要么不做，要做一定要做到更好"的人生信条。

教育在线：从你的履历上看，工作更换较频繁？

张熙：是的。换过几家企业，但更重要的是希望选择一个自己喜欢的、可持续的工作，创业对我来说是个不错的选择，我喜欢自由，同时也希望为社会、为自己创造一些不同的东西。人人都要有追求，我做事情有一个原则，要么不做，要做一定要做到更好。我相信在我工作过的企业我还是创造过很多的不同，因为我喜欢挑战，我不想做安分守己的人。

教育在线：经历这么多行业，当初为何选择教育培训行业并在上海创业？

张熙：我回国在英孚教育担任了两年的中国区总经理后开始创办精锐，当时觉得中国教育培训市场有很大的潜力。教育公平的问题催生了择校热和大家对优质资源的竞争，比如北京大学在外地的招生可以说是万里挑一，而在北京是万分之一百，上海的复旦大学更甚，近一半是本地生源。我相信，在竞争如此激烈的情况下，教育培训业会有很大的发展潜力，但从整体上看，教育行业发展还很粗糙。上海当时没有教育培训领军品牌，但市场容量很大，从战略角度来说选择上海比较合适，再加上上海的特殊性，上海的消费者对细节更加关注，对顾客体验比较看重，这也是我比较看重的。

教育在线：丰富的经历，给你自己打上了什么样的烙印？

张熙：还是有很强的职业化根基吧，比如我觉得人更重要的是要追求契约化精神，做企业就要对顾客负责，因此一定要脚踏实地，少讲一点大道理，多做一些实际的事情。现在整个社会都有点浮躁，把自己的事情做好很重要。教育培训业拼的是管理，我们从第一天就开始规范化运作，我始终相信建立一套好的体系和制度是很重要的。

"精锐之道"有备而来

和众多从野蛮生长、滚动发展逐步走向正规的教育机构不同，精锐教育自创立之初便伴资本的注入。张熙说，创业，他是带着完备的商业计划书有备而来。

教育在线：精锐创立仅有 5 年，已经在全国开设有 100 多家学习中心，在职员工数千人，比起同类教育机构，精锐发展速度之快令人侧目，你认为最大的原因是什么？

张熙：精锐从一开始战略布局定位就很高，目标是打造一家国际化的企业，包括整个管控体系、审计等，我们都是按照一流国际化的公司标准要求自己。

很多教育企业创办开始出于偶然，更多是为了谋求生存，做好了，越做越顺才会有更高的要求。我们从一开始就刻意而为之，是认真研究了这个行业后才开始进入——有备而来。因此，高起点，目标明确，发展就比较顺利。当然，这需要有很大的投入，关键在有没有兴趣去做。

教育在线：当初被风投看中的是什么？

张熙：首先应该是自己想做点事情，然后有一定的战略性，想清楚了商业模式。风投考量我们的是想法、商业计划书、市场的潜力，就是在判断我们的未来。已经成功的企业不需要别人投资，风投都是投还处于很雏形早期发展的企业，这个时候他们看重的就是梦想和计划。

教育在线：资本的本性具有逐利性，早期就有资本投入，会对企业的发展方向有更多制约吗？

张熙：投资方并没有过多干预企业的发展，因为我们一开始就知道自己要做什么。我们已经进行过几轮融资，投资方之前也做过了解，双方本着相互信任的原则合作，因为我们做事情比较公开透明。所有好的、不好的事情都会与投资方分享。而投资方主要为我们提供资金和建议，碰到困难也会给我们帮助，他们肯定是希望我们扩张，但我们对自己的要求比风投要高得多，我们每年有 300% 的增长率，并不是风投要求，而是我们自己要求自己，要做就做到更好。

教育在线：在教育培训行业市场竞争相当激烈的环境下，精锐教育迅速发展，经历了哪些考验？

张熙：考验很多，现在大家都在讲中小企业生存的困难，这种小企业的困难我们都经历过。实际上，最大还是"人"的考验。教育行业主要靠人，能否找到好的管理人员很重要。其次，教育行业对规范管理要求还是相对较高的。

教育在线：教育培训行业人才流失率很高，精锐在吸引和留住员工方面有哪些举措？

张熙：我们从一开始就在建立一个互补型的团队，以人为本，兼容并包。精锐非常强调企业文化的力量，我们叫精锐之道 CEIT（Customer focus 一切为了孩子；Execution 执行力；Innovation 创新精神；Teamwork 团队合作）。从一开始我们就提出要成为最受尊敬的品牌，因为我们是一个人员密集型行业，统一文化价值观很重要。一个伟大的企业必须具备两点：一、统一价值观；二、不断创新的精神。我们每个季度都会针对企业文化召开学习会，回顾过去一段时间"精锐之道"做得好不好，哪些好，哪些需要改进，这对强化企业文化非常重要。

两年前开始，我们会在年底给优秀员工发奖金，同时会将一部分寄给他们父母，这对企业来说，会具有更大的向心力，更有人情味。

另外，我们一开始便很注重研发，自己研发讲义库、培训老师和学生的方法；建立精锐教育管理学院，就是自己的企业大学，为自己培养管理人才，因为这是个人员密集型的行业，对管理要求很高。

教育在线：随着企业的壮大，精锐有考虑上市吗？

张熙：有考虑。但我觉得一个好的企业与上不上市没有关系。上市有两点，一是企业缺钱，一是投资人为了套现。我们肯定要上市的，因为有这么多的风投，他们是要退出的，但我们不会把上市作为终极目标，首先还是希望建立起一个伟大的成功的企业。

教育在线：精锐的发展历程从一个侧面也说明教育培训行业正在经历从作坊式的运营模式到品牌、内涵时代的嬗变，你有着国际企业的从业经历，对教育品牌如何理解？

张熙：真正的品牌不是说做大就好，而是要将各方面都做得很好。所有的品牌最终都是让客户满意，不是说教育有什么特别。最重要的是首先要有契约精神。教育对人类、对国家承担了更多的责任和义务，对于教育企业来说，首先它是个企业，第一要务是对顾客负责，生产产品和服务都是为了客户，总有一些行业很高深，总有一些行业看起来不一定很高尚，但不一定不重要。

创业最重要在于是否有足够的"企业家精神"

"'企业家精神'更多的是以结果为导向，思路非常的开阔。愿意去开拓愿意去创新，也愿意去冒风险。"如果一定要给自己定位，张熙说，他应该是有职业经理人素养、"企业家精神"的教育企业家。

教育在线：感觉你更多的是从一个职业经理人的角度去经营这个企业，眼界很开阔，站位很高。

张熙：这没有什么不好，职业经理人并不是都没有"企业家精神"。我觉得我就是一个有"企业家精神"的职业经理人。成功的人要么是有职业经理人操守的企业家，要么是有"企业家精神"的职业经理人。像通用电气的CEO杰克韦尔奇具有很强的"企业家精神"，他在通用进行了很多创新；乔布斯最后回到苹果，也是以职业经理人的身份回去的。所以重要的是有没有"企业家精神"，和身份没关系。职业经理人很可能有"企业家精神"，企业家也可能没有"企业家精神"。

教育在线：职业经理人素养与"企业家精神"有什么不同？

张熙：职业经理人更多是具备专业素养，他们经过专业的培训，对体系化、制度化的东西比较了解，但这并不代表他们一定有"企业家精神"；而"企业家精神"也并非企业家才有，人人都可以有。所谓"企业家精神"更多的是以结果为导向，思路非常的开阔；愿意去开拓愿意去创新，也愿意去冒风险，世界上没有一件事情是没有风险的。所以创业第一重要的还是在于他们有没有足够的"企业家精神"。

教育在线：有业内人士说，教育机构的领军人首先是教育家，其次是企业家，最后再成为战略家，你怎么看？

张熙：我们是教育界的创新者，一定要叫"家"的话，都还不是教育家，是教育企业家，我们在往这个方向努力，但是不要轻易地被定义为教育家。最好首先做出了一些对教育事业有重大影响的事情，留给后人去评价是不是教育家，我觉得教育家这个定位还是很高的。

教育在线：对培训行业的未来有什么期待？

张熙：首先希望政府能支持行业的发展，中国拥有世界上最大的教育培训市场，是美国加欧洲的总和。而国外的教育培训产业还没有中国发达，中国因为教育产业化，市场竞争比国外更加激烈。中国的私立教育有非常大的机会能在世界称雄，未来是可以向全球进行扩张的，而且这就是在未来 20 年肯定会发生的事情。如果政府愿意支持，未来这个产业可能实现全球称霸。

但目前对于每个企业来说，就是把自己的事情做好，对顾客和员工负责，尤其要自律。

（文章原载于：《人民政协报·教育在线周刊》2012 年 6 月 27 日 C3 版）

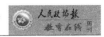
【印象】

张永琪的游离和坚守

贺春兰

　　张永琪近日在圈子中露面，坦陈自己深感舆论重压。在笔者的鼓励下，有了这次坦诚的交流。

　　今天的张永琪以培生环球雅思管家的身份继续忙碌着环球雅思的业务，相较于当家人，他自己感觉没有什么不同。采访在没有预设问题的背景下开始，张永琪有问必答，虽然用词朴素，极少豪言壮语，也算得上语流通畅、侃侃而谈。尽管在很多媒体眼中，张永琪都是一个"老好人"，有时会不懂拒绝，但从言谈和诸多经历中，记者依然能感受到他不断前进的向上人生路，甚至带着些孩童般狡黠的人生智慧。谈及商业竞争时他讲到一个这样的例子："我会通过购买的方式消灭掉竞争对手，然后再把他卖出去。"谈及对信誉的坚守，他补充说，"没有人要求我这样做，是我自己这样要求自己的，哈哈哈……"边讲边笑出声来，孩童般的笑容感染着在场的每个人。

　　多年来，张永琪一直沿着既定的线路不断攀爬，游离中不乏坚守。大学毕业后，他放弃了人人艳羡的铁饭碗，从政、经商、创业，每次转身是开始也是放弃，在张永琪看来，自己的成功并非传奇，期间也有大起大落。对于年轻人，他的建议是：一、保持创新精神；二、做什么事都要有定力、能坚守。

　　张永琪说，他对自己的人生很少规划，想法经常会变，但从来没有停止过，接下来就是继续发现新目标。别人会觉得他累，但在他看来，累分

　　张永琪，北京人。2002年首次创业，开设了中国第一个雅思培训班，即环球雅思连锁学校。2006年，成立环球天下教育科技集团担任总裁。2010年环球雅思上市，一年零一个月后，环球雅思易手英国培生集团。2014年卸任环球天下总裁，投身儿童科学教育。目前，张永琪已打造出了一个线上线下相结合的儿童科技教育品牌——鲨鱼公园，服务对象是3～12岁的小朋友。

两种：身体不堪重负，思想不知所以。而他觉得："做你喜欢的，便不会觉得累了。"

（文章原载于：《人民政协报·教育在线周刊》2012年2月8日C3版）

【对话】

"解脱"后的坚守
——走近环球雅思创办人、原董事长张永琪

贺春兰　解艳华

2011年11月19日，一纸2.94亿美元的并购协议，让环球雅思成为英国培生国际教育集团（Pearson）的下属子公司，也让上市仅一年的环球雅思借机实现"曲线退市"，对于环球雅思来说，意味着又一次"转身"。

11月21日，培生集团宣布收购环球雅思全部流通股，交易宣布后，环球雅思股价大涨97%。消息一出，业界哗然，媒体、同行矛头第一指向环球雅思创办人张永琪，一时间，他被推向舆论的漩涡——在外界看来，他是培训机构上市后卖掉公司的第一个"吃螃蟹的人"，在短短1年零1个月内，他的口袋里多了数十亿人民币，迅速成为中国教育培训界拥有真金白银的"首富"，而这一定是有"预谋"的。艳羡、质疑纷至沓来，不同版本的小道消息也从不同渠道流出。2012年农历春节之前，"套现成功""身家十亿""解脱"等字眼成为京城媒体给张永琪贴上的标签，某家曾经近距离接触过张永琪的媒体这样描述当时的张永琪："纠结""焦灼""敏感"。

如今，两个月过去了，环球雅思退市是否尘埃落定？卖掉公司的张永琪目前状态如何？未来有何打算？带着这些疑问，记者走进了位于魏公村的环球雅思北京总部。

卖掉公司是为了"安全降落"

作为教育培训界上市后卖掉公司的先行者，张永琪受到诸多质疑，也

背上了沉重的思想包袱，但他坚信这是一条正常的路径选择。

教育在线：走近之后，我发现环球雅思做得很有品质、充满企业文化，如今不管所有权归谁，它总是你一手创造的产品，而且做得非常出色，当时是何机缘让你产生了一定想把它卖掉的感觉？

张永琪：环球雅思的发展分几个阶段，从一开始进入教育培训业，做大规模、融资上市，再到现在纳入培生旗下。你问的这段时间，是从2010年10月份上市到2011年11月21日出售股权全部签约办完手续，中间也就一年零一个月。

确切地说，这中间有很多因素推动企业走向这个结果。其实在上市之前，很多企业家包括我都没有考虑下一个目标是什么。像我们这种企业，不能传宗接代做成家族产业，所以下一步就是走向国际化，如果自己冲出国外更好，但上市后发现自己力量比较小，尤其作为中国企业更有难度。正好出现了培生收购的机会，他们出的价格不错，虽然也只能说是现在不错，过两年可能还低估了呢（笑）。第二个原因就是2011年中国在美国的上市公司，尤其是教育企业的整体表现差强人意，环球上市后也感觉到很大压力，所以就借着培生这把金降落伞"安全降落"。其实对于大部分（教育）企业来说，这是很正确的一条路，将来很多企业也应该沿着这个方向走，只不过时间长短而已。

教育在线：就是说实现像环球这样的"金降落"。

张永琪：对，他们需要这样一条路径，或者在企业资产、股市比较好的时候卖掉套现，或者引入战略投资者换手。这是很正常的，不卖掉怎么能体现价值呢，就像买股票，股票不管涨多少都没意义，真正套现以后才会受益。

教育在线：大家好像都有同感。对创业者来说，企业就像自己的孩子，应该善始善终把它带到最后，但是中途你把它放弃了。既然刚才你说卖掉公司很正常，从媒体报道来看，之前你好像又背上一些包袱，这些包袱是什么？

张永琪：这个包袱可能就是中国企业家和西方企业家不同的地方。中国企业家觉得自己创办的企业永远是自己的，一定要传下去，认为"传承"是最光荣的。因此大家会有这样的想法，在中国都是因为干不下去才转让企业，这是因为正常的企业转让在中国还不多见，或者不被看好。不过现在观念也在转变。

教育在线：所以舆论也会对你有压力。

张永琪：对，有很大的压力。我现在的包袱就是，卖掉公司这个做法太超前，大家质疑你的目的。

教育在线：我也会觉得，你当时面临什么样的困境非要出手呢？实际上从你只有一年的过渡来看，可能很早就有这种想法，是不是在上市之前或者上市初期就开始筹划？

张永琪：说我从一开始就运筹帷幄、缜密筹划，那太高估我了，我从来没有那么详细地去规划一件事，但潜意识里应该是有的。所以这跟我骨子里的一些成长发展路径还是有关系的。

"解脱"之后还不走

从所有者到职业经理人，一夜之间，张永琪的角色发生了翻天覆地的变化。张永琪说下一步依然是在环球雅思继续坚守，扮演好目前的角色，在他心里，自己的坚守已经不仅仅对个人，对整个中国教育的信誉都有影响。"解脱"之后的张永琪肩上的担子是更重了而不是减轻了。

教育在线：你现在角色不同了，从所有者到管理者，对公司的情感会有变化吗？

张永琪：还没有。但我发现下面的人变化特快，很多员工说，以前跟着我干特有劲儿，觉得是我自己的公司，现在是给培生打工就不想干了。我说，变革后工资、福利、环境都有改善，你怎么就不好了？他也说不出来；有些人就说："卖了挺好，反正现在花的是别人的钱，总裁你也不用省了，可以让我们多花一点。"还有的说："咱们别在这干了，干点别的吧。"

教育在线：利益格局发生了变化。你现在成了大家利益共同体中的一员而不是对立面。

张永琪：对，但是我现在的态度没有变，至少现阶段没有，反而觉得要更加负责；另外从我个人性格来说，我也不爱朝那方面想，跟以前一样早来晚走，哪儿多花点钱还是挺心疼。

教育在线：从花自己的钱到花人家的钱，肯定要比以前有很多限制吧？

张永琪：有，培生在这方面还是比较谨慎的。因为毕竟他们买的不是一条生产线，而是一个虚拟产业。教育培训行业是靠人的知识创造价值，是看不见摸不着的一个产业；目前他们也有很多担心，出现任何一个小问题都非常警觉。前段时间他们把所有的章都收走了，后来又发回来。我问为什么，他们说"听说有的企业用章盖了很多打白的纸张"，所以这种中西文化的碰撞会不断发生，现阶段还是会有些不信任。

教育在线：你下一步有何打算？

张永琪：我就是站好岗呀（笑）。第一是要负责任，按我们原来的发展计划对新董事会有一个交代；另外我得尽量留人，可能有人一定要走，我们就得输入新鲜血液，继而搭建企业架构，搭好之后再提供一张漂亮的"成绩单"。

我现在还有好多东西需要学习、不断成长，如果业绩好的话，可能会让我管理更多培生的业务，继而走向国际；如果管理上确实因为能力有限做得不好，第一就是警告，第二就是下岗呗。目前我不会考虑新机会。

教育在线：所以你不可能考虑短期内再创业了？

张永琪：短期内不会，除非这条路走不通。当初为什么人家选中环球雅思，可能跟我的性格有关系，我估计他们观察我很多年了。

教育在线：你觉得你是什么性格呀？

张永琪：就是这种性格——把公司卖给人家还不走（笑）。

教育在线：其实他们的风险系于你一人。如果说交易完之后你再去创办一个类似环球雅思的机构，把这些人拉走，那他们买的就是一个空壳。所以他们的投资成败都系于你个人信誉。

张永琪：对，尤其是教育企业。就是别人在投资企业的时候，企业领军人的表现和选择很重要。我和培生谈了将近三年，中间我们的CFO离开了，他们就觉得这个团队没人了，我的英语又不太好。后来我站出来跟他们讲，不管是谁当权，我都有责任继续把环球雅思做好。他们觉得很好，还把价格提高了。

教育在线：确实是不管任何风吹草动，最终他们认可的是你这个人。

张永琪：对，一定是信誉，主要是责任。不管出于什么目的，一定要负责任，不能拿了钱马上卸担子，这种急功近利的做法会把咱中国人的信誉毁掉。当然我也害怕，如果我退出或者拉人出去单干，大家就会觉得我这人不咋地。后半生人家见到我就说这点事……

教育在线：这样的行为对整个中国教育的信誉影响都非常大。

张永琪：对。如果我今后不干了，或者很自私地去干别的事，可以肯定地讲，今后中国的民办教育机构上市也好，或者和外资企业有其他合作，都会受到很大冲击，甚至可能出现信任危机，以后再合作的话，至少得加几道审核。

回归到扎扎实实做好企业

作为先行者，张永琪希望媒体和同行的眼光不要放在"套现"的结果上，他认为，这只是一条可资借鉴的路径，但教育机构最终还是回归到扎扎实实做好企业上。

教育在线：现在环球雅思的收购已经尘埃落定，但媒体和同行对此依然很关注，你认为大家应该更多关注什么？

张永琪：现在大家讨论比较多的是如何融资或上市，但我觉得从大环境来说，教育机构的领军人首先是教育家，其次是企业家，最后再成为战略家，要有三者兼容的能力再考虑融资上市，所以说不要过多地讨论资本、上市；第二，现在大家都陷入如何挣钱、如何套现的"怪圈"，还是应扎扎实实把企业规模做大、教学质量做好。

实际上，环球雅思上市时也因规模太小流动性受到压力，我们属于"早产儿"。从 2006 年年底开始融资，2007 年至 2009 年努力做上市准备，2010 年上市，但是规模太小，所以上市之后压力很大。我们走到今天，很多人不明白，只是说我套了多少钱，所以媒体写得比较多的也是"解脱""卖掉公司""十亿身家"等表面的东西，我希望大家更多关注我们这种模式，给大家一个路径借鉴。

教育在线：但实际上前提是责任、信誉、口碑，如果没有这个前提，别人给十个亿，同等的就有十亿的风险。所以还是人家对信誉的认可，这也是你想告诉媒体和后来人的。

张永琪：如果问培生为什么要买我们，其实主要是信誉，尤其是我个人的信誉；第二是我们的产品特色及其所在领域的规模。我们的模式也比较新颖，就是全国直营＋连锁，分支比较多，符合中国特色，还有雅思、托福这些国际化的产品；第三，企业规范化运作，尤其上市以后，环球所属学校有了规范的流程，这些可能好多学校还没做到。规范需要投入成本，但这种投入到后面才会"给力"，才有今天的结果。

（文章原载于：《人民政协报·教育在线周刊》2012 年 2 月 8 日 C3 版）

【对话】

"让孩子们学会思考"
——访张邦鑫

陈　曦　宣心骋

在张邦鑫看来，"师者，传道、授业、解惑也"这一关于教师的传统定位，强调以教师为核心，只能是 1.0 版本的教育。他认为教师的作用应该是"唤醒、激发、鼓舞"，以学生为中心培养学习兴趣、激发鼓励学生树立学习信心、获得学习成就感。

超越"1.0 版本"教育

教育在线： 机遇往往垂青有准备的人。你创办学而思的机缘是什么？

张邦鑫： 学而思是我在兼职中的意外收获。在北大读硕士时，我一学期做了 7 份兼职，其中就有一份是家教。一个我辅导的孩子的家长很满意，就把我推荐给他的很多同事。由于没有时间一一辅导，这些家长们就建议集中授课并为我找了个小礼堂作场地。受此启发，我开始在小区里张贴招生简章，简章中标明小班教学，第一次课不满意全额退款。结果效果很好，第一次来试听的 20 个家长和 20 个孩子，全都报名了。这就是学而思的雏形。没想到这次兼职让我找到了长期为之奋斗的事业。

教育在线： 据了解，你后来为了办公司，放弃了令人羡慕的北大博士学位，现在想来后悔吗？

张邦鑫： 鱼和熊掌不可兼得，读博士和办学校都是很花时间、耗精力的事，必须有所取舍。我已经读了那么多年书，中途退学当然有遗憾；但

张邦鑫，好未来（原学而思教育）创始人。2003 年在北京大学读硕士时与同学合伙创办奥数网，2005 年正式将机构取名为学而思，从事中小学课外辅导培训。2009 年获得中欧国际工商管理学院 EMBA 学位。2010 年带领学而思登陆纽交所，成为在美上市的中国国内首家中小学课外辅导机构。2013 年 8 月，学而思正式更名为好未来，实行多品牌发展，依托科技互联网推动教育进步。

让我放弃 400 多个员工，我觉得说不过去。人生往往不是在好与更好之间选择，而是在不好和更不好之间选择。如果我两个都做，可能两个都做不好，考虑再三，我放弃了生物学博士学位，毕竟它对我今后做学校帮助可能有限。

教育在线：人们常说"没有教不好的学生，只有不会教的老师"，而学而思似乎不这么认为。

张邦鑫："师者，传道、授业、解惑也。""没有教不好的学生，只有不会教的老师。"这些都是强调以教师为核心，只能是 1.0 版本的教育。事实上，一个学生学不好未必是老师讲得不好，可能是学生不爱学，或者学习方法不对、学习习惯不好。所以，我们强调以学生为核心。德国有个教育学家认为，教育就是"唤醒、激发、鼓舞"：唤醒学生内心对学习的热爱和兴趣，激发他对学习的热爱，鼓舞他持续学习。我们提出的"激发兴趣、培养习惯、塑造品格"的教育理念，就是这个意思。

教育在线：这种理念是如何在教学实践中体现呢？

张邦鑫：2010 年，我们推出了 ICS 智能教学系统。凭借这一系统，教师可以运用音频、视频、Flash、PPT 等各种多媒体软件制作课件，更全面直观、生动有趣地展示教学内容。我们把每一个课时都做成动画课件，把普通课堂做成互动班，通过互动白板功能让学生参与教学互动，用积分法激励学生，调动学生的学习兴趣，让学生获得更丰富的学习体验。我们还会再做一些事情，如搞阅读大赛，给学生推荐书，然后让他们自己讲故事，从而培养他们的阅读习惯，等等。这些都是和理念相结合的具体教学过程。而这些运用恰恰能使学生更容易提高学习成绩。

教师收入应高些再高些

秉持以学生为核心的教育观，并不意味着对教师不重视。恰恰相反，在张邦鑫眼里，师资是教育机构的灵魂所在。

教育在线：你们主张以学生为核心，是不是在教师方面要求相对低一些？

张邦鑫：恰恰相反，我们对教师的要求更高。目前 3000 人的教师团队中，毕业于北大、清华的老师有 310 多人。

教育在线：作为一家教育培训机构，你们凭借什么吸引这么多国内名校的高才生？

张邦鑫：这首先是我们有意识努力的结果。我觉得中国人很重视教育，但是不够重视教师。中国不缺科学家，中国没有诺贝尔奖获得者也不是因为中国科研水平落后，首先是因为缺乏优秀的中小学教师。2003 年我们刚创办学而思时，就确定了要吸引最优秀的人来做老师的理念。在国内我们率先从优秀大学生中招聘教师，通过层层选拔、培训与考核，最终的录取率只有 3%。

栽好梧桐树，引来金凤凰。我们除了为教师提供良好的平台和充分的发展空间之外，也为教师提供了丰厚的待遇，让他们免除生活之忧，这样才能更好地投入到教学、研究中来。我认为，提高教师收入是民办教育做出的突破。现在培训机构的一些优秀教师，年收入达到几十万，工资是公立学校的两三倍，甚至更多，这也客观促进了公办学校教师收入的增长。教育是社会发展的加速器，是国家未来的希望，只有全社会都认可教师的价值，让教师的收入高起来，才会吸引更多顶尖人才从事教育事业。

走得很慢，但从不后退

教育培训业的资本市场风起云涌，稍有攀比，就会迷失最初的宗旨、放弃基本的坚守。张邦鑫表示，作为一家上市公司，需要为股东负责，在商业和教育间实现平衡，但无论行业环境如何变化，教学质量永远在首位。

教育在线：目前很多教育机构都在努力扩大规模，但规模扩大之后教育质量很难跟上，学而思有没有遇到这个问题？

张邦鑫：学而思的价值观决定了我们在这个层面是不纠结的。学而思的一个非常重要的价值观，就是务实。我们基本上不太在意开了多少个教学点、覆盖了多少个城市，我们目前只是 15 个城市的规模，在相同层次的机构里属于跑得最慢的。最慢的原因是要确保扩张网点比别人做得好，如果做不到我们宁可不做。上市前，学而思在北京做到一万多学员规模的时候，只有数学一个科目，英语都不做。在素质教育与应试教育、免费公益与股东责任等事情上我们会纠结，在商业和教育之间找平衡；但是在扩张速度上我们不纠结，因为教学质量是最重要的，这是前提。我们牢记林肯的一句话——我走得很慢，但是我从不后退。

教育在线：可以说，学而思是稳步向前走的。你们在扩张过程中有何特点？

张邦鑫：从扩张效果来看，基本上京沪之外的分校每一个季度同比都有 200% 的增长。北京区域目前营收占比在 50% 左右，2010 年上市的时候京沪分校营收占到 98%，所以与京沪相比，其他区域的增速更快。

教育在线：如今学而思已经走过8年，成长为一家在业界很有影响力的上市公司，你对学而思未来的规划是什么？

张邦鑫：可以说，我是和学而思一起成长。就我个人而言，有过几次调整：第一阶段是解决自己的问题，通过学习改变命运；第二阶段是做一个高品质的学校，基于升学、考试辅导，完成高品质教育培训机构的使命；第三阶段是完全实现一种以素质教育为主的教育。我们希望下一阶段把这个事情做好。

今天大部分机构都是以应试为主，因为目前客户的需求在这里。这是客观的社会现象。所以我们跳不过第二阶段，只能一步一步走过来。但我相信未来五年或十年，大家的方向会慢慢转变。

我希望未来学而思成为一个"受尊敬的教育机构"。我们曾经把目标定为5年实现100亿的收入，在讨论过程中，我发现这作为一个纽交所上市公司的战略似乎无可厚非，但扪心自问，这却不是一个有教育理想的学而思的战略。因此我们把目标修改为：让每一个孩子学会思考。百亿学而思的目标变成了做百年学而思。我们也把愿景从"成为中国中小学培训第一品牌"修改为"成为受尊敬的教育机构"。

教育在线：那你们如何实现"受尊敬的教育机构"这一愿景？

张邦鑫：要实现这个愿景，我们有个"三步走"战略：第一步是努力成为一个高品质的教育机构，在教育和商业之间有个平衡；第二步是注重学生品格的培养，在能力培养和帮学生获得高分之间有一个平衡；第三步是在做培训的同时为社会教育公平尽一份力，在培优和将优质资源普及之间有一个平衡。每一步都会很难，但我们会坚持努力去做。

（文章原载于：《人民政协报·教育在线周刊》2012年7月11日C3版）

【对话】

"我要带着我们自己的品牌走向国际"
——对话陈艺东

贺春兰

与金宝贝的邂逅和失去

陈艺东邂逅教育颇有些传奇色彩，听她的故事细致品味，却也是本性在某一刻的被激发，某一机缘下的激活使然。源于对儿子的爱和研究、行动的习惯，2005 年，初当母亲还在大学里当老师的陈艺东，起而行之进入了早教行业，从此与教育结缘。而后来的一系列阴差阳错则让陈艺东的生命轨迹彻底改变。

教育在线： 怎样的机缘进入了教育行业？

陈艺东： 我大学毕业后在温州一个大学里教书。2005 年我当了妈妈，为了儿子经常会去看教育方面的书，后来发现美国有个早教品牌由一家总部设在上海的名字叫精中的机构代理已经在中国做起来，名字叫金宝贝，查阅了很多资料后，非常向往。那时候 0～3 岁孩子的早期教育还没有被人们广泛认知，市场上提供服务的机构很少。大家普遍觉得 0～3 岁主要的任务是养而不是育，于是打电话给精中的总部，问温州什么时候会开，那边回答说没有碰到合适的人。

陈艺东，精中教育董事长。2001 年硕士毕业，金融行业高管经历，曾在大学任教五年，2005 年年初为人母，为了给孩子寻求优质的教育资源，加盟当时由精中教育代理的美国的金宝贝品牌，进入早教行业，2007 年成为精中教育股东。精中教育成立于 2002 年，致力于普及和推广国际化儿童教育理念，曾将金宝贝（Gymboree）等多家国际教育品牌代理引入中国。2011 年，美国金宝贝总部收回中国代理权，陈艺东全面接手精中，以教学教研为教育根本，经过 5 年的发展，将蕃茄田艺术由十几家校区发展到现今全国超过三百家校区。目前精中教育旗下有蕃茄田艺术、touchBOX 小创客、PlayABC 少儿英语、精韩家访四大教育品牌。

但我想儿子的成长等不得，于是在儿子四个月的时候，我毛遂自荐成了金宝贝这个美国早教品牌在中国的一位拓广者。2002年精中拿下美国金宝贝在中国的代理权，2005年我签约的时候精中刚做了3年的时间，在全国铺展得并不大，我是第17家校区。

我的父母都是公务员，并不鼓励我折腾。当时我确实没有想太多，就想孩子大了就不做了。但是，因为我管理有方，业绩非常好，几年后我竟成为金宝贝在中国最大的加盟商，后来又成了精中的股东。

教育在线：后来发生了系列变故？金宝贝被美国收回？当时你和精中团队面临着怎样的挑战？

陈艺东：是啊。当时CEO辞职。2011年1月16日，精中股东唤我到上海去处理乱局。当时以为CEO辞职，我到那儿就管一段时间，找到合适的人，原有的团队就可以运行了，结果，去了没多久，另外一件事情接踵而至，贝恩资本把美国金宝贝的代理权收回去了。原本没有打算常驻上海的，我住在酒店里面，星期五晚上回温州的家，星期一早上飞回上海，就这样在酒店住了6个月。

教育在线：那是一个怎样的局面？

陈艺东：凋敝。CEO辞职，孩子也被抱走。2011年的11月1号，整个金宝贝和我们剥离。而当时精中99%的收入都来自对金宝贝这个品牌的代理。金宝贝没了，对于精中来说，相当于培养十年的品牌归零了，其他的品牌还没有做起来。公司收入没了，团队陷入迷茫，没有信心。当时的其他品牌非常小，蕃茄田、PlayABC，这两个自有品牌都刚刚起步，蕃茄田在全中国只有十来家，PlayABC规模非常小，营业额可以忽略不计，还处在摸索、研发状态。整个团队最后剩下了三分之一，精中濒临破产。

当时我是精中的股东，但是不参与总公司的运营管理。只身来到上海，是光杆司令。总部的员工，基本上属于元老，大家对我不了解，各种质疑都有，我不管别人怎么看。这种情况我必须去面对。于是，我开始带团队重振士气。记得我说了一句话：你们不把我当领导，我把你们当团队。我从来都是这样，认准的事情，不太管别人怎么看。

教育在线：对于孩子离开这件事大家是一个怎样的感受？

陈艺东：非常痛苦但也挺自豪。我们替美国人养了个孩子还培养了一支团队，但收获也很大。应该说，从2002年到2011年，精中参与开创了早教行业，并做出了巨大的探索性的贡献，包括商业模式上的探索、人才的培养、早教理念的普及和推广。

教育在线：失去金宝贝对你们开创未来有怎样的提醒？

陈艺东：经历了金宝贝这个波折，我们团队开始不断反省，作为一个教育工作者，我们到底该做些什么。我们在做金宝贝交接和给美国人谈判的时候，感觉很屈辱。你会觉得你帮他开拓了市场，你帮他把品牌做得很好，付出了你全部的心血，但是你感受不到他的尊敬。亲临那一刻，我骨子里的某种东西被激发被唤醒了。从那一刻起，我下决心要培养我们自己的教育品牌，而且要将它带向世界。现在一提到教育，我们就说蒙台梭利，就说瑞吉欧，都是人家的品牌，我们中国人自己的教育品牌呢？在我看来，打造教育领域的民族品牌，是我们一代教育人的使命。我们要做一个中国人自己的在国际上叫得响的品牌，教育是支持一个民族昌盛繁荣的根本，中国是一个经济大国，也是一个教育大国，我们还应该做一个教育强国。我认为我们有能力做成这件事情。

教育在线：这件事情对你个人的影响？

陈艺东：2011 年之前，就我自己来说，在一般人看来应该说蛮成功的。自己也以为奋斗得差不多了。而 2011 年的巨变，完全改写了我的人生。让我彻底走上了与教育结缘这条路。

我是一个执着的人，觉得方向对的话会一直走下去。于是我决定留在上海，干件有价值的事儿出来。

专注培育自有品牌

2012 年开始，新精中带着梦想起航。陈艺东和她的团队下决心打造自己的品牌，而且要把它带向国际。在陈艺东看来，这是自己和一代教育人的历史使命。如今的陈艺东和她的团队，已经走在了成功的路上。辛苦而快乐。

教育在线：你为什么会选择专注艺术教育，不同于早教，艺术教育本是一个极为传统的行业？

陈艺东：2012 年的时候我们就在思考到底做什么，首先有一点很明确，不想去做早教了，因为早教行业已经有我们最爱的孩子，虽然是我们领养的，但这个孩子发展得也已经很好，我们不能再生一个孩子去和他竞争，我们情感上过不去。

在 2011 年的时候，我们还有两个有待成长的品牌，一个是 PlayABC，一个蕃茄田。我直观地认为，艺术是一个非常好的方向，因为对孩子是有帮助的。

我就把所有市场上各种与艺术相关的书籍都找来看，也上网查各种关于儿童艺术教育的理论。最后得出一个结论：艺术教育很重要，但中国艺术教育的方向走偏了。比如常态的绘画教学大部分都是给你教素描、教国画、油画、儿童画、简笔画，等等；而多年早期教育的经历让我意识到，孩子在 8 岁之前有无限的潜能，我们作为父母作为老师的职能是激发、陪伴他去动眼、动脑，动心，打开他的眼睛、打开的心，让他去感受去触摸去想象。我们不能把他的世界定义得太窄，一开始就固化他的思维，让他去学素描等。一句话，我们了解过去的世界，但未来的世界需要孩子们去定义。我们不能束缚他们。

而且我们发现这个行业尚无优秀的品牌。在 2012 年时候，如果你去问家长，家长会提到学画画，但不会说去任何一个品牌，家长是没有品牌概念的，而品牌对于精中团队来说，有极为深刻的认识和体验。

教育在线：新精中，就在这样的梦想中起步了？目前情况怎样？

陈艺东：是呀。2002 年精中创立，2012 年我们决心创立属于中国人自己的走向世界的国际品牌。五年走过来，证明当年把艺术教育做起来，确实影响了整个行业，这个行业里很多做儿童绘画的机构开始向我们靠拢，我们办了艺术教育论坛，向全行业开放，同时，精中非常重视家庭教育，并认识到生活美学的重要，特别打造了一款家庭美育的产品，希望能够帮助到更多的孩子和家庭。

实际上，我们在做的是通过艺术教育培养创新人才，或者说是一家致力于培养开发孩子创意创新能力的艺术教育机构。我们这一代人听话，有极强执行能力。但是我们的下一代，我们的"00 后""10 后"，他们代表未来，希望能够帮助他们拥有创新创造的能力。有时候会觉得很自豪，我们开创了一个行业也颠覆了一个行业，做了一件可以影响未来的事情，至少可以帮助我们的"00 后"和"10 后"。

同时在 2012 年做品牌调整的时候，"蕃茄田艺术"和 tomato art 英文词汇同步推出，我希望有一天 tomato art 成为一个国际品牌，它能代表中国艺术教育的水准走出去。

今天，我们把我们孩子的作品给很多在国外从事艺术教育的朋友送出去，他们都很震惊。最近我们以"蕃茄田艺术夏季学校"为实践经验的论文获得联合国教科文组织国际艺术教育协会的邀请，在 2017 年的年会上进行论文演讲，该组织为国际艺术教育界公认的顶级权威机构，这让追求创新和专业，希望能成为走向世界的属于中国人自有品牌的我非常自豪。

教育在线：做蕃茄田和做金宝贝有什么不同？

陈艺东：在技术层面，没有什么不同。我们都希望给孩子带来对他一生有价值的东西。但做蕃茄田艺术让我们更有使命感。原来是代理国际品牌，我们最终失去了它，现在是做属于中国人自己的国际品牌。

教育在线：你们已经看到了成功的曙光？你们的成功之道？

陈艺东：2012年蕃茄田的起步，到现在，我们有三百多家校区。我们的学术论文也开始跻身国际。我们已经走在了成功的路上。

可能外界看我们，商业运营能力很强，实际上那不是我们追求的根本。应该说，精中这家公司是一个非常创新的教育机构，一直以来都是一个创新者和领跑者，这是精中人非常自豪的一件事情。另外精中拥有这样的传统——爱孩子。在运营当中会特别习惯从孩子的成长和发育角度去思考发现问题，孩子需要什么？市场上还缺少什么？精中在开发各种产品的时候，首先思考的是对教育的对孩子的价值。这一点是精中团队非常自豪的事情，是无法用金钱来衡量的。而这种使命感对一个企业走远非常重要。

教育在线：一路走过来，你有什么感悟？

陈艺东：到我这个年龄，有的人停在那里，有的人失去了方向。我很满意目前整个精中团队的状态包括我自己的状态，我们很辛苦，但做得很开心，很有成就感。

我常常想，我们出生就知道我们会死，但问题是我来了，我总要给这个社会做点贡献吧，我有这个机遇和能力，为什么不呢？

我还经常跟员工谈一个问题，做教育是干什么，看起来是在教孩子、教家长，但最根本的是在教你怎么做人，怎么做个中国人，怎么做个在地球村生活的中国人。

一路走来，庆幸没有走太多的弯路。如果当年赌一口气去做早教，非要去跟金宝贝拼个你死我活，就不会是今天这个局面。我常常对团队讲，尊重和理解你的过去，聚焦你的未来。不要与过去纠缠，某些人活在仇恨中，是非常不幸的事情，我们要很美好地回忆过去，我们又一起迎接并开创未来。真是一件很美好的事。

（文章原载于：《人民政协报》2017年3月7日32版）

【对话】

教育需要慢慢来
——访陈艺东

李雪然

从大学教师、证券公司高管，到现在的民办教育机构领军人，陈艺东的职业生涯有过几次转型，当下这份事业是她最为热爱和痴迷的。

投身教育领域 15 年，能坚持做下来，她说，一源于自己确实喜欢孩子，二来在与孩子们的相伴中，自己也收获了成长——获得了在当下这个时代难得的"慢心态"、不疾不徐的"匠人"心态。

一切根源于对孩子的理解

多年代理国际知名教育品牌，让蕃茄田艺术的创始团队成为改革开放后国内接触到国际教育理念并付诸实践的人之一。"蕃茄田艺术的创立和成长，都建立在对儿童成长规律的理解和尊重之上。"

教育在线：2010 年创立"蕃茄田艺术"，在国内儿童艺术教育领域，算不上早，但如今却享誉业界。当年如何想到要创立蕃茄田艺术？

陈艺东：蕃茄田艺术是精中集团旗下品牌。精中集团进入儿童教育领域是从代理金宝贝等知名教育品牌开始的，蕃茄田艺术的创始团队可以说是改革开放后较早接触到国际教育理念和实践的一群人。在这个过程中，从对儿童心智、认知、体格发育成长的规律和需求的理解出发，我们认识到早期的创意思维和艺术实践能力的培养，对孩子一生的成长可以起到至关重要的作用。早教讲敏感期，也就是说孩子在某些特定年龄阶段特别适合发展某些方面的能力，如果抓住这些敏感期，给予适当的支持和指引，在孩子能力的培养上就可以起到事半功倍的作用；而 3～8 岁，正是孩子好奇心特别强烈，想象力格外丰富的时候，蕃茄田艺术在这样的关键阶段切入，就可以及时带给孩子们需要的帮助，激发他们的潜能；怀着这样的想法，我们创办并发展起了蕃茄田艺术。

教育在线：在艺术教育的大门类中，蕃茄田艺术为何选取了美术教育？对于美术教育，蕃茄田艺术的教育理念是怎样的？

陈艺东：蕃茄田艺术的课程分为立体和平面。研究显示，3～5 岁是孩子最有美术天分的时期，会本能地喜欢涂涂画画。或许在成人看来，他们画得不够规范、不够美，但这就是他们的感受和想法的图像语言的表达，所以，在艺术教育各门类中，画画、涂鸦对孩子来说，是最易接受、不易产生排斥感的。像钢琴、小提琴这样的演奏型乐器，需要经过很长的演奏技巧学习，才能享受演奏乐器的乐趣，而绘画，则只需要拿起一支笔，或像原始人一样，捡起一块石头就可以开始抒发感情、表达自我了。

谈到美术教育理念，我们认为，美术教育应该是一个超越单纯的技法学习的教育的载体，通过这一教育载体，最终培养孩子的多方面的素质和能力，如观察、思考、合作、口头表达、动手操作的能力。

我们注重艺术创作的过程，而不是以结果为目的。上课时，我们不会让孩子通过临摹来创作，而是会先让孩子观察实物图像，或由老师结合当天课的主题，做各种造型演示，然后引导孩子思考，最终由孩子用图画将自己的观察、理解表达出来。同时，每节课后我们会让孩子与家长分享他们的作品，告诉大家自己画了什么，为什么这样画。这样，家长也可以理解到在孩子的创作过程中他的思考和选择，而不是单纯地根据画面来判断作品的好坏。在分享过程中，孩子的表达和沟通能力也得到无形的提高，"我甚至不知道你们教了些什么，但我的女儿来这里上课后变得自信、活泼开朗了，也更愿意表达自己了。"这是一位 8 岁的女孩妈妈写给我们的课后评价，也能够生动地说明我们的教育所涵盖的内容。

艺术教育应融入每个家庭

教育在线：一定要拥抱时代、引领当下时代的家长，成为孩子成长中的引导者和陪伴者，是陈艺东与教育行业相拥之初就立下的愿想。做了十多年的儿童教育，你觉得最大的收获是什么？

陈艺东：记得 2005 年我初为人母转变行业进入早教领域的时候，很多人不以为然，对我说：孩子需要早教吗？那么小的一个小人，懂什么？我却不这么认为，早教其实并不是在教育孩子，而是在教育家长，希望透过对家长的影响，协助孩子的成长。而早教中心的作用，是帮助家长更专业地去了解怎样去教育孩子。我们一直强调，我们是引导者也是支持者，孩子在什么阶段需要什么，我们给他协助。同时，我们强调学习应该是启发式的、自主性的思考，只有这样，才能培养起孩子的创新和学习能力。现在很多年轻的家长都开始认同我这个观点。这也是做教育十年，让我最有成就感的事情。未来，我们希望有更多人去了解艺术教育。艺术教育应该是普及教育，普及每个家庭，成为每个人都有权利享受的教育。

教育在线：创办春、夏、秋、冬不同主题的面向全国儿童的艺术创作活动和主题研讨会，也源于这样的愿景：让更多的家长、社会舆论关注孩子通过艺术载体而获得的身心灵的成长，而不是过于关注"技法""名次"本身？

陈艺东：是的。比如我们的"春创"活动的名字叫：蕃茄田艺术全国创作奖，是"奖"，不是"赛"。我们不提倡比赛，认为创作只有"唯一"，没有"第一"。创办这样一个活动，是想让更多的孩子在参与过程中，灵感得到激发，内心的多彩世界能得到出口表达，在获得创作的成就感的同时，也在与其他小朋友的合作中学会沟通、协调的能力。

2014 年我们举办第一届春创活动的主题是"轰·我的移动城堡"。透过这样一个主题，我们想带孩子探究"家"是什么，并告诉孩子"人在哪里，家就在哪里，家就是你的移动城堡，所以不要觉得孤单"。那次活动，我们请了美国芝加哥哥伦比亚艺术合作发展中心的一位老师来做评委。回去后，他把这次活动向同事们做了分享。他在给我的信中写道：你们做的事情太棒了，希望有一天这个活动可以成为全球小朋友一起参与的活动。这恰恰也是我的愿景。去年春创作品展上发生的一件事，也让我更加坚信从事艺术教育这一事业的价值。

去年作品展上，我发现一个孩子的画上有个洞，就询问同事怎么不小心把孩子的画弄坏了。那位同事却讲了一番让我至今想来都很感动的话。这个洞是一个小朋友不小心戳的，但画画的那位小朋友闻知后说，没有关系的，这可以当作我的桃花源的入口，我下次来，万一迷路了，就可以从这个口进去。你看，艺术带给孩子的，真的可以超越一幅画一件作品本身。

我们举办这一系列活动的目的，就是想吸引更多人参与、关注到儿童艺术教育中来。我相信做教育是细水长流的事情，通过慢慢做、坚持做、重复做，一定会成功的。现在我们做的事情已经在得到越来越多人的认同，并参与进来。

以孩子为本，做不功利的教育

从投入教育行业的第一天起，陈艺东就给自己立下从业准则：一定要怀着一颗"利他"之心，从事教育工作。"不管是一个人还是一个机构，没有利他之心，不能走远，也赢不来口碑。"

教育在线：您的谈话中，几个关键词给我印记深刻：眼界、心胸、使命感。从什么时候您开始关注这几点？

陈艺东：作为教育人，我认为一定要有开放的心态，只有开放，才能进步，也会让整个行业受益。同时，作为教育工作者，还要有"利他"之心，要凡事首先从孩子的角度去想。比如我们是艺术类教育机构，教师都是艺术院校毕业的，我经常和他们说，你们身上带着很宝贵的艺术工作者的特质和创作的心态，这些对孩子的艺术学习都会有很好的影响，同时，作为一个教育工作者，你们也一定要心中有孩子、时刻以"师者"的心态要求自己。我们机构现在在进行的"教学艺术家"项目尝试，也是希望在支持老师们艺术创作的同时，也让他们能成为好的"师者"。

不管是一个个体还是一个机构，如果没有"利他"之心，是走不长远的。未来，我们希望为有志于投入儿童美术教育的年轻人提供更好的发展通道，希望吸引更多的年轻艺术家进入这个领域、这个行业。

我一直跟我的儿子说，有能力的人才能去照顾、帮助别人。同样，一个有使命感的企业，一定是懂得回馈的，也只有到了那一天，才说明我们真正有能力了。对于未来的事业愿景，我还想设立一个艺术教育推广基金。通过这一基金，一来资助偏远地区的教师进行艺术课的专业业务培训，二来为想要来华进行艺术教育公益教学的艺术家出路费。这是我当下最想做还未做，但未来一定会慢慢实现的一件事情。

教育在线：对于民营艺术教育机构的未来，你怎么看？

陈艺东：对于艺术教育机构的未来，我是充满信心的。一来，国家对美育越来越重视，国务院办公厅最近印发了《关于全面加强和改进学校美育工作的意见》，强调"到 2020 年，初步形成大中小幼美育相互衔接、课堂教学和课外活动相互结合、普及教育与专业教育相互促进、学校美育和家庭美育相互联系的具有中国特色的现代化美育体系"的总体目标。二来，从整个社会大环境看，对美的追求也已慢慢融入人们的工作、生活的细微环节中。

总之，艺术教育关系国家未来的创新能力，蕃茄田艺术一直在从事的艺术教育和普及工作契合了时代发展的要求，我们相信未来会有更多的民营艺术教育机构加入这个行列中来，我们充满信心。

（修菁参与修订，文章原载于：《人民政协报·教育在线周刊》2015 年 10 月 14 日 11 版）

走进民办教育探索者的精神世界

【手记】

为蕃茄田艺术教育人点赞

贺春兰

作为媒体人的我，深知艺术教育在中国很多地方还非常边缘。我有一个音乐专业毕业的堂弟到河南一个县城去教书，结果被不断地安排充当数学老师、语文老师。这样的现象非常普遍，在很多地方，音体美课程被称作"小三门"，在学校里常常被"主课"挤占。本来有机会接受艺术熏陶和教育的老师就非常少，但实践中即使这非常少的老师也缺少用武之地。

而另外一方面，但凡有点条件的中国家长不吝花钱，送孩子上各种各样的艺术培训班。女儿很小时我便追风让她学了钢琴，记得我曾特别对钢琴老师说，"我们不希望把孩子培养成为钢琴家，你就带她散散步、唱唱歌感受一下旋律之美吧。"无奈的是，女儿最后还是被老师"按"在琴凳上，渐渐兴趣索然，放弃了事。

前面故事是老家堂弟的亲历，后面故事则发生在北京我自己的家里。而我，小学的艺术课很少，有限的几次音乐课上唱歌的经历让我常常有害怕和抵触的情绪。于是，我否定了自己在这方面的能力。——这就是今天我所碰触到的中国艺术教育的现实，去人化、边缘化和功利化共生。

当然，各界有识之士也在努力。有一次，我看全国政协委员、著名指挥家滕矢初在他的家里给一批琴童上课。在讲了贝多芬的人生履历和音乐创作背景后，他将琴童们带入了一个非常有仪式感的氛围中。面对大家对艺术的好奇，他说了特别质朴的一句话——"其实，没有什么神秘。音乐同美术、文字一样，都是人类表达思想的一种手段。"这句话一下子让我从对艺术高深莫测的神秘感中走出，领悟到音乐、美术同我善用的文字一样，其实都是我们去认知世界、感受环境、表达思想的一种手段，而非其他。由此，艺术于我开始变得亲近。

而读眼前蕃茄田第二届国际创新儿童艺术教育研讨会内容汇编的内容，则让我对滕矢初委员的话有了进一步的理解，也让我对自己亲历的艺术教育现实有了更切实的反思。比如台湾博物馆馆长张誉腾的一句话令我印象

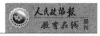
深刻，从"以物为尊"到"以人为尊"。"在过去那种哲学指引下的教育实务中，在美术馆的参观中，艺术史研究人员显然是主角，没有艺术史专业训练的观众进入这样的美术馆，好像在'准备一场看不见的考试'，随时等待被测验和羞辱。"倡导公共政策中更多公民参与的我突然意识到，可能基于新技术的影响、世界范围内民主浪潮的勃兴，从封闭的灌输到以人为尊，注重参与、互动，尊重个性化的表达已经在各个领域的主流思潮中表现出来，也影响到了艺术审美的哲学从而影响到了艺术教育。有触动有启发的观点还有很多很多，以至于我认真地向主办方说，能否将稿件给我，我要用大的篇幅将这些观点介绍给读者。

真是佩服蕃茄田艺术的开创者陈艺东。为孩子受到更好的早期教育，学金融出身的她，毅然投入了早教；而面对中国艺术教育的现实，她和她的团队再次起而行之。

记得就在这次会议即将启动的时候，我追问蕃茄田艺术的品牌官关于开办此会的多重目标。"只有一重目标，就是让国内更多的家长和艺术教育人了解真正的艺术教育。"他虔诚地强调。——蕃茄田艺术人以一种极端坚守的姿态守护着他们心中艺术教育的真谛；从会议的参与者中我们也看到，他们还以一种非常开放的姿态推动国内外之间，公办校与民办校艺术教育人之间的切磋交流；我也有机会看到蕃茄田艺术教育连锁加盟团队的大家庭聚会——我欣喜于蕃茄田艺术教育对国内年轻艺术教育人的引领和培训。如果没有他们，艺术教育新思潮的普及可能要更晚一些时候，很多孩子可能因之错过；很多艺术教育人的生命可能要推迟绽放。而今天，我知道，蕃茄田艺术教育人还在努力创新方式让更多农村孩子受益。

（此文写于 2015 年 6 月 15 日，系应邀为《番茄田第二届国际创新儿童艺术教育研讨会内容汇编》所作序言。）

走进民办教育探索者的精神世界

【对话】

优质民办教育的追梦人
——访陈伟志

解艳华

1996 年，陈伟志在温州平阳栽下了新纪元教育集团民办基础教育事业的一棵小树——平阳新纪元学校，如今这棵幼苗已经成长衍化为一片郁郁葱葱的树林：横跨浙江、四川、重庆三省市，拥有五所全寄宿中小学，在校学生规模达 15000 多人。集团所属学校个个教育教学质量成绩突出，在当地声名显赫，深受学生家长和当地政府认同。

近日，笔者专访了陈伟志，请他谈谈对民办基础教育、企业家社会责任等方面的见解。

解决教育均衡问题要靠体制创新

教育在线：正值全国两会召开，教育是全国人民关注的焦点，你怎么看待民众最为关注的教育均衡问题？

陈伟志：2009 年 11 月，教育部长袁贵仁一上任就说："义务教育是教育问题的重中之重，教育的均衡发展是义务教育中的重中之重。"这让民众很期待 2010 年教育改革能否在教育均衡问题上有所突破。

事实上，绝对的教育均衡是不存在的，只存在相对的教育均衡。人民群众对教育的需求是多元化的，这就要求有多元化的教育体制与之相匹配。而多元化的教育体制应当包含公办教育和民办教育，并且要有清晰的功能

陈伟志，新纪元教育集团创办人、董事长，中国国民党革命委员会第十一届中央委员会经济委员会委员、上海徐汇区政协委员。

上海新纪元教育集团成立于 1996 年，以实体办学为主，兼顾输出教育管理咨询、教师专业培训、教育质量检测和进行教育信息技术产品研发等。目前，拥有多所中小学校和两所幼儿园，涵盖从学前教育到高中教育，在校学生数万人，业务分布上海、浙江、四川、重庆、山东、贵州等省市。

定位。公办学校定位于教育公平，满足大众化的教育需求；而民办教育以其个性化、差异化来为社会提供优质教育。要实现相对的教育均衡，教育部门应该积极创新教育体制，大力扶持民办教育，构建符合中国国情的多元化教育体制。

教育在线：义务教育不均衡引发了很多问题，如择校现象目前仍然很突出。解决择校问题的关键在哪里？

陈伟志：择校是指家长放弃义务教育阶段适龄儿童按学区免费就近入学的优惠政策，主动选择其他学校就读的现象。择校现象的产生有政府教育部门的原因，也有家庭和社会文化方面的原因，它反映了家长对优质教育资源的迫切需求，也反映了我国教育资源配置的极度不均衡。解决择校问题仅仅靠行政命令来堵截是不够的，还必须疏导，将择校问题引导到民办学校。这既不违背公共教育的公平，又给民办教育提供了发展空间。从现实教育供需的矛盾看，择校选民办学校无疑是解决择校问题的重要途径。

教育在线：未来民办教育在整个教育体系中的定位是什么？

陈伟志：现代社会是一个多元社会，人们对教育的需求也是多样化的。公办学校由于体制原因，无法完全满足人们的教育需求。民办学校作为一种新的办学体制，它的灵活性将使得它更容易解决教育管理过程中出现的各种问题，从而能向社会提供更为优质、可供选择的教育。未来的民办教育将是教育体系中不可或缺的重要组成部分。

创办优质民办教育回报社会

教育在线：当初进入民办基础教育领域，创办新纪元教育集团的主要目的是什么？

陈伟志：20世纪90年代中期，温州的经济发展极其迅速，家长对孩子的教育也日益重视，而地方的教育基础还不能满足家长、学生对优质教育的需求。这时候，我的母亲在教育岗位上工作了33年，即将退休，所以我决定在家乡建一所学校，一方面让母亲有一个心灵的寄托处，另一方面也作为事业增长点进行探索。之后学校越办越好，于是有了第二所、第三所，慢慢地形成了今天集团的规模。

教育在线：几年前集团在西部四川和重庆开办了学校，后来把总部从温州搬到上海，当时是怎么考虑的？

陈伟志：去西部创办学校，是在积累了一定的办学经验和实践，对国家科教兴国战略做了更充分更深入的思考后做出的决策，也是为了让西部地区的孩子能够享受到优质民办教育。

在集团学校不断增多，规模不断扩大的同时，我们逐步意识到：学校要可持续发展，集团要做大做强，必须广泛吸收国内外最前沿的教育思想、最先进的教育实践经验、最优秀的教育人才和管理人才，以及最领先的教育技术。因此集团把总部移师上海，主要是为了依托上海的人才和信息优势，把学校做大，集团做强，创办优质民办教育来回报社会。

企业家的最高境界是慈善家

教育在线：请简单评价一下创办企业、创办学校这二十多年的探索。

陈伟志：回首二十多年的风风雨雨，主要有三个阶段的发展。最开始主要做商业贸易，后来事业重心转向了基础教育，再后来进行多元投资，至今事业有了一定的规模，同时，我也得到了社会的认可，加入了民革组织，有了参政议政的机会。这些经历锻炼了我的能力，增长了我的经验。作为新阶层人士，我对社会的发展有着自己的诉求，通过参政议政，承担着更多的社会责任，尽自己所能为社会带来更多的回报。

教育在线：你认为企业家的最大价值是什么？

陈伟志：企业家最大的价值是培养人才，造福社会。做企业就是提供一个平台，这个平台有两大功能，一是让在这里工作的人能够充分发挥自己的各种才能，分享工作的快乐。二是通过培训和锻炼，让更多的人获得企业家的精神和能力，让他们有能力进行创业，为社会提供更多这样的平台，让更多的人受益。我更看重后一个功能，这是对社会感恩，回报社会的一个过程。

教育在线：如何理解企业家的社会责任？

陈伟志：对一个真正优秀、有大发展的企业来说，赚钱不仅仅是为了解决自己的经营和生存问题，更是为了给社会尽更多、更大的责任。

著名企业家邵逸夫说："企业家的最高境界是慈善家。"也就是对社会责任的担当，这种担当应该是自觉和自愿的，因为归根到底这种责任能够造福整个社会包括我们自己。孟子说："达则兼济天下。"卡耐基说："在巨富中死去是一种耻辱。"这些说的都是社会责任。

（文章原载于：《人民政协报·教育在线周刊》2010 年 3 月 8 日 E4 版）

【印象】

陈向东：谦和背后见激情

贺春兰

在 15 日中午不经意的聊天中，陈向东留给笔者的印象是，谦和、亲和、快乐、阳光、举重若轻。他说自己最紧迫的是时间，去年就已经安排好了今年的 200 个会议，但在现场聊天的感觉中，他并没有让谈话对象感觉威压，对我们闲聊中的任何问题他都认真倾听，坦率交流意见，也很注意关照对方的感受。但通过快捷的语速，你当能够猜想他在工作中一定思维敏捷、行事麻利。

谈到某个问题，他常常能从某本书中援引某段颇给人带来启发的经典语言或故事。他自述没有别的爱好，极喜欢看书，在他不经意间透露的匆忙中，你能够听到他经常读书或买书的片段。"2006 年第一次读杰克·韦尔奇的书，周末又买了他的《赢》，今天再看，体会和五年前完全不一样了。"骨子中的陈向东一定还有一些浪漫、唯美的理想主义成分，在他的谈话中，经常能够听到很诗意的语汇，听到他对生命意义的思考。事实上，有人民大学经济学博士背景的陈向东是一个彻彻底底的实战派，而且靠极顽强的毅力一路走来。而从他的履历可以看出，陈向东已经经过多年历练。

临行，他送给我最近刚出的一本书——《做最好的团队》，书中谈到的很多东西，对于一个要在职场中立足并获得良好发展的人很受用。

（文章原载于：《人民政协报·教育在线周刊》2011 年 7 月 20 日 C2 版）

陈向东，跟谁学创始人、董事长兼 CEO、前新东方执行总裁、全国青联委员、中国人民大学经济学博士。1999 年年底加盟新东方教育科技集团，2010 年 11 月任集团执行总裁，全面负责集团管理工作，2014 年 1 月辞任新东方执行总裁职务。2014 年 6 月，创办跟谁学。

跟谁学是一个 O2O 找好老师学习服务的电商平台，截至 2015 年 10 月底，跟谁学平台入驻老师 35 万人，入驻机构近 4 万家。业界称，跟谁学开创了中国全新的教育电商商业模式，是目前全球最大的找好老师的 APP。

【对话】

"重要的是，你能影响这么多人的生活"
——访陈向东

贺春兰

教育在线：在新东方执行总裁这个位置上你给自己的定位是什么？

陈向东：做变革的推动者；做资源的聚合者。我上任后，首先是学习了解，究竟问题出现的原因是什么，背后的问题是什么？同时，进行大量的沟通，最终推动执行。各个板块出流程、出标准，强化执行。

教育在线：新东方启用全新标识是否为其中的一项尝试？

陈向东：7月1日起，新东方启用全新标识。新标识由汉字"新东方"和"XDF.CN"组成（XDF是"新东方"三个字汉语拼音首字母缩写），原有标识从即日起不再使用。整体上看，新标识向右方倾斜，呈现出一种动势，寓意勇往直前、奋发向上，也是"绝望中寻找希望，人生终将辉煌"的新东方精神的形象化体现。原有Neworiental名字比较贵族化，有很多家长甚至认不出，新域名希望传递出更务实、亲切、可靠、可被信赖的风格。

事实上，这一域名修订的背后也标志着重大的战略调整，标志着资源的统整和聚合，新的域名、新的组织结构、新的激励、新的人才战略。新东方要在世界范围内网罗行业内外优秀人才。

教育在线：你和俞敏洪的性格特征很互补吗？

陈向东：用老俞自己的话说，我们比较互补。他比较感性，我比较理性；他长于宏观和精神，我更重执行和操作。

教育在线：你到这个位置后，老俞和你自己的角色都发生什么变化呢？

陈向东：今天老俞主要关注品牌、公共关系和精神文化建设。我以前主要是协助，今天则更要担当，当然，新东方的机制设计也保证了重大问题的集体决策。

教育在线：会一直在新东方吗？没有想过自己创业？

陈向东：我自己一直有一个比较纯美、简单的想法，这个事业很大，值得大家一起干，事实上，大家的心已经在一起了。今天的新东方已经不是谁一个人的事业，大家也已经不是为了钱而战。

教育在线：为什么而战？

陈向东：重要的是，你能影响这么多人的生活。到目前为止，我们在全国有 57 所学校，有 22000 名教职工，去年一年培训的学生是 210 万人次。因为新东方的引领，很多优秀人才进入了教育行业；因为新东方在国外的上市也直接引领了培训机构的发展。

教育在线：不担心会有内耗和折腾？

陈向东：现在新东方这么大的企业，谁愿意折腾它？因为能力问题让位置很正常，而因为政治斗争让位置，相信谁都不愿意看到，对谁也都不利。还是那句话，新东方是大家的新东方。

教育在线：你今天的挑战？

陈向东：没有更多的时间做更多的沟通，而只有沟通充分才能形成共识，一个领导者在沟通中才能获得理解和信任。

教育在线：管理中你坚持的信条是什么？

陈向东：很多啦，比如对于中层，我鼓励向上抱怨，因为向上抱怨是为了寻求解决方案；但禁止向下抱怨，因为作为中层，你最需要的是提供解决方案。如果大家都在抱怨，文化就散了。

教育在线：会否有后来者超过新东方？

陈向东：未来教育培训领域新的巨鳄要出现，我想需要靠颠覆性的创新，仅靠铺店面式的竞争已经不行。

教育在线：你人生的信条是什么？

陈向东：有价值地活着。

教育在线：你最佩服什么人？

陈向东：我最敬佩那些有梦想、有理想、有责任、有担当、有道德的人，他们物质财富上可能并不富有，但是他们却因为自己的存在而使得世界变得更富有，因此他们才是真正意义上的富有者——那些伟大的哲学家，那些伟大的科学家，那些和平正义的战士，还有看似卑微却在改变着世界的追逐者……

（文章原载于：《人民政协报·教育在线周刊》2011 年 7 月 20 日 C2 版）

走进民办教育探索者的精神世界

【链接】

重新起跑的幸福

——再访陈向东

修　菁

走进"跟谁学"位于北京中关村软件园孵化器的主办公区，能感受到这是一家典型的互联网创业公司，一张张年轻的面庞，人人面前一台电脑，密密匝匝，没有隔断地坐在一起。

青春、未知、血液贲张……

和陈向东的这次对话，则像一次不断解构生命意义的幸福课，他不断回望梳理着自己走过的路。

30年前，为了省下一趟5毛钱的运费，13岁，1米4小个儿的他，背负100斤面粉，和父亲运了三趟，将600斤面粉运回了家。出发前，父亲为了让儿子坚持走下这段注定艰辛的路，分享了自己"坚持到底"的心得：背的途中再累也不要将面袋子完全卸下，放到地上，感觉累时，可以找旁侧的山壁靠一下，感觉负重感稍微减轻了，立即往前走。

30年前父亲的这段建议，好像冥冥中引导着陈向东今天的人生路。

今年1月，43岁的他，在外人看来已是成功人士，位至新东方执行总裁时，他决定重新出发，"人生总不能两全，本来想好好陪伴妻子、孩子，可是这样放空的日子过了一个月后，我就睡不踏实了。"

决定辞去新东方执行总裁职位时，他曾问自己一个问题：还会有多少朋友，如今天这样帮助自己、保持这样的沟通、交往？

令他意外和感动的是，当朋友们闻悉他的创业举动，一些平常不太联系的朋友、同学都给他发来短信、邮件，打来电话：需要什么帮助，说一声啊！支持你，敢于追梦！

原来自己在朋友们心目中的存在感还挺高，原来生命的奔跑速度真的是被激发、被鼓励、被推着往前走的。

"你说生命是什么？生命不就是往前奔跑的过程中，让自己变得强大，

也给予别人激励，让别人跑得更快，更强大的过程吗?"

从今年 5 月组建团队，到 9 月 22 日"跟谁学"测试版上线，陈向东在重新体悟"奔跑者"的心境。

"跟谁学"要成为一种生活方式

登录"跟谁学"网站，许多人会生出这样的疑问：这不就是教育界的淘宝网吗? 陈向东为何几次在公开演讲中用"超有梦想""超有价值"这样很满的形容词，来形容这个创业项目?

"如果'跟谁学'这个平台最终能实现将全中国最牛的老师与偏僻地域的孩子们连接起来，你不觉得这是一件很伟大的事吗?"

采访中，陈向东在描述"跟谁学"项目的愿景时，兴奋、激动之情，是由心底漾出的。

"现在走在路上，我的脑海中经常会出现这样的图景，茶余饭后抑或走在郊外的路上，忽而有了一些独处的时间，人们打开'跟谁学'的客户端，约上心仪的老师，让接下来的这段独处时间变得更有价值。"

从 9 月 22 日上线测试版，已有 6000～8000 名教师入驻"跟谁学"网站，因为前期在界定商业模式时，定位于只要你想学，就能找到教的人，所有"跟谁学"的面向的"教师"群体是一个泛化的教师概念，不仅有传统的 K12 科目，还有瑜伽、茶道、武术、创意绘画、舞蹈，甚至励志课，全军励志第一人新安龙、陈氏太极拳第十一代传人陈振肖等在自己领域中很有影响力的人物都已入驻"跟谁学"。

"短短一个月，为什么有这么多老师喜欢我们这个产品，我想是'跟谁学'的商业模式击中了他们的痛点，解决了他们的需求，现在许多人想做慈善、有一颗公益的心，但不知道怎么帮助到更大范围的人，'跟谁学'恰恰可以帮助他们实现。如果说淘宝很伟大，它不仅改变了人们生活的方式，并且让偏远地区的中小企业主和世界连接起来，那么'跟谁学'就是要改变人们的教育方式以及人们影响世界的方式。"

从 1988 年参加工作，在教育培训领域沉浸 20 余年，陈向东说，再没有比今天更渴望通过自己和团队的努力，创设一个平台，让更多有一技之长、优秀的人和渴望有一技之长、渴望优秀的人连接起来。

"跟谁学"目前没有同质对手

陈向东除了目前担任"跟谁学"的董事长、CEO，还自封了一个职位——首席产品体验官。他称自己是一个完美主义者，十分痴迷于电子产品以及电商平台的用户体验，比如他会关注到携程一个产品通道的细微变化，但是转身互联网行业后，他试图让自己不那么纠结，团队成员也会委婉地提醒他不要着急，因为互联网行业的特征就是抢占时机，小步快跑，快速迭代，他还试图扭转在大公司工作时做决定会十分谨慎的工作习惯，"那时做一个决定，需要许多人的评判，'跟谁学'现在是小公司，知道的人不是很多，我们当下最要做的是让更多的人知道我们。"为此，他提出了"微创新、爱小白、极简单、快迭代、重引导、玩社区"的18字"跟谁学"商业模式，被联合创始人团队中的三位资深技术大牛深为认同。

在最近的一次公开演讲中，陈向东提出创业的六个要素——模式、战略、团队、企业文化、奖惩体系、执行，缺一不可，并且自己一直在自我检讨。

"跟谁学"测试版上线一个多月来，网页版每周都会有几次升级，手机端每周就会有一个新版本，从今年5月初组建团队时，不知道到哪寻找同道，到现在公司员工近200人，有了成形的市场、技术研发、师资运营团队，有人用"不可思议"来形容"跟谁学"的成长速度，"跟谁学"发展到当下这个节点，陈向东谈到的诸上创业中的6个要素，哪些是长板？哪些还需优化？他又在"检讨"什么？

"我们从创业的第一天起，就在谈'跟谁学'的使命、价值观、商业模式和战略的问题，可以说走到今天，我们最初的这些愿景没有变，但是互联网是一个快速迭代的行业，所以我们会根据产品的变化，会微调商业模式，此外企业文化建设方面，我很在意人的归属感，从创业到现在，每周一下午一点到两点，是'跟谁学'企业文化的沟通时间，我会和新老员工讲讲'跟谁学'的过去、现在和未来，我想这一做法会成为'跟谁学'的企业文化建设中的一个惯例，会一直坚持做下去。"

由于思维方式、行事方式的差异，"情怀"在互联网行业是一个稀缺的词，"跟谁学"联合创始人中的3位技术大牛曾表示，"如果没有陈向东，未必大家能走到一起。"

陈向东在组建跟谁学核心创始人团队时，也做了全面的建构，6位创始人中，两位来自传统教育培训行业，3位来自互联网行业，这被他称为跟谁学先天的"排他基因"，"我们不仅有教育情怀，而且有很高的技术门槛，未来'跟谁学'一定会成为万人规模的公司，我曾带领万人'打过仗'，也算一大优势吧。"

追随内心做利己利他的事一定会被大家"懂得"

在 2012 年年底，陈向东有意离开新东方时，他曾在内心问自己这样一个问题：如果我从新东方执行总裁的位置下来，在朋友心目中，我是一个什么样的人？还有多少朋友以后会保持今天这样的交往，会给予我帮助？创办"跟谁学"的这半年，让他感动也有些美滋滋的是，自己在朋友们心中的存在感，比自己预想得要高很多倍。

9 月 22 日，跟谁学测试版上线，陈向东抱着通过用户体验改进网站服务的想法，在网站首页留下了自己的个人邮箱。让他没想到的是，邮箱中每天都会收到很多封来自老友甚至一些平常不太来往的朋友发来的邮件，邮件内容中除却鼓励、祝福，还没有忘记为他提供资源、推荐人选、谈对商业模式和产品体验的建议。

"以前遇到成功人士，我也会和大家一样，心底想探究：他为何会跑这么快？有过亲身的心路经历，我发现来自周遭人的关注，他们在默默为自己加油、呐喊，怎么会走得不快呢？"

春天时，种下梦想的种子，秋天时已经收获到稚嫩的、具象的梦想雏形，"如果没有这些朋友的关注、助力，没有这么多同道的加入，跟谁学不会由 5 月份一个小梦想到今天稍微大点的梦想。随着越来越多优秀人才的加入，一块来做这个梦，我相信这个梦会成为更多人心中的更大的梦想。"

"只要心是善良的，心态是阳光的，心底是无私的，一心一意去做一件利己更利他的事，大家还是会喜欢你的。人一生所做的所有事，不就是让别人更懂你吗？"采访最后，陈向东自说自话，听来蛮有禅意。

一个典型的农家孩子，用他的话说，从走进城市，就特别想融入城市生活中；从一无所有，到拥有一些东西，到财务自由，陈向东觉得自己已足够幸运，并且十分感恩，"有时想想，自己就是被一些确定的幸福和不确定的幸福包裹着的"。

牛仔裤、格子衬衫、运动鞋，送记者下楼时，踩着脚下的一级级台阶，似有些蹦蹦跳跳的感觉，重新起航，追寻心底的声音，能感受到陈向东由内透射的轻盈、舒展感。放下当下所有，起身奔跑，他看到了更大的世界。

（文章原载于：《人民政协报·教育在线周刊》2014 年 11 月 5 日 C3 版）

走进民办教育探索者的精神世界

【印象】

林海标：迎来春天

姜 阳

在民办教育领军微信群里，一群不相识或未相见的民办教育者们在线上结识。也是从那时候知道林海标的。

在多是做基教、高教的大牛群中，林海标和他的工作主题"音乐"多少带点文艺的小清新。虽然不曾聊过天，但他朋友圈状态的一些片段，挺吸引人注意，让我对他多少有了一点印象，在上海做儿童钢琴教育模式探索，还有点对教育本真问题的执着。

后来，因工作关系读到了多年前关于他的媒体报道。和朋友圈的感觉一样，虽是实业者，但强调不断革新与精神纯净的他似有着对教育本身近乎痴迷的追随与探索。碎片式的印象，构成未谋面前的所有感觉。这一切都好像在等着，假使有一天会见面，所有都会拼接完全。很快，便等到了。

八年一剑，执着 P&O 音乐教育研发

北京冬寒，初见林海标，穿得不多，人瘦瘦的很精神，交谈起来不失老上海的温和谦逊。"小姜，这八年我一直在做一件事，你待会儿听听。"

多少有些懵懂，但可以预知，八年一件事，琢磨出来的东西一定是与众不同的。

天空突然下起了雨，雨的音乐是什么呢？琴声响起，滴滴答答，简单的节奏，琴童弹得不亦乐乎。林海标携带的视频里钢琴音乐启悟课的镜头，

林海标，毕业于上海音乐学院音乐学系。20 世纪 90 年代初期，以商业化的方式进入到中国新音乐的制作领域，探索中国文化精神及其时代性表达。20 世纪 90 年代末期，创立了"上海市民办缪斯小学"，并在之后的几年里，连续创办了"缪斯长宁小学"（现为东展小学）、"上音荟思学校"（现为协和尚音双语学校）。2006 年，创立上海谷米文化艺术有限公司，开始全面探索、创立 P&O（钢琴与乐队）音乐教育体系，也叫"乐队合作式钢琴教学法"，并组织团队实践至今。

把对自然的想象与音乐表达融合在一起。一旁乐队欢乐伴奏，小朋友手指在琴键轻舞。稚童的音乐，演奏的幸福，对一个不懂音律的人而言，已是大美。这种钢琴加乐队的配合练习，改变了我对传统钢琴学习的看法。而在 P&O 的一次音乐拓展活动上，当钢琴家郎朗看到这些琴童们的沉醉的表演，也禁不住赞叹……让每一位学生，无论技能高低，都能演奏富有感染力的钢琴作品，帮助每一位学生建立起钢琴学习与表演的自信，以最有效的方式建立学生综合音乐能力与钢琴演奏技能的协调发展。这就是林海标的八年收获：P&O education，汉译"乐队合作式钢琴教学法"。

没有人知道，为了 P&O，林海标尝过饥饿的滋味，也经历向亲友四处借钱的痛苦。而此时，P&O 课程在上海市场已经小试牛刀，林海标却一直按捺着继续前行的冲动。寻找一个良好的、懂教育的合作者，一直是他的目标。见了不少教育市场的领军人，可是都失望而归。

"做的这个东西对中国教育有推动意义吗？"他常拿这个问题看自己的研究，也来衡量和对方合作的意义。"教育的真正意义，是把一个人的天性发挥到极致，不长的地方弥补。但是，现在的教育却常常将孩子的天性压抑。"

在很多人的眼里，林海标市场的心眼儿少了点，要说钱，经历大起大落，负债累累的他，其实比谁都急。但是，那一份对教育的沉思，让这个"行动的思考者"又常常进入苛刻的伙伴甄别。

"音乐是上帝的语言，我相信 P&O 对于中国孩子的教育价值，它引发出的立体思维能力。很多人拿着钱找我，但我觉得不合适，还是拒绝了。"

想想纷纭的教育市场，多少人急功近利。能这样平静看待一份事业，愿意仔细耕耘的人真是越来越少了。

迎来曙光

时隔不久，收到林海标的邀约。原来，他的 P&O 年终音乐会要举办了。怀着去看看的心一路到上海，我发现，他并不孤单。

"80 后""90 后"在林海标的创业队伍里占了大多数，他们对林海标，对 P&O 信心满满。"传统学琴方式太枯燥，不利于孩子成长，这种新方法可以建立他们的自信和合作意识。"初见面，一个名叫大白的阳光男孩跟我说。"老林研究的东西很不错。我觉得有未来。"从上海音乐学院毕业，也许可以有更好的前途，但大白选择了这个并不年轻的老林和他最新的 P&O 音乐教育。

创业维艰。年轻爸爸施润因为生活不得不离开 P&O，离开上海。在老家干了一段销售后，他决心安顿妻子和孩子，再次回归。"和我见到的培训模式不一样，我见到了孩子们的快乐。"憨厚的他对我说"和销售比，我更愿意做这个。我想再回来。"

在上海的年终音乐会，林海标站在幕后，让承载他梦想的这群年轻人站到了台上，活力四射。晚上七点半，上海音乐学院的一个小音乐厅里，台下坐满年轻的父母和孩子，台上溢满琴声与笑声。主持人是大白，天天和孩子们泡在一起，他知道每个孩子性格特点和学琴特点，串场词显得亲近而幽默。四五六岁的孩子虽然稚嫩，在台上却一点没有怯场模样，在音乐伴奏和指挥陪伴下，弹得顺利而流畅。结束曲《听妈妈的话》，一群年轻的大朋友带着小朋友在台上唱。一个成员告诉我，P&O的每一次音乐会都要用这首曲子来结束，要让孩子懂得感恩自己的父母。回头看台下，很多母亲微笑着，眼中闪着泪光。

为什么把自己的孩子送到P&O呢？我问一个已经坚持把孩子送到这里两年多的父母亲。"教学模式和别的地方不一样，孩子学得轻松愉快，而且确实有进步。"

"我支持他们。"一位母亲说，证券公司工作的她把女儿送到P&O后决定投资林海标和他的P&O。

"有他们在我很幸福。"林海标这么说。某日，林海标的微信圈里留下了一句话"我们终于看到了东方泛白的光亮"，八年坚忍磨一剑，欣慰这个特别的教育行者，已经迎来了春天。

（作者写于2015）

【观点】

"P&O音乐教育体系"研发的背景思考

林海标

多年对P&O音乐教育的研发、实践过程中，我们接触了不少天然喜欢音乐，但无法表达音乐的学生。有一次我忍不住对一批学生家长说，"这世界上很多成功者都不是学钢琴出身的，没有道理说孩子非要学钢琴。问题在于，人不可以没有情感，也不可能没有情感的表达需要，而音乐就是最直接的一种情感表达、一种情感抒发。所以，你可以不让孩子学钢琴，但孩子不可能不需要音乐。而如果，孩子的钢琴学习不仅没有学到音乐，甚至伤害了孩子的音乐感受能力，那么，你还不如让孩子保持最最原始的音乐本能。"我坚信，我们很多"搞音乐的人"或者说"做音乐教育工作的人"都有此共同的感受。问题在于，我们如何去改变这种状况呢？而这恰恰就是我们做 P&O 项目最本源的出发点。

钢琴与乐队的音乐表演，这是西方人在几百年前就存在的形式，并且也形成了成熟的音乐特殊方式。所谓 P&O 钢琴教育，无非就是把西方人形成的高级音乐表演形式转化为今天的一种教学方式，一种教育手段。固然，这种转化看似简单，实则是一件相当复杂的问题，这也是我个人及研发团队所始料不及的，为此，我们也付出了高昂的代价。但是，因此我们也体验到了中国教育改革之难。这种艰难只有经历了方可体会，这种艰难只有在获取进步的时候才可以淡然。

我一直在思考，为什么，今天的孩子要学音乐？我想这是一个最本源的教育命题，然而，我们今天的音乐界、教育界，对此恰恰是基于固有的经验认知，而缺乏从理论体系、方法体系的深入探索。也因此，我们今天的音乐教育在教育界被视为"有则好，无则无妨"的局面，而对于音乐界而言，也仅仅是站在所谓专业音乐家的培养标准来评判今天普及化的音乐教育。

对于西方社会而言，音乐就是生活中不可缺少的空气。他们有"音乐是上帝的语言"的文化传统与现实环境。

而对于中国社会而言，音乐仅仅是生活中的一种娱乐工具与载体，今天的音乐普及也是基于音乐的考试导向，或者是出自传统文化概念中的"技艺"需求，而非出自家长与孩子的自我精神需要。

对于一切都强调"成功"功能价值的中国社会的教育需求而言，音乐的教育功能与价值，到底在什么地方？

显然，这是一个巨大的命题，我们对这个命题的核心思考是：

西方音乐文化"从世俗情感表达，走向人性的精神化情感表述"。这也就是说，站在对人的精神培养角度而言，学习西方音乐的本质价值，就是培养中国学生通过音乐来体验人类情感，学习一种个性化的情感表达。

西方音乐的体系化发展，其核心在于"音乐，已经从生活的情绪具象上升为一种系统的精神表达语言体系"，而这种精神化的语言体系，承载着一种特殊的思维方式与表达方式。这种思维方式与表达方式的核心，我把它称之为"时空结构逻辑"。而这一点，恰恰是中国传统思维模式中所缺乏的。

音乐训练的本质，是培养学生敏锐的情感感受能力、表达能力，训练学生思维的敏捷反应能力、行为协调能力。

P&O钢琴教育体系的研发背景，就是基于以上问题的思考而展开的。

（作者写于2011年5月，刊发时编者做了节选。）

【印象】

罗珠彪：一个本色的教育人

贺春兰

　　据我观察，研究是罗珠彪深入骨髓的天性，学艺术出身的他喜欢也能够把什么都研究得透彻而精细，当团队已经有几百人的时候，作为主帅的他还愿意将某教学点的课录下来分析；而敏捷行动的天性则使他成为一个彻头彻尾的实践家。当青年教师在抱怨知识分子不如卖羊肉串的时候，他果真就在校门外练摊，从批发到烧烤，实验一周后才点头同意同事们的建议。罗珠彪更有教育工作者的冲动，他喜欢分享，关于他的理想、他的管理，他完全开放地和人分享。所以，我对罗珠彪的定位是——一个本本色色的教育人——以给身边的生命带来温暖、健康积极的影响为习惯性追求，而非其他。我想，正是这样一些特点，让他成为今天这样一个教育实业家。

　　聊起来，身边朋友最为佩服罗珠彪的是他的开放性，开放带来成长，带来他让人惊叹的自我重塑能力。对于罗珠彪和他的团队，我头脑中的印象是，罗珠彪如一个精敏的教练时刻在关注着他的运动员，让他们在一线挥洒到生命的极致。无论是内容、人、管理制度还是文化，罗珠彪似乎都已经研究透了。他给战士们提供了十足的支撑，然后让他们在一线接力棒式的冲锋。之前，他给他们培训，为他们搭班子、配队伍。他们阶段性的拼搏后，他给他们设计好了落地的姿势。

　　作文教育这样一个我们原来认为不可教的领域他却探索了20多年，教

　　罗珠彪，阳光喔作文教育创始人、阳光喔教育集团董事长、中国民主同盟盟员。全国教育科学"十二五"教育部规划课题《通过作文教学发现和培养国家早期创新人才的理论与实践研究》负责人。自1988年开始，以"推动作文教育变革、通过作文教育发现和培养早期创新人才"为使命，专注于作文教育研究和实践，在全国数十个城市及海外设立了分支机构。

育绝不仅仅是艺术，还需要科学研究做支撑。我曾经也固执地认为作文不可教，但现在我提示自己，我们不能拿我们原有的经验去裁夺。听过罗总的几次讲座，知道在作文教育背后很有深度和宽度。

（2009 年 9 月 15 日写于搜狐博客）

【对话】

"作文之美　在于育人"
——访罗珠彪和他的阳光喔教育

解艳华

在资本助力和洗礼后，中国教育培训行业开始变得成熟，但是同时也暴露出诸多问题，最突出的就是培训教育机构在营利的前提下，如何做到不偏离育人为本的价值取向，同时适应激烈的行业竞争环境，让企业走得更远。为此，本文从阳光喔作文教育的战略升级一例，试探索培训教育行业的未来发展走向。

"24 年来，一个人的梦想点燃了企业近千人的梦想；24 年来，一千名阳光喔人的梦想点燃了 100 万孩子的梦想。"罗珠彪说。此刻，他的脸上现出类似酒醋的潮红，但眸光奕奕，表情始终淡定，这是阳光喔战略转型暨新产品上市武汉新闻发布会现场，台下的员工与其他与会者显然被此刻的气氛感染了。就像出征之前，抬眼望去，台下磨刀霍霍，主帅自然深受鼓舞，激动不已。

也是这次发布会，阳光喔提出"作文让成长更精彩"的口号，吹响作文教育二次创业的号角，罗珠彪也开始了他攀爬人生珠峰的二次进发。他从未像今天这样接近梦想——企业理念与个人梦想完美融合、一支按照现代管理理念组建的团队蓄势待发、素质教育在中国正全面推进，阳光喔今天正处在教育改革的关键时刻。按照现在的速度发展下去，"作文让成长更精彩"这个梦想的实现或许只是时间问题。

中国作文教育怎么了？

作文教学曾经一直困扰着作为小学语文教师的罗珠彪。1988 年的一个深秋，作为武昌实验小学的一名小学教师，罗珠彪班上一名叫胡斌的学生在玩耍中卡住了腿，腿卡在楼梯的护栏里怎么也拔不出来，罗老师闻讯赶来设法营救，但都没有成功，一位老校长用剪刀把胡斌厚厚的裤子剪开，终于把腿拔出。而几天后，罗老师给同学们布置了一篇作文——《一件难忘的事》，别的同学陆陆续续写好了，只有胡斌一字未动。经罗提醒后，胡斌写了几天前卡腿的事情，作文交到罗手中，让罗大吃一惊，一件难忘的事，只写了 78 个字。

"我们经常追究为什么孩子写不出作文，第一是缺积累，第二是缺体验，应该说这个孩子有刻骨铭心的体验，为什么只写出区区 78 个字？"罗珠彪发现，在中国，一个接受常规九年义务教育的小学生，从二年级开始学习看图说话起，就开始了长达十二年的作文学习之路，老师费力教授，学生认真领悟，但结果又是什么呢？"怕"作文，写作文时"无话可说""无从下笔"的情况几乎是所有小学生的通病。当年只有 22 岁，刚刚参加工作 1 年的罗珠彪开始了作文教学的思考，"我当时就想要打造一个作文教育帝国，当时的想法就是'让你从此不再怕作文'。"

此后，他研究了大量的参考文献，进行了无数次个体研究，逐渐摸索出了一套适合中国孩子们作文学习的捷径。

1988—2002 年，罗珠彪从最直接的目的入手，重点解决孩子如何把作文写长、写美、竞赛获奖以及参加中高考，侧重技法和应试方面的探索，让"作文"本身更加精彩。此间，他发现了"卡通人物故事法"、游戏法。比如通过小队长"喔喔头"、假小子"蒙 B"、胆小鬼"周大通"等一个个鲜活的卡通人物形象和孩子能接受的教育方法，让孩子在快乐中学习作文，在快乐中爱写作文。

2002 年，罗珠彪带领 204 个孩子参加"楚才杯"作文竞赛，其中有 173 个孩子获奖，这个作文"补差专业户"一度声名鹊起。然而，这次的成功并没有让他获得更多的喜悦，他反问自己：教作文，就是为了拿一个证书吗？就是为了高考拿高分吗？这难道就是作文的本质？

回归作文的本质

罗珠彪曾多次做过这样的试验：出一道命题作文《母爱》，67% 的孩子会写自己生病，而且这些孩子都住在高层，那天楼上一定会停电，妈妈一定会把他背下楼，而且天气肯定会出现电闪雷鸣，最后妈妈也病了，自己的病好了。这简直成了一个范式。

根据北京官方公布的数据，2011 年北京高考，82％的考生得分在 38 分至 42 分之间，满分是 60 分，也就是说 82％的考生平均都要丢掉 20 分，为什么会丢分？这很奇怪。

罗珠彪发现这正是中国作文教育正面临着的困境与尴尬：短视的实用主义教育盛行，不是把学生培养成"独立之精神，自由之思想"的人，而仅仅是一个专业工具，"连孔子所说的'君子不器'也做不到，学生写出的是一篇篇'伪作文'这怎么能打动考官，同时打动自己呢，得不了高分不足为奇。"

在罗珠彪最初的作文教育理念中，写作冲动是一种生命的本能；而作文的过程是在对大脑中信息碎片重新进行情感体验并得以思想升华的心路历程；作文的结果是以文字的形式留下生命的足迹，而非一种工具，一种简单的文字游戏，甚至是中高考得分的拦路虎，否则作文教育就陷入一种怪圈：教师被公式化的教学模式奴役，学生被教师教授的写作公式束缚，学生的创新思维受到严重的扼制，"新八股文"盛行。

带着这个朴素的想法，罗珠彪开始对此前的作文教育理念"喊停"，他认为需要重新探寻作文的本质，还人文教育之本色。

阳光喔通过多年教学与考研实践发现，作文可以破解人才密码，它与创新人才培养有着密不可分的联系：通过作文教学可以发现和培养国家早期创新人才。简言之就是，作文能让成长更精彩。

作文能让成长更精彩，从 1.0 到 2.0 的进化

"其实从 1988 年开始，我们的理念一直是在快乐的氛围中教学生写作知识，这是 1.0 的核心理念，如今我们希望在快乐的氛围中借助知识的阶梯，让学生的成长变得更加精彩，这是 2.0 的核心。其最大的区别在于，如何在 1.0 基础上，装上成长的发动机，通过作文发现国家的早期创新人才，也就是如果通过作文破译人才的成功密码。"罗珠彪如此解析阳光喔的作文理念。

通过 24 年的案例积累，阳光喔提炼出两大理论体系，第一生态语文体系，"就如一棵树，通俗讲，就是要多听、多读、多行！行万里路，成长'语之根'、读万卷书，壮大'语之根'；听万个故事，交万名益友，丰富'语之根'。"罗珠彪介绍说：作文素养理论是继阳光喔生态语文理论后的第二大

理论体系；作文之果，即做人之果。作文可以从"吸收—处理—呈现"全过程发现学生的生活关注力、知识领悟力、个性想象力、境界高度、人格特征及未来发展。从作文中可以提炼出这些与成长相关的核心参数，就是作文素养。主要包括以下几点：作文选材中反映出的思维广度；作文主题反映出的境界高度；作文写作形式展现出来的个性创造力；作文文字典雅度展现出的个人气质；作文篇幅的情理均衡度展现出来的思维特质。

2012 年 3 月，阳光喔课题《通过作文教学发现和培养国家早期创新人才的理论与实践研究》通过了中央教育科学研究院论证，并被推荐为教育部"十二五"教育科学规划课题。然而其作文教育理念的升级换代，需要一套科学的完善的管理理念、信息技术做支撑，从 2007 年起，阳光喔设立了阳光喔作文研究院，总结一代产品的优势，分析现阶段社会教育现状，开始启动对二代产品的研发。

如今，阳光喔顺利完成了对二代产品的研发、新技术的引进、组织架构的优化、品牌的重新定位及运营规模的扩展，包括彩色绘本二代作文教材、教学环境硬件设施的更新换代、客户服务管理 CRM 系统、开放式教学质量与服务管理系统 SSTU、全新的"两办六部一院"组织架构和经验丰富的国际管理专业团队引进、专业化教师队伍建设、全新的品牌定位、经营规模的区域性向全国性跨越等，全方位迈入 2.0 时代。

"从教会孩子写作文发展到通过作文教育，提升孩子们的人格素养，思维品质，从而让成长更精彩。"罗珠彪说。

（文章原载于：《人民政协报》2012 年 12 月 5 日 C2 版）

走进民办教育探索者的精神世界

【故事】

一次作文论坛见证的教育变迁

贺春兰

赛课课堂上的天使之美

"现在是见证奇迹的时刻。你们猜猜我行吗?"孩子们摇头。"那我就要证明给你们看。""哇!"孩子们惊呆了。11月7日,情系西部—阳光杯作文教学论坛在成都青羊成都实验小学召开,8节由全国各赛区选出的作文比赛课外加一节示范课在此间现场呈现。来自重庆的张莉老师作为开幕式后的第一名赛手走上讲台,她从模仿刘谦的魔术切入、以亲近孩子的语言风格,紧紧地抓住了孩子们。从"猜测老师根本做不到"到亲眼"见证老师成功"之后,孩子们惊呆了,张老师于是鼓励孩子们亲手尝试。"小小魔术怎么能难倒我这个'智多星',同学们你们也来试一试?"在经历了悬念迭起、感情跌宕之后,张老师引导孩子们写下自己的感悟。

另外一节课上,新疆的女老师王海涛特别从乌鲁木齐带来了一串籽粒饱满的葡萄,鼓励孩子们闻一闻、摸一摸、品一品,在描述葡萄的颜色、形状和味道时,小朋友们思维发散、七嘴八舌,"红色的像小朋友的脸蛋、绿色的像青玛瑙、一颗一颗白色的葡萄,像穿着婚纱的姑娘。""像一个小孩子坐滑梯的感觉一下子就被吞下去了。"一个小朋友在吃了一颗葡萄后脱口而出……

或悄无声息或阵阵会心的笑声,成都实验小学西校区的学术大厅爆满,来自全国各地的语文老师、媒体人、国内语文教学的研究者400余人仿若置身于高雅的艺术殿堂。大厅中央,老师们用凝练的语言、浓厚的感情、无处不在的接纳和欣赏创造了一个个极为开放的课堂,人格养成教育和情感价值观引领渗透于写作训练之中;而孩子们活跃的思维、奔放的想象,充满童真和童趣的语言,更是时时抓着听众的心。因为老师的鼓励和对多种答案的接纳,在《布朗先生讲故事》这堂课中写到爸爸时,有孩子这样真诚质朴的描述令举座嗟叹:"我爸爸是一个大力士,抱着妈妈满屋子跑,我喜欢他,因为他给我妈妈带来快乐。"听完《爸爸(妈妈),我想对您说》这堂课后，坐在台下的一位女教师哭了，她对记者说，"当天早晨出门的时候，和孩子吵了嘴，而如果孩子能来听这堂课，一定会更为理解妈妈的一片良苦用心。""老师和孩子们呈现出天使般的美让我震撼"，一位记者如此表达内心的感受。

"我们的课堂确实正在发生深刻的变化"，全国小学作文教学研究会副会长、杭州市小学语文教学研究会副理事长张万华老师如此的总结引起了现场参会者的高度共鸣："我们的老师、我们的学生都在真情地投入。在老师们各种手段的激发下，儿童的思想、儿童的趣味、儿童的语言、儿童的童真展现在我们面前，孩子们的想象是丰富的、独特的、美好的，像珍珠一样的宝贵。""教师和学生真诚的互动促进了彼此生命的增长。虽然是一次赛课，但相信老师和学生们非常愉快地度过了每一堂课，而我们也在欣赏、感悟这样的课堂之美中度过了生命中非常愉悦的一天。"

罗珠彪的困惑和惊喜

论坛新闻发布会上，面对《长江商报》记者关于钱学森之问的追问，发起并资助该次作文论坛的阳光喔教育机构创始人罗珠彪用自己亲历的事实告诉媒体人，"一线老师们正在做着艰苦的努力"。

作文教学曾经一直困扰着作为小学教师的罗珠彪。1988年的一个深秋，作为武汉的一名小学教师，罗珠彪班上一名叫胡斌的学生在玩耍中卡住了腿，腿卡在楼梯的护栏里怎么也拔不出来，罗老师闻讯赶来设法营救，但都没有成功，很长时间过去后，一位老校长用剪刀把厚厚的裤子剪开，终于把胡斌的腿拔出。而几天后，罗珠彪老师给同学们布置了一篇作文——《一件难忘的事》，别的同学陆陆续续写好了，只有胡斌一字未动。经罗珠彪提醒后，胡斌写了几天前卡腿的事情。作文交到罗珠彪手中，让罗珠彪大吃一惊，一件难忘的事，只写了78个字。

为什么孩子写不出好作文来？真是像别人所说的，孩子写不好作文是缺生活体验吗？而在卡腿这件事情中，胡斌应该有很深的体悟啊。自此，罗珠彪开启了作文教学的研究之路。

罗珠彪最终发现，是我们传统的作文教学和考试评估束缚了师生的思维。传统的作文教学，追求一种共性的教育，束缚了学生多姿多彩的个性思想，给孩子的是一种单一的思维模式。孩子们缺少写作文的快乐，也缺少思想。而传统的作文考试，恰与这种传统作文教学相呼应。

罗珠彪尝试着打开孩子们的思维，让孩子们的个性快乐的释放，他带着孩子在街头漫步，看着一片枯黄的树叶飘落下来，他会随机发问："树叶为什么会落下来？"——"妈妈给小树叶留了太多的作业，小树叶不想做，于是就趁妈妈去上班的功夫偷偷地溜到地上来玩。""天冷了，小蚂蚁在树下睡着了，小树叶赶紧给它盖上被子。"……"一千个孩子本该有一千个答案，我们要敢于鼓励孩子们发挥个性、天马行空，然后才说得上教育和引导。"1988年到1999年12年的时间，罗珠彪关于作文教学的思考积累了60箱。最终他提出，作文应该是孩子人文思想的训练操、人格形成的助推器，是孩子快乐表达的大舞台。"我们一般让孩子写'手'，就是盯着手写，手打开，看指头的功能和形状，这不是作文，这是做数学题。"而罗珠彪则告诉孩子们，手没有思想、没有思维、没有生命、没有情感。你要看手的背后是什么？妈妈的爱！家庭暴力！罗珠彪用大量的时间启迪孩子关注手背后的生活。有了对生活的关注便有了思维的广度，罗珠彪进一步启发孩子们通过阅读和知识积累，挖掘表象背后的深度，同样以手为例，罗珠彪从现代史开始，一直说到古代史，跟孩子们讲所有跟手相关的人和事。于是，岳母刺字的那双手寄托了一份报国情怀，董存瑞炸碉堡的那双手寄托了一份为人民求解放情思……

1999年7月7日早上8点左右，一位同行打电话叫醒睡梦中的罗珠彪，"罗老师你分析对了！"就在这一年，我国高考作文题目的方向发生了颠覆性的变化。

从1976年一直到1998年，我国高考一直以颇带政治色彩的议论文命题，而1999年高考题目变为"假如记忆力可以移植"，而且特别加了附注：除诗歌以外，题材不限。

"高考在不知不觉中发生了本质的变化。"罗珠彪感到冲动，"我12年的路走对了，我的时机到了。"一直研究高考作文的罗珠彪从高考作文题目的变迁中敏锐地感觉到，中国教育的新时代来临了，自己的方向是对的。这让罗珠彪坚定了扩大自己作文教学探索的冲动。就在同一年，罗珠彪的"阳光喔作文"起步，2003年始，阳光喔从武汉走向全国——广州、北京、深圳、上海、成都、天津、郑州、石家庄、重庆、西安、宜昌……罗珠彪走上了通过企业化运营从而扩大教育教学研究成果传播的可持续发展之路。

陪伴孩子们快乐成长是作为教育人的罗珠彪秉持的信念，也是孩子们给罗珠彪的事业起了名字——阳光喔——意味着孩子们在阳光下快乐的歌唱。快乐，是阳光喔教育追求的境界。"只有让个性释放才谈得上引导。没有个性哪儿来自尊？没有个性哪儿来创新？作文教学的根本目的是助推和承载孩子们的个性成长。"而对教育人罗珠彪来说，作文教学是他致力于探索并贡献于中国教育的一个载体，今天，更成为一个机构近 700 人的使命。

中国基础教育从上而下的变革

其实，在罗珠彪个人探索的同时，整个中国基础教育界正在酝酿着一场轰轰烈烈的变革。

20 世纪 80 年代末，以反对应试教育为主旨的素质教育理想被自下而上提出，最终被写入国策，进而全民普及。之后，一场轰轰烈烈的新课程改革由国家层面提出。1999 年，国务院批准了《面向 21 世纪教育振兴行动计划》，为课程改革提出了目标。之后不久，第三次全教会发布了《关于深化教育改革全面推进素质教育的决定》，提出要调整和改革课程体系、结构、内容，建立新的基础教育课程体系。2001 年的全国基础教育工作会议，发布《国务院关于基础教育改革与发展的决定》，明确地提出"加快构建符合素质教育要求的基础教育课程体系"。自此，推进课程改革，全面实行素质教育，已经成为提高国民素质、增强民族创造能力的政府行为。

新课程改革方案特别提出，2000 年至 2010 年，全国基础教育课程改革的具体目标是：改革过分注重课程传承知识的偏向，强调课程要促进每个学生身心发展，培养终身学习的愿望和能力；改革教材忽视地域与文化差异，脱离社会发展、科技发展与学生身心发展规律的倾向，深化教材多样化的改革，提高教材的科学性和适应性；改革教学过程中过分注重接受、记忆、模仿学习的倾向，倡导学生主动参与、交流、合作、探究等多种学习活动，改进学习方式，使学生真正成为学习的主人；改革评价考试过分偏重知识记忆，强调选拔与甄别功能的倾向，建立评价指标多元、评价方式多样，既关注结果，更加重视过程的评价体系——新课程体系特别强调培养学生良好的心理素质和健全的人格；培养学生终身学习的愿望和能力、创新精神和实践能力。

2001 年至今，我国义务教育阶段的学生使用变革后的新课程学习，高中部分也在今年全部进入新课程。事实证明，基础教育课程体系对构建学生现代意识产生了深远的影响，走进课堂，如文章开头一幕，新课程改革带来的新鲜气息扑面而来。

很显然，"小人物"罗珠彪的探索恰逢这样一个时代之大运，他的探索能够快速在全国铺开恰是呼应了整个中国基础教育的发展趋势，而这一趋势正是全民举国上下的推动使然。

众声相和与多元推力

而这次阳光杯作文论坛的举办过程同样让罗珠彪感受到了教育界的思想解放之风。

"一个作文教学的新时代,不该只是阳光喔孤军奋战,我想在一个更为开放的平台上和更多人分享,希望能得到中国教育学会的支持。"一年前,罗珠彪闯进中国教育学会,找到了中国教育学会常务副会长郭永福,约定半小时的聊天持续了整整一晌。听说有近30万人参与了阳光喔的作文培训,郭永福惊呆了,后来郭永福深入阳光喔课堂,了解了具体情况,最后,他决定支持罗珠彪。当有关媒体问起中国教育学会和民办教育机构的合作初衷时,郭永福坦言,"发展教育应该依靠并发挥社会各方面的积极性,现在社会上的闲散资金很多,但是没有充分利用起来,我们的思想解放得还不够。现在中国教育到了提高质量这么一个新阶段,广纳百川、凝聚各方来为提高教育质量贡献力量是件好事,我们需要的不仅仅是资金,还有智慧和资源。"

于是,在中国教育学会的助推下,罗珠彪搭建一个全国性的作文研究平台的想法得到了积极的回应,最终,这次由中国教育学会主办,阳光喔教育机构和成都实验小学联合承办、众多公办学校教师参与、众多媒体参与支持的论坛框架形成,成都市教育局和青羊区教育局的相关人士与会。某种意义上,这一框架正是中国教育多元推力的缩影。人们看到了也接纳了推动中国教育发展在政府之外的多方推力。

而张莉、王海涛们的背后,则是一支支团队,这次作文讲课比赛,全国多个区域数万教师参与。以关注作文教学热点、难点问题为宗旨,以促进作文教学水平的提高、广泛性参与和语文教师专业成长为目的,各地不同风格、流派的一线作文教学在这一平台上得以展现。

11月8日,原国家教委副主任、国家总督学柳斌出现在成都作文论坛现场,这位因为力推素质教育而深得人们尊敬的前国家教委主任的发言远远超出了预定时间,"解决素质教育的问题,关键是在决策层,但也要靠老师,通过教育教学实践把它落到学生身上。学校要源于社会,而高于社会,课堂源于生活而高于生活。"全国小语会理事长、70多岁的崔峦先生自始至终听完了老师们的讲课,并在最后的报告中对现场的语文老师们深情叮嘱:"尽我们的所能,发你的善心,多给孩子们一些玩的时间吧。"

全场爆发长久的掌声。

后记

　　9 日清晨 6：30，荣获本届论坛赛课特等奖的 3 位教师陶佳喜、张莉、冯馨和上海名师基地的 2 位教师何建红、王建芳，在能见度不到 10 米的大雾中进发都江堰，以自己的爱心和智慧支援灾区教育重建。论坛组委会工作人员说：本次作文论坛命名情系西部，是因为从郭永福到罗珠彪，大家都认为，义务教育全国免费了，一些地方的办学硬件上来了，而中国教育在软件上还远远不平衡。

　　（文章原载于：《人民政协报·教育在线周刊》2009 年 11 月 18 日 C1 版）

【链接】

我的父亲罗珠彪

罗　瑞

　　从父亲 1998 年创业以来，我与他的见面机会并不多，有时一个月就一次，但是随着年龄的增长，我发现自己身上受他影响的印记却很深，不管是我的性格，还是看问题的角度，和父亲都很像。如果用几个词来形容父亲，我首先想到的是：执着、有创造力。

　　父亲 1998 年从武汉市的一所公办小学辞职，创办了阳光喔培训学校。在这之前的两年，他以"罗老师作文"为招牌，利用课下时间招收学生，辅导他们作文，同时他还开办了一家名为"华瑞"的装潢公司，因为他中师时学的是美术。

　　说起父亲的创业初衷，其实并没有那么宏大，就是想改变家庭当时的生活状况，尽快还上 1996 年我们家为买房子向左邻右舍借的钱。记得听母亲说，当年家里借的钱，以父亲当年的月工资，需要 20 年才能还清。买这处新房子前，我们一家三口一直住的是父亲学校分的一间只有 7 平方米的小屋。武汉地处长江边，夏季发洪水是常事，我们家的这间小屋地处坡路的下段，记忆中那些年的夏天，我们家里进的水经常就漫到我的腰际，没办法，父母只能把床脚高高垫起，有时我抬头才能看到。

与住到新房子相伴的是，从那以后，我与父亲见面的机会越来越少，有时一个月也见不到他，虽然他每天都回家睡觉，可是我睡觉时他还没回来，我起床上学时，他还未起。但两年的在外创业辛劳，也让父亲尝到了在体制外工作的甜头，从1996年到1998年，他用两年的时间还上了原本需要他当时20年工资才能还上的借款。

1998年，父亲听从朋友的建议，关闭了本来更为挣钱的装潢公司，并正式从公办学校辞职，专注做学生课外作文辅导。说父亲执着，也正是基于这次他的创业选择，因为从这次创业选择开始，他的半辈子都在专注于学生作文辅导这项工作，其中经历了一个人的代课、成立作坊式的培训学校，到引领学校向现代企业制度转变，这15年间，市场环境变了、人员变了，但是父亲对作文辅导的专注始终没变，阳光喔教育集团走出了武汉，走向全国，但是核心产品也是唯一的产品就是学生作文辅导以及与之相关的作文辅导图书等衍生品。

我永远忘不了2010年夏天，父亲去澳洲看我时，我与他待在一起的那一个月难得的时光，长这么大，那一个月的假期，是我和他待在一起最长的一段时光。我们一起聊天，一起散步，他关掉了手机，拒绝和外界联系，他和我谈公司正经历的发展困境，我忽然发现，既往脑海中那个坚毅、自信、不甘平庸、风风火火的父亲，也有他软弱的一面。从1998年到2010年，阳光喔教育集团已经历了两年业绩和投入持平的困难时期，是存留还是被收购？父亲当时心里是犹豫、迟疑、迷惘的。他习惯了一个人默默扛起家庭和公司经营的压力和责任，但是此时却经历着无处寻求有效帮助的痛苦。看着他一个人低头默默在花园里散步的背影，与我们吃饭时时不时就发呆、心神不宁的神情，我对养育了我20年的父亲有了另一面的了解。

以我对父亲的了解，他是一位好老师，但应对商海，他并不擅长。创业这么多年，我认为让他最有幸福感的，其实是最初他代课做老师的那段时光，我能感受到沉醉研发教材的那种外显的幸福感，平常有时间，他也更愿意和老校长、老教师切磋一些教学上的事情。但是，他就是这么一个笃定、坚毅的人。因为沉醉于作文教学，在回国前，他告诉我，他决定回国后继续经营阳光喔教育集团，并问我，愿意加入公司吗？

当时我还在上大二，他的这一问题，让我迟疑和惊讶。他给我的理由是：没有什么经历能比见证一个公司的重大转型更值得的。有了参与真实商业案例的经历，会对你的学业和以后的人生有更大的帮助。不过这只是他给我的建议，决定要我自己拿。我们之间的相处和他对我的教育也总是这样的模式。记得小时候他难得有时间在家时，总会找一些话题拉我和他聊天，他总是会先说自己对一件事的观点，之后再请我说说我的观点。他很痴迷哲学，不管是中国古代哲学还是西方古典哲学，他都喜欢。所以他与我的对话，对一个话题的讨论，免不了就上升到哲学论点的层面。

他这样潜移默化但给我充分自由选择的教育方式很适合我，慢慢我发现我和他看问题的角度很像。半年后，我决定休学回国，加入阳光喔教育集团。我的想法是：如果通过参与父亲公司转型中的工作能够发现一个行业从草创到规范、成熟、壮大的大同规律，那这样的阅历比待在学校学习，性价比更高。

当然，说我和父亲有很多共通的地方，我们之间也必然有分歧之处。我觉得有时他的太过重情义会让企业背负不必要的重担和时间、经济成本代价。

2010年澳洲度假回国后，父亲决定对集团进行除了核心产品外，公司组织结构、人员架构等方面的全方位改革。原来的阳光喔集团员工除了老师，还是老师，并没有一个成熟企业所必需的管理模式，"销售"在这些老师们的意识中是可耻的，而目前市场环境下，一个教育培训行业要长久存活，必须需要"市场"和"销售"这样的专业岗位，让家长更好地认可你。对一个人固有观念的转化是很难的，需要时间和精力，但市场处境已经不给阳光喔时间，父亲抱着对老员工的责任，明知道过多保留老员工有风险，但是在人才调整上，只是引入了高管层面。最终的结果可以预见，老员工因为不能适应现代企业制度的新的工作方式和工作环境，必然痛苦地离开，可是父亲也许早已预料到这样的结局，但是他还是会一厢情愿地抱定试试的想法，给予早期和他创业的这些伙伴足够的机会。也许再经历一次这样的抉择，他还会这样做。

"人生能做好一件事就够了。只要认定一个方向，就不要回头，要想方设法的去达到目标。"这是当年中考前夕，我和父亲说我选中了一所心仪的学校，他和我说的话。一旦选择了，就没再犹豫过。这句话可以很好地概括父亲15年的创业路。

（文章原载于：《人民政协报·教育在线周刊》2014年1月14日C3版）

图 16

【图说】

　　《人民政协报·教育在线周刊》一直关注民办培训业的发展。2012年8月30日，贺春兰主编和时任中国民办教育协会培训专业委员会理事长章家祥一行应邀走进搜狐教育频道谈中国民办培训业的可持续发展。图16中从左到右依次为：精诚教育集团董事长王国欣、《人民政协报·教育在线周刊》主编贺春兰、中国民办教育协会教育培训教育专业委员会理事长章家祥、阳光喔教育科技公司董事长罗珠彪。

（图·文/宋维萌）

【漫笔】

章家祥理事长小心愿

贺春兰

2013 年年初，中国民办教育协会教育培训业专业委员会的新春茶会召开，在一间小小的会议室里，国内民办培训业的领军者齐聚。大家充满理想和激情、昂扬向上又信心满满，其中有王国欣、李永新、尹雄、陈向东、须佶成，等等。章家祥理事长常常如数家珍地提及这批富有活力和创新精神的朋友们。他希望能够联合各方力量推动中国民办培训行业的各机构把精力、财力放到产品研发、师资队伍建设和服务水平的提高上，为消费者提供更多适合的、高质量的教育产品。

这一年民办培训业屡遭诟病，章理事长呼唤教育价值和教育理想的回归，并努力推出多项举措助推行业发展，比如，他希望给整个行业的英语老师建立一个行业标准，还希望推动一个"民办培训教育优秀项目展示合作交流会"，希望借此引领行业向规范化的重视产品研发的方向发展。

章理事长和我都非常喜欢《乔布斯传》中乔布斯的一段话："我的激情所在是打造一家可以传世的公司，这家公司里的人动力十足地创造伟大的产品，其他一切都是第二位的。赚钱的动力来自产品，而不是本末倒置。"也正是在这样的想法推动下，章理事长对重视研发和创新的民办教育机构非常鼓励。2013 年 5 月 19 日，由章家祥理事长提议发起，中国民办教育培训教育专业理事会主办、精诚教育集团承办，《人民政协报·教育在线周刊》支持的"首届民办培训教育优秀项目展示合作交流会"如愿举行。

（2013 年小记，2017 年修订）

【对话】

罗晓明露面

贺春兰

2008年3月，一个令人多少有些震惊的消息传来，罗晓明从吉利大学执行校长的位置上离开。之后，罗晓明保持缄默。关心他的朋友们一度和他失去了联系，以大家的体验，不去打扰，让他好好歇歇。

11月13日下午，在北京华美的秋色中，记者面前的罗晓明出人意料的阳光、滋润和坦然。一改原来的奔忙，较先前青春了几分。和记者的第一句话从一句玩笑说起，"不知道是世界经济危机让罗晓明萧条，还是罗晓明的萧条让世界经济低迷。哈哈哈"。罗晓明坦陈，离开吉利大学执行校长位置之后的这八个月主要用来调养身体。"太累了，多年的创业生涯让自己身心疲惫。"

16年来的吉利副总，在公众的眼里，罗晓明曾是李书福的左膀右臂。连罗晓明自己都曾经说过，觉得自己从血脉、骨头到毛发都已经是吉利的了，完完全全是一个吉利人。对吉利大学，罗晓明则是创始人之一，又亲自领导了吉利大学八年的开创阶段。

教育在线：什么东西铸就了你和李书福长达16年来的合作？

罗晓明：李书福有非常强的市场前瞻性，敢想敢干。他有激情和热情，这么多年的合作，让我学到了企业管理的经验，也学到了企业家坚韧不拔的毅力。

教育在线：当年在怎样的背景下开启了吉利教育？

罗晓明，九三学社中央委员、九三中央海外联络委员会副主任，国正国际教育投资有限公司董事长，北京吉利大学创始校长。在担任吉利集团副总裁的十六年间，罗晓明先后参与创办办了北京吉利大学、海南大学三亚学院、浙江经济管理专修学院、浙江吉利技工学校和浙江吉利中等专业学校等。离开吉利后，罗晓明继续关注并投资民办教育和国际教育。

罗晓明：集团人才的短缺和公办学校毕业生与企业需求的无法对接，促使吉利自己办学，而事实上，吉利前期培养的人才也成为吉利汽车人才的中坚力量；到北京来办学，初衷是为了让吉利的人才视野更为开阔。

当时吉利集团提出搞教育，吉利的高层都反对。李书福董事长坚持要办，而我是教育出身的，则坚决支持办。这么多年的吉利教育，让我的教育理想和理念得到了很好的实践。某种意义上，我作为实业教育家的人生之旅的开启恰恰源于李书福的信任。在学校的建设上，从规划、审批、班子建设、专业设置、招生，等等，他都给予充分的信任，完全放手，这正是我可以干好的一个重要原因。

教育在线：又是什么原因让你们分开呢？

罗晓明：企业发展到一定阶段，理念变化是非常正常的。吉利大学发展到今天，李书福董事长有新的期待和想法，而我的人生也需要重新规划。

我领导的吉利大学创造了一种成就，但对一所大学来讲，长期继续也不见得就一定好。因为我们创办时就不觉得他是某个人的私人产品，吉利大学的贡献也不仅仅在于培养了多少人，重要的在于它有了自己的办学思想、办学理念，还有很切合中国实际的经营管理模式。

教育在线：很难想象你怎么能够挥一挥衣袖，不带走一片云彩？据说，罗晓明的离开，师生伤悲。

罗晓明：是啊，8 年的艰苦创业，让大家彼此之间结下了深厚的友谊，但我认为吉利大学离开罗晓明不一定就不行，一个时代有一个时代的挑战和任务。就我自己的个性而言，开拓、创业是长项。今天的吉利大学已经进入一个平稳发展期，我当然希望吉利大学能够发展得更好。

这种离开也让我个人有更多思考，之前热情创业，今天可能要更理性地干我该干的事情。离开吉利大学我很坦然：首先是我为之付出了我应该付出的一切，我已经问心无愧；其次是几年来的理念冲突到今天已是瓜熟蒂落。

很多人为这个社会、为这个民族都做出了非常大的贡献，最后也都沉寂在历史长河中，我罗晓明又算得了什么？个人或个别集体的利益在全局面前显得不再重要，如果我们死掉可以为吉利大学、为中国教育事业带来发展，我当然应该离开。

据说，罗晓明偶尔去唱 KTV 都挑最高腔的唱，每次必点歌手李娜的《青藏高原》，一曲唱罢，不论是否动听，情绪都高涨到极点。今天的罗晓明则更喜欢唱杨洪基的《滚滚长江东逝水》。

教育在线：几年来你一定忍受了许多的煎熬？

罗晓明：如果说我觉得自己了不起的话，几年来忍受着种种煎熬，仍然没有阻碍我把创业阶段的吉利大学推向辉煌。

教育在线：三四年来我们完全看不出你在煎熬中。

罗晓明：我习惯了报喜不报忧，报忧并不能促进问题的解决；把痛苦带给别人，对解决事情本身无益。你传递几分痛苦这世间就多了几分痛苦。我从来不把压力带给别人，对社会也一样。

教育在线：把所有委屈带走，把阳光留给世界。那你自己怎么面对负重呢？

罗晓明：人格本位的理念拯救自己。人格修炼，我经常觉得自己已经得到这么多了，相信明天会比今天好。在我眼里，没有困难，任何困难，我们都自己面对。

24岁大学毕业时，罗晓明曾给班主任老师说过，要以十年为周期来规划自己的人生：十年很短暂，所以要争分夺秒地工作。后来，罗晓明又常常引用美国的一句谚语："live fast, die young"，认为生命短暂，要努力工作，另外也提示自己，生命短暂，要善待自己、享受生活。

教育在线：在人们的感觉中，你是知识分子中的商人、商人中的知识分子。

罗晓明：是这样的。我也乐于接受"教育实业家"这样的身份标签。因为我常担当两种身份，大学校长、商会会长。吉利大学是以吉利集团为主体投资办学的。它为企业所投资，但没有强化企业背景。过去的教育实践生涯中，我一直秉持这样的理念：企业办学社会化，社会办学企业化，办学既要强调社会效益也要强调经济效益。

教育在线：很多人说，只要你办学，大家的钱和人就跟着你。

罗晓明：是这样的，朋友们的信任让我备感欣慰，也备受激励。离开了吉利大学，但我没有离开中国教育，几个月来的反思，让我对自己的人生道路愈发清晰，越发觉得要为中国教育做更多的事。

无论如何，吉利大学都与罗晓明的名字联系在一起。有人说，吉利大学是罗晓明打造的一座山。人走了，那座山还在。更让罗晓明欣慰的是，这么多年来，他在实践中不知不觉地走出了一条属于自己的个性化的道路，以公益的思想、企业化的运营模式，以实践的方式推动中国教育可持续的变革。

教育在线：未来的职业生涯规划？

罗晓明：公益＋教育＋实业。中国教育太需要一批有社会责任感、有企业从业经验的人来推动教育的改革和发展。中国教育呼唤各方面投身其中。我总认为中国现代教育还处在起始阶段，怎样把中国教育从传统教育彻底引入现代教育还有很多事情可做。比如，职业教育、应用型人才的培养。现在很多人认为技能型人才是低人一等，研究型人才就好像高人一等，所以，所有的大学都希望把自己归于研究型大学，太可笑了。核心问题是中国的传统文化问题。中国教育现状特别需要一批敢于舍生取义的人去改变。

有位风水先生给罗晓明算过一卦，说他会有很多钱，但都是给别人创造的。罗晓明也把"创造、奉献"作为自己的人生追求。当罗晓明离开吉利大学时，他的这样一种形象已经留在公众心中，公益＋教育＋实业。罗晓明透露，未来他的人生道路将基本定格于这六个字之中。

刚刚，罗晓明度过了 48 岁的生日。生日那天有人问，蜡烛插多少，罗晓明说："18，我还年轻，还需要战斗，越有挑战的事情我越兴奋。"

（文章原载于：《人民政协报·教育在线周刊》2008 年 11 月 19 日 C1 版）

【故事】

罗晓明：人格本位塑造心灵

戴 红

西子湖畔的吉利集团，在世界汽车行业，彰显出中国民族工业的自主品牌。

昌平科技园区的吉利大学，在中国民办高校中异军突起，探索出教育改革的新路。

罗晓明，中国吉利集团副总裁、北京吉利大学执行校长，以他的智慧和才干为中国民办大学树立了标杆，为吉利集团撑起了一片教育的蓝天。

罗晓明听他的同学讲过这样一件事情：浙江某校有个高中生，因为憎恨其母亲逼迫他读书，竟然趁其母不注意时，残忍地杀害了自己的母亲。

大学生的人格失衡问题早已引起了社会的关注。刘海阳泼向黑熊脸上的硫酸，马加爵伸向同宿舍学生的凶器，还有一些学校出现的学生问题，一次次给人们敲起了警钟。

（一）

"大学教育应该培养什么样的人"——罗晓明一直在思考。他认为，长时期来一直奉行的是"知识本位"的教育，在这样的教育理念下，许多学生只有书本知识，没有动手能力，成了高分低能儿；改革开放 10 年后，中国教育又进入了"能力本位"的时代，但一味地强调能力，忽视了思想品德教育和人格心理教育，容易使我们的受教育者在成长过程中产生灵魂的倾斜和失衡。大量事实证明，没有完美的人格，一个人是很难做出大成就的。因此，培养身心健康、德才兼备的人才，塑造思想灵魂显得尤为重要。罗晓明认为中国最需要的是有职业道德、有实践能力的实用型人才，这种应用型的人才太少了，必须制定一个科学的规划，把人才需要的结构搞清楚。

基于此，罗晓明提出了人格本位的思想。也是基于此，吉利大学提出了"理论够用，实践为重，科技创新，人格本位"的十六字办学理念。在十六字办学理念的指导下，吉利学子不仅刻苦学习书本知识，还积极参加学习安排的各种社会实践活动。校园内，学术研讨、科技活动、对外交流接连不断。

吉利大学给学生确定了明确的培养目标：第一，在生理素质上要具备健康的体质；第二，在心理机制上要和谐发展；第三，在社会活动上要有高尚的道德情操，要富有高度的效能和很强的适应能力；第四，在知识结构上要视野开阔，要有较强的辐射性、很高的融合度；第五，在技能行为上要做到一专多能、触类旁通、技能娴熟、能胜任本职工作，驾驭新形势；第六，在思维方法上，能应对万端发展变化，求新求异，对事务的发展要有预见性。

在每一年开学的时候，罗晓明都会给这些高考分数相对偏低的学生作人格本位的报告。报告中，他给同学们介绍了吉利集团的发展历程和吉利大学的办学历程，特别阐述了人格本位的思想，向同学们解释了"生命高于一切"的含义，告诉同学们如何辩证地看待世界，实现从 T 字形到工字形人才培养模式的转换，鼓励他们树立人生的正确目标，激励他们通过自己的奋斗，成为一个当今社会需要的人才、通才。

几年以来，听过罗晓明报告的学生中，很多已经大学毕业，走向社会，找到了适合自己的位置。但是，"人格本位"的教育理念以及在这种理念指导下的教育方式，却使他们受益终生。许多学生在毕业后，仍然与罗晓明保持着密切联系，他们常常与罗校长谈起，是那次报告使他们改变了对自己的看法，树立起信心，乃至改变了自己一生的命运。

然而，仅仅通过做报告，受益的人毕竟是少数。为了使自己的思想惠及更多人，罗晓明萌生了写书的想法。从 2001 年开始，罗晓明从繁忙的工作中挤出时间，开始了《大思想：人格本位》一书的撰写。出差的旅途中，夜深人静的夜晚，都留下了他伏案写作的身影。2004 年 3 月，凝集了罗晓明三年心血的《大思想：人格本位》一书在北京出版，引起了教育界专家学者的极大关注，并在社会上引起了很大的反响。罗晓明一直在努力，按照他的话说："办教育不是一件容易的事，把教育办好更是不易。为了把它做好，我没少熬自己，但愿有人能理解我这番苦心。"

（二）

罗晓明出生在浙江台州一个父母慈善、兄妹友爱的和谐家庭。东南形胜，自古繁荣。浙江人固有的创造力，父母兄妹挚爱亲情，快乐的少年生活，曲折的青年时期，这一切都给罗晓明打下了深深的烙印。他从小养成了包容性强、坚毅果敢、追求卓越、不断创新的性格。他爱看书，也爱参加各种社会活动，吹拉弹唱，兴趣十分广泛。1983 年，大学毕业后，他被分配到台州路桥中学，做了一名高中语文教师。生性好动的他没有把自己关在办公室里单纯地钻研教案，而是利用寒暑假游遍了祖国的名山美景，丰富了自己的人生阅历。因此他的课，讲起来旁征博引，绘声绘色，有了课本上见不到的精彩，成为学校最出色的语文教师。

然而，罗晓明向往着更宽阔的人生舞台，寻求着更加适合自己的拓展空间。1992 年，一心想当记者或是法官的罗晓明遇到了台州有名的青年企业家李书福。求贤若渴的李书福对罗晓明一见"钟情"，任命他为集团行政部长。作为走进吉利集团的第一个大学生，罗晓明踌躇满志地开始了他的从商之旅，并沿着这条充满荆棘的羊肠小路一路攀登。

吉利集团地处中国民营经济的发祥地——台州市。当地民营经济非常发达，教育却十分落后，吉利集团萌发了企业办学，为企业培养人才的想法。把自己崇高的理想转化成对教育的热情，为推动教育事业的发展，罗晓明受命开始了艰难的企业办学之路。1999 年 11 月，一份创办北京吉利大学的协议正式签订，随后，占地 1600 亩的北京吉利大学在昌平马池口镇一路绿灯地兴建起来。2000 年 3 月奠基，5 个月后学校建成，9 月招生开学。一所可以独立颁发文凭的万人大学，一座让人瞠目的现代化的大学拔地而起。

罗晓明创造了奇迹。

吉利大学建校短短五年时间，就已经培养了数以万计的人才。去年在校生就已突破两万人，在汽车、会计、广告、国际贸易、外语、商务、机电、法律、新闻等各个专业都培养出了一批优秀的人才，工作在全国各地各个工作岗位，他们展示了出色的能力，以实际工作证明了吉利大学的实力。

在副总裁、执行校长、教授、理事长、会长等一大串头衔中，"九三学社社员"的身份是放在最前边的。罗晓明最引为自豪的，就是他是一名九三学社社员。

罗晓明深知，九三学社拥有众多的两院院士，聚集了一批有重要影响的杰出科学家，他们为我国的科学技术事业做出了卓越贡献。九三学社前辈和先贤们的学识风范、光辉业绩、高尚情操影响着一代又一代后人，赢得了社会的广泛赞誉。罗晓明为自己能够成为这个高智力集团的成员之一而感到无比自豪，同时，他也把为九三学社旗帜增光添彩时时作为鞭策自己锐进的动力。

民办高等教育，作为中国高等教育的生力军，它对中国经济的发展起着重要的人才支持作用，它的发展促进了中国社会的安定和谐，它更是中国高等教育在新时代新发展征程上谱写的一首辉煌篇章。

正是怀揣着理想，罗晓明在社会实践的大熔炉中重新认识自我，感悟着生命。

（文章原载于：《人民政协报·教育在线周刊》2007 年 3 月 28 日 C4 版）

【印象】

金鑫：引领个性化教育时代

陈　曦

　　金鑫阳光帅气，腼腆温和，西装革履遮盖不住青春气息。谈话间，坦率利落，充满自信。乍一看，很难将这个"大男孩"与学大创始人、CEO 等头衔联系起来。事实上，他已在教育领域打拼了 10 年。

　　当年凭着一股创业冲动，金鑫放弃了令人羡慕的薪水和职位，白手起家，几多辗转，几经转型，他和同伴们找寻到个性化教育方向，从最初踽踽独行到如今众人追随，如人饮水，冷暖自知。

　　回首过往，金鑫平静的脸上总是挂着淡淡的微笑。岁月的冲刷，仿佛没有在他身上打下太多痕迹，记者感觉到他依然保持着创业之初的那份单纯和执着。不同的是，相比二十来岁的血气方刚，三十多岁的他更加温和、淡定，并且多了一分沉稳和担当。金鑫坦言，他在做决定时不再像当年那样冲动，而会更多地考虑到员工和学生。对于个性化教育道路，他更加坚定："我们是在一个正确的方向上做一件正确的事，会坚持下去。"

　　（文章原载于：《人民政协报·教育在线周刊》2011 年 11 月 23 日 C2 版）

　　金鑫，学大教育集团创办人兼 CEO。1999 年本科毕业于首都经济贸易大学。大学毕业后，曾从事互联网相关工作。2001 年 9 月，与同伴共同创建学大教育，在民办教育界，首创个性化教育辅导模式，并实现了在全国范围的市场化运作。2010 年 11 月 2 日，学大在纽交所正式上市。

【对话】

将"个性化教育"进行到底

——访金鑫

陈　曦

随着物质生活的丰富，人们对教育的需求日趋多元化、个性化。2010年颁布的《国家中长期教育改革和发展规划纲要（2010—2020年）》特别提出"关注学生不同特点和个性差异"，"坚持全面发展与个性发展的统一"。个性化教育被提升到国家战略层面。学大作为先行者，早在2004年便以市场化模式开启了个性化教育的探索。

适合的才是最好的

据金鑫介绍，学大根据学生不同的个性和需求，设置不同的教学方案，配备不同的教师团队。在他看来，最适合的教育才是最好的。

教育在线：你是IT背景出身，当时为何选择教辅领域作为创业方向？

金鑫：1999年我大学毕业后在一家知名IT公司工作，当时正是IT业风起云涌、崇尚创业的时代，很多人都想打造一片属于自己的天地。2001年，我和两位同事、学大另外两位创始人李如彬、姚劲波凑了10万元启动资金，租了一间不足20平方米的办公室就开始创业了。我们建了一个大学生家教网，运用先进的互联网技术，为家长、学生与老师之间搭建平台。

当时的家教市场非常繁荣，我们的签约老师曾达到30多万。但家教的随机性很大，教学质量与老师个人关系密切，而且老师都是孤军作战，不可能形成团队配合，也不可能真正实现"因材施教"的目标。于是，我们想是不是可以创造一种新的教育理念和模式来解决这种弊端？它不同于传统的校内教育，应该是一种针对不同个性的学生，设置不同教学方案的全新模式，并且按照新的理念来组织、培训和管理老师，安排教学。这是学大个性化教育的起源。

教育在线：这个模式从设想到实施应该遇到很多困难。

金鑫：是的。新的理念和模式的产生与新生命的孕育过程没什么两样，从想法的萌动到初具雏形，仿佛一个新生儿出世前的阵痛，我们都感受到了这种萌动带来的兴奋和痛苦。回想当时的情景，犹如一个人走夜路，没有方向、没有参照物，前路充满不确定性，我们顶着压力，孤独前行……不知不觉，身后多了很多跟随者，一个人的夜路走成了一条热闹大道。

教育在线：个性化教育如今已成为一种趋势，包括新东方、安博、学而思等知名教育机构都加入其中，与其他机构相比，学大的优势在哪里？

金鑫：单就"1对1"模式而言，我们跟他们其实没什么不同，但我们的经验相对更丰富，毕竟我们做了10年，在这个领域的师资、管理等方面都是领先的。比如，我们研发出国内第一套中小学个性化管理系统 PPTS (Personalized Private Tutoring System)，对学员进行系统、全面的个性化分析诊断，并为每个学员定制一整套个性化学习方案，配备一个教师辅导团队。不仅帮助学生发现学科知识漏洞，更积极帮助学生调整情绪和心态，通过有针对性的训练与辅导，建立与学生相适应的学习策略，在提高应对高水平考试能力的同时，全面提高综合素质。

很多人认为"1对1"就是一个老师对一个学生，其实这是一种误读，我们实施的是一个教师团队对一个学生的策略，注重发挥团队作用。教师团队包括咨询师、学习管理师、学科教师、心理教师、教育专家，学科老师只是整个教学过程中的一环，他通过个性化教育辅导系统平台帮助学生解决问题、科学管理学习，而后期的跟踪服务则由团队中的其他成员完成。

教育在线：你们如何为学生配备个性化的教师团队呢？

金鑫：我们会根据学生特点和需求帮他们找到最适合的老师。我们不提倡传统的"名师观"，名师固然重要但资源有限，而且每个学生情况不同。老师没有最好的，只有最适合的。最适合的教育就是最好的。

教育在线：提起个性化教育，大家都会想到1对1模式，是不是"1对1"就等同于个性化教育？

金鑫：1对1模式很有针对性，从某种程度上开启了个性化教育大门，但它容易让学生忽视同伴互助等社会化过程，而小组教学刚好可以弥补这方面不足。个性化理念下的小组教学模式不同于常规意义下的小班教学，它遵循学生个性化的需求，为每个学生设计一套符合自身个性发展的方案，同时利用生动活泼的小组课堂，通过师生、同伴间交流互助，实现学生社会化发展的目标。所以小组教学模式也是个性化教育不可或缺的部分，目前已在学大进入成熟应用阶段。

个性化教育不单是提分

金鑫认为，"个性化"教育绝不仅是"提分"，而是通过改变影响学生成绩的非智力因素，促进学生健康成长，获得人格的完善发展。

教育在线：当下中小学课外辅导市场异常火爆，但很多人认为它们加重了学生的课业负担。你如何看待这种现象？

金鑫：课外辅导火爆与当前的教育体制和家长对教育的需求有关，也在一定程度上折射出学校教育存在的一些问题。家长把孩子送到辅导机构，绝大部分是为了提高分数。我们的切入点也是课程、教学。但往往最影响成绩的是兴趣、信心、方法等非智力因素。

让我感触最深的是，学大改变了不少在公办学校被忽视的孩子。这些孩子可能很聪明很要强，但由于各种原因变成了被学校忽视的一个群体。他们来到学大后，我们会给他尊重和认可，让他慢慢建立对学习的自信。比如，有一个羞涩内向的女孩从小就梦想考上大学，但由于家庭不幸，她对未来失去了希望。她当时的成绩连专科都考不上，尤其语文只能考到60分（满分150）。她的语文老师没有单纯讲知识点，而是通过教给她各种记忆方法，帮她重树信心。后来她顺利考上本科，语文考到了128分。这样的例子还有很多。

所以，我坚信"个性化"的作用绝不仅仅只是"提分"，而是贯穿学生成长的全过程，使孩子获得人格的完善发展，奠定积极挑战生命历程的基础，而这些非智力因素的发展，将使孩子在面对未来的职业发展与社会竞争中，处于有利地位。

教育在线：那个性化教育和学校教育应该是什么关系？

金鑫：学校教育是大众化、基础性的普及教育，但由于投入、管理、体制等原因，难以充分实现学生全面而个性的发展。个性化教育模式很好地践行了"以人为本""因材施教"的理念，弥补了现行教育体制弊端造成的缺憾，是常规教育良好、有益的补充，为教育改革提供了可资借鉴的经验。

上市后像坐电梯

金鑫认为，教育机构单靠自身发展需要很长时间，而上市能在短期内集中火力快速发展，之前像走楼梯，上市后像坐电梯。

教育在线：去年这时候，学大刚在美国上市。一年过去了，学大有何变化？

金鑫：上市让学大变得更加规范，整体跃升到一个新层次。更重要的是，这种提升抬高了整个"个性化"教育甚至中小学生教辅行业的门槛。

具体来说，一是教师的待遇升级了，颇具竞争力的收入凝聚了一大批好老师，包括不少公办学校的优秀老师；二是产品、服务升级了，我们面向全国推出了免费的在线学科测评系统和网络咨询平台，最大限度地服务于所有学生家长；三是校区硬件升级了，经过改造的学习中心都装上了监控系统、刷卡系统，学生上课的安全保障和环境越来越好；管理团队也升级了，成功吸纳了一大批高端职业化人才。

教育在线：上市以来，你有哪些切身体会？

金鑫：如果单靠我们自己滚动发展，需要很长时间，而上市则使教育机构在短期内获得迅速发展。感觉之前像走楼梯，上市后像坐电梯。

同时，上市意味着能够站在更高、更大的平台上做更多事情，但它并不意味着成功，只是一个新开始，未来还有很长的路要走。对于如何在资本和教育的矛盾之间找到平衡点，我们会把发展速度调整到一种健康、有序、良性的状态，而不是盲目追求速度。

教育在线：很多上市教育机构都在扩展自己的业务领域，学大有这方面打算吗？

金鑫：短时间不会。课外辅导这个领域足够大并且很分散，还没有必要多元化，具体何时会涉足其他领域，跟我们的整体战略以及市场变化、行业竞争和客户需求相关。无论我们的服务最后以什么形式展现，覆盖怎样的年龄层面，我们的个性化服务理念不会改变。

教育在线：学大从三人小公司发展成上市大企业不过 10 年时间，就你个人来说，成功主要靠什么？

金鑫：我觉得走到今天关键是赶上一个好时代，又找到了一个很好的发展模式。我是 IT 背景出身，与传统搞教育的人特别注重细节不同，我们更重视宏观战略和模式创新。创业之初，就注重顶层设计，站在行业发展的制高点上，经住了各种诱惑。就我个人而言，一旦确定目标我便会坚持下去，坚持 10 年便产生了质的飞跃，所以我更愿意把现在的成绩当成是对一个阶段努力的认可，未来的路还很远。

教育在线：谈谈你的人生愿景吧。

金鑫：我希望我们能够成为中国最领先的个性化教育引导者，为推动中国教育体制改革贡献一份力量。

　　针对个性化教育市场鱼龙混杂的情况，我们有责任和义务创造一种高质量的行业标准，把个性化教育服务提升到一个新层次，成为一种可检测、可衡量、可评价、可控制的高水平教育服务。

　　（文章原载于：《人民政协报·教育在线周刊》2011年11月23日C2版）

【印象】

金秋萍剪影：多忙碌少从容

贺春兰

2015年2月，恰逢到无锡采访，慕名探望无锡太湖学院的创办人金秋萍。笔者到访突然，她也刚刚从江苏省人大会议上赶回。精神抖擞、思维敏捷，没有嘘寒问暖，甫一见面，她便开始畅谈她创办三所高校——无锡职工大学、无锡太湖学院、太湖创意职业技术学院的艰辛历程。说到激动处，她放了一段录音，是她在江苏省人大会议上和当地官员的一番对话，应该是她于会间抓住机会为地方民办教育发展的建言。"人的一生很短，最重要的是提升生命的质量，为社会多作奉献才有价值。"她沉迷于自己的讲述，语速飞快，旁若无人；而她的专注与痴迷也制造了旋涡般的气场将身边人卷入。

再见金秋萍是在中国民办教育协会主办的一次民办教育发展大会上，她坐在最后一排，着急赶回处理事情。提到业界一位老人，她心有戚戚。彼时，她亦正在为事业发展的可持续问题操心。

另外一次见金秋萍，是应她之邀参与该校承办的一次会议，及至会议结束难见她的踪影。末了，她赶到飞机场送行。"没有办法，时间不由我们自己安排。"原来，从会议安排到会后的报道，她都亲自紧盯，而期间又有一个对学校发展有重大意义的会见。

金秋萍，无锡太湖学院创办人、董事长、党委书记、院长。担任江苏省人大代表、江苏省科协常委、无锡市人大代表、无锡市科协副主席。荣获："全国五一劳动奖章""全国三八红旗手""全国优秀教育工作者""全国优秀科技工作者""中国高等教育突出贡献奖""全国优秀思想政治教育工作者""全国独立学院优秀工作者""全国职业道德先进个人""江苏省劳动模范""无锡市优秀共产党员"等殊荣。

曾先后创办了3所大学，无锡职工大学、无锡太湖学院、太湖创意职业技术学院，还创办了无锡科技进修学院等多所大学。曾任无锡市职工大学校长、无锡市总工会副主席、无锡市总工会纪委书记。

同同龄很多创业者一样，金秋萍多忙碌而少从容，以创造和奉献为乐。

（2016 年 10 月于微信）

【故事】

"干事业，透支生命也值得"
——记金秋萍

潇　潇

熟悉金秋萍的人，都称她为"工作狂"。她在科协、教育、工会等领域工作期间，都曾取得过令人瞩目的成绩，多次被评为全国、省、市先进。2002 年 7 月，她率领团队白手起家，创办了江苏省第一所全日制本科独立学院江南大学太湖学院，也是无锡市唯一的民办本科大学，2011 年她又将独立学院转设为完全独立设置的民办本科高校——无锡太湖学院，开辟了江苏省高等教育先河。2013 年 12 月，江苏省教育厅、无锡市人民政府联合签订《加大支持无锡太湖学院创新发展的协议》，明确将太湖学院建成特色鲜明的应用型本科高校和江苏省示范性民办本科高校。

在她的带领下，短短 15 年，学院获得跨越式发展，目前在校生 2 万多人，设立物联网工程学院、机电工程学院、土木工程学院、商学院、会计学院、文法学院、艺术学院等 10 个二级学院，设置通信工程、物联网工程、自动化、机械工程、计算机科学与技术等 30 多个与无锡市现代产业体系紧密契合的专业，学校也荣获多项荣誉。

—

"人的一生很短，最重要的是提升生命的质量，丰富生命的内涵，多做对人民有益的实事。为了中国的教育事业，我会生命不息，工作不止。"

金秋萍认真实践自己的人生格言。她出身于贫农家庭，父母都是共产

金秋萍

党员，早年的家庭教育和事业奋斗中的艰辛磨炼，培育了她刚强正直、拼搏进取的人生准则。她下过乡、当过农民、做过工人、当过教师，这些经历，造就了她坚韧不拔的性格和吃苦耐劳的品质。

插队回城在无锡市总工会工作的十几年中，金秋萍从基层做起，一步步走上领导岗位，先后担任工人文化宫主任、宣教部部长、市总工会纪律检查委员会书记、市总工会副主席、市职工大学校长、市科协副主席、省科协常委等职。

2001年，时任无锡市科协副主席的金秋萍，迎来了又一个人生的重大转折点。21世纪初，国家高等教育体制改革进入快车道，政府鼓励社会力量兴办民办高等院校。对教育事业情有独钟的她内心萌发了强烈的创业愿望：创办一所按新机制运作的民办本科大学，为无锡的高等教育事业添薪加火。

对她的选择，许多人难以理解，身为副处级干部，已荣获了众多国家级荣誉，可谓功成名就了，何必再去冒风险、吃苦头？可她并不这么想。"人活着，为社会多作奉献才有价值！"这是她几十年不变的人生信念。她毅然选择了新的挑战：再走艰苦创业路，创造事业第二春！她曾当过5年无锡市职工大学校长的办学经历，更坚定了她的这一想法——早在担任市总工会副主席期间，在各级政府和工会的支持下，她曾四处奔走，将当时分布在各产业局的职工学校合并为无锡市职工大学（现无锡城市职业技术学院的前身）。在市科协工作期间，她把只有两名工作人员的无锡市科技干部培训中心，发展成在全国科技界影响力大的无锡市科技进修学院。两次办学的经历，坚定了金秋萍再次创业的决心。

然而，真要闯出新路，创办民办本科大学，谈何容易！从一个"吃皇粮"的机关，到白手起家、事事都得自己上门求爷爷告奶奶的民办学院，那个难啊，真是一言难尽。起步之初，有不理解的，有冷嘲热讽的，有人说，如果白手起家就能办一所本科大学，简直是"奇迹"了。也有许多好心人为她担心，劝她不要自讨苦吃了。

想干事、能干事、干成事，认准的路，就要坚定不移走下去！困难面前，她选择了勇敢面对，执着坚定，"咬定青山不放松"。金秋萍身上有着一股不服输的劲儿。她创业艰难，没日没夜地奔走、呼吁、求助、争取……常常顾不上吃饭，顾不上睡觉。汽车上备着饼干、方便面、矿泉水，办事的路上嚼几口干粮、灌几口水，就算一餐饭，有时倚在座位上打个盹，就算睡觉了。

她的努力，终于得到了越来越多有识之士的理解，社会各界纷纷给了她强有力的支持。2002年7月，经教育部批准，江苏省首家全日制本科独立学院，正式面向全国招生，于当年秋季迎来了第一届500名新生。

金秋萍和她的团队创出了太湖之滨的办学奇迹！举行开学典礼的那一天，省教育厅、市政府、江南大学等各方领导都来了。坐在主席台上，看着台下齐齐整整、精神焕发的首届新生，金秋萍的眼眶湿润了，所有的酸、甜、苦、辣，此刻化作了一声感慨：创业不易！

二

"创新是发展不竭的动力所在，一个女性，只有当她真正献身于社会发展，服务于高尚的事业，人生价值才能得以体现和诠释。"

学校办起来了，但要办成老百姓满意的大学，却是一个艰难的过程。金秋萍在思索：办大学，不仅是砌大楼、建大校园，更需要大视野、大智慧。对于初生的民办大学，凭什么赢得社会的信任，靠什么在众多高校中独树一帜？她敢想、敢试、敢为天下先，向专家请教，向市场问计，集中各方智慧，决心用"创新"这把"金"钥匙打开成功之门！

榜样的力量是无穷的，她的忘我和诚信感动了大家，她的心血和汗水浇开了太湖学院的满园芳菲。短短15年，太湖学院教职员工在她的率领下，呕心沥血，无悔奉献，艰苦创业，迈过了一道道艰难坎坷，走出了一条独具特色的"优、独、民"创新办学之路，学院获跨越式发展。她的人生价值也在一次次与艰难困苦的搏击奋进中得到了升华。

2005年1月，太湖学院顺利通过教育部专家组对学院教学专项检查，并在全国独立学院检查中脱颖而出。金秋萍作为全国300多所独立学院的唯一代表，在教育部召开的大会上作典型发言，办学经验在全国推广，受到教育部领导和全体代表的高度评价。金秋萍的人格魅力和突出的业绩，赢得了同行的拥戴。经全国300多所独立学院无记名投票，金秋萍当选为中国独立学院协作会理事长，并担任中国民办教育协会副会长、全国民办高校德育委员会副会长、江苏省独立学院协会会长、江苏省民办教育协会会长。2007年，她又主持创办了中国第一所创意大学——太湖创意职业技术学院，走在了全国民办高校的前列。全国人大常委会副委员长周光召、韩启德、顾秀莲，全国政协副主席张怀西，教育部领导张保庆、杜玉波、杜占元、郝平等多次视察学院，高度评价太湖学院是"全国特色发展的一面旗帜"，金秋萍被评为全国优秀教育工作者，荣获全国高等教育突出贡献奖，在全国教育界具有很大影响力。

三

"我总觉得时间不够用，就像是一个永不懈怠的跋涉者，永远没有终点，只有起点。为了使天下学子美梦成真，哪怕透支我的生命也值得！"

金秋萍是创业者、管理者，更是实干者，要办好一所本科大学，真是千头万绪。金秋萍总觉得时间不够用，她马不停蹄，日复一日，用她的智慧和全部精力，化解了一个个难题。她几乎放弃了所有节假日，忙碌一整个白天后，晚上常常加班到深夜一两点，每天工作长达 16 小时左右。15 年前一次体检，医生诊断出她患有严重的胆囊炎，必须立即住院手术，但她一想到停不下的工作就直摇头："再说吧，我实在没时间。"就这样，一拖就是 15 年多，教职工称她是"特殊材料铸就的铁人"。

每年招生最紧张的关头，她总是亲临一线，亲自指挥。在她的精神感召下，大家齐心协力，近几年学院录取分数线节节攀升。

她坚持"一切为了学生，为了一切学生"的育人理念，对待学生视同自己的子女。她定期召开辅导员、学生代表座谈会，听取各方建议，不断改进工作。她经常深入学生中，同学生谈心交心，了解学生的思想动态。山东省有些高分贫困考生因家境困难未到校报到。"不能让一个学生因贫困而辍学！"金秋萍亲自安排招生人员冒着滂沱大雨，涉过泥泞崎岖的山路，深入山东边远农村，一家家走访，把贫困生一一接到学校，减免学费，安排勤工助学岗位，帮贫困学生圆"大学梦"。每逢中秋节，金秋萍总要亲自带队看望贫困学生，同他们一起欢度节日。她专门设立了爱心基金，每当有学生、教师患重病或遭遇意外时，她总是带头捐款。父母是残疾人的贫困学生徐逸飞被减免了大学 4 年的全部学费，并获爱心奖学金，其母知道后彻夜未眠，感叹道："这样的大学真是我们老百姓自己的大学，这样的院长，真是我们老百姓贴心的院长。"金秋萍长期资助孤儿学子直至完成大学学业，她还长期资助生活困难的残疾女性，鼓励她们战胜残疾，自强不息。

2010 年下半年，为了实现江苏省教育厅和无锡市委市政府的战略部署，将学院"转设"为完全独立设置的民办本科高校，金秋萍率领团队，不分昼夜，加班加点，大量引进高素质师资，增添大量图书，置换土地，新建新校区，多方协调，经团结拼搏，不懈努力，2011 年 1 月，学院以 99% 的高票通过了教育部专家组评审，在全省第一个"转设"为独立设置的民办本科高校——无锡太湖学院，填补了无锡应用型本科高校的空白。

转设后，太湖学院迎来了新的发展起点。近年来，太湖学院大投入、大建设、大发展，一幢幢技术领先、设施完备的工科实验大楼、经管实验大楼拔地而起，一栋栋绿色环保、条件一流的学生公寓楼先后建成，备受学生和家长的赞誉。在她的带领下，学院向全国公开招聘德才兼备、懂教育、善管理的各级班子成员和专家、教授，引进大批"双师型"教师，创新运行机制，强化管理，狠抓教学质量，在全校实施"优秀人才引进工程、专业设置优化工程、教育质量优质工程、辅导员队伍强化工程、文明校园创建工程、毕业生创业就业工程"六大工程建设，构建"高素质、宽基础、重实践、强能力、展个性、善创新"的人才培养新模式。学校重点建设"苏南产业转型发展研究中心""互联网金融研究中心""物联网技术协同创新中心""无锡智能制造协同创新中心"等研究平台，被评为"软件服务外包类嵌入式人才培养基地"，会计学被评为江苏省品牌专业，设计学被评为省重点建设一级学科，信息技术实践教育中心、经管实验室被评为省建设实验中心。她亲自制定了产学研紧密结合的实施方案，强化学生的实践环节和动手能力，在第十四届"挑战杯"、中国工程机器人大赛、全国大学生电子设计竞赛、中国大学生服务外包创新创业大赛、第十一届全国大学生智能汽车竞赛、中国大学生计算机设计大赛、全国大学生广告艺术大赛、"创青春"江苏省大学生创业大赛、第七届江苏省大学生机器人大赛等一系列大赛中，太湖学院学生荣获一、二、三等奖 80 多项。太湖学院毕业生深受用人单位欢迎，连续 11 届毕业生就业率达 99%。

一个优秀的集体背后必然有一个高瞻远瞩的领导核心和一支优秀的骨干团队。桃李不言，下自成蹊。金秋萍的人格魅力和无私奉献精神赢得了广大教职工的拥戴。多年来，她的执着、拼搏，她对教育工作默默奉献、辛勤耕耘的"精气神"，获得党员、群众的一致赞誉。全校上下都深入学习她的五种精神，即"持之以恒、坚定执着的坚韧精神；下真功夫、真抓实干的奋斗精神；不等不靠、积极争取的主动精神；勇于实践、敢于开拓的创新精神；兢兢业业、不怕吃苦的奉献精神。"全院上下团结一心，奋力拼搏，形成了"心往一处想，劲往一处使"，同舟共济，和谐奋进的良好局面。

正是对事业的完美追求，对创新创业的坚忍执着，使金秋萍一步一个脚印地走向了成功。

（作者写于 2015 年 11 月 26 日）

周延波

【印象】

周延波：寥廓也细腻

张惠娟

周延波给人最深刻的印象便是寥廓与细腻兼具。他有着敏锐的市场洞察力和盘活教育资产的大气魄，同时又执着、热情、细腻、追求完美。

新到一个地方，别人喜欢看房子，而他喜欢看学校。"校园是我们的教育资产，干部是我们的人力资源。"如何将教育资源重组在一起，让学校的办学水平、美誉度不断提高，是他经常思考的问题。

"我国300多所独立学院，但是三分之一基本符合教育部的要求，三分之一勉强达到要求，还有三分之一不达标。'26号'令出台后，这些独立学院面临生存危机，而我所擅长的就是利用经济杠杆来盘活教育资产，通过资源改组、重组，'拯救'一所濒临灭亡的学校。"也正因此，2011年3月，周延波做出了一个大胆的决定：从院长的职位退出，专注于做董事长。"我没有在高校教学一线工作的经验，只能是教育创业者、教育企业家、教育投资家，而不是教育家。"他的放权，就是让更懂教育的人去做教育。而作为"船长"的他，只需把握好航向，为学校发展搭好平台，"让自己成为制度完善的推动者，严格按照制度执行的监督者"。

周延波很忙，除了思源，他还有旗下的多所学校需要关注，但每项事情都处理得井井有条，对人的关心在每个细节中尽显。

周延波，1998年创办西安思源学院，2004年创办中国矿业大学银川学院，现任北京博华百校教育投资集团有限公司董事长。麾下有西安思源学院、北京邮电大学世纪学院、北京人文大学、北京美国英语语言学院等多所民办高校。

西安思源学院是一所以培养应用型人才为目标的民办普通本科高校。其前身是1998年7月1日由西安交通大学产业集团和一批立志于民办教育的创业者共同发起，并经陕西省教育委员会批准设立的"西安思源科技培训学院"。2002年6月经陕西省人民政府批准，更名为"西安思源职业学院"。2008年4月经国家教育部批准，升格为普通本科高校，并更名为"西安思源学院"。

建校伊始，有风水大师曾建议他"学校的地势建成东西朝向为大吉"。但周延波深知"西晒"的房子到了夏天很热，住着让人非常不舒服。为了师生舒服，他毫不犹豫地选择了南北朝向。他还听说，上风上水之地空气流通好，不容易有疫病发生，便将学生食堂和宿舍建在了学校地理的最高处。

他常说"应人事小，误人事大"，工作上的事情一丝马虎不得。每天睡前梳理一下一天的工作，每周末谋划好下周的工作，孰重孰轻，做好"加减法"。他平日里爱好摄影、开车。当朋友问及"为何不换台好车"时，他说，"那样还不如给老师多涨点工资。"他的司机也常说，"周老师总是交代，开车送人，一定要把对方送到家门口，或者临近其家门口的马路一侧。"

筚路蓝缕，以启山林。经历过创业艰难的他，现在更加淡定从容、心怀感恩。"喜欢每天清晨站在校门口，亲自迎接师生的到来，向他们鞠躬……"这是周延波生活的常态，也是他喜欢的常态。

（文章原载于：《人民政协报·教育在线周刊》2012 年 12 月 5 日 C3 版）

【对话】

教育，让"白鹿"常驻此原
——走近周延波

张惠娟　甄晓燕

据传说，在西安城东原——秦时称为"霸上"的地方，曾有神秘的吉祥仙子不时化作白鹿出没，后周平王东迁时，曾见此白鹿，"白鹿原"吉祥的名字由此诞生。如今，从西安市出发东行，随着地势的升高，独具汉唐式风格的思源学院随坡倚势出现在眼前，成为白鹿原上第一个民办高校的"吃螃蟹者"。更具深远意义的是，在思源学院的带动下，近年来，有 6 所民办学校陆续在此"安营扎寨"，一个颇具规模的民办大学城日渐形成，为这一方古老的土地带来新时代的教育福祉。

"一个质朴的想法，涉足民办教育圈"

周延波在白鹿原上建校的想法得到《白鹿原》作者陈忠实先生的肯定："多年来，白鹿原上只有小学、中学，还没有一所大学，我代表白鹿原人民感谢你！"

教育在线：身为西安交通大学的教师，在当时看来已经是相当不错的职业，为什么选择创业投身民办教育？

周延波：我应该是在不知不觉中投身民办教育的。1992 年我在西安交大工作时，有一次去河南某中学招生（选拔优秀生报考交大）。工作之余，一名中学老师说："你别光考虑尖子生，也为这些落榜生想想办法吧。"随后，他将我带到学校外边的出租屋，那里住着百余名高考落榜生。因为当时不允许高中办高考补习班，学生们便偷偷请老师晚上来出租屋补课。有的考生都复习了四五年，竞技状态不佳，我感觉他们就是再复读下去，考大学也是没有希望的。有一个学生复读了三年，胡子留了四五寸长，二十出头的岁数看起来像四五十岁，并表示"考不上大学就不刮胡子"。

后来，那个长胡子学生的样子经常在我脑海中出现。为了让更多的落榜生有接受高等教育的机会，1994 年我们成立了一所以举办高等教育自学考试本、专科班和计算机短期培训班为主的西安交大机械学院培训中心。

教育在线：后来培训中心为什么搬出了西安交大？

周延波：1998 年，随着培训中心规模的不断扩大，校内的办学条件已无法满足办学发展要求，好多学生是热切而来，却失望而归。另外，交大以培养研究型人才为主，自考生挤占教育资源也不太适合。后来，我们多次跑教育厅、多次去西安几所民办高校取经学习。当年 7 月 1 日，经陕西省教育厅批准，西安交通大学产业集团与西安交大机械学院培训中心联合创办了西安思源学院，当时名为西安思源科技培训学院，搬出了交大。

教育在线：随着《白鹿原》电影热映，很多人好奇它的地理位置。思源学院的学生就自豪地说："就是我们脚下的这方土地。"当时为什么将校址选在白鹿原？建校之初这里又是什么样子？

周延波：新校址选择在白鹿原，也算是机缘巧合。1993 年的夏末秋初，我因摔了一跤而卧床一个月，家人为我买来了一堆书，其中一本就是陈忠实先生写的《白鹿原》。我反复读了好几遍，感觉这是一部伟大的作品，对陈老更是心生敬佩。

当时民办院校的发展形势很好，所以我们想在更广阔的土地上建校园。看中这片土地，是因为当时这是一个荒废的砖瓦窑，由于烧砖的缘故，土地不能再种庄稼，成了荒原。在此处建校的可行性，我征求了陈老的意见。当我坦陈了此意图后，陈老先没吭声，他点起一根雪茄，深吸了一口并深思了一会儿说："教育对一个人的成长，对一个区域的发展有着至关重要的作用。多年来，白鹿原上只有小学、中学，还没有一所大学，我代表白鹿原人民感谢你！"

2000年，经过8个月挥汗如雨地施工建设，我们在这个荒地上完成了学校的一期建设工程，当年招收的新生达到5100人。

十余年躬耕：披荆斩棘，矢志不渝

经过十余年的奋斗，思源学院从建校前的房无一间、地无一垄，奇迹般地发展到占地1200亩、绿树环绕、花团锦簇的花园式校园。由于原上没有城市供水管网和污水排放设施，学院自己搞起了中水利用，不但实现了污水零排放，而且解决了学院用水困难，成为名副其实的"绿色校园"。

教育在线：昔日荒废的砖窑场，今日青春涌动的大学校园。在校史馆看到学校发展十年前后的对比照片，我震撼于你们在短时间内有如此飞跃的发展，此番成就的取得得益于什么？

周延波：我们刚走出交大办学时，社会上已经有不少实力雄厚的民办高校，我们的起步明显晚了。西安本身就具有很强的教育资源，而思源更是凝聚了很多交大优秀的退休教师，学校在专业设置、教学管理模式等好多方面都有交大的"基因"渗透，被称为"小交大"，雄厚的师资力量带来了良好的生源，2001年招生甚至达到了9800人。

教育在线：现在，教育国际化浪潮袭来，中外合作办学如火如荼。而你们刚刚成为专科院校的第二年，就开始和国外大学合作了，当时是基于什么考虑？

周延波：我们国家的高等教育发展状况比西方国家要落后些，我们要将发达国家的优质教育引入思源，让学生不出国就能领略国外先进的教育。所以，从2003年开始，我们和加拿大开展"3+0"项目，学生国内学习三年，不用出国，可以拿到学校的毕业证和加拿大莫哈克技术学院的毕业证。这个项目被评为陕西省中外合作办学的重点示范项目。

此外，我们还和全球五大洲大概有30多所本科和专科层次院校签订了学分互认、委托培养这样一些合作项目。

教育在线： 十八大报告中提到了"着力提高教育质量，培养学生创新精神"。学校有一套你参与编写的教材《创新人才培养》，并且作为了学生的必修课？

周延波： 2002 年时，有这样一句话提醒了我："人人可以创新，通过教育和培训，可以使一个人的创新潜能得以发现和提高。"那时，思源大部分都是自学考试的学生，正好缺乏一种生动活泼、开发创新智力的课程，所以，2004 年，我们编写了这套创新思维与能力教材，并在校内普遍开设了创新课程。

为了在校园营造创新的氛围，每年四五月份春暖花开的时候，我们都会举办持续一周的创新文化节，到现在已经举办了九届。春暖花开的校园，涌动着学生最朝气活跃的思维，成为一道特别的风景线。并且，学校在经费上对学生们的创新给予支持，学生申报国家专利的申请费和代理费都由学校支付。目前已经有 30 多项师生专利获得国家专利证书。

教育在线： 2005 年，思源和陈老合作举办了白鹿书院，这对学校的文化建设及学生产生怎样的影响？

周延波： 书院建成后，陈老经常携文学界友人到书院交流，他同时也担任白鹿书院院长和思源学院文学院名誉院长。而后，思源大讲堂也随之开设。每个月都会有"大家"被请到原上来给学生们开讲座，像熊召政、张贤亮、丛维熙、袁刚明、马家骏、杨利伟等文化、艺术和科技名家、大师都来学院进行过访问或走上过讲堂，其中一些人还被聘为思源学院的客座教授。这种文化渗透作用，营造了爱读书的校园文化氛围，让学生的思想变得深邃厚重。

新十年："按部就班，创一流民办大学"

瀛柳依依，滋水潺潺。有着千年文化积淀的白鹿原滋养着这里的师生。"思源"凭借自己的特色在社会上树立了良好的美誉度，发展态势良好。但周延波不满足于目前的发展，"要想在今后的竞争中永立潮头，那就需要不断创新，原地踏步只能被市场淘汰。"他说，接下来要带领学院向一流民办大学进军。

教育在线： 目前，民办教育竞争越发激烈。未来如何打造思源独特的竞争优势？

周延波：要想在竞争中求发展，就一定要以学生为中心，以市场为导向，面向学生和家长需求办学。从 2009 年开始，学校每年都要对进校一个月以内的新生进行全面的问卷调查，了解新生对学校管理、专业设置方面的意见，根据学生及家长的意见，结合市场需求并且与自身的资源配置相符调整设置专业。在今年诸多民办高校招生难的情况下，我们依据去年调查问卷调整的部分专业，今年招生情况很好，充分说明了依据市场的重要性。

教育在线：对于今后的发展，你有怎样的路线图？

周延波：要想在今后的竞争中永立潮头，那就需要不断创新，原地踏步只能被市场淘汰。

未来，我们要建立学习型组织，向市场学习，向兄弟院校学习。学校也要形成学习型组织，进一步发扬民主管理，不断改进办学思路，提高办学层次，向深度和广度发展，并将按照教育部的要求，"按部就班"，争取经过 3～5 年拿到硕士研究生学位授予权。

教育在线：如今，很多"民二代"已经接过父辈的接力棒，走上了舞台。作为创业者，你有没有类似打算？

周延波：民办学校创始人选择自己的后代来接班，无可厚非。我对此持肯定的态度。因为中国人大都有这样一种心态：只要是自己家的事，就会努力做到尽善尽美。举办者、创始人会把学校的一草一木视同自家的一样，他们是学校的最后责任人，他们是学校管理的最后一道堤坝。职业校长有顾虑不敢管的事情，举办人必须管。而就我自己来说，我自己才 50 岁，还年轻，在"思源"这只航船上，我还有很多事要干。

（文章原载于：《人民政协报·教育在线周刊》2012 年 12 月 5 日 C3 版）

图 17

图 18

图 19

【图说】

　　《人民政协报·教育在线周刊》对独立学院进行了系统关注，前后三次召开沙龙，多个版面报道。

　　1998年之后，国内涌现了众多的公有民办二级学院，但通常寄居母体高校，并不独立。2003年，中华人民共和国教育部发布《关于规范并加强普通高校以新的机制和模式试办独立学院管理的若干意见》(教发〔2003〕8号)，开始对此类公有民办二级学院予以关注，规范也正式鼓励民间资本与公办高校结合以新模式举办可以颁发独立本科文凭的独立学院。《人民政协报·教育在线周刊》第一时间关注并报道了此信息，民办教育界反响强烈，很多人认为，很多民办高校历经千辛万苦拿不到本科文凭发放权，而独立学院轻而易举地就实现了。《人民政协报·教育在线周刊》于是于2003年8月23日在全国政协礼堂金厅首开沙龙研讨，题目是："民办教育的发展空间"。据说，时任教育部部长周济对报道和沙龙予以关注，特别派时任教育部规划司司长的季平前来听取研讨。此次沙龙亦即教育之春系列沙龙的开端，在这次沙龙上，多位专家和实体代表对独立学院政策争论激烈。(见图17)

　　2008年，中华人民共和国教育部颁布26号令《独立学院设置与管理办法》，26号令再次强调独立学院是民办教育机构，要求也支持其与母体高校脱钩。2008年6月22、23日，教育之春系列沙龙召开座谈会独立学院代表与两会代表并学者面对面。全国人大代表周洪宇、全国政协委员张杰庭等在座，北方投资集团董事长杨炜长、湖北江汉学院院长甘德安等参与了此次会议。(见图18)

　　实践中因为种种利益纠葛，独立学院的独立之路并不轻松。2014年2月12日，26号令5年"孵化期"即到的时刻，《人民政协报·教育在线周刊》联合全国工商联民办教育出资者商会第三次召开沙龙对独立学院的独立问题予以关注。全国政协委员教育部原副部长赵沁平、全国政协委员北京理工大学时任校长郭大成、北京师范大学教授劳凯声、北京师范大学教授周海涛等学者和周延波、周中斌、李孝轩等民办教育实体人士参与了此次会议。(见图19)

(文/贺春兰，图/舒晓楠、贾宁等)

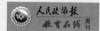

【链接】

教育之春沙龙上，论战"独立学院"

劳凯声(时北京师范大学教育学院教授)：独立学院政策惹谁了？

很多人反对独立学院政策，我要问一下，为什么你要反对？为什么公立学校不能进入这个市场，进入这个市场，妨碍谁了？打破了什么了？我想相当多的民办学校的办学者是不是觉得公立学校进来以后，对自己构成一种威胁了？我们可否从正面来理解这一政策，借公立学校的公信力和品牌，做民办学校市场的文章，我们不懂这一行，只提出意见。

黄藤(西安外事学院董事长)：惹了我们这些真正的民办学校了！

独立学院为什么大家不赞成，主要的问题是有失公平，直接妨碍了我们这些真正的民办高校的利益。独立学院一夜之间就可以办本科，对我们而言，这是非常不公平的一个政策对待！

朱永新(时任苏州市副市长)：独立学院会拖垮中国的名牌高校。

浙江大学膨胀了，华中膨胀了，北大、清华再膨胀……那么，中国离世界一流大学越远了还是越近了？我个人认为越来越远。独立学院政策最终会拖垮中国的名牌高校，不利于中国真正产生世界一流大学。

(贺春兰摘编，文章原载于：《人民政协报》2003 年 9 月 3 日 11 版)

【印象】

周中斌：为梦想行动

修　菁

20 年前与《旷野上的废墟——文学和人文精神的危机》一文的际遇，冥冥中影响了周中斌今天事业的选择。年过半百，他决定为心中埋藏了 20 余年的教育梦起航：建从学前到高中，15 年一贯制的学校。目标是：培养具有高贵气质、宽厚爱心、悲悯情怀、反思精神、有担当勇气的中国少年。

他有着天生的商业嗅觉。大学学自动控制专业的他，毕业后以短期职业培训起家，用两年时间，即赚得人生的第一桶金。

投身商海以来，他涉足的行业包括系统集成、国际贸易、IT、资本市场，好似只要市场有需求，又是他认准的事，就准能干成，跨界这事儿，在他那好像不算个事。

"今年我要新建 3 所学校，五年内要建 20 所。学校里学生吃的食材都是特供的；老师要么有硕士以上学历、要么有丰富的教育教学经验；学校占地面积会在 500 亩，规模在一万人左右；教学目标是培养不媚、不骄、不乞、不悯的未来中国人……"

在当下政府批拨土地难、民办学校招师难以及现行人才选拔机制的各种裹足下，他的这一梦想，让人觉得多少有些仰望星空。但他很坚定地在按既定计划践行着人生大梦："我们已经有团队在研发课程了，小学到高中的课程基本已经开发出来，我为'天有学校'定下的育人目标是：培养具有高贵气质、宽厚爱心、悲悯情怀、反思精神、有担当勇气的中国少年。"

深读卢梭教育观、回望世界大学发展史、背诵《道德经》……能看得出他是一个喜欢探究，待知识储备和时势成熟才出发的人。"他家目光所及都是书。书架见缝插针地竖立在书房、客厅、卧室甚至过道上。"天有集团员工

周中斌，天有集团创办人，西安工程大学工程学士、北京大学管理学硕士、武汉大学传播学博士。1998 年涉足民间资本办学，教育是天有集团最重要的一个投资板块。天有集团先后投资创办学校含大学、中小学、国际学校十余所，在校生规模 3 万多人。

曾这样描绘老板家里书多的程度。而本科毕业已多年的周中斌，实际从未远离校园。2014年的新年，他给自己定了一个两年的最后期限：完成在读的传播学博士论文撰写，完成第三个博士课程，拿到博士学位，此前他学习的两个博士课程分别是金融学和管理学。

用一位和他有着相同人格特质的教育人的话，也许可以解释周中斌的下一个人生大梦："不能因为害怕出问题就不去行动，因为现有的不合理会阻碍社会的发展。"任何时代都需要有想法、有行动力的理想主义者。对于人文素养抱有强烈深情和渴求、有着前期涉足民办高等教育成功案例加之雄厚的资本积累做支撑，对于周中斌的"建中国最好的民办基础教育学校"的人生梦想，让人愿意报以由衷的祝福和期许。

（文章原载于：《人民政协报·教育在线周刊》2014年4月02日C3版）

【对话】

人文精神是教育的灵魂
——访周中斌

修　菁

教育在线：办着好好的大学，为何想要涉足基础教育领域？

周中斌：我想20年前，一次偶然地翻阅《上海文学》的经历，或许冥冥中已经决定了我今天事业的选择。我清楚记得那是1993年3月的一天，我当时还在办职业学校，本来想去报亭买报纸的，但是随手翻阅报亭上刚到的一期《上海文学》就停不下来了。其中有一篇文章叫《旷野上的废墟——文学和人文精神的危机》，提出了文学和人文精神危机的问题。其实在此之前，我已经产生了对人文精神层面的自我需求。我从大学毕业创业，先后从事过职业培训、IT、国际贸易等行业，一路很顺利，没遇到什么大的波折，但是我发现创业的这些年，虽完成了物质上的原始积累，内心却始终惶惑、找不到归宿感和充实感。所以读到这篇文章，如中医把脉的感觉，让我意识到，自己精神层面的问题，需要疏通人文之路、让人文的养料滋养来解决。

后来深圳青年经济学家何清涟的一本名为《文明的陷阱》的书，让我下定决心，创业的方向要转向教育领域。

1998年，我创立了自己的投资公司——深圳市天有实业发展有限公司，成为中国最早的一批民办高等教育投资者。最早我投资做艺术设计独立学院，后来又投资了几所独立学院，但是我想说，民办高等教育前十年的路很艰辛，因为一些行政管理层面的条条框框，我发现在高等教育层面，自己最初的教育理想和理念难以实现。还有另外一个重要原因，随着对教育规律理解的深入，我发现要实现对人格素养层面的教育，必须要从小抓起。

教育在线：你提到了人格素养教育的重要性。你的教育理想落脚到学校具体的育人目标是什么样的？也就是说，天有学校要培养什么样的学生？

周中斌：我为天有学校概括的育人目标为：培养具有高贵气质、宽厚爱心、悲悯情怀、反思精神、有担当勇气的中国少年。现在许多人在谈教育的理念，在我看来，这个理念应该就是人文精神。人文精神是教育的灵魂，它决定了教育的使命、目标和标准，没有人文精神，教育就没有灵魂。那么，教育如何能体现人文精神呢？我觉得，就是要把人身上的那些最宝贵的价值通过教育实现出来。教育就是育人，就是要把学生培育成真正的人，亦即人的宝贵禀赋都得到发展的人。人身上有哪些价值是最宝贵的？我认为是下面这三样东西：第一个是生命，第二个是智力和理性，第三个是灵魂。为了实现这三样最宝贵的东西的价值，我们就有相应的教育项目。现在与生命相应的教育是体育，我认为范围狭小了一点，应该扩大，成为生命教育。针对智力的教育，我们有智育，就是现在我们所说的智力教育。相对于灵魂来说，就是道德教育和审美教育，就是把现在的德育和美育结合起来。德育和美育都是灵魂教育，如果说德育的目标是灵魂的高贵，那么美育的目标是灵魂的丰富。因此，我认为在学校里应该有这样四种教育，就是生命教育、智力教育、道德教育和审美教育。

此外，我还想特别提一下，在中国现实的情况下，我认为，应该把生命教育作为公民教育的重要内容，从孩子开始，培育生命尊严的意识，一方面善待自己的生命，另一方面推己及人，善待一切生命。我确实觉得，人生中所有最重要的价值，包括幸福、道德、信仰，都是建立在尊重生命价值的基础之上的。我希望所有从事教育工作的人都能认识到这一点，都来重视生命教育。

有道者终会找到同道者

教育在线：对于学校的建设规模，你是怎么考虑的？

周中斌：我计划今年开办 3 所学校，未来将在珠三角地区，中部、西部等省份陆续开办 20 所学校。

教育在线：听起来速度很快。对于学生来源，你这样有自信？

周中斌：我有充分的把握。我 2002 年起实际已涉足基础教育，在湖北办有两所高中，目前这两所高中的生源和教学质量都不错。我设计的未来天有学校，是从学前教育到高中教育一贯制的。在校人数在 1 万人左右，招聘最优秀的教师，学校占地在 500 亩左右，不管学校的食材、教材等都是特供、定制的。

教育在线：一名校长会很大程度决定一所学校的精神气质。要实现你的教育理想，如何找到和你价值观和教育观念相匹配的校长，你是如何考虑的？

周中斌：从某种意义上讲，一个校长就是一所学校。一个好校长就是一所好学校。因此我对校长的选择，很看重人格魅力。我认为一位校长的人格魅力，很大程度将决定学校是否能容纳最优秀的人才。一个好校长不但自己应该尽可能兼收并蓄古今中外各家各派的教育思想，而且也应尊重学校不同教师的各种观点、各种想法。要尊重教师的思想个性，要鼓励教师有创新之思。

校长的宽广胸襟，还体现在能宽容教师的教学个性。从某种意义上说，素质教育就是个性教育，但个性只能靠个性来培养。没有教师的个性，就绝对没有学生的个性。在学校教师的个性往往体现为教学的个性，而教师的个性又是他创造性能力的体现。

校长还要善于虚心向教师学习。校长、教师、学生是平等的，向教师学习，甚至向学生学习，绝不会降低校长的威信。校长不但要善于读书，还要善于读"脑"，一个善于读周围教师"脑"的校长，才是真正高明的校长。

教育在线：对于民办学校招师难、找到好教师难的问题，你有充分的预见吗？如何解决？

周中斌：我涉足教育领域，最感欣慰的一点是，在我 2002 年创办的一所高中，因为我的一次演讲，至今还有 10 多位教学骨干还留在那。你刚才也提到了民办学校教师流动性大的问题，但是我想说，有道者终会找到同道者。

始终在逼着自己学习

教育在线： 你在意同行抑或周围人对你的评价吗？平常你是怎样一种行事风格？是认准了就会行动的人吗？

周中斌： 我从商这么多年，手机号一直未变，从创业赚来的第一桶金就是阳光的，我从来不欠钱、不欠情，我承认自己的天赋在销售，但是不管干什么，秉承的都是商业规律和商业精神。

如果说我有成功，我想我的学习精神，是我成事的最大法宝。我准备进军哪个领域，一定会先学习、梳理这一行业的发展脉络。比如我进军高等教育前，就找来了上百本有关教育理论的书来读，花了三年的时间调研和研究。我会去探求世界大学教育理念发展的脉络。这么多年，我始终在逼着自己去学习。

教育在线： 说到读书。你现在每天花多少时间在阅读？

周中斌： 3～4 小时吧。电子阅读 2 小时，纸质阅读 1～2 小时。

教育在线： 你每天的时间表？

周中斌： 我现在因为睡眠的问题，会强迫自己晚上 11 点上床睡觉，早上 8 点前起床。

（文章原载于：《人民政协报·教育在线周刊》2014 年 4 月 2 日 C3 版）

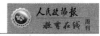

【印象】

周星增：温暖也悲壮

修　菁

和周星增聊教育、听他说办校中的那些事儿，温暖又悲壮。

说温暖，是因为，他办学的初衷、在高校工作的经历、对未来学校的设想都由一个个温暖的故事组成。他的办学本是因为爱。聊天期间，可感知一位企业家对教育事业的一往情深，感知他对"教育点燃人生"的信念。

说悲壮，是因为从周星增对民办教育当前困境的分析中、从他谈同行的办学困境中，能管窥民办教育投资者的生存世相。

"早几年会推荐朋友们办学校，现在不说了，怕害了人家……"教育于周星增，就是这样一个痛并快乐着的事情。尽管对一些陈规有种种不同的看法，但周星增对教育事业的投入热情不减。"我的理想是，到退休时，能筹到一笔5亿到10亿元的巨额奖学金，这样建桥会吸引更好的生源。"

（文章原载于：《人民政协报》2012年12月26日C3版）

周星增，中国民主同盟盟员、民盟上海市第十三届委员会副主委，上海市第十二、十三届人大代表。现任上海建桥集团、上海建桥学院董事长、创办人。上海建桥学院是一所以本科教育为主，培养生产、管理、服务第一线应用型专门人才的多科性民办大学。学校创办于2000年4月，由上海建桥集团出资举办，地处上海浦东康桥。2001年4月，学校获批为上海建桥职业技术学院，并正式列入国家计划内招生，主要从事专科层次的高等职业教育。2005年9月，经上海市人民政府批准、国家教育部备案，学校成为以本科教育为主的全日制普通高等学校，并更名为上海建桥学院。

【对话】

办大学：为人生圆梦

——走近周星增

修　菁

面对生源不饱和、招生数量连年下滑的困局，国内众多民办高校选择的是稳规模、抓内功，上海建桥学院则逆势而上，今年年底建桥新校区将破土动工。建桥学院的信心、勇气哪里来？

办大学，源自母亲的愿望

周星增1992年从温州大学辞职创办企业，获得"第一桶金"。一次回乡与母亲的对话，让周星增决心投资创办大学、养老院。

教育在线：投身教育的机缘有好多种，比如，恰逢国家出台利好政策，认为这一领域有机会；比如，办一所学校，是心中一直的梦想；比如，有过切身之感，想实现心目中理想的教育。你属于哪一种？是什么契机让你决定投身民办高等教育？

周星增：我办大学源自和母亲的一次对话。当年我在温州大学执教，担任财会专业负责人，把曾经最薄弱的专业办成最红火的专业，温大还准备提拔我当副系主任赴德国深造。事业上一帆风顺，但经济上还是很清贫的。有一件事给我的刺激很大：学校分了一套房子，我交了一万多元钱，当时就花光了我们夫妻俩所有的积蓄，房子装修的钱还是父母兄弟姐妹们凑的。这件事让我觉得自己很窝囊，于是决定离开学校，出来做生意，多赚钱改善生活，让母亲过上好日子。后来，我办企业赚了不少钱。但我发现，母亲平时仍然省吃俭用，把钱省下来修桥铺路、资助乡邻。这一度让我的努力失去了动力。一次回乡，我问母亲，我做什么事最让她骄傲？母亲说，当年我考上大学，后来又当大学教师，这是最让她骄傲的。"你要是很有钱，就给孩子们办一所大学，给老人们办养老院吧……"我是国家恢复高考制度的受益者，是我们乡里第一个大学生，那届有90多人，就我一个人考上了大学。我能深深体会到，考上大学给一个家庭带来的荣耀。尽管现在高校都扩招了，但还是远远满足不了社会家长想让孩子接受优质高等教育的需要，多收一个孩子，就安定了一个家庭啊！

教育在线：既然你对教育很有感情，自己也做过多年高校教师。自己办学校，怎么不选择亲自做校长而做了董事长？

周星增：我自己不当校长，一是考虑到做企业是我的特长，二是虽然我懂教育，但毕竟自己没做过校长，管理学校还是得专业人士来，学校还得靠专家来办。上海有丰富的专家资源。我们学校实行的是董事会领导下的校长全权负责制。办大学很费钱的，我也得全力去挣钱、筹钱。

建桥的目标是"大学"

办学校不像办酒店，想不干就不干了。周星增意识到，办学校更要有长远意识和责任意识，要对拿文凭的学生负责任。为此，他希望以新校区建设为契机，把建桥学院各方面搞得更好一点。

教育在线：我们注意到，即将于今年年底开工建设的建桥学院临港新校区比现校区扩大了近一倍。在民办高校生源普遍下降，大环境不是很好的情况下，建桥学院哪来的信心和勇气来扩容？

周星增：我们扩建新校区有两个目的：一方面是想把建桥学院各方面都推上新的高度，另一方面是想让建桥学院升格为大学。办大学，占地面积、行政用地面积等都有硬性要求，根据现行规定，学院占地要达到500亩，大学要达到800亩。建桥学院现在的校区面积是487亩。扩建新校区，就有条件办建桥大学。我想，随着社会的发展，某些硬性规定是否可以根据现实国情、国际惯例多留一些弹性？为什么大学校园就一定要800亩呢？为什么不能更加注重办学内涵、办学效益呢？建设资源节约、环境友好型社会是发展的大趋势。土地是我们国家最宝贵的资源，尤其我们还处在上海这样的大城市。

教育在线：刚才你提到，希望能把建桥学院各方面工作再推上一个新高度。能否具体说明一下，希望建桥学院哪些方面再好一些？建桥学院未来发展的目标是怎样的？

周星增：我给建桥学院未来十年定了三大目标：建立硕士点、深度国际合作、升格为大学。我希望能吸引更多外资投入，把办学条件、教师质量再提高一点。

教育在线：说到教学质量，我看学院对外发布的统计数字说，连续三年毕业生就业率保持在 98% 以上。在公办高校本科生就业形势都不乐观的情况下，你们如何做到这样高的就业率？

周星增：公办高校的学生不一定是他找不到工作，而是有些工作他不愿去做罢了。我们学校的学生心态好，脚踏实地，不像公办学校一些学生那样好高骛远。我总是和学生说，父母供你们出来读书不容易，你们先不要去想"做国家的栋梁"那么大的宏愿，首先要做"家里的栋梁""单位的栋梁"。我们学校学生参与每年义务献血、西部支教、世博会志愿者的很多很多，他们乐于奉献、乐于服务他人，也是一种希望自我价值得到尊重、被社会认可的愿望。一个人，最怕的是不相信明天，自暴自弃。我经常听到用人单位对我们说，你们的学生比某些重点大学的学生都好用。听到这样的反馈，我很欣慰。还有，建桥高就业率背后的支撑，是我们长期坚持的办学理念——"以学生为中心"，我们的老师从课程安排、教学设计、实习实训指导等各环节充分考虑到学生的特点、需求，教务、人事部门对教师工作的考核、奖励、晋升，等等，都要听取学生的评价。临港新校区规划的风格定位与功能设计，在专家把关的基础上，我们都公开征求广大学生的建议，让他们投票，参与校务决策。

民办教育前景看好 但还需体制机制创新

周星增呼吁，民办教育急需体制机制的创新。他认为，教育主管部门只有给民办学校充分的自主权，包括招生自主权、专业设置自主权，民办学校才可能走出办学特色明显的创新之路来。

教育在线：做了 12 年民办教育，你觉得自己得到的回报是什么？

周星增：2001 年 6 月，时任中共中央政治局候补委员、中央书记处书记、中组部部长曾庆红同志视察建桥，他也问我类似的问题。我认为，如果仅仅从经济角度来看，办大学得不到什么回报，从硬件到软件都需要长期源源不断地投入。但如果从精神角度来看，我已经得到丰厚的"回报"了，社会各方面给了我很高的荣誉、很大的肯定。建桥已培养了 2 万多名毕业生，遍布长三角各企事业单位，不少人已经成为单位的骨干、栋梁，获得各种奖励。想到这些我就很开心，这种自豪感、幸福感、满足感是多少钱也换不来的。

教育在线：一路走来，你觉得与同龄企业家相比，你的优势在哪里？

周星增：各人都有各人的优势，我分析了一下，自己这些年走得比较好，可能还是和自己当年接受高等教育有关。良好的教育对一个人理想信念、行为修养、眼界胸怀、道德标准的形成有很大的影响。现在好多温州企业家挣了钱，不知道干什么好了，有的没有了挣钱的动力，有的迷失了人生的方向。我想，这和受教育少有关系。信心、信念、方向对一个人一生的发展很重要。同时，因为我在办大学，做教育方面的事，也"逼"得我自己各方面都要比别人做得更好一点，自我要求也更高一点。

教育在线：对民办高校未来的前景，你持什么态度？

周星增：从长远来看，民办教育前景看好。但从眼下具体情况来谈，不容乐观。民办大学表面看起来一片太平，但实际已经到了新的关键期或转型期，挑战与危机不少。办学成本不断上升，学生的学费这七八年都没有"涨"了。以前民办高校靠高薪吸引优秀老师，现在国家加大对公办学校的投入，公办学校教师的薪水大幅度上调，民办高校几乎成了优秀教师的"跳板"，老师在我们这儿评上职称，就去公办学校了。民办学校很难留住人才。这涉及内外部环境的问题。

教育在线：说到办学的外部环境，你希望得到国家的哪些支持？

周星增：国家期待民办教育实现体制、机制的创新，但这样做的前提是要给民办学校充分的办学自主权。现在民办学校受到的各种干预还是比较多的。例如，《民办教育促进法》中提到应给民办高校一定的招生自主权，可是我们现在的招生指标还停留在计划经济阶段，专业设置也只能在规定的本科院校专业目录里选择。事实上，主管部门可以给民办高校多一些自主权，去行政化，让市场发挥更积极的作用。只有充分向民办学校放权，民办学校才可能充分发挥体制机制优势，提高办学效益，真正办出特色、富有创新活力。希望民办高校的发展氛围今后能更好一点。

（文章原载于：《人民政协报》2012 年 12 月 26 日 C3 版）

【印象】

赵春梅：大义大勇大智慧

贺春兰

　　我一直在追问，究竟是什么东西成就了赵春梅几十年的坚守？什么东西成就了她一次次艰难背景下的抉择？看赵春梅小时候的经历，看她的成长背景，我脑海中浮现出两个字，义和勇。我特别强烈地看到了这两个字构成了她人生的动力机制：所谓义，是一种为他人牺牲奉献的精神；所谓勇，是一种生机勃发，最终推动你果敢决策、果敢转身的力量。她十三岁下水救人，她高中的时候因为抗洪救险，长期把腿泡在水里，落下了携带一身的毛病。其实，也就是这义和勇，成就了她后来的大义、大勇、大智慧。她身上有强烈的家国情怀，我们更看到了她有提升实践为思想的能力，也有化理念为方法让她的思想操作落地的能力。今天大爱研究院的成立，还让我看到了她对大时、大势、大趋势的把握和回应的能力。2016 年，我注意到两个新闻，一个是习总书记提出中国教育要有文化自信，坚定的坚持我们身上好的东西，直面我们的毛病。教育部部长陈宝生在 2016 年，于一带一路跟各省的协议签署中则提出：中国教育，要走向世界中心。这背后的一个背景是，我国文化软实力需要彰显，教育贸易逆差需要尽快缩小。正是在这样的背景下，中央高层提出，中国的教育要崛起，我们的文化要复兴，也正是在这样的背景下，我看到了教育实践探索者孜孜努力的可贵。最近到北方的一个小县城考察，看到因为经济转型，县里经济凋敝，但是，"80 后""90 后"的家长们对优质的教育资源同样的渴望，还有很多高中毕业

　　赵春梅，山东银座·英才幼儿园（集团）创始人，北京银座东方教育顾问有限公司董事长；北京大爱思想教育科技研究院董事长、院长；山东省特级教师；赵春梅学前教育管理思想研究室终身主任；大爱思想"黄金三角"的建构者。

　　自 2001 年 9 月创办以来，15 年间，赵春梅率领银座幼教集团实现了由地方品牌向全国知名品牌发展的战略目标，由一所幼儿园迅速成长为国内大型幼教集团。截至目前，幼教集团拥有 25 所基地示范园，在全国 23 个省市有 300 余家联盟园。

生或者是大学生们就业创业没有方向。于是，我理解了赵春梅们探索的价值，他们把理念化为方法落地、扩展，通过连锁加盟这种方式，在用市场的力量，帮助政府，缩小教育差距、促进教育公平。实际上，也构建了一个没有围墙的大学，通过连锁加盟的方式，总部的研发孵化带着一群五湖四海的年轻人在创业。

今天，赵春梅再一次地把握住了时代的大方向，大爱研究院，作为一家第三方平台，有组织地将自己之前几十年的探索整理、孵化，帮助全国更多的园所发展。这也正是一件急中央之所急，也急老百姓之所急的有价值的探索和努力，以专业的力量，在更大范围内推动老百姓的需求得以专业的满足。

任何一个生命体的时间和精力都是有限的，而思想的传播则使得我们的事业在更大更久的范围内可持续，所以，从做实业到专注的做思想的提炼和传播是赵春梅生命的又一次升华。

（该文系作者在 2017 年 2 月 25 日赵春梅牵头的大爱研究院成立仪式上的即兴发言）

她为使命而活

修　菁

经历了 9 次化疗、18 次手术以及骨髓移植术，2014 年 6 月 24 日，大病初愈的山东银座·英才幼教集团董事长赵春梅又站在了演讲台上。

很多人不理解赵春梅行至 57 岁的一步步人生选择：为何在 35 岁时，放弃铁饭碗，走上自负盈亏的新体制探索之路？为何 44 岁又辞去担任 20 年的公立幼儿园园长之位，只身到异地创业？为何白血病还未痊愈，就选择到一个对于身体也许是致命挑战的公众场合？

"人活三种命：性命、生命、使命。我是为使命而活的人。"这句让许多人感到有些空泛的话，却是赵春梅发自心底的声音。赵春梅说，成为今天的自己，受家庭教育的影响非常大。三岁时父亲因公殉职，母亲带他们五兄妹长大。从小母亲对他们的教育就是，长大后要报效国家，做好事不要求回报。"我性格中刚强与坚毅、坚定与执着、积极与乐观的部分，都与童年时期的家庭教育有着直接的关系。"

赵春梅回忆说，13岁时的一个夏天的中午，她抱着未满周岁的外甥女站在村里一条沟边上，突然一个八岁的小女孩"扑通"掉进沟里。那时的沟深，大人们说有两人高那么深，"不懂水性的我，本能地放下怀中的外甥女，毫不犹豫地跳进水里救人。喝了一肚子水的我，把小女孩救上岸后，已经没有力气，还是被村里的一个大姐救上岸。"由于这种见义勇为的行为，赵春梅被大家称为"小英雄"，在全县受到表扬。高中时，她还参与了县里的抗洪救险，因为在冷水里泡得太久，落下了后来携带一生的毛病。赵春梅说，做这些事，她从来都没后悔过。

"舍生取义"这些东西，是从她骨子里渗透出来的。

（文章原载于：《人民政协报》2014年7月20日C3版）

【对话】

人生为一大事来
——走近赵春梅

修　菁

融合生命之光的刚性管理

教育在线：许多办园者都有这样的困扰：管理一所园好管，但是管理几十所、甚至上百所园，保证品质恒一很难。银座幼儿园现在有22所直营、直管园，有覆盖全国22个省市的近200所联盟园。你是如何保证银座幼教集团随着园所规模的扩大，品质恒一的？

赵春梅：我认为最重要的一点是决策层思想观念统一、管理层指导行动统一、执行层品质落实统一，并做到不管走到哪里，从幼儿园管理的外部和内部来看，看不出地域的差异、规模的差异、观念的差异。

而幼儿教育的特殊性，决定了这是一个事无巨细的事业，我们只有从成就这些小事中成就我们的大事。比如银座幼教有 56 本标准化操作手册、63 项各种流程规范手册。我 13 年的创业经验，也可以说是 35 年的从业经验是，将所有的想法落实到纸面，落实成制度性的文字，是最有效的质量监管举措。具化到实际的管理我提出：制度的全面约束，让园长的刚性管理凸显公正之光；流程化全方位指导，让园长的管理协同注入温暖之光；标准化全方位对标，让园长的管理思维融合生命之光。

在幼教市场激烈竞争的今天，我们能够发展到如此规模，究其原因是我们建立了一套"标准细、可复制、执行快"的质量监控体系。

教育在线：刚才你提到管理中"制度制约"的重要性，但是幼儿教师，也是一个需要张扬、鼓励个体创造性的职业，因为它面对的是不同的个体，需要不同的解决方案，需要由爱生发的创造。在激发教师群体的能动性、工作热情方面，银座有什么和同行分享的经验？

赵春梅：首先，我会让每一名来到银座幼教集团的年轻教师有家的感觉。我们每年会为年轻老师举行集体婚礼。在强化人的行为与目标统一的同时，我们鼓励老师发挥个体能量，在银座幼教集团，我们打破了"论资排辈""能者多劳不多得"的传统管理模式，推出每年一度的"竞争上岗""专业技能考核"，综合多方面的考量，根据教师的能力、贡献来划分"教师级别的评定"。每学期期末进行形式多样的评优、总结，还有自评、互评、园评等全方位的评价，促使每一个人进行阶段性总结、多角度反思，并使大家在回顾中感悟、提升。

教育在线：说到制度制约，我注意到银座不仅重视对教师的行为规范，对于孩子的行为，也出台了细化的行为规范准则。出于什么考虑，如此重视孩子的行为规范约束？

赵春梅：银座幼教的教育理念是张扬儿童个性，保持儿童天性。

但在尊重和保护孩子的个性和天性的同时，我们也特别重视幼儿良好行为规范的建立。为此，我们建立了 63 项保教流程和 5S 管理标准，不仅规范了教师的行为，更为幼儿建立了良好的生活习惯和行为规则，提高了幼儿的自我服务与自我管理能力。例如，区域游戏活动中，幼儿和老师共同建立游戏规则，绘制区域标示，遵守区域 5S 管理要求，对材料进行主动的分类、摆放、收纳、整理，逐渐建立和完善孩子的规则意识和行为规范。

教育的核心目的，是为了提升孩子的心智，指导他们的行为态度和行为意识，最终影响其个性形成与人生轨迹，提高其人生的幸福指数。

让每一个孩子都具有鲜明的个性

教育在线：你提到"平衡课程"的一些做法，其中对儿童心理平衡的格外关注，在幼教领域不多见。出于什么考虑，推出这样一套课程？

赵春梅：正如前所说，我们尊重孩子的个性，了解每个孩子的个体差异，尊重每个孩子的与众不同，接纳每个孩子的一百种语言，让每一个孩子都有机会表达与表现，让每一个孩子都具有鲜明的个性特点，让每一个孩子都长成"自己"，让孩子的创造力更多一点，更与众不同。

我们研发的"平衡课程"就是以儿童健康为核心，通过营养平衡、自身平衡、心理平衡、运动平衡等基础，促进幼儿健康成长。关注孩子的心理平衡，是因为3～6岁是幼儿心理发展和人格形成的重要时期，所以在孩子入园时，我们为每个孩子都发放"心情卡"，老师依据幼儿来园状态和持心情卡状况，跟进分析幼儿情绪不愉快的原因，然后进行安抚情绪、家园共育，及时记录、追问。

我们还建立了幼儿心理偏异个案的档案，通过班级发现特殊幼儿，请保健医生与家长联系，分析查找原因，进而制定干预的实施措施。

教育在线：走在银座幼儿园中，特别有"孩子空间"的感觉。我听说有家长选择银座幼儿园是因为这所幼儿园"活动多"。对于这一办园特色，你是如何思考的？

赵春梅：回想在我们的成长过程中，真正触动心灵以至于影响你一生的，是什么？是别人的说教？是书本的知识？还是听来的故事？我认为，真正影响我们的，是切身经历过某一件事情的感受与体验，这件事情十分重大或者看似平常，但就在一瞬间，你的所看、所听、所想，会一生难忘。所以说，可能就是过去的经历中一个细小的情节，成了影响你一生发展的重要"情结"。

正是基于这样的思考，银座幼教集团在建园伊始就遵循了情境教育，提供孩子活动的机会，让孩子体验参与的过程。具体即"给孩子一个空间，让他们自己往前走；给孩子一个时间，让他们自己去安排"。对于孩子的教育，绝不是一味单纯的灌输。

像你提到的，我们幼儿园爱过节。不管是中国节，还是外国节；不管是听说过的节，还是没听说过的节，幼儿园都会正儿八经地为孩子们过。我们粗略统计了一下，孩子们在一年间要在幼儿园过十几个节日。我们想，当孩子们置身于这些鲜活而生动的节日情境时，他们感受到的是教育的真

赵春梅

实和开放。各类情境中，孩子们可以得到最真实的体验，了解真实的生活，体会真实的感受，鉴别真实的自我，接纳真实的他人，建立真实的感情，成为真实的自己。

（文章原载于：《人民政协报》2014 年 7 月 2 日 C3 版）

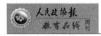
【印象】

胡大白：情切切，意执着

贺春兰

　　记者带着"接班人选择"这一公众敏感的问题走近了胡大白的精神一角，病榻上的她表现出了一贯的风格，一字一顿、娓娓道来、平静平和、理性冷静。在平常人眼中一个母业子承的故事，她原来有诸番考虑。

　　"只想将自己那一辈创业者的精神传递下去，今天这一特殊的背景下，不得已拉女儿上战场，而至于明天，当铁打的营盘造就，那个具体的人是谁将变得不那么重要。而重要的是，要将中国民办教育带入世界名校之林。"——显然，这个中国第一所民办本科高校的缔造者，出生于20世纪40年代、在革命理想主义的时代氛围中熏陶出来的知识女性，有着自觉的历史担当。

　　曾经沧海，于己早已经风轻云淡。而作为中国第一代民办教育创业者，对于中国民办教育的发展则情切切、意执着，炙热情怀不减当年。

　　（文章原载于：《人民政协报·教育在线周刊》2013年9月18日11版）

　　胡大白，黄河科技学院创办人，教授，享受国务院政府特殊津贴专家，第十届全国人大代表；先后荣获第三届"中国十大女杰""全国三八红旗手""60年60人中国教育成就奖""中国好人""中国好校长"等荣誉称号。1984年，因公致残的胡大白创办黄河科技学院。学院位于河南省郑州市，是我国第一个经教育部批准实施本科学历教育的民办高校，现已发展成一所以理工科为主、学科门类齐全的综合性应用型大学。

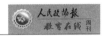
【对话】

接班人选择的背后思考
——走近胡大白

贺春兰

背景：作为我国第一所国家承认学历的民办本科高校，黄河科技学院的诞生为国内民办高等教育的发展揭开了新篇章，也为胡大白的人生做了精美注脚。2011 年 4 月，女儿杨雪梅在学院历练了几年后走上执行院长的岗位，这也意味着不久的将来，她将从创始人母亲胡大白的手中全面接过黄河科技学院的帅印。母业女承，胡大白的选择究竟基于怎样的考虑？这一看似家族化的安排背后有着怎样的思考？家族化传承是否代表了民办学校的宿命？

作为全国第一个民办本科高校的创始人，胡大白认为自己给黄科大留下的是"开拓、拼搏、实干、奉献"的精神财富，而"奉献"更成为办学 27 年来黄科大人秉承的核心精神，也构成了胡大白考量接班人的重要因素。

教育在线：我想听听您在接班人问题上的考虑和期待，因为接班人决定了学院下一个阶段的辉煌。

胡大白：回答你的问题，我想必须从我创办这个学校的初衷讲起。1981 年我因公烧伤，造成下肢残疾，在床上躺了三年，那时我是郑州大学中文系老师。而且刚刚进入一个女性的黄金时代，有经验了，孩子也大了，可因为严重烧伤，我下岗了，离开了自己喜欢的三尺讲台。搞科研也很困难，身体不允许。而作为一个中年人，如果不能自食其力，不能做一点有用的事，对不起国家啊……我想虽然这是我生命中的一个大的坎儿，但我还是要过去。我还是想干教育。不能站在讲台上了，我想我可以去做一个组织者、思考者和策划者，我不是心血来潮的人，我躺在床上三年，也思考了三年，我认定，自己的下半生要办教育。

而行动背后的一个坚定的信念就是，为国分忧，为民解愁，做一个对国家有用的人。

当时我作为一个残疾人其实在经济上没有特别的需要，学校给百分之百的工资，而且安排两个人照顾我，经济上没有问题，药费看病治疗都是国家花费的，但我要做一个对社会有用的人。我和我先生两个人，作为家里的成人，办学之前存点小钱，办学之后没有任何存款了，因为拿出来办学了。那时，国家正需要人才，但大学生很少，很多人因为"文化大革命"失去了上大学的机会。另一方面，高校教师很闲，大家轮流上课，有的人没有讲课机会便出去代课，挣点小钱也发挥价值。加上我国 1981 年执行内退休制度，很多内退教师想上课、想做管理，却不让干了，情绪很大。我就把想上课、想讲课、想管理这三股力量拧在一起，意图为国家做一些事情。

几年之后，我便明确提出，要办一所具有中国特色的社会主义民办大学。我在报上发表文章规划了这个学校的蓝图，它执行的是我们党和国家的教育方针，培养的是社会主义的劳动者和接班人。后来如大家所看到的，这个学校就成为专科的、本科的这么一路走来。

办学之初，我便在思考这个学校应该具有的精神品格。我们学校是改革开放大潮中诞生的新生事物，需要"开拓"精神。而开拓不光要胆大，还要讲科学，要从实际出发，敢想敢做，敢于拼搏，学校创办当年正值中国女排在洛杉矶奥运会上夺冠，我就把女排的"拼搏"精神借鉴进来，鼓励全校师生奋力拼搏，勇往直前，不能气馁。但不论开拓还是拼搏，精神层面的东西较多。而做成事业，还必须加上坚韧不拔的"实干"。建校时，我们只有几十块钱，租的房子又脏又乱又破，我们便自己打扫；印试卷都是老师自己刻钢板，再用自行车把卷子载到学校……条件艰苦，只能靠我们坚韧不拔地实干。但干成事又是为什么呢？要奉献国家，回报社会，于是提出了"奉献"，当时我们定义的奉献是不为一己私利。27 年来，"开拓、拼搏、实干、奉献"成为黄科大人一直以来的精神追求，而奉献更是四大精神的核心。我希望这种精神能够砥砺黄科大走向未来，也希望不论黄科大走到多远，这种精神始终不变。

基于这一指导思想，我们确立了学校资金的使用排序。第一个是学生，只要学生需要，咬牙也必须投；第二个是教师；第三个是学校的行政管理者；第四个才是学校领导。虽然 2000 年我们成为全国第一所民办本科院校，但因为这个学校没有外界大量的资金投入，整个的运转还是比较困难，到2000 年时我们学校领导的工资有 300 元、500 元，请的专家 1200 元，2000

元，我是 300 元的。

我们学校白手起家，好多人怎么也算不出这个账，经常有人问我，"没有政府支持，没有企业投入，你怎么能挤出来这么多钱来盖学校？"要发展学校，现阶段必须得这样啊。

这也是我们今天选择接班人的大背景，也就是说，我们选择校长的第一要件是无私奉献，年薪上百万还是几十万，我们请不起。

在胡大白看来，杨雪梅走上前台并非因为她是自己的女儿，更关键的是，在当下，黄科大这个营盘本身的架构还没有真正形成，也不能支撑与外面市场高度对接的薪资体系，仍然需要高度的情感投入和为学校牺牲一切的精神去支撑。

教育在线：为什么选择女儿杨雪梅来执掌全局？

胡大白：作为中国第一所民办本科大学创始人，我感到责任很大。如果将来学校垮了，并不是简单的一所学校垮了，可能会让人觉得是中国民办教育不行。所以，我要选择一个能够很好地传承学校宗旨和精神的接班人，办一所对学生负责任的大学，这是问题的根本。应该说，选择雪梅并不是因为她是我女儿，我也不愿办成家族式学校。如果社会上有比她更适合的人选，我会选择的，但目前很难找到这样的人。让雪梅担任执行院长，最主要的是她具有为学校事业牺牲一切的精神，能够传承学校的精神、宗旨，同时具备相应能力。俗话说，铁打的营盘流水的兵，而学校这个营盘的现代化架构我今天还没有能够完成。

前面讲过了，如果从外面聘一个人，需要很高的待遇，而学校今天的发展还不能够支撑一个完全和外面市场对接的薪资体系；而我们所期许的为黄科大的孩子们，为教育全情投入的献身精神也很难找。今天，我们学校领导的工资也就几千元钱，雪梅没有拿更多的钱，也没什么特殊待遇。

其实，我原来并不看好雪梅，觉得她做事比较机灵，但整体性格不是很平稳宽厚，也没有做过学生干部，有时候甚至比较自我，在处理社会关系、待人接物方面不成熟。雪梅自己开始也不愿意到学校来，有时甚至有点反感，因为学校的事让家里一刻不得安静。她大学毕业后在郑州晚报工作，福利待遇很好，又是骨干。后来，她看到我们累得筋疲力尽，心疼我们，便利用空闲时间帮学校做些事情。

2000 年，雪梅父亲心脏病突发，医生建议好好休息一个月，于是我们跑到美国休养，把学校、家里的事情托付给雪梅、学校其他领导和三个好朋友。我们离开那段时间正是民办院校招生旺季，事情很多，我们虽在美国休养，但总放心不下。回来后三个朋友从不同的角度说"雪梅行"。一个朋友说雪梅把家打理得很好。那时家里住着我90多岁的父母，还有她2岁的儿子，雪梅把大事小事处理得井井有条。一个朋友说她工作有魄力，当时赶上招生，需要迅速发出几万封信，时间紧、任务急，没人愿意出头，雪梅下令"当晚必须做完"，她亲自坐镇，组织大家分工协作，把信全部装好寄出。雪梅的领导力、组织力让那位朋友很惊讶。另一个朋友说雪梅很会化解矛盾纠纷。那时学校面临很多困难，外面征地的农民经常过来闹事，遇到这种棘手情况，雪梅主动站出来，并且应对得很好。

我没想到，我们一出去，她变成熟了。通过这些事情，我觉得她敢于负责，有能力、有魄力，最重要的是不讲私利，甘于奉献。

可能有人做过大学校长，职称、学历比她高，但那不是决定因素。从2000年到现在，她一直没有偏离学校的宗旨和方向，能力在提高，经验在积累，运作水平也在增强。我对她有信心。

当然，雪梅面临的压力和挑战还很多，我不可能代替她，她主持工作以后，我绝不干涉，让她自己锤炼。

胡大白希望女儿雪梅和她的团队能够建立一个铁打的营盘，即现代学校制度，在科学治理的支撑下，将黄科大带向一个新的堪跻身世界民办高等教育之林的民办高校。她特别讲，这是对女儿的期待，也是对新一代民办教育人的期待。

教育在线：雪梅将把学校带向未来，你对她有什么期待？

胡大白：雪梅的责任就是要建立现代大学制度，使这个基业能够巩固，长盛不衰。未来我不希望我传给她，她传给她儿子，在我们家族间代代传承。她要建立现代大学能够科学发展的制度，法人治理结构要健全，董事会的责任，党委的责任和权利，校行政的责任，怎么互相制约结合，协调发展要理清楚而且要良好运转，从而最终把学校按照其精神传承下去，办成高水平的大学。

高水平大学是我在2月5号温总理座谈会上提出的，当时提的是高水平的学校，不光是大学，后来《规划纲要》里就把这个意见接受了。

在我看来，一千所民办学校，必须有一部分人冲在前面，她的精神和经验引领着大家前进，树立标杆，鼓励大家去学习。其实也不仅仅是雪梅，她这一代民办教育领军人都要尽快地想办法，起码在某些领域，成为国家的或世界的先进领域，来展示中国民办高校的生命力。

我特别赞同邓小平的一句话：社会主义五十年了，老百姓吃不饱，还算什么优越。民办学校的优越性在哪里？我认为必须做好、做精，好到就像大家愿意掏高出几倍的学费也要上哈佛、麻省那样。当然未来几十年我们很难建成中国的哈佛、麻省，但有可能在某些方面成为中国乃至世界第一。雪梅这代人，知识结构以及现代管理意识都比我们那时强得多，今天站在我们的肩膀上，又赶上好的政策环境，希望能够比我们做得更好，带领中国民办教育尽早达到这一境界。我想这也是新一代民办教育领军人的使命。

（文章原载于：《人民政协报·教育在线周刊》2013 年 9 月 18 日 11 版，陈曦参与文字整理。）

【印象】

胡卫的定位和追求

贺春兰

胡卫，以一个睿智而文雅的学者形象为教育界熟识。但在中国众多的教育学者中，胡卫是非常不同的一个。他旗下有在民办教育界颇负盛名的上海民办教育研究所，有实力雄厚的协和教育集团，下辖从幼儿园到成人教育的数十所实验学校，应该说，他同时也是一位成功的教育实业家。但他不愿意被这样定位，因为"办实业的初衷是想通过自己造血拥有真正的人格独立，保持骨子里追求的学术品格。也因为学校才是教育的真正根基，参与真正的学校实践是教育科研的必需。"他心怀教育理想，但更追求用"漂亮的制度设计"将理想付诸实践，而且让这种实践可推广与可复制。讲到制度环境，胡卫犀利而真诚。但显然，漂亮的制度设计，让他在看似"只能滑行"的环境里从容而痛快地飞翔。整个采访，真诚、理性的学者批评的是制度，热衷的是制度设计，而临到最后，话题一转，"亲切对家长、笑脸迎宝宝"等一系列教育本身的规范从带着上海口音的、1米8高挑个儿的胡卫嘴里脱口而出——教育人一切的一切都服务于他的最终目的："我爱教育，视教育活动为一种生命乐趣。"

（文章原载于：《人民政协报·教育在线周刊》2003 年 12 月 24 日 C4 版）

胡卫，第十二届全国政协委员，协和教育集团创办人。现任上海市教育科学研究院副院长、上海市政协教科文卫体委员会副主任、民进上海市委副主委、上海市中华职教社副主任、中国宋庆龄基金会理事。

【对话】

让完善的制度设计放飞美好的教育理想
——访胡卫

贺春兰

　　他在理论与实践之间穿梭，致力于将教育理想实践化、教育目标操作化、文本化，教育经验模式化、程序化、制度化，最终可被复制、转化、推广。

　　教育在线：对当前中国教育发展的制度环境如何评价？

　　胡卫：作为公益事业的教育，很大程度上被政府关注，甚至垄断，而政府权力缺少制衡，游戏规则不明朗、不明晰，随时似乎都可能会变，这种变化无常和随意让很多实践工作者步履维艰、小心谨慎或者急功近利。总的来说，只能滑翔而非飞翔。

　　教育在线：作为学者，你怎样看待中国学者的生存状态？

　　胡卫：学者很多时候很无奈，学人要有独立人格，追求知识、追求创造，学者要能从对真理的探究中获得巨大的满足和体验。这是学者之所以为学者的前提条件。但我们的研究很多时候是自上而下的，是没有生命力的。学者的创造力很难被激发。在教育领域，理论家喜欢高谈阔论，实践家往往冷眼旁观。理论和实践两张皮的问题仍然没有得到很好解决。

　　你经常会感到两回事情是不一样的。

　　教育在线：在这样种种的限制中，你追求一种怎样的职业状态？如果谈到历史贡献的话，你怎么看待自己？

　　胡卫：我好像没有考虑过自己在历史上留下什么名字。从根本上说，我追求教育的乐趣，面对活生生的生命、灵魂，我非常庆幸自己的选择，我经常跟人讲，我选择这个行业是正确的。我是学教育的，自古以来，人们对教育有很多很好的理想、理念，我愿意将理想放飞，但我也愿意把它操作，十年的实践证明，教育理念、模式完全可以复制、转化，教育即要有目标，还要有程序，有时间节点的程序。文本、制度、规范、程序，最终使得教育的理想更大范围地惠泽受教育的人们。

以前，有个好校长就有一个好学校，但讲到底还是人治，口耳相传，一个人离开，整个学校就可能完了。教育没有形成一种制度性的架构，在制度的保障下让他规范发展。为什么企业能做到的而教育却不能，恐怕与这种架构没有形成有关。当然，教育有其专业目标和专业精神，但似乎不是和其他领域完全不相通。其实，现代教育是为适应工业社会发展需要而产生的。现代工业、商业发展比较快，根本原因在于它有规范。我一直反对教育百分之百的产业化，因为人是有价值追求的，但不能不引进企业管理。

你到哪个学校都可以看到很多目标、口号，但讲到最后缺少实物性的东西。希望教育科学的发达最终能如医学那样，医学的发达最后都转化为工具、程序、方法，而非仍旧停留于经验。同样，我们也有很多很好的经验。但我们缺少的恰恰是没有把它制度化。

我想要在理论和经验中形成一个桥梁，形成一个务实的又不失理想的桥梁，将人类普遍性的对教育理想的美好追求变成操作性的制度。将人类艰辛的教育实践和探索都变成可以推广的标准和程序。

教育在线：十年前，你创办了上海民办教育研究所，研究在你整个的职业设计中处于什么位置？

胡卫：十年前，科研单位在制度上受到的制约很大，没有自由创造的空间。我当时基于这样一个想法，社会科学能否有独立精神，既做到第三只眼睛看问题，又做到为学校服务，为理论建构服务。我希望有种制度设计，让研究机构能够自立从而自主。所以研究所是对我作为一个学者的理想的践行。也因此，我不希望有人把我们今天从事的工作作为三产。只是希望能够自我造血，不再四处化缘，以充分的科研经费保障学者的尊严和公正。

教育在线：你实现了？通过怎样的路径？

胡卫：我们首先建立实验学校，因为教育问题根源在学校不在政府。过去许多教育家特别重要的一点是重视实验，既给学校资源又发现问题，把问题研究和指导学校发展结合起来。每个实验学校则拿出少量经费支持科学研究。

今天的上海民办教育研究所，有数十所实验学校作为其研究实验基地，又有鉴证、评价等周边产业。在我们的制度架构中，科研为中心，实验学校作为基地，周边事业作为保障。因此在民办教育研究所事实上也有三拨人，科研人员，在有比较充足的科研经费的前提下，保障其公正、客观与独立地开展研究，迄今为止承担了全国人大、教育部、国家科委、省市教委委托的几十项重大研究项目。特别是参与研究与制定《民办教育促进法》和教育部联合编撰出版《中国民办教育发展绿皮书》，负责制定全国民办教育发展规划等工作奠定了上海民办教育研究所在全国民办教育领域学术研究领头羊的地位。学校管理人员和科研人员结合，建立操作化的管理体系，通过课程改革试验、学校内部管理制度创新和师资建设，形成自己的办学特色，推动所属校园在教育、教学、管理等诸方面更上一层楼，形成集团管理、规范运作、滚动发展的办学模式。行业协会、鉴定评价事务所、课程开发中心等则作为周边产业发展。

研究是纲，学校是目，纲举目张。我们运用资源策略，将非政府和非经济资源、专业资源与外围资源、科研力量与一线实践很好地整合了起来。

教育在线：你特别喜欢赋予"制度设计"一个动听的修饰语——"漂亮的"，你怎样为你的学校设计这样一个漂亮的制度架构呢？

胡卫：在上海民办教育研究所创立之初，我们边办学校，边做了现代学校制度的研究。

将目标、理念、思想的东西，请专家转化成可操作性的文本，把教育理念、教育思想用一种制度的东西加以规范。比如师爱，哪个学校都会谈到师爱，也会将其写入学校的规程，但往往因为没有进一步的举措保障而流于空泛。我们有可操作的文本，比如，把老师办公室放到班级里，把校长办公室放到一层，要求教师用期待的眼光和学生谈话与交流，对低幼寄宿学生要求教师在孩子临睡前拥吻他们，等等。

大多学校都有一整套的规章制度，但都是"纸上画画，墙上挂挂的"，大家不去遵守。而我们的规章是开放式的，即采用操作文件管理方式，一方面把学校管理者和教师的理念、经验、创意和想法汇集起来，编撰成为一个个操作文件；另一方面推行校园提案制度，即要求每个教师根据自己的实践经验和所负责的一块工作，每学期向学校提供不少于三条的建议，这些建议不是理念性的、笼统的，而是工具性的操作提案。研究所的学校管理部门及时将老师的合理化意见反映在《校园简讯》和《校园长简讯》上，到学期末再把大家的经验想法汇总起来，自下而上地来修订和充实操作文件。通过上下两个渠道的努力，既能推动学校管理规范化，又能发挥学校自主办学积极性，提高管理能力。如今，1800个文本构成的规范描述了我们对现代学校制度的理解和解读，在追求学校内涵发展的同时，我们今天在探索和研究如何输出标准、扩大规模，发展加盟。

学校依托民办教育研究所，一方面把研究成果转化为制度、文本、规程，用理论指导实践；另一方面探索实践中不断发现或引起关注的问题，并尝试加以解决。需要指出的是，我国教育制度还相当落后，其问题的症结还在于迄今尚未建立一套学校自我管理和自我监管的机制。董事会形同虚设，教职工代表大会不能有效行使民主监督的职能，校务委员会只是咨询型组织而非决策机构，等等。针对这些问题，我们首先做的是完善学校法人治理结构，建立规范的董事会、监事会和以校长为中心的行政制度，建立使相互冲突的或不同的利益得以调和并采取联合行动的机制，以保证学校运作的高效和相互制衡。建立三级网络督导、巡视队伍，加强学校与管理部门的互动。通过专家的分点指导、带教活动，管理人员的督导和校园巡视员的巡视检核，推进学校的教学质量和管理水平的全面提升，并使各校园好的经验、好的做法，能及时地交流推广，达到资源共享。

学校的实践，使研究所的研究能更深地扎根教育的肥沃土壤，并从中吸取养分，使研究所为政府的宏观决策服务，能更贴近于中国教育的实际，而不流于空谈和追求理论的华丽；实验学校拿出少量经费支持科学研究，使民办教育研究所独立和自由地追求知识和创造，独立于行政职能部门，从宏观到微观对教育问题进行研究成为可能。

（文章原载于：《人民政协报·教育在线周刊》2003 年 12 月 24 日 C4 版）

胡建波：坚守更创新

解艳华

　　了解胡建波源于其博客。他在博客里激扬文字，嬉笑怒骂，轻松诙谐，颇为有致，与印象中大学校长正襟危坐的形象相去甚远；见到胡建波，是在北大的一次学术会议上，他端坐了一天，不停在本上认真记笔记，他说，学者们的研究内容很多都是学校正在进行的实践，很有收获；聊天中，一些现代企业管理词汇不时从他嘴里蹦出，扑面而来，这与以往记者接触的民办教育人含着眼泪做事，常叹民办教育之艰的悲情角色显然不同。在旁人眼里，胡建波充满自信，这种自信让他收放自如，既能够诙谐幽默，又能直指要害论点江山；既创新亦坚守。套用福特基金会何进博士对胡建波的评价，各方面都比较平衡。

　　胡建波说，从事民办教育行业需要前瞻智慧，也需要开放性格，很庆幸自己进入这个行业，因为喜欢，更因为适合自己。"如今，学院发展到一个平稳阶段，压力不是特别大了。我找到了个人和组织的发展方向。没有方向才迷茫，有了方向又不太疲惫，这是最好的状态。"

（于 2012 年）

　　胡建波，西安欧亚学院董事长兼院长。西安欧亚学院成立于 1995 年，是一所经国家教育部批准，以管理、经济为主，艺术、文学、教育、工学等协调发展的应用型国际化普通本科高校。

【对话】

变革创新，"野生动物"的生存法则
——访胡建波

解艳华

内部改革创新早已成为习惯

欧亚学院入选国家教育体制改革试点项目，对于胡建波来说，是顺理成章的事情。他按照现代企业制度搭建起了学校的管理和运行机制，对于组织运作的变革和创新，他有着超乎寻常的热情与关注。

教育周刊：2010年欧亚学院成为国家教育体制改革两所试点民办高校之一，内容为：改革民办高校内部管理体制，完善法人治理结构，建立健全民办学校财务、会计和资产管理制度。您认为欧亚学院胜出的原因是什么？

胡建波：欧亚学院进行内部管理体制改革并不是从入选试点开始，早在2005年，我们就开始着手改革内部管理体制，提升质量，促进学校综合实力的发展，所以后来没有费太大劲就拿到了试点项目。

学校的内部管理运营一直处于持续不断的变革状态。比如，2007年欧亚学院在国内高校中首家引进知名管理咨询公司，成立了战略管理办公室，开始推行系统的战略管理方法；2008年与业内知名的财务管理咨询公司合作，推行ABC作业成本法；我们还引进零点集团给学校做品牌调查；最近我们正跟太平洋戴维斯公司洽谈学校不动产的规划，这在高校里也是比较超前的，所以在我们这里进行内部管理体制改革试点，阻力小，容易推行和见效。

教育周刊：实际上，欧亚学院一直把学校作为一个现代企业来管理，其理念也是一套完整的现代企业管理理念。

胡建波：也可以这么讲，更准确地说是向国外私立大学学习吧，因为美国的大学在教育和经营上都做得不错。我们目前在许多方面，如教学质量、毕业生就业率等都有一套科学的管理评价方式。比如，我们购买了教育信息数据调查公司定期提供的就业报告；在产学合作方面，我们和阿里巴巴、顺风快递、水晶石等公司合作，通过大企业的拉动来提高我们的教学水平。所以我们的做法和思路与传统大学不一样，我们提出的教育理念为"国际化、应用型、新体验"，国际化即学校的管理模式、教育理念、课程设置、教师背景等各方面都向国际化发展；应用型即培养具有解决实际问题能力的学生；新体验即学生要有完全不同的学习体验。

教育周刊： 这种内部管理模式的系统变革，一定是和你的管理理念和行动力有关。

胡建波： 这就涉及领导力的问题，即领导者是否愿意不断学习、不停地改变自己，我一直保持开放的心态向别人学习和创新，任何新的东西我都愿意尝试。

我从公办学校毕业，后又在公办学校任教，但创业却是从民办学校做起，当时民办学校除了要做好营销，建校园、学生管理、教学方面就是照抄公办学校的模式，我一直不太认同这种模式。后来两个契机促使我们进行系统变革，一是我们在2005年邀请了海外学者，华中科大赵炬明教授担任副院长，他倡导学院进行战略规划；另一个契机就是我开始在中欧工商管理学院学习，这更进一步加深了我对战略调整和组织变革的认识。

到今天，我们这个组织已经养成了持续学习不断改进的习惯。

"野生动物"的拼抢精神

市场是残酷的，自古以来就存在着优胜劣汰的生存法则。胡建波常说，欧亚学院及其学生包括他这个院长，都是"野生动物"，为了生存他们需要展开生死较量。

教育周刊： 欧亚学院成为国家承认的民办本科院校的时候，你曾提出"野猪"与"动物园"的理论——即民办学校诞生时就是"野猪"，后来被"招安"进了动物园，这番话是不是可以理解成欧亚学院现在是戴着镣铐在跳舞？

胡建波： 也不能说戴着镣铐跳舞，因为进入国家统招系列之后，学校的生存环境和外部生态都发生了变化，那么如何适应这种变化保持自身活力呢？管理者会考虑这几个问题：一是组织的任务、人、组织三者之间如何平衡；二是三者如何适应外部的环境变化。像联想、华为这样的企业永远面对一个变化的市场，如果跟不上市场变化就是死路一条，所以他们特别关注外部环境。当然教育机构的外部环境没有如此快速的变化，但民办

学校处在生态比较恶劣的下游，我们就要不停地研究外部环境变化，做出一定的调整。

教育周刊：这种变革创新的精神好像也传递给了学生，你一直提倡学生要有"野生动物"的拼抢精神，这体现一种怎样的教育质量观？

胡建波：对于一所学校来说，传统的教育质量观包括——资源质量观、产出质量观、声望质量观，中国高等教育形成了一种很固定的模式，更注重谁的声望高，我没有刻意追求这些，当然提高声望对于市场竞争是有好处的，我更加看重增值质量观，也就是一种动态质量的提升。如果学生在进入高校之前和接受完高等教育之后的成就、行为等可以测量的话，那么这两者的变化越大，价值增值就越多，高等教育的质量也就越好。

我一直告诉学生们，我们不像在动物园里的动物，有饲养员精心的照顾、喂养，有大量的时间可以散步、睡觉。我们经常会饿肚子，我们的食物要靠自己去找、去抢、去争取，我们还要忍受各种恶劣的生存环境，甚至还要提心吊胆地躲避天敌和猎人，因此我们要有"野生动物"的拼抢精神。

这几年，学校一直在变革，逐渐进入内涵发展的时期，无论是人才培养模式、教学计划，都在朝着"学得受用，学了有用"的方向调整。在这样的努力中，"野生动物"的拼抢精神，"与众不同，有些先锋"的性格，正在成为学院日益清晰的创新 DNA 和文化积淀。

教育周刊：2006 年央视《焦点访谈》报道学院"就业率"造假问题后，欧亚的品牌建设有哪些调整？

胡建波：我们学校三大战略内涵分别是：质量、运营、品牌。我们把品牌战略放在很重要的地位，专门成立了一个品牌研究小组。

我们选择走差异化道路，即教育产品的差异化，就是跟民办竞争对手和公办教育机构提供不一样教育产品。首先欧亚的品牌不能和公办重点大学比，我们在 2007 年提出了一个口号，就是"成为中国最受尊重的私立大学"，我们把这个目标分解在 10 年规划中，力争成为西安地区提供一流本科教育的院校。

教育周刊：现在投资者关注民办教育更多放在培训机构，短平快的融资、上市，成了一条固有的路径选择，很少有人花大力气投入内涵发展了。

胡建波：中国民办高等教育大多是通过滚动发展起来的，大家一开始就把它定位为非营利性。但是一些培训机构走上了营利性的道路，融资、上市、拓展规模，这比较适合培训机构，学历教育可能就走不通，因为它的资产回报率不太高，另外相关政策支持不清晰。相对来说，营利机构的好处是效率更高，非营利机构则要一个长期的发展过程，"慢热"一点，但是没有营利机构效率高。但我个人以为，教育机构是否营利关系不大，关键要看哪一种组织形态给社会创造价值更有效果。

优胜劣汰也需"融合共进"

在胡建波看来，市场竞争中，优胜劣汰是任何一个行业发展的必然趋势。但在民办教育行业还较弱小的时候，需要丁祖诒这样仗义执言的先行者，更需要整个行业团结，融合共进。

教育周刊： 前一段时间西安翻译学院创始人丁祖诒先生去世，你专门撰写了一篇文章悼念丁院长，丁院长对你有哪些帮助？

胡建波： 我进入民办教育行业，丁院长对我帮助很大。我觉得丁院长确实是敢为人先，他完全超越了那个时代人们的行为和思维方式，他是中国民办高等教育当之无愧的拓荒者和开拓者；他对我一直非常关照。办学过程中，我几次遭遇重大危机，他都伸出援手，比如，几年前央视《焦点访谈》报道学院"就业率"造假问题，丁老专门写文章质疑该节目的做法，并呼吁媒体应以全面、公正的态度关注和报道民办高校发展中存在的问题，引导其积极健康有序的发展，而不是"棒喝"与"棒杀"。对此，一般人都避之不及，他却仗义执言。所以我非常感激丁院长在关键时刻给予我的帮助。在他的影响下，陕西越来越多的教育机构都开始注重自己的品牌与创新。民办教育需要这种共同发展、互相融合的力量。

教育周刊： 丁老去世之后，大家都很关注其继承人问题，欧亚有没有这种问题？

胡建波： 在学校管理方面我们一定是选择最优秀的人出任管理者，我的家人没有一个在学校中高层任职，现在学校的中层干部基本都是70后和80后，新一代领导者也在培养中。

采取家族管理或者职业经理人管理，我认为各有利弊。家族管理的企业社会化水平不足，但一个企业组织完全社会化，就会更加关注财务、投资回报等短期指标，而有些组织的目标是建立百年老店保持品质。组织生存方式是多元的，对于非营利组织来说，家族传续可能还是有利于组织的稳定，当然前提是接班者非常优秀。

教育周刊： 你认为未来几年整个民办教育的整体生态如何？

胡建波： 民办教育的力量还在持续增长，国家支持力度也在加大。按照组织形态来说，民办学历教育处于垄断竞争状态，培训机构处于完全竞争状态。国家肯定不允许一个学校垄断，但是又有很多政府管制，不是谁都可以进来办学，既有垄断又有竞争。

一些理念超前的学校在不停变革创新，通过竞争会逐渐胜出；而另外一些学校则可能会被市场淘汰。如果国家办学门槛适当降低，不断有活水进入，我相信民办教育永远会有持久的活力。

（文章原载于：《人民政协报·教育在线周刊》2012 年 5 月 23 日 C3 版）

【印象】

胡正：执着反哺

张惠娟

　　下乡知青、文学青年、电影放映员、民办校长、中国民办教育协会理事、杭州民盟盟员……这一连串的称谓串起来，就编制成了胡正富有传奇色彩的人生。

　　采访胡正，是在一次专修学院发展会议的会场。记者如约到时，他已坐在那里看资料。他个子不高，穿一件灰蓝色休闲夹克，亲切和蔼，朴素低调，宛如邻家大叔。

　　胡正是一个特别感恩的人。当年的下乡插队生活让他对农民有着天然的深厚感情。现在，每年春节他都要回到当年下乡的农村看望90多岁的房东大娘。采访中，"我就是这些'80后''90后'新农民工的叔叔、大伯"这样的话他重复了好几次。也正是怀着这种反哺的情怀，他多年来为新一代农民工在城市中的发展和未来而思考。

　　作为浙江三联专修学院的领军人，他话语间流露出巨大的责任感。"办学校和生产品牌产品是一样的。扎扎实实做教育赚不了太多钱，这跟生产品牌产品一样，要创品牌，就要注重产品的品质，成本就不会低。偷工减料的利润是高了，可牌子也砸了。"

　　强烈的社会情怀和执着的探索精神让他大半生的时间致力于中国民办教育，也让他在其中实现了自己的人生价值。他还通过在中国民办教育协会和浙江省民办教育协会担任的一些职务，以及通过浙江民盟的渠道，写文章、提建议等方式关注专修学院和培训教育的发展，关注社会文化的发展。

　　胡正，浙江三联专修学院董事长、创办人。1983年起从事教育培训工作，1993年创办杭州三联职业培训学校，2001年创办浙江三联专修学院。目前该学院已成为全日制自考助学教育、现代远程教育和成人继续教育为一体，以培养新型实用专业人才为总体特色的民办高等院校。

随着谈话的深入，他骨子里文学青年的书卷气和理想主义情怀不自觉地淡淡弥散。他声调不高，但语言流畅，说到尽兴处会着重强调。"当电影放映员时，我还将电影内容编成顺口溜给百姓宣传……"

"一直以来，为了学校的发展，我经常把事业放第一位；然后是学生、教职工；最后才到家庭，妻子为我分担付出了很多，今后我有了更多的时间多陪家人。"如今，退休后的胡正，除了工作之外，对自己的业余生活有了一个全新的规划。他在位于杭州西郊西溪湿地旁的房子附近开了一块菜地，闲暇时种植丝瓜、黄瓜、茄子、豆角，体验陶渊明"采菊东篱下，悠然见南山"的田园乐趣。天性喜欢阅读、写作的他过去因忙于工作无暇顾及，退休后也有了更多的时间来做这些事，他将自己从事民办教育 30 年来的苦辣酸甜，陆续记录在一部叫作《民办校长》的长篇纪实小说里……

【对话】

关心农民工子女教育
——对话胡正

张惠娟

最近，各地方两会陆续结束，农民工及其培训问题多次被代表、委员们提及。而在农民工培训领域有这样一个人，他受使命感驱使，关注新一代农民工在城市中的发展，3 年来，他带领团队对 2 万多名农民工进行了技能培训，让他们在城市中掌握一技之长。他就是改革开放后第一批涉足民办教育的办学者、浙江三联专修学院董事长胡正。

学习改变命运：3 年培训 2 万多名农民工

20 世纪 90 年代，歌手李春波一首描述知青文化的《小芳》红遍大江南北。而浙江三联学院（以下简称三联）董事长胡正正是歌中描写的下乡知青中的一员，那段插队的经历在他心中留下深刻的印记。胡正说，"农民兄弟给了我土地一样深厚的情感，但我为他们做过什么，我应该为他们做些什么。现在，他们的孩子进城打工，我有责任帮他们一把，一直感觉我就是他们的叔叔、大伯。"

教育在线：近年来，三联在农民工培训方面做得很有成效。你觉得和老一代农民工相比，这些"80后""90后"学员有什么特点？

胡正："80后"和"90后"属新生代农民工，他们和"70前"的老一代农民工最大的区别是：老一代农民工到城里打工是暂时的，迟早还要回到农村老家。但新生代农民工不一样，他们的文化程度比老一辈高，愿意接受都市现代化的新生事物，户口虽然在农村，但很少干过农活。他们怀揣梦想来到大城市，希望有一天能在城市扎根。但他们怎样努力才能快速成长起来？要怎样奋斗才能在未来融入城市，成为城市的一员？对于这些问题，他们大多数心里还是茫然的。

教育在线：你为什么对农民工培训这么执着？每次开班都亲自演讲。

胡正：我曾是一名下乡知青，16岁去农村插队，24岁才回城。8年的农村生活，让我学会了拔秧、插秧、割稻、挑粪、养猪这些农活。并且，在我最困难的时候，是农村的那些伯伯、婶婶帮助了我，这种深厚的感情渗透在我血液里。所以，一直以来，"农民"这两个字在我内心占有非常重要的分量。学习改变命运。我要尽可能为他们创造学习的机会，让他们从心里认识到学习技能的重要性，让他们有机会在城市立足。

教育在线：作为一名下乡知青，你后来怎样走上办教育的道路？

胡正：我是68届初中毕业，其实初中我只读了一年半，后来就搞"文化大革命"了。所以，我回杭州当工人时，年龄、文化水平其实和现在这些新生代农民工差不多。但当时中国20～30岁的几亿青年人中很少有大学生，十年"文化大革命"，大学没办，只有少量的"工农兵"大学生。"文化大革命"后，由政府出资在全国开展企业职工"双补"业余学习，补文化，补技能，我就是通过几年这样的业余学习，取得了成人高中文凭。后来，通过考试当上了企业职工业余学校的语文老师；1983年考上了原杭州大学夜大中文系，那年我已经31岁了，经过四年的学习，在1987年获得了中文大专文凭。那一段教师的经历，让我接触到了教育行业，之后便下海创业，办教育培训。

教育在线：在三联的发展历程中有哪些标志性的印记？

胡正：1993年创办三联后，逐渐抓住了三个阶段的市场：第一个阶段，20世纪90年代初，当时正是我国建筑业和外贸业兴起的时候，我们在建筑外贸行业培养了 3 万多人；第二个阶段，是在 2001 年前后，由于高等教育的需求旺盛，供给不足，我们又抓住机遇，主要通过全日制考，实现了全日制万人大学的规模；第三个阶段，近几年来，我们在向继续教育转型，通过成人教育，远程教育，培养了 8500 多人。这几年我们的重点是农民工培训，三年来培养了 2.2 万人。

退而不休：眼光投射到民办教育群体发展

随着年龄的增长，如今花甲之年的胡正已经退居二线，但并没有过上真正意义上的退休生活。在有了较多自由的时间之后，他反而将工作的眼光由关注三联本身，延伸到对整个民办教育事业和对农民工群体的关注上来。

教育在线：办民办教育占据了你大半辈子的精力，三联在你的带领下，走过了 20 多年的春秋之后，你也已退居二线。退休一年来，你的生活状态怎样？

胡正：其实，作为民办学校的校长，退休并不是真正意义上的全退，准确地说是不在第一线直接负责学校的日常管理和教学管理工作，但我还是学校的董事长，学校大的发展方向和整体战略还是由我来把握的，所以肩上的责任并未减少。

过去在学校创办和发展的过程中，我亲自考虑经济效益问题。学校经过 20 年的发展，有了一定的积累，所以现在学校的经济效益问题主要由管理班子去考虑，我更多的是考虑如何致力于教育公益事业。

教育在线：具体表现在哪些方面？

胡正：主要包括两方面，投入更多的精力去关注民办学校群体，还有我们近几年一直关注的农民工群体的培训问题。

教育在线：民办学校的发展值得关注，今年一些民办高校招生形势不太乐观，一些专修学院更是面临招生难的困境。

胡正：是的。2005 年，教育部停止了高教学历文凭考试试点。同时，在高校生源逐年减少和高校扩招的背景下，专修学院的发展进入一个进退两难的尴尬境地。我们也和全国其他的专修学院一样在发展上遇到了前所未有的招生困难。

教育在线：在这种形势下，你觉得专修学院如何创新发展？

胡正：为了使学院尽快走出困境，搭上《新规划纲要》颁布后形势发展的快车，我们深入全国各地民办院校实地考察调研、了解掌握专修学院整体发展现状和存在的深层次的问题。在具体分析的基础上，积极向各级教育行政部门呼吁，同时调整办学思路；另外，结合全国民办教育发展的新形势，号召中层干部设身处地用民办教育发展的政策方针指导学院的办学实际，使大家在统一思想的同时增加了对学院发展的方向感和责任感；还有，及时向大家传达全国自考办学的形势、介绍兄弟院校的经验、探讨如何走出从单一的全日制自考助学向继续教育协调发展之路，鼓励大家"二次创业"。

2010 年，我担任了中国民办教育协会高等教育专业委员会专修学院工作部部长，尽可能创造机会加强各省专修学院之间的沟通与交流，大家一起探讨研究专修学院在新形势下的发展思路，期待迎来专修学院发展的春天。

新政策、新期待：全国农民工培训计划应由政府主导实施

在采访过程中，胡正从资料夹里拿出了一份他收集的 2012 年 12 月 5 日的《温州日报》，在一篇题目为《中央政治局会议传递明年经济政策六大信号》的新华社文章上，他用铅笔圈圈点点做了重点记号，并逐字逐句向记者读起来。他说："国家在农民工政策方面释放了许多积极的信号，让我们在农民工培训方面更有信心了。"

教育在线：党的十八大的召开，向各行各业吹来了新鲜空气，在你关注的领域，你有何体会？

胡正：我觉得在农民工培训方面释放了一些利好信号。十八大之后，国家最近又在召开的中央政治局会议、中央经济工作会议和中央农村经济工作会议上，一再强调要"有序推进农业转移人口市民化"。但据国家统计局 2011 年提供的数据，目前全国有 2.5 亿农民工，其中初中文化的占 61.6%，小学文化的占 14.4%，不识字或很少识字的占 1.5%，合计初中及以下文化程度的农民工占 77.5%。而一个文化程度如此低的农民工群体，是很难在城市生存发展的。我认为实现农民工有序市民化，应培训先行。所以，教育培训在农民工市民化进程中有很大的发展空间。

教育在线：根据你多年来在农民工培训领域的经验，还有哪些诉求和建议？

胡正：我觉得首先应由中央政府制订并组织实施全国农民工培训计划。农民工群体太大，涉及面广，且多数农民工属跨省流动，只有中央政府主

导，各部委和省市政府配合，才能有效实施全国农民工培训计划；其次，农民工培训的时间、人数、内容、方式和经费也应调整。建议培训时间从2013年至2020年年底，培训范围应以"80后""90后"农民工为主，加上2020年前新增农民工，人数约2亿人。培训内容应是"学历＋技能"，应让77.5％初中及以下文化程度的农民工提高一个学历层次，拿到一本技能证书。学习时间每人平均2年，以业余学习为主，但企业要给参加学习的农民工每周两个半天的脱产学习时间。培训经费全部由中央和地方政府解决。2亿农民工每人培训2年，相当于4亿人次；按8年分摊，每年5000万人次。全国现有民办培训机构10万家，如分摊一下，每家平均每年培训500人次，这是完全可以承担的。因此，我建议把农民工培训的任务交给民办培训机构去做。

教育在线：农民工自身学习动力不强，工作繁忙又缺少学习时间，加上培训费不用自己出，所以这类培训很容易流于形式，甚至出现培训机构和培训者串通造假的现象。你认为有哪些建议避免类似现象发生？

胡正：为了鼓励农民工学习，防止产生弊端，应建立一套有效的推进机制。建议，首先建立一支帮助农民工学习奋进、克服困难的志愿者队伍。"老三届"知青已到退休阶段，他们曾去农村插队，对农民有感情，尚精力充沛，可担此任务。另外，建议由自学考试系统来组织农民工培训的考试。因为自学考试"宽进严出"，含金量高，社会认可度广，这样既可保证质量，又可让跨省流动的农民工在不同的地方继续学习考试。当然，还要花大力气编写符合农民工实际需要的专用教材。

（文章原载于：《人民政协报·教育在线周刊》2013年2月6日C3版）

【链接】

胡正：为专修学院的生存鼓呼

解艳华

在11月5日全国首届专修学院改革与发展研讨会上，80多位专修学院领军人齐聚杭州，这是民办专修学院的第一次大规模集会，来参会的很多都是当年第一批创办专修学院的老民办人，许多多年未见的老友互致问候，场面异常温馨。

"很多人都觉得专修学院发展不下去，我觉得它依然是一个朝阳行业。"作为会议的承办方，浙江三联专修学院董事长胡正忙里偷闲接受了记者的采访。胡正说，今天有这么多人到会，说明还是有很多人愿意把专修学院做好并继续干下去。

"虽然我们现在遇到了很大的困难，但是未来发展依然向好，首先中国经济发展一直保持上升趋势，经济总量已然跃居世界第二位，早前依靠高消耗劳动力密集型的发展模式逐渐被淘汰，产业发展转型急需引进先进技术，提高劳动力素质，因此必须培养大量高技能型人才；中国的城镇化进程正在加快，越来越多的农民涌入城市，农民工培训也是一块很大的'蛋糕'，普通高教培养的人才不适应企业需要，需要继续教育和培训，这个大趋势下，专修学院有很多事情可以做。"

"今天开这个会就是搭建一个平台，让大家增进交流和合作，没有全国专修学院整体的发展，就不会有某个专修学院的发展，一花独放不是春，百花齐放春满园。"对于未来，年近60的胡正显得踌躇满志。

2008年，胡正第一次参加了本报承办的"责任与使命——改革开放30年之中国民办教育纪念论坛"，那次会议上，胡正提交了关于专修学院发展的建议，此后他开始在各种场合发表有关发展民办专修学院的观点，"专修学院这个群体曾经是特定历史条件下的产物，新时期应该焕发新的生机，如果大家加强联合，把一些项目和经验进行推广，这将促进全体专修学院的发展壮大，而非被历史淘汰。"

胡正说，现在民办专修学院的领军人大都年事已高，亟须一批具有新的教育理念和视野的年轻人参与进来，"这是一个长远的事业，亟须补充新鲜血液，当下最需要的就是改变思想，开拓创新，但是不能急功近利。"

目前，受生源的影响，胡正已把学校的重心放在继续教育层面，他正率领多支团队向农民工培训、成人教育、远程教育领域进军。

（文章原载于：《人民政协报·教育在线周刊》2010年11月17日09版）

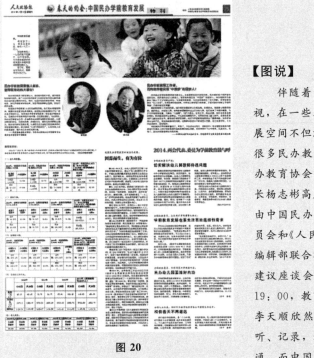

图 20

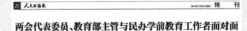

图 21

【图说】

伴随着国家对学前教育发展的重视，在一些地方，民办学前教育的发展空间不但没有扩大，反倒受到挤压。很多民办教育实践者的反映令中国民办教育协会学前教育专业委员会理事长杨志彬高度重视。2014年3月1日，由中国民办教育协会学前教育专业委员会和《人民政协报·教育在线周刊》编辑部联合举行的"民办学前教育政策建议座谈会"，从下午14：30到晚上19：00，教育部学前教育工作室主任李天顺欣然应邀出席，李天顺认真倾听、记录，和民办学前教育界积极沟通。而中国民办教育协会学前教育专业委员会前后两位理事长郭福昌和杨志彬则代表行业协会积极发声，希望协会能够更多参与学前教育政策制定。民办学前教育发展的共识固然难以在短时间内形成，但表达者和倾听者互不缺位。2014年3月8日两会期间，《人民政协报·教育在线周刊》和中国民办教育协会学前教育专业委员会联合推出的《中国民办学前教育发展》特刊记录了中国教育民主化进程中的这生动一幕，见图20（特刊1版）、图21（特刊2版）。

（文/贺春兰）

【漫笔】

包容多元方能更接近真实

贺春兰

中国社会转型、利益分化带来的一个明显的特征是"众声喧哗"——任何一项政策出台后，各种各样的议论声便不绝于耳。在教育界，这种众声喧哗的现象也存在久矣，因为不同背景的约束，围绕着很多重大的教育政策方案选择问题，出现了各种声音，甚至截然相反的观点。

事实上，在今天社会利益结构出现严重分化的情况下，专家因为不同的背景，也因为视野的被限制或者和某些利益团体的接近性，即使都出于"社会使命感"，也一样会受到视野、某种体制背景抑或利益的牵绊。而作为议程设置者的传媒事实上也一样。

也因此，作为决策者，容纳多元的声音发出才显得至关重要。不仅因为教育决策需要多视角的人士参与，也正如学者萧功秦所指出的："在一个日益多元化的社会里，极端声音虽然会始终存在，但只会因为其他思潮的抑制而处于边缘，理性的声音在社会上将越来越有影响力。"

相信教育决策的科学化同样取决于对多元声音的包容程度。而公众也会逐渐习惯雾里看花，逐渐拥有越来越清晰的分辨力。

（文章原载于：《人民政协报》2010 年 3 月 17 日 09 版）

【印象】

胡锦澜：低调的布局者

贺春兰

年轻的胡锦澜穿梭在教育圈已经有多年，悄无声息地把事业经营得远远超乎笔者的想象。

之前只是从零散的报道中得知"民科院"颇具规模，业务板块庞大，涉足领域也相当广泛。于是心生疑惑，这样庞杂的业务拓展到底需要多大的机构规模来进行运作。采访地点约在位于北京建国门内大街恒基中心大厦的北京民教信息科学研究院。初入民科院，第一感觉窗明几净，宽敞明亮，每个屋角都摆放着生机勃勃的盆景；员工们有条不紊地工作着，开放式的空间便于工作人员交流和沟通，空气中满是充实与舒适。由于机构业务的不断扩展和队伍的壮大，他们还有另外一处相当规模的办公地点。采访中谈及民科院的未来发展，胡锦澜还特地带我们参观了他们正在给员工筹建的员工宿舍区，为了迎接下一轮的大发展，胡锦澜说自己正在积极储备来自地方的大学生。据介绍，民科院及其下属公司所有在册工作人员百余名，其中80％是大学本科学历，研究生学历占到总人数的20％。这些人的主业还包括师资培训、教育信息化支持，等等。

对于我们对其业务版图庞杂模糊的疑惑，胡锦澜笑称他的发展理念源于儿时对象棋的爱好，他很崇尚象棋中的"布局意识"和格局观念。他说每拓展一项业务就如同在走一步棋，而每个业务板块的布置并非是孤立的，彼此之间的格局都是为了在最后棋局收官时能够抢占先机，而又可以防止

胡锦澜，北京民教信息科学研究院院长，民进会员，北京东城区政协委员。北京民教信息科学研究院（以下简称民科院），成立于 2010 年，是一家围绕教育信息化和教育信誉体系提供第三方公共服务的综合性科研机构，承担了教育部国家教师科研基金"十二五"规划全国重点课题《关于教育公共服务平台及其中介机构的研究》，较早地在教育舆情等领域进行了研究和监测。

心存不轨者的破坏。于是，他选择了先从布局和规模入手，而后打造品牌知名度的策略。

胡锦澜的事业规模远没有被业内知晓，但他平和低调的形象却很得老同志扶持，丁祖诒先生去世，与丁从未有过任何接触的他还特别派人送去花圈以表达自己的敬慕与缅怀。

（文章原载于：《人民政协报·教育在线周刊》2012 年 4 月 25 日 C3 版）

【对话】

技术将让教育更美好
——走近胡锦澜

张惠娟　王　英

2012 年 4 月 18 日，某媒体一篇未署名的文章以记者调查的名义对北京民教信息科学研究院进行了大篇幅的批评性报道，文章直指北京民科院所从事的业务为虚假文凭的泛滥提供直接的便利。文章见报当天，即被各大网站纷纷转载。第二天，北京民教信息科学研究院通过自己的网站发表声明指出，该报道系严重的诽谤，并表示已经报案，将通过法律程序维护尊严。

此事发生后，本刊带着疑问再次对话年轻的院长胡锦澜。

用技术为教育带来改变

教育在线：读到网上对你们的批评报道，确实让人不得不对你和你的机构经营的正当性产生怀疑。在我的印象中，你素日低调地穿梭在教育圈子中，但业务上究竟在做什么？

胡锦澜：谢谢，我所在的北京民教信息科学研究院（以下简称北京民科院）创建于 2011 年年底，是在原北京民教联盟信息科学研究院的基础上组建而成的，是一家专注于民办教育信息化和围绕着教育信誉体系提供的第三方公共服务平台。

总的来说，就是通过操作性的技术手段来解决教育领域众多由于信息不对称所造成的诚信缺失问题……事实证明，这项服务受到广泛的欢迎，我们自身也成为汇集多方面信息的节点和中心。

教育在线：还是不很明白，学信息技术的你怎么想到投身教育这个行业，你能为教育做出怎样的改变？

胡锦澜：讲个故事吧。在 2008 年我们单位的一次招聘中，我发现很多应聘人员的毕业院校没有听说过，但他们都称毕业证可以在学校的官方网站查询到。后来我们了解到，这些学生都是民办院校毕业的，其证书确实能在学校网站查询到。但是，当我们核实学校的时候却又发现，这些学校都是子虚乌有，和正规的学校名字相似，却只有一个网站。我们将这些求职者的"文凭"——对照后发现，好几个都是这种情况，显然，这对正在求学的学生是不公平的，也必将对民办教育的大环境产生冲击，也让世人对民办教育的教学质量等一切产生怀疑。

但我们确实发现，市场经济背景下，特别是在当前用工荒的背景下，一些用人单位在招聘的过程中也坚持实用原则，没有更多地关注学生是否是正规的大学毕业，是否具有大学本科或者专科毕业证，却在乎这个学生是否诚实，是否有过一段真实的学习经历。但由于民办学校的归口管理分散，没有一个网站能完整地查询这些民办院校和其培养的学生的真实信息。当时我们就想，能否建立一个这样的第三方的学生信誉公共服务平台，为更多的用人单位和真正的民办院校非学历教育毕业的学生提供一个查询鉴别的服务。

经过与相关教育专家多次沟通以后，我们于 2008 年注册了 CRH-SI. COM. CN 这个域名，2009 年开通了第一版"中国民办高等教育学生信息网"，从此便与教育结下不解之缘。

截至目前，我们已经建立了全国民办院校资质库，用户可以通过资质库查询民办院校的相关办学资质和招生简章备案信息；开通了 24 小时热线服务；同时也与正规的民办院校合作，建立了完善的非学历教育学生信息采集标准和数据库，将他们的非学历教育毕业生的信息采集入库，为用人单位提供查询，并且我们承诺是终身查询服务。3 年过去了，我们为全国 30 多万学生提供了就业推荐等信息服务。为社会了解民办教育的发展做了相当多的信息筛选、过滤和整合的工作，同时，由于我们的这种第三方服务平台的建立，也使得文章开头提到的那些办理虚假文凭的网站、机构和个人生存空间缩小。

教育在线：对你们的业务，公众的需求怎样？听说你们的网站24小时都有人接听热线，百姓都向你们反映些什么问题？你们能做哪些推动呢？

胡锦澜：我们网站开通了24小时的热线服务，专门为那些学生和用人单位提供解答。从过去三年中的总体情况看，学生和家长所反映的问题主要集中在以下几方面：①学校办学的真实性；②民办学校毕业学生的待遇问题；③学校的招生简章是否有备案；④民办学校的性质问题。而用人单位反映的问题集中在：①毕业生信息的真实性；②毕业生所就读院校的真实性；③推荐工作岗位的问题。

我们根据国家的相关法律和实际情况，对每个咨询者都进行了耐心的解答，同时将集中反映的问题做成专题，通过网站对外传播，让那些非法办学者无处藏身，让那些非法机构的欺骗幌子彻底失效；还原教育本质，让学生和家长明明白白选择学校，减少上当受骗的概率；让用人单位理解民办教育，让民办院校毕业生享受同等待遇；给真正办学的民办教育一个良好的市场氛围。

站在舆论的风口浪尖

教育在线：我们注意到，针对那篇报道你很快做出反应并发表严厉的声明。为什么你会有如此强烈的反应？

胡锦澜：这篇文章指责我们是为假文凭生产为虎作伥。实际上我最反感这种办假学历、假文凭扰乱市场的行为，也正为此，我才创建了"中国民办高等教育学生信息网"，为用人单位提供民办非学历教育毕业生的信息鉴定服务。甚至之前还因为有人利用公司正好提供信誉服务之便和假文凭机构联手而被我开除。

这种有鼻子有眼的、看似真实的描述却是虚构事实，戴大帽子，甚至不敢署名，我对这种不负责任的报道感到愤慨，这也是对我和我单位所从事的这份事业的一种侮辱，也是对那些真正的非法机构的掩盖，我想我们必须要给予回击。所以，我们在第一时间将此事件报告了主管部门和相关连带单位，同时做出严正声明，并且已经报案。

教育在线：你怎么看待媒体与教育发展的关系，包括与你们发展的关系？

胡锦澜：这些年，媒体对教育的发展发挥了巨大的推动作用，作为一个教育机构的代表，我感谢在发展过程中曾对我们关注和报道的媒体朋友，同时也欢迎媒体的监督，但我们反对歪曲事实的恶意诽谤。那么大篇幅的调查和揭露，居然没有调查作为当事人的我，很令我诧异。

教育在线： 我注意到你们在本月参与一个舆情管理与品牌建设的活动，发起这个活动的初衷是什么？你期待一个怎样的舆论环境？

胡锦澜： 我国民办教育经过三十年的发展，给中国的教育做出了巨大的贡献，但是就目前的境况来看，其舆论环境还不乐观，本是个案的问题却被舆论给整个民办教育行业贴上了"质量差""不正规"等诸多标签，这是对行业发展的一个制约。行业的健康发展除了需要政府的相关政策支持以外，也需要良好的舆论环境。

这些年，我们在民办教育圈打转，发现实际上学校在发展过程中只是将更多的精力和资源放到了学校的招生和发展上，忽略了学校的舆情管理和品牌建设这一块。也因为没有相应的舆情管理机制，导致了以讹传讹，最后让好端端的学校因为一个事件而破产。我们想通过活动，将这个问题放大，让更多的学校关注相关问题的重要性。同时也呼吁媒体人严肃地直面批评，在对教育真诚支持的背景下执着监督。现在很扭曲的一种现象是，一些人打着媒体人的旗帜招摇撞骗、敲诈勒索，而我们难辨真假。

教育在线： 以你的年龄称民科院院长似乎也有些不符合教育界的潜文化，既然是商业化运作，为何不直接称呼公司？

胡锦澜： 的确，我很年轻，面对这一"院长"的称呼似乎有些不能承受之重。但我想，今天是一个创新的时代，很多新的领域本来就缺少关注、缺少研究和积淀。就我所从事的教育信用提供这项事业而言，我尝试邀请过业内的一些老同志，发现他们的研究也并不吻合，而我自己愿意终身推进这个领域，为什么我不可以亲自实践和研究。最近我们特别成立了科研部，并且专注于教育信誉体系构建的研究，我们还特别申请了教育部中国教师发展基金会、国家教师科研基金会管理办公室批准的国家教师科研基金"十二五"规划全国重点课题"关于教育公共服务平台及其中介机构的研究"。任何事情总是要起步吧。

教育在线： 你的人生信条？

胡锦澜： 在可操作层面通过创新性的技术手段来为这个世界带来哪怕些微的改善。我是学技术的，我总觉得一些并不麻烦的技术手段本身就可以给很多长久困扰人们的事物带来改变。

（文章原载于：《人民政协报·教育在线周刊》2012年4月25日C3版）

【印象】

须佶成的理想与憧憬

修 菁

投身培训业十年，须佶成说自己或多或少的被现有的制度、环境、家长的需求绑架着，始终在生存的发展和教育的理想之间矛盾着，但是和他对话，我发现他对"美好教育"的未来很有信心，对于自己创办的教育机构要提供给学生什么样的教育，未来如何走，心中也很清晰。用他的话说，"做教育要心中有数。"

十年间，从自由代课到加盟巨人学校再到另立旗帜创立"高思"品牌，须佶成说，自己的收入在一路下降，但是心里却很踏实，因为现在所做的事情符合他的长远想法。在他身上，能看到老一辈民办教育机构掌门人通有的教育情怀，新一代创业者所特有的时代特征也很鲜明。高思教育是一家由6名平均年龄不到30岁的年轻人联合创立的民营教育机构。"我们不在意个体的品牌价值，而在意高思教育整体的品牌价值。"当听到须佶成说这句话，我追问，"当遇到意见不合时，一般由谁拍板，听谁的呢？"他答："谁的建议有道理，就听谁的。意见统一才可怕，不怕有不同声音，关键是看大家是不是有共同的目标。我们现在又引入了一位职业经理人作为我们公司的第七位核心团队成员。"

培养新时代的文科生和理科生，这是须佶成对美好教育的理想。他的下一个人生大梦是创办一所全日制学校，"只有全天候和孩子们相处，我们的教育理想才能更完全地传递和实现。"

（于 2013 年）

须佶成，高思教育集团创始人、董事长兼 CEO。出生于 1976 年，北京大学数学科学学院学士、硕士。从大学本科起在人大附中举办的培训学校担任奥数教师，2007 年加入巨人教育集团，担任副总裁。2009 年创立高思教育品牌，目前高思已经成为国内领先的中、小学课外辅导教育机构之一，并创立了"互联网产品和教学服务"云平台，平台建立一年来，正在为 1300 家同行业机构提供服务。

走进民办教育探索者的精神世界

【对话】

"谁肯回归本源，谁便能笑到最后"
——走近须佶成

修 菁

2012年对于民办培训学校，不算一个顺风顺水的年份。政府叫停奥数班、坚决制止奥数与升学挂钩，几所知名的学校诚信危机频发。在这一背景下，一些培训学校的优势学科报名人数依然不减。培训学校的生存价值到底在哪？他们如何看自己的未来？为此，我们约访北京高思教育集团董事长须佶成，试图找寻答案。

意外的签证失败为培训业留下一位逐梦人

须佶成原来为自己设计的人生，是从北京大学数学系硕士毕业后去美国精算学科最好的大学继续深造，然后供职国际知名的保险公司。可意外的签证失败让他人生规划出现了岔路口。是继续做精算师还是重拾培训学校的教师工作？与内心对话，他发现，培训学校老师的工作已爱入心底。他坚信这一行业有前景。

教育在线： 看你简历，本科、硕士都就读于北京大学数学系。毕业做一名数学老师或者说投身教育业，是你一直的人生规划么？

须佶成： 不是。我研究生时的研究方向是金融精算和风险控制。本来想毕业之后继续去美国深造，但三次签证都被拒签了，让我心里落差很大。本来毕业时有机会去美国大都会人寿中国筹备组工作的，因为想继续深造，放弃了。可被拒签后，美国最好的精算学科大学去不了，国际一流的保险公司也去不了。后来去友邦保险应聘，面试官问我，看你简历上有提周末在外面兼职做老师，要是来我们这，这份工作就不能再做了。他这么一问，让我心里一下子还挺不甘和不舍的，心想我还是挺喜欢老师这份工作的。通过上课，也能养家糊口，精算师做不做没关系，从内心也很看好培训行业的前景。

教育在线：父母支持你的选择吗？

须佶成：说起这个还有段趣事。我父母都在部队工作。以前填表，在子女情况那栏，我妈很自豪地写儿子在 101 中学就读、北京大学就读，毕业后我选择自由代课，我妈忽然很无措，不知道我的这一份工作算啥，所以只能填"无业"。

办高思，是想影响更多的学生

尽管没有得到母亲的支持，但是导师的一句话"自己认准的事，就勇敢地去追求"坚定了须佶成创业的信心。从自由代课到加盟巨人再到另立品牌，创立高思教育。一路走来，须佶成说，他的信心源自从做这一行的那天起，就看好这一行业的前景，"好的培训学校是可以长远长久发展并壮大的。"

教育在线：刚才你谈到，兼职教课这段经历对你影响蛮大的。从什么时候开始在社会上的培训学校做兼职？

须佶成：大一时就开始做了。当时的想法其实挺简单，就是想挣点儿钱，回来和女朋友在学校外面的小饭馆吃顿好饭，改善下生活。

教育在线：从大一开始做，到研究生毕业，这期间有七年的时间。北大的学生做兼职选择还是很多的，你能一直把一份工作做下来，说明你还是喜欢、享受这份工作的，不光是能挣到钱吧？

须佶成：是。我当时是教奥数班。因为自己也曾是奥数班的孩子，所以和这些学生特别有亲近感，知道他们脑袋里在想什么，交流起来也容易。当时在华罗庚学校教书，校长也信任我们这些北大的学生，学校的教材体系都是我们帮忙搭建的，挺有点儿成就感。领导信任，学生需要。从那会儿，我也渐渐感觉到，这个市场发展很快，有前景。

教育在线：是什么契机或者吸引力让你加入"巨人"？

须佶成：2007 年，尹雄校长找到我，想让我负责小学数学项目，这时从我研究生毕业到自由代课有四年的时间，这四年中自己积累了很多想法，当时有一种想法很强烈，就是不想只影响自己代课的那 200、300 名亲手教到的学生，而想影响更多的学生。巨人学校当时数学的学员有 2 万名。

教育在线：在你心中还是有很强的教育理想的？

须佶成：是。对于培训业的前景，我和我的一位同班同学从开始就不同。他的观点是，干培训，干一年是一年，不一定什么时候就干不下去了。

我就不同意他的这一观点。好的培训提供的教育是能影响学生终身的能力和素质的，是可以提供更符合家长内心期待的教育的，是可以长远长久发展并壮大的。

教育在线：在巨人学校几年，你加盟之初的想法实现了么？

须佶成：在巨人学校工作的两年，我主要做的工作是整合产品线，搭建优势产品的教学体系，优化课程设计，出品自有教材。在这一过程中，我研究了行业内很多家同行后发现，只有教育理念清晰、产品和教学体系完备、用现代企业制度去管理和运营学校、用教育理想去团结团队，培训机构才会有长久的生命力。因此，为了实现教育理想和事业的追求，我离开巨人创办了高思。

谁回归教育本源谁便能笑到最后

2012 年对于民办培训行业，算不上一个顺风顺水的年份。这一年，行业内，不诚信办学事件频发；行业外，政府叫停奥数班，制止小升初考试与奥数挂钩，民办培训学校的发展外部环境并不好。但这些在须佶成看来，反而是对其间个体一次好的鞭策和警醒。他认为，未来十年，将是民办培训行业的回归期。谁回归教育本源回归得好，谁方能笑到最后。

教育在线：2012 年北京出台了坚决制止小升初考试与奥数挂钩的规定。政府的这些举措对高思教育的招生有影响么？高思是怎样应对的？产品线有调整么？

须佶成：影响当然有，数学肯定出现了下降。但是我想说一个现象，就是高思教育思泉语文课程目标是让孩子爱上语文，做有修养的人。思泉语文的招生人数在 2012 年秋季学期没降反而还升了。这说明什么？真正回归教育本源的培训课程是有强大生命力的。政府出台的这些举措反而是对民办培训学校内部建设的一次很好的反思和促进，让我们去思考民办培训学校生存的价值到底在哪里。

教育在线：你认为民办培训学校的生存之道和存在价值是什么？

须佶成：我认为民办培训业现在到了一个回归期，就是回归教育的本源。之前的二十年是野蛮生长和整合阶段。下一个十年，是民办培训行业的回归期——回归教育的本源。通过之前二十年的优胜劣汰，这一行业中真正好的企业留了下来，它们都度过了起初的生存压力期。在稳步发展期，我们要思考，民办培训学校存在的价值是什么？我想应该是帮助家长暂时逃离现有的应试教育体系，提供他们内心真正需要的教育。而意识不到这点，还抱着应试教育不放的学校，必然要死掉。

教育在线：高思教育现在的产品线定位是什么？

须佶成：高思教育定位尖端孩子。因为我们调查发现，现在国家的教育体系还没有为精英学生设计教育培养体系，还只是在讲均衡发展。许多智商很高的孩子，在学校里没得学。民办培训学校存在的意义就是为特定领域的孩子提供个性化的教育和服务。

教育在线：你是学数学、教数学出身的。拿数学学科来说吧，你认为这一学科回归教育的本源后，应是怎样的？学好数学，对一个人的一生最大的帮助和影响是什么？

须佶成：我希望还给数学教育一个纯净的空间。现在一提起数学，就被定式化了，好像一学数学，就是学奥数，就是和升学挂钩，数学教育已经被完全功利化了。我希望未来的数学教育不和升学挂钩，但我相信一样也有很多人来学。数学的想法大多都是朴素和简单的，学数学的过程提供给人一个主动思考、独立思考的媒介和载体，是一门教给你思维方法、提出问题、分析问题和解决问题方法的学科。我想这是数学学科带给一个人最大的价值。希望未来的数学教育，老师能够注重教给学生数学学科的思维方法，让主动思考、独立思考成为一种自然的习惯。

教育在线：刚才你提到了高思教育语文学科是一大特色。说说你们这一学科的教学理念和创新点吧。

须佶成：高思教育思泉语文课程的教学理念是：不仅把语文当作语言工具来学习，更应去拥抱它的人文情怀，通过文人逸事、文学经典、历史背景等形式学习语文，让我们的孩子爱上语文，进而成为有修养的人。我们讲求"大语文"的概念，学生的学习过程和惯常的语文教学顺序是反向的，我们以文学史为纲，以人物为线索，由人物的生平、所处的时代、当时的社会经济情况、人文背景入手，去还原文学作品在历史中的地位，从而达成学习"语文"——自语言与文化，到语言与文学，再至语言与文字这样三个递进的层次。我们想通过这些教学尝试，让家长知道什么是正确的教育方式。

教育在线：回头来看，如何评价十年前自己的择业选择？

须佶成：为理想而奋斗，机会难得，有这样的经历已经算成功了。

（文章原载于：《人民政协报·教育在线周刊》2013 年 2 月 20 日 11 版）

【印象】

俞敏洪："当下正为使命而活"

修 菁

5月22日晚，新东方教育科技集团董事长俞敏洪携新书《在绝望中寻找希望》在北京大学举行演讲。

俞敏洪说，现在这个年龄出这样一本体例的书，不是他的本意，他原本计划到80岁时，从自己的20本书中选精华文章结集这样一本书。

励志，是俞敏洪演讲的主题词，也是他这本新书的标签。在他这本利用过去两年午夜后时间写成的新书中，分为"写给自己""写给年轻人""写给生活"三个篇章。在谈到书中讲述的自己就读北大、创办新东方的经历，俞敏洪感慨地表示："人生最悲苦的事情是放弃所有的希望。许多事情，只有努力坚持，经过一个临界点，才能走上一个台阶。"

作为教育行业第一家海外上市公司以及市值第一的公司，俞敏洪创办新东方的经历曾被业内称为传奇，在演讲现场，俞敏洪表示，自己这么多年来界定成功的一个不变的标准是：是否坚持了纯粹的理想。"任何人心中只要保留了成长的梦想，经历的苦难悲伤都有可能变成现实中成长的肥料。我们可以有短暂的颓废、迷茫，但是不能忘记生命在于行动，只有用激情去唤醒内心的渴望，生命才会持久的光辉灿烂。"

俞敏洪，第十一、十二届全国政协委员、民盟中央常委、新东方创始人、洪泰基金创始合伙人。现任新东方教育科技集团董事长兼首席执行官。

1993年创办北京新东方学校，2003年成立新东方教育科技集团。2006年9月，新东方在纽约证券交易所成功上市。成为中国首家在美国上市的教育培训机构。经过二十余年的奋斗，北京新东方学校已经从最初二三十名学员，单一的出国考试培训，发展成为今天全国最负盛名的集出国考试培训、国内考试培训、基础英语、中学英语、少儿英语、小语种培训等领域为一体的教育培训基地之一。据不完全统计，北京新东方学校已经占据全国70%的出国培训市场。

有记者提问，为何去年要以个人注资的方式接手耿丹学院，俞敏洪笑称确有很多人不理解，说"自己没事找事"，"拿这些钱去旅游多好？这么多钱投到学校，自己还用不了"。俞敏洪说，做一所优秀的私立大学是自己的一个梦想，因为考虑到做高等教育，更多是一种公益行为，这样的事情不合适交给一家上市公司，所以俞敏洪决定拿自己的钱并通过成立基金会的方式来办耿丹学院。

在去年的一次公开演讲中，俞敏洪曾表示，老乡徐霞客一直是自己心中的榜样，很希望自己有一天也能如这位一生行走在路上的老乡一样，背起行囊，去记录旅行中的所看所感。这次见到俞敏洪，问他何时能停下来做这件事，他幽了一默，并向记者唱起了军歌"向前，向前"的段落，"我喜欢也好，不喜欢也好，现在只能沿着这条路往前走。"如他所说，使命感已经融入他的血脉，他将人活着归结为三个层次——性命、生命、使命，当下的他，正是为使命而活。

（文章原载于：《人民政协报·教育在线周刊》2014 年 5 月 28 日 11 版）

【故事】

"尽我所能，传递正能量"
——俞敏洪谈"老俞闲话"

张惠娟

从"老俞闲话"到"俞答百问"

"俞老师，一个自卑的人如何拥有自信？"

"俞老师，如何在追求短平快的浮躁环境下，凭借'工匠精神'踏踏实实地做一件事情？"

"俞老师，您如何看待和应对'慢就业'现象？"

……

2017 年全国两会期间，全国政协委员、新东方创始人俞敏洪除了通过提交提案建言呼吁外，每天还通过自己开设的微信公众号"老俞闲话"，积极回应网友的提问，"线上线下"发出教育人的声音。

"分享教育经验，激发人生理想，服务青年创业，一起读书旅行……"在俞敏洪个人运营的微信公众号"老俞闲话"上有这样几句说明，彰显了他开设这个自媒体平台的初心。

记者发现，从2014年1月至今，"老俞闲话"所推出文章的内容、篇幅及更新的频率都在发生着变化：从最初几期几句话的热点评论，到俞敏洪出席各种会议的演讲内容，再到现在俞敏洪坚持每天亲自撰文，一事一评，一物一议，或长或短，但都关乎教育、理想和成长。

今年两会期间，在华北宾馆驻地，每当小组讨论结束后，一贯牛仔裤、运动鞋装束的俞敏洪便抱着电脑形色匆匆地回到房间。白天开会，发言讨论、与媒体对话，为中国教育发展而建言献策；晚上读书、思考，继续耕耘"老俞闲话"，通过自媒体传播一些正能量，这是俞敏洪今年的"两会状态"。

"两会期间时间紧张，而这段时间，正好新东方的官方微信平台新开启了一个活动'俞答百问'，所以我个人的'老俞闲话'也会搭新东方的'顺风车'，我有时将自己要表达的观点用手机进行录音，然后发给后方的编辑进行整理，这节省了我不少时间。"据俞敏洪介绍，在此之前"老俞闲话"陆续发出的70多篇文章，都是他自己所写，"由于写文章需要思考，写出来再上传到微信平台，差不多每条要花费我两三个小时。"俞敏洪说。

俞敏洪所说的"俞答百问"是新东方于2017年3月1日新开启的2017"百日行动派"活动的一个栏目。从3月1日至6月8日的100天内，工作人员综合微信平台读者的留言内容每天精选一个有代表性的话题，由俞敏洪亲自给予回答。而对于这个活动，俞敏洪也给出一个非常有意思的口号——"问答相长"，我用"洪荒之力"，等你来问吧！

记者发现，"俞答百问"所涉及的问题涵盖大学、校园、英语、考研、读书、旅行、职场、科技、新媒体等方方面面。据新东方媒体中心负责人介绍，在俞敏洪的带动下，现在广大学生也纷纷加入"问答大军"中来。从3月1日，活动开设20天来，已有928名读者回答了8033个问题，单条阅读量超过10万，总阅读量1.74亿……大数据背后是一个个鲜活的生命互动。

议政也践行

通过"老俞闲话"的平台，俞敏洪或吐露自己对于人生和社会的一些观感，或分享一些自己对生活的点滴感悟和心得，每篇都有数万的点击量。一位自称"洪粉"的网友在微信平台上留言称："俞老师所发的每一篇都是正能量，不过不是生硬说教的那种，我每篇都必读。""每一个字都说到了我的心坎里，早听到如此师训，我想我会有更大的进步……"网友"国丹"发出如此感慨。

近年来，新媒体正广泛地影响着人们的工作和生活。俞敏洪也开始关注并运用新媒体平台。"年轻人天生就是适应互联网和移动互联网的。我们要通过自媒体等多种形式，鼓励学生奋斗，为学生提供成长中的帮助，给每一个人的生命、生活、工作都带来长进。"俞敏洪对记者说。

"我写我的'闲话'，传播我的观点，至于有多少人看，他们爱不爱看，这并不是我所关心的重点。"在俞敏洪看来，他无法保证所推出的每一篇文章都是特别棒的，他仅凭自己的判断和思考去写。"但我保证我所写的每一篇都是充满正能量的，不会对任何人的个性发展带来不良影响。"俞敏洪坚信，读者只要看了就不会白看，如果能持续不断地坚持看下去，这些东西就可能会对某个人产生某一方面积极的影响。"我把自己多年来积累的生活、思想的一部分，用现代自媒体的方式传递给周边的人，希望让每个人的生活更加幸福一点，工作效率更高一点，人生更加顺畅一点。"在俞敏洪看来，这才是"老俞闲话"所关注的重点。

"连续十年的政协委员，您最大的收获是什么？"面对记者这个问题，俞敏洪坦言，十年来的参政议政，让他在政治上成熟了一些，也更加深刻理解了中国发展的不容易。"十年来，我提了很多有关教育的提案，有的被重视了，有的因为具体原因还在探讨，但整体来说，作为一个政协委员，我觉得我还算是积极作为的，也算是敢于在会上坦荡直言、据理力争的一个。"俞敏洪说，下一届政协会议，他是不是还能成为一名政协委员还不得而知，"但为中国教育做点事情，推动中国教育进步，传递社会正能量，不管在什么岗位上，不管通过什么途径，都是我一生的使命！"言及此，俞敏洪语速飞快，话语铿锵。

（文章原载于：《人民政协报》2017 年 3 月 22 日 11 版）

【观点】

俞敏洪：民办培训教育　品质是王道

张惠娟

中国少年何时不为考而生？

"少年智则国智，少年富则国富，少年强则国强，少年独立则国独立，少年自由则国自由，少年进步则国进步，少年胜于欧洲，则国胜于欧洲，少年雄于地球，则国雄于地球。"2012 年 4 月，一首激情澎湃的诗朗诵拉开了第一届全国培训业论坛的帷幕，铿锵的声音也为此行业的领头羊——全国政协委员、新东方董事长俞敏洪的发言奠定了情感基调。

"似乎现在中国少年一辈子就是为考试而生存的。"俞敏洪的发言刚开始便沉重地指出中国教育的现状。

他凝重地说，孩子们本来只要高考，后来发展了中考，现在发展了小升初考试，甚至幼儿园进小学也要考试。如果出国，还要参加很多国外的考试。但是这些孩子在考试结束以后，他们的生命力、创造力和想象力却没有一起发展。"一些中国的孩子数学、物理、化学成绩在全球任何一项考试中间都能得到很高的分数，但是改革开放三十年我们却没有看到中国出过多少伟大的数学家、物理学家、化学家，更不要说伟大的思想家和哲学家。"他同时又表示，这种状况一下子改过来很难，因为目前除了考试以外，对孩子们的其他的评价标准没有建立起来，只有高考一条路能够使穷困的孩子有可能进入高校学习，所以中国的教育现状实际上是促使培训教育同步发展的原因，因为培训教育恰恰做的就是考试教育。

考试教育虽备受诟病，但并非一无是处。在俞敏洪看来，考试教育最大的贡献就是通过培训让本来不自信、比较落后的孩子进入竞争行列，有机会到中国一流大学，甚至到国际上一流大学去读书。另外，通过考试拉平了特权阶层和普通阶层的差距，"因为中国教育优质资源在小学和中学阶段比在大学阶段还更加难以获得，普通老百姓子女唯一的办法就是通过考试获得教育机会"。

俞敏洪

教育培训行业前景之"忧"

在中国教育培训行业，俞敏洪无疑是领军人物，同时亦是坚守理想的悲情英雄。多年前，当他带领着一帮文人和他的新东方跨进了纽约证券交易所，完成了一次开创中国的教育产业与靠增长数字说话的资本市场的初次对接。但会上他凝重而真切的发言，流露出他对资本市场介入企业运作后的种种不满和担忧。

"培训教育机构近两年大都以资本为主体在发展，所以很多人做培训教育的目的主要是为了圈钱，通过迅速布点达到收费的目的。"俞敏洪指出，当很多的资本进入了培训教育领域以后，投资者突然发现培训教育并不是一个可以迅速增长、并且稳打稳捞的行业，他们没有长远打算，只是希望尽快推动机构上市、或者说再转卖，赶快把钱取出来。由于这样的资本特性，和它对于培训行业的推动，导致了行业内的一些眼睛总是在向钱看，而不是在向教育质量看。

"由于在培训行业永远是先交钱后培训，培训机构绑架学生和家长的严重问题开始出现。"俞敏洪透露，有些培训机构连续给学生设计三到五年的课程，一下子收家长几十万元，然后再利用这笔预付款不断地建新教学点，进一步推动机构的发展，而对于教师的教学质量和对学生提供的服务则全然不顾。

"民办培训教育机构通过竞标的形式和公立学校的公开合作是正常的，但某些培训机构与公立学校进行私下交易，是一个特别恐怖的事情。"俞敏洪举例说，公立学校的校长和老师联合起来为培训机构输送学生，机构给学校分一部分利益。由于生源有限，竞争激烈，培训机构要分出的利益越来越多，最后培训机构一算自己并不赚钱，但是还解不了套，在这个私下交易的泥潭里面挣扎。令他担忧的是，这个问题带来的不光是腐败和反腐败问题，还对中国的教育资源带来分配不均，以及使得老百姓在子女教育问题上进入困境。"这种不光明的'乱战'不能再持续下去了，政府一定会出手清理的，一旦政府出手，确实会对很多培训机构带来致命性影响，所以，一些培训机构和公立学校不阳光的交易行为其实就是让自己给自己挖坑，最终跳进去的是自己。"俞敏洪为行业的健康发展而呐喊。

"现在，任何学校的教育已经不再是以提高教育质量和服务一方老百姓为主，而是以营销为主。"他痛心地说，很多培训机构让营销人员去拉"客户"，好像在做传销，因为报名人数的提成达到了他总收入的10%。"反过来想，如果把这 10％ 的收入给了老师，那么教育质量可能会提高 20％，这是一个很简单的道理，但是大家做不到。"这样的批判呐喊，再次折射出这位理想主义者的教育情怀。

警惕行业的"四大洗牌"

"目前，种种行业乱象已现实地存在了，有的发展得已经很严重。所以在不久的未来，教育培训行业还要经过四大洗牌过程。"俞敏洪的担忧不仅在于企业发展，更在于整个行业，警惕行业被洗牌。

第一，被市场洗牌。"培训机构公平、公开、公正地竞争，让老百姓选。在这个过程中间一定会出现几家到几十家中国老百姓真正认可的培训机构，但培训机构的总量在大城市将会开始减少。"

第二，被政府洗牌。"中小学培训机构的乱象已经影响到教育的健康发展，面对此现象，在未来政府一定会出面整顿对其进行规范。"

第三，被资本洗牌。"教育培训机构一旦上市，就要跟着市场的道路往前走，所以，资本的力量必然会导致一批'被绑架'的教育培训机构迅速地死掉。"

第四，被自己洗牌。"很多办培训机构的人其实并不是为了办教育，而是为了赚钱。所以如果我们不寻求教育的理念，不寻求教育的梦想，不寻求教育的规律，也不寻求教育的质量，只想跟资本家一绑架，追求上市，最后把这个股票一卖走人，在很多情况下我们都被自己洗牌了。"说到这里，俞敏洪加重语气，反复强调，"被自己洗牌是最可怕的"。

用思想和灵魂办教育

"面对这种形势，未来我们民办教育人该如何做？"俞敏洪表情凝重，饱含期望地提出了四点坚持。

第一，不为钱，坚持为老百姓服务，以培养人、让孩子提升为核心的教育，必须成为我们教育行业的最重要的一个要素。

第二，建立以质量为核心的教育体系。包括了教学质量和对家长孩子的服务质量。

第三，培训机构一定保持独立身份，尽可能少和公立学校挂钩。一定要重视教学质量和口碑，让家长自愿选择。"培训教育机构要有良心，因为我们已经对中国的小升初考试、中考、高考中的不公平现象深恶痛绝，所以不能再推动中国教育向更加不公平和更加糟糕的方向发展。"

"另外，我们民办培训教育人要怀有高尚的理念，少年强则国强，我们如果能以此作为培养人才的宗旨，一年下来，经过我们培训的几千万孩子能在学业、思想、人生态度上有所改进，就是对中国未来的贡献。所以，不要把自己看得太低，为了中国的教育和未来，让我们一起努力，用思想和灵魂去体验。"俞敏洪凝重的话语背后流露出的不仅是对行业阳光发展的期望，更是沉甸甸的责任。

（文章原载于：《人民政协报·教育在线周刊》2012 年 5 月 11 日 C2 版）

【印象】

俞建明：享受当下的充实日子

修　菁

　　每天早上五点钟起床，六点半来到办公室，开始一天的工作。晚上六点钟结束工作回到家，亲自下厨烧菜，和家人共进晚餐，这是俞建明目前的生活状态。他愿意把办公室之外的时间，更多的留给家人，能不去的应酬基本都推掉了。

　　"我现在的主要精力用于看书、学习、健身，以及对企业和学校发展的思考、对风险的预测和防范。为此，俞建明把每天看书、做笔记的习惯坚持了下来。此外，他还坚持给学生上课，"只有通过亲历课堂教学，才能真正把握学生的思想脉搏，有的放矢地改进教学工作"。

　　身兼国内外两家公司的老总、五所学校的校长，被问到工作精力是如何分配的，他说，在工作安排上，他始终坚持三个原则：坚持教育家办学，给校长充分空间；建立专家委员会，专业的事放手让懂专业的人去做；建立院务委员会和党委会共同决策机制，保证决策层的稳定。

　　俞建明，1994 年参与创办杭州第一所与香港企业合作举办的学校——杭州国际高级职业技术专修学院，开启浙江最早的自考全日制助学探索，1996 年参与举办浙江新世纪经贸专修学院，并成为主要股东。2002 年创办浙江东南外国语职业学校，2009 年收购杭州宋城华美学校，2010 年与夫人胡尉红共同创办杭州新世纪创意产业投资有限公司，2012 年创办九年制义务教育学校杭州余杭区新明半岛英才学校、杭州市余杭区新明半岛幼儿园。2013 年创办大学生创意园。2014 年创办杭州英才高级中学。2016 年俞建明发起并联合全国 23 家民办专修学院创办中国成人教育协会第三龄（老年服务）教育培训联盟。

【对话】

教育在我心中像一盏灯

——走近俞建明

修 菁

干自己熟悉又喜欢的事，坚持下去就一定能干好

办民办教育，俞建明是有信心的。这种信心来自 10 余年一线教学和基层实践的经验，也来自对教育的热爱。他说当初之所以会接受朋友的邀请，辞去公职，投身民办教育，就是因为他相信"干自己熟悉又喜欢的事，坚持下去就一定能干好。"今年是他投身教育行业第 30 个年头，教育在他心中就像一盏灯，自己很享受点亮学生心头那一盏灯的价值感。

教育在线：您曾说，当初如投身于其他行业，很可能会以失败收场。对于办教育，您怎么会这么自信？

俞建明：选择从事教育行业的这份自信是建立在实践基础上的。20 世纪 80 年代末我所在的学校承担了农村初中校长轮训任务，我被指派担任轮训班班主任，使我有机会了解了浙江落后地区农村的基础教育现状，其实浙江的教育同样是不均衡的。1990—1992 年，在浙江省教育厅老厅长肖文同志的指导下，我承担了浙江省"八五"教育科研重点课题"基础教育如何为农村经济建设服务"的实验工作，挂职蹲点云和县赤石乡中心学校，两年的实验取得了积极成果，使我对学校教育的社会意义有了新的深刻认识。1992 年年初我被借调到浙江燎原科技公司，负责公司经营业务，经常往返于深圳，一年多的时间，即使自己用尽了社会资源，但公司经营始终很不景气，说实话我也不习惯当时商场里的那一套，从农村教育课题实验到深圳经商再回到办公室，我坐不住了，我不想就此消磨时间，在朋友的邀请下，我辞职参加杭州国际高级职业技术专修学院的筹建工作，1994 年 9 月我们开设了外贸英语自考全日制助学班，拉开了浙江自考全日制助学的序幕。干自己熟悉的事，干自己喜欢的事，干有意义的事，只要坚持下去，一定能干好，这就是当时我真实的心理。

教育在线：从 1982 年毕业留校执教算起，今年是您从业教育行业整整 30 个年头。从起初公办大学的一名教师到今天自己创办学院的院长，教育在您心中是怎样一个位置？

俞建明：从事教育工作近 30 年，无论公办、民办，无论乡村中心学校、高等院校，我都经历了，尤其是从事民办教育 20 年，教育在我心中就像一盏灯，学校的核心作用就是要点亮每一个学生心头那一盏灯。我感触最深的是，有时候我们在课堂上不经意的几句话却触发了学生的智慧，唤醒了学生的灵感，并由此影响他的一生。2000 级有一位四川德阳的学生来新世纪学院读工商管理自考专业，我在这个班任教《公共关系学》，可以说就是这门课中看似很平常的一些话影响了这位学生，引导他毕业后回家乡，在西南地区开辟企业顾问咨询公司，现在这个学生被清华大学聘为客座教授，他的著作《管人不如管环境》也已由北京大学出版社出版，在书中他讲述了在杭州求学期间我对他人生的影响。我想，这就是教育的意义和教育的价值。所以，不管事务多么繁忙，给学生"上课"这一习惯我一直坚持着。

现行的自考制度不进行脱胎换骨式的改革就没有出路

现行对自考学校"既要马儿壮，又要不吃草"的政策态度，俞建明显然有些不满。他认为，"现行的自考制度不进行脱胎换骨式的改革就没有出路。"但同时他又从另一维度来看自考助学院校的作用和价值，"我们给最需要教育的群体以教育的机会，我们为学业薄弱学生如何再教育、并愿意接受教育留下了经验。"

教育在线：浙江新世纪经贸专修学院曾前后三迁其址，发展历程中经历了哪些比较明显的阶段？现在发展的态势怎样？

俞建明：新世纪学院的发展三迁其址是有特殊背景的，究其原因是不断加剧的对非学历民办高等教育机构的歧视所致。浙江是中国市场经济的发祥地、也是民营经济最活跃的区域之一，但对民办教育，尤其是民办非学历高等教育比较保守。其一，从教育政策法规层面提出民办学校必须具有自有土地和校舍，但没有相应土地政策的配套；其二，原本可以租用的闲置厂房由于税收和社会综合治理的原因也被迫叫停；其三，教育行政部门也出台了禁止租用中小学校舍办学的规定。现行国家对专修学院这一类民办学校的政策特点是"既要马儿壮，又要马儿不吃草"，有许多学校就此倒闭。

但经历了发展中三迁其址的困境，我们终于挺过来了，经历了三个不同的阶段，学校走得越来越踏实。现在学校处于持续、健康的发展态势，形成了以自考全日制助学为主业，以中小学教育和国际教育培训为支撑，以高品质教育为目标，由独立法人学校结成的"浙江新世纪教育学团"，抱团联合，这应该是未来中国非学历高等教育生存、发展的崭新模式。

教育在线： 我注意到您在去年"中国高等教育学会自考分会年会"上说了这样一句话："现行的自学考试制度不进行脱胎换骨式的改革就没有出路。"您所说的"脱胎换骨式的改革"具体是指什么样的改革？

俞建明： "现行的自学考试制度不进行脱胎换骨式的改革就没有出路"这一观点是自考分会老会长杨学为先生在 2011 年的年会上提出来的。杨先生指出："自考制度是不会消亡的，但自考制度必须进行脱胎换骨式的改革。"所谓"脱胎换骨"，从育人规律和社会需求出发，我们主张自考应由国家统一考试向考试与多种学分认证方式结合的方向发展，认证机构直接承认课程学分，减免统考门数；由自考助学院校向区域性示范学习服务中心转化；自考生考籍档案由终身学习账户代替；自考专业管理模式向完全学分制与课程管理模式的结合转变，适度增加校本教程和乡土教材比重；自考由现行的学科知识＋纸笔考试转向专业知识技能与多元评价的结合；改变松散的管理制度，建立电子化和网络化的管理体系，使自考真正回归开放式高等教育制度，使自考更好地发挥国家权威考试平台在构建终身教育、学习型社会建设中的作用。

教育在线： 投身民办教育 20 年，您认为自己为中国教育带来了什么？

俞建明： 如果说这些年为教育做了些事，那就是在探索学业薄弱学生的教育问题方面积累了经验。这些年来我们关注的是被社会遗忘的群体，我们的服务对象是最需要接受教育的人群，2008 年来我院有 53000 多人次报考了 147500 多门次的自考课程，同时还接受了成人高等教育，有 90％左右的学生获得国家认可的大专或本科学历文凭，有 4000 多人参加了业余党校培训，有近 400 人光荣加入中国共产党，实践告诉我要让学生改变学业落后的现状关键在于激发学生的信仰之火，点亮学生心头的智慧之灯，只有做到这一点学生才能真正开窍。

对国家的教育制度问题我不妄加评论，但在实践中确实有些想不通的问题，特别是近几年我们学校有一批在被大家认定为"差生"的学生，甚至连家长都不抱太大希望了，送到我们学院，不仅学业成功了，还入团、入党，整个像换了一个人似的，毕业后又能自谋职业、自主创业。这究竟是我们的公办学校教育制度出了问题，还是学校教育或学生本身的问题？

自考学校和学生需要社会认可和尊重

谈到对自学考试教育外部环境的期许，俞建明说，期许外界不要用异样的眼光、怀疑的态度看待自考生和开展自学考试助学的学校。

教育在线： 自 2009 年开始您的教育板块延伸到了义务教育阶段，未来您对这一板块的事业有何设想？

俞建明： 我想这一辈子除了办民办学校，不会再有其他选择，对于未来我想做五件事。一是把新世纪学院办成与国际接轨的精品自考助学院校；二是顺应城镇化建设要求，与房地产开发公司合作，在杭州乃至全国其他城市建设一批"英才"连锁品牌中小学、幼儿园；三是把已经建立的文化创意投资公司和新加坡半岛国际教育集团办好，不断地为学校输血；四是建立英才新教育讲习所，面向国内"富二代"开设系列立志培训课程，满足学生求知需要；五是围绕学业落后群体的教育问题著书立说。

教育在线： 您心目中理想的教育环境是什么样的？

俞建明： 我对理想的教育环境没有太多的奢望，我只希望不要把我们的老师当作一种社会包袱；不要用异样的眼光、怀疑的态度评判我们的工作，我们作为一个正常的社会人，合法的法人组织希望享有平等和尊严。

（文章原载于：《人民政协报·教育在线周刊》2013 年 6 月 26 日 C3 版）

【印象】

秦和：一个有力量的美丽女子

贺春兰

　　秦和很唯美，说到办学理念，她习惯用一个词"端庄"，她说，与正确不同，端庄更有文化、精神的味道；还意味着超越某种具体的东西从而给人带来更多的品味空间。

　　秦和也很硬朗。某次席间，秦和在祝酒中轻描淡写地说，三件事对不起同志们，一是上学降分、二是找工作进人、三是为学生违纪处分说情。这一说，举座沉默，但大家悄不声地记在心里。偶有至亲试法，秦和脸一沉，得罪。时间长了，亲人理解了，领导朋友都理解了。长春净月潭畔，背山临水，秦和在这里建立了清爽雅静、花园式的千亩校园。教育学博士的出身给秦和打上了深刻的烙印，从建筑到学校环境创设，一枝一叶，点点滴滴，秦和坚守着自己对教育的理解，用全部的身心诠释她内心教育的至高至善。

　　在大家都冲动地争抢生源、扩展专业，打造万人高校的时候，秦和把专科、专升本、高职全部去掉，坚决拒绝向培训领域拓展，专注于她的8000人精品本科。令业界佩服的是，抵御了各种诱惑的她，居然活了下来而且活得很好，到了今天高等教育面临生源锐减、开启新一轮竞争狂澜的时刻，她率领的华侨外院则卓然而出，成为民办高等教育朝向内涵发展时刻的领航者。

　　在深入研究基础上扎实的践行是她不同于她同业者的一大特点，她习惯于顶层设计，然后，一丝不苟地执行。没有准备好，宁可不动，留下一

　　秦和，教育学博士，教授，吉林华侨外国语学院创办人、院长。第十一、十二届全国政协委员。吉林华侨外国语学院创办于 1995 年；2003 年被教育部批准成为民办普通高等本科院校；2005 年获得学士学位授予权并开始联合招收硕士研究生；2011 年经国务院学位委员会批准，成为首批培养专业学位研究生（翻译硕士）的民办高校，是吉林省培养应用型高级外语外事人才的重要基地。

张白纸；但要动，就必须规划先行，局部服从整体，每个细节都要彰显总体理念、至高目标，从而把自己心中的教育理念诠释到透彻、做到精致。秦和说，自己的终身职业是校长。

（文章原载于：《人民政协报·教育在线周刊》2011年10月19日C2版）

【观点】

学教育的人当校长

秦 和

学教育学的人做校长，可能会有更深的教育情结，因为懂得教育的真谛，才会更加热爱教育。他有目标、有信念，又了解教育管理；他懂得教育要符合规律，需要时间沉淀、需要文化支撑、需要在"人"的身上下功夫，需要扎扎实实地规划设计。这样，他就不会脱离教育的主轴。

校长的规划设计对学校至关重要

学教育，很根本的东西，是要获得对教育的理解。教育的过程是一种熏陶，是潜移默化的影响；教育不是说教也不是灌输，而是形成内在品质的过程。

我总在想，我们是在培养学生，为学生成才服务，要使他们成为钢筋铁骨，成为对社会有用的人，重要是在"人"的身上下功夫。

教育学还要关注资源配置的问题。一所学校光有大楼和资金没有用，关键是老师和学生这两个主体，教和育都要体现在学生身上，人才培养自然就成为核心。学教育学是一个返璞归真的过程，学教育学的人当校长，他的视野、站位、空间都会不一样，我有时觉得，作为校长应该深入地了解教育内涵，能够从教育的深层次方面，从整体的宏观层面处理好规模、质量、结构和效益之间的关系以及把握好教育资源的合理配置。

为什么很多学校的专业趋同？是由于缺少研究与设计、缺少学科专业结构的科学布局。究其根本，还是调研得不够，盲目跟风。从学校发展需要来讲，如果每个学校都能围绕自身发展目标进行全方位的规划和设计，不偏离轨道并能持之以恒的话，那么满足各种需求的办学特色就形成了，而不是相互抄袭，没有自己的中心轴。

我国当前非常缺乏职业化校长。校长的学识和管理是两个概念，好校长未必是优秀的学术专家，而优秀的学术专家也未必能成为好校长。校长要忘掉自己，舍身奉献，专注于学校的管理和建设，全身心地为老师和学生服务，而不单是把自己的学术做好。校长的教育思想和规划设计对学校的发展是至关重要的。一个好校长，他的人格魅力和作风会影响到每一个教师和学生，会影响到学校的文化和精神建设。校长是一个学校的灵魂，有好校长才有好学校。做一个好校长是一辈子的事情，朝朝夕夕都要考虑老师和学生，要把这两个主体服务好、调动好，同时，更要考虑到学校的健康可持续发展问题。

如果一个学校5年或10年一换校长，很难沉淀出大学文化与精神。哈佛之所以成为哈佛，是因为每一任校长都连任多年。如果一个好校长在一个学校连续工作多年，其教育思想和理念会一直得以延续，那么这个学校真的就很幸福，也一定能够成为一所好学校。为什么国外教育家比比皆是？是因为有一批甘愿奉献者，他们一开始就会考虑，如果当校长我的精力是否允许，我能否对得起这个职责，我是否愿意放弃我的学术。无论校方还是校长自身都会非常慎重地选择。因为选择是痛苦的，更是责任，一旦认定了就不可改变。作为校长，要为老师搭建好平台，为学生铺好路。

当然，好校长不如好制度。校长应做好顶层设计、文化设计和制度设计。如果一个学校由人管人上升到制度管人，再上升到文化熏陶人的时候就到了管理的最高境界，也就实现了办学的民主化和法制化。开始办学就要有这些设计，再按照这些设计一丝不苟地执行下去，一定能产生重大的社会效益。

教育是塑造学生灵魂的，是使学生成为有知识、有文化、人格健全的合格公民，是帮助学生形成正确的人生观、价值观，建立内在抵抗力。这样才能说学生受到了良好的教育，成为新一代知识青年。我认为，学生只有拥有了正确的价值观和回报社会的责任感，才可能在日后真正融入社会，有所作为。

社会在发展、转型和创新，教育就是要培养符合社会需要的人。现在教育与社会需求对接不上，因为学校缺乏对社会和市场的预测性以及前瞻性调研，而前瞻性调研往往是科学设计的基础。所以，校长需要全身心地投入学校的规划与设计。现在教育出现的问题是缺乏对教育本质的研究，缺乏对校长这个职业的深刻理解。如果每个校长都能做到鞠躬尽瘁，那么中国的教育事业就发展起来了。

学生是学校一切工作的归宿

大学止于至善，在明明德。大学在培养学生的同时自身也在成长，大学、老师和学生相互依存，不可分割。所以，校长、老师不应该挑剔学生犯错，因为学生如果是完人就不用上大学了。教育其实就是一群不完善的人领着另一群不完善的人一起走向完善的过程。因为都不完善，所以止于至善，永远在不停地追求。

教育是为社会服务的。想服务好就必须想得早，想得长远，想得透彻，紧盯国家需要和社会需求。而我们的社会要满足各种需求，就需要有各种层次类别的教育。现在学校与社会脱节，造成人才既过剩又稀缺。我们办学需要科学设计、科学规划、科学发展，杜绝急功近利。

目前，大学生就业难问题备受关注。为什么很多岗位空着，而很多大学生却无业可就？关键是用人单位的岗位需求与高校专业的契合度不高。如果就业结构和质量不发生变化，如果高校的定位和特色不发生变化，如果不进行分类管理，我认为就业危机还会持续出现。这就需要校长从战略高度上考虑学校的定位、培养目标与社会需求的符合度，专业设置与就业岗位的符合度，这些都属于教育本身应该深入系统研究的问题。

办什么样的教育，培养什么样的人，要靠顶层设计。华桥现在发展都是按照顶层设计一步步往前推进的，她有自己独特的办学理念、办学思路、办学定位以及发展战略。

我校的校训是"致远、务实、求精"，意指不做则已，要做就做到最好，扎扎实实地把学校建成百年私立名校。庆幸地说，从办学之初，我就一直致力于研究、探索和实践中国民办大学的公益性办学模式，一直探索符合我国国情的民办高校的体制、机制创新等一系列问题，坚持不照搬国际，不效仿公立，走"民、特、新"的发展道路。同时，也坚持从理论到实践，不断地梳理和完善。我认为，成功就是明天比今天好，成功就是做好身边的每件事，成功是由很多小成功奠基、飞跃而达成大成功的。成功是需要

有定力的，成功就是坚韧不拔，坚持不懈。

　　教育不是虚幻的，我们方方面面都要围绕着"育人为本"这个理念去做，考虑如何使学生真正成人、成才、成功。成人——重在品德教育，成才——重在使学生学会学习和实践，成功——重在艰苦奋斗的过程，也是一辈子要努力的事情。

　　（文章原载于：《人民政协报·教育在线周刊》2011 年 10 月 19 日 C2 版）

【代印象】

2015 年两会，编辑特别点题，邀约全国政协委员杨文用 500 字写写她的从教感言。很快，杨文便发来一段小而美的文字，很多天后，那个被孩子们簇拥者、被鹦鹉叫着"Miss Yang"的微笑着的杨文的形象一直在我脑海中回应。我想，"纯粹、本真、爱学生"应该是支撑杨文夫妇能够走远的根本。——贺春兰

曾经老师、一直老师

杨 文

每当有不相识的人猜测我的职业时，几乎百分之百的人都会说："你一定是个教师。"30 多年从教的经历积淀下来的一些特质在不经意间就流露出来，在我身上打下了明显的印迹。

如果有人问我，是什么改变了我的人生轨迹？我总说是我的儿子，是我对儿子的爱改变了我。他是我的第一个学生，从他的这个"1"，到我创办山东英才学院，教育几万名学生；从对他的爱，到爱我的学生。这一路走来，是爱牵引着我，从一名教师成长为一所学校的董事长。

我曾经在 20 世纪 90 年代归国之初到改革前沿的珠海一所幼儿园任教，我喜欢和那些天真烂漫的孩子们在一起，给他们讲故事，陪他们做游戏……20 多年过去了，那段时间依然是我最为享受的时光。每天，我都生

杨文，第十二届全国政协委员、山东英才学院董事长，教授，博士，硕士生导师，留英学者，全国三八红旗手标兵，国家教学名师，国家"万人计划"教学名师，全国"非公有制经济人士优秀中国特色社会主义事业建设者"。曾在山东大学任教，是我国现代英语教学十大流派之一"全息全感幼儿英语教学法"创始人。

夏季亭，山东英才学院院长、党委书记，教授，博士生导师，山东省人大代表，山东省人大教科文卫委员会副主任委员，全国先进工作者。

夏季亭、杨文夫妇于 1998 年创办山东英才学院。山东英才学院坐落在山东省省会济南，学校创建于 1998 年，2008 年升格为普通本科高校，实际占用地 109 公顷，两个校区。

活在快乐之中，生活在孩子们笑的簇拥中，我自在其中乐而忘返。孩子们一见到我，都会欢快地跳着、叫着："Miss Yang，Miss Yang."最后连幼儿园里的鹦鹉都会叫我"Miss Yang"了。孩子们是那样喜欢我，以至于每天下课，我都需要编一个理由才能离开。在孩子们那儿，我明白的是：只要你真心地对他们付出爱，他们就会对你付出真爱；你播撒爱，你收获的一定是加倍的爱！这种对教师之爱的享受，是其他任何职业都无法比拟的！

有位哲人说过：世界上所有的爱都是以聚合为目的。然而，教师之爱是一种推出的爱。因为，你用你的爱哺育学生，让他们拥有健全的人格和独立的能力，然后他们带着你的爱走向社会，去迎接未来。

也许，当年那些摇着栏杆、拍着小手喊着"Miss Yang，Miss Yang"的孩子们现如今已经不记得他们的"Miss Yang"了；但是，我如今依然在收获着他们爱的回馈。

"曾经老师，一直老师！"

（文章原载于：《人民政协报》2015 年 3 月 6 日 21 版）

【对话】

用实力赢得支持
——走近杨文

贺春兰

教育在线：夫妻间合作常常不易。做事业也常常面临各种挑战和冲突。你们如何在负重中让家庭保持一份温馨而不是让这样的负重影响你们的家庭生活。讲讲你们之间的合作模式和合作理念。

杨文：关于工作和生活的问题，我的理念是：兼顾创造和谐，互为沃土，共同成长；互为密友，亲情无限。我和夏院长既是生活中的伴侣，也是工作上的同事。生活中没有什么大事，重心基本都在工作上，工作引发的情绪情感波动，大家彼此心照不宣，能够相互体谅，互相理解，有点矛盾和问题的时候，就会出现你强我弱，你硬我软的太极战，轮流"发脾气"，互为"受气包"。

当然，说起来容易做起来难。但是，我非常庆幸学校的民主决策机制——董事会领导下的校长负责制和校长负责下的党政联席会。作为董事长和校长，我们的角色和分工彼此有别，但我们的目标和追求又都是一致的，就是为了共同的事业，为了学校的持续健康发展，所以在关乎学校发展的大的问题上基本没有什么分歧，只要有利于学校发展，我们尽量理智，偶尔有无法解决的争端或分歧，提交董事会，校长必须要欣然接受董事长和董事会的判断和决定。关系到一些细节或者具体问题的分歧，交给校长负责下的行政系统去定夺、解决。多年来，我们已经形成了这样的惯例和模式。

教育在线：5 年前采访结束，夏总说将适时退出，推进学校现代治理，现在呢，在学校现代治理的进程中走到了哪里？

杨文：长期以来，我们一直致力于民办高校治理结构的完善和建设，积极探索建立现代大学制度。应该说，这是民办高校科学运转、有效规避办学风险的机制前提。目前，我们学校建立了集决策—执行—评估—反馈于一体的闭环领导与管理运行体系和机制。

第一，坚持集体领导，超越"家族化"管理模式。我校聘请了熟悉教育规律、有丰富办学经验的教育家以及有广泛社会影响的知名专家组成领导团队，在董事会领导下，实行院长分工负责制。

第二，建立了院长办公会、党政联席会等集体议事制度。同时，在多年的办学实践中，我们不断健全议事的规则与决策程序，凡学校的大政方针、发展规划、干部任用等重大事项都必须通过集体讨论决定，严格实行民主决策和科学决策，避免领导个人意志至上和某个人说了算的局限。

第三，健全教职工代表大会制度，建立教职工广泛参与学校管理的民主监督机制。充分发挥学术委员会、教学委员会和工会、妇委会、党外知识分子联谊会等群众团体在学校事业发展中的重要作用。通过有关的会议制度、专题座谈等征求学校有关代表人士对学校发展的意见建议。

第四，成立了山东省民办高校的第一个由社会各界知名人士组成的校董会，健全了社会支持和监督学校发展的长效机制。目前，我们已经吸纳了 30多位教育专家、企业家和社会知名人士为校董，密切学校与社会各界的联系，借助社会力量对学校发展规划、办学方略、体制机制、人才培养等进行决策咨询，保证了决策的科学性、适宜性，也为推进开放办学发挥了作用。

第五，成立了质量与绩效管理办公室，健全督查督办和评估反馈机制，确保了学校决策的及时有效执行和各项工作的督办落实与整改提高。

随着学校治理结构的完善，关于人事任免、职务晋升等诸多事项，有章可查，有据可依，个人之见和徇私之情很难通过。

教育在线：过去十年社会环境很无序，想干大事儿并非只做内涵建设即可为，常常还需要大量的社交和公关。特别是民办高校这样的需要从政府那里批地、找招生资格这样的事情。作为心中很有精神很有内涵的人，您是否有过冲突、挣扎？您适应社会的心路历程和认识。

杨文：在多年的办学实践中，我日益深切地感受到，学校特别是高等学校，不是象牙塔，绝非封闭式的，它需要与政府、企业、兄弟院校、行业协会等方方面面的社会因素发生联系，开展沟通合作。这是由高等学校的职能和民办高校的发展模式决定的。我越来越体会到，良好的公共关系在高校争取政策支持、整合办学资源、拓宽办学渠道、实现产教融合、推动开放办学中发挥着越来越重要的作用。但一切公共关系的核心是，拿实力说话。

随着高水平民办大学建设进程的推进与加快，我们感到压力越来越大，也越来越发现，学校受到办学经费、政策环境、教师待遇等方面问题的制约明显，有赖于政府方方面面的支持。目前主要体现在以下三点。

一是办学经费不足与公共财政支持问题。随着民办高校规范管理的深化和高水平大学的建设，面临的资金难题更加突出。目前，内涵建设的投入越来越大，运营成本越来越高，依赖学费为主的收入增长赶不上支出增长的问题越来越突出，面临着资金入不敷出的危险。像英才学院这样的民办高校，一心一意办教育，没有其他企业集团的支持，单一依靠学费的滚动发展很难有大的作为和突破，需要寻求政府的财政支持。

二是本科招生计划偏少与指标增加的问题。目前，山东省民办本科高校招生计划偏少。如宁波大红鹰学院与山东英才学院同在2008年升本，宁波大红鹰学院每年本科招生计划有5000人，而英才学院2014年只有1300人。去年，我校提前申请接受的教育部的本科教学水平评估中，专家组对我校本科生规模小、本专科比例不协调的问题提出了意见和建议。

三是教师社会保障措施落实不到位问题。民办学校要实现人才培养质量的新突破，关键在于建设一支高水平的师资队伍。但是，因为民办学校被界定为"民办非企业单位"，教师的社会保障缴费执行企业最低标准，社会保障水平低，尤其是养老保险待遇，与公办高校相比，"同工不同酬"差距很大，影响了民办学校师资队伍的稳定，也使得民办学校很难吸引高学历、高水平的领军人物。

面对这些问题和困难，我们首先从自身出发，采取了积极应对、多腿并行的策略。

一是坚持自强不息、与时俱进的校训精神，依靠自身的努力解决发展中的问题，用出色的办学成绩赢得政府和社会各界的信赖与支持。自强不息、与时俱进，坚持主观能动性优先，强调内因发展的决定性作用，应该说是英才学院办学 17 年来持续健康发展的重要法宝。这种校园文化和校园精神成了英才精神和英才文化的魂，已经印刻到了包括校领导、管理层、教职工乃至学生在内的广大英才人的心里。一切为了英才人，一切依靠英才人，在任何困难和问题面前，我们首先想到依靠自身的努力和力量去解决。比如，我校的特色名校建设与申报，一直以来，我们致力于以特色谋发展，重点发展优势学科和特色专业。2013 年年初的时候，我们学校出台了《山东英才学院关于转变发展方式建设应用型人才培养特色名校的决定》的一号文件，从转变发展观念、加强内涵建设、人才培养模式改革等方面全面掀起特色名校的建设。2013 年年底，省教育厅、财政厅下发《关于开展山东省民办本科高等教育特色名校建设工作的通知》，我们在开展自身建设的同时，适应要求，主动申报，最终达到了政策要求的各项指标。2014 年，我校成功地被省教育厅、财政厅确定为山东省民办本科高等教育特色名校立项建设单位，从而获得了 1000 万元的建设经费。我校还先后有 5 个专业被确定为"民办本科高校优势特色专业支持计划"资助专业，又获得 1000 万元的建设经费支持。所以，用实力说话，用业绩办事，是发展和求得支持的前提。

二是充分利用政协、人大等各种平台和机会，加强呼吁，获得理解和支持。我有幸先后成为山东省政协委员、山东省政协常委、全国政协委员，夏季亭院长当选了山东省人大代表、山东省人大教科文卫委员会副主任委员，我校还有济南市人大代表、政协委员，省青联委员，济阳县政协委员，4 个民主党派支部等。我们可以通过提案、座谈会、调研报告等多种形式，将我们的困难和需求及时反映上去。这条渠道目前在山东省应该说是非常顺畅和便利的。比如，就我校的本科招生计划问题，我们通过专题报告、座谈会建议的形式反映给省教育厅、省政府，山东省领导了解此事后，亲自督办，从今年起，给我们学校的本科招生计划增加了 500 人。再如，我们反映的民办高校教师社会保障问题，有关部门也在积极探讨。

三是充分发挥民办高校的优势，在政府难为的领域，寻求体制之外的适宜发展空间。有些困难，经过我们的努力和呼吁，政府可为、能为的，都会积极支持解决，但有些问题，政府也很为难。如刚刚提到的本科招生计划问题，每个省有自己的实际情况。具体到山东省来说，我们省本科高校数量较多，老牌的本科高校占了招生计划的多数，新建公办本科高校和民办本科高校的招生计划都很少。为此，省领导积极协调教育部，进行反映沟通，做了大量工作。但是，因为本科招生计划受国家政策的制约，受当前教育管理体制的制约，一时之间难以实现更大范围的突破。对此，我们也必须给予充分的理解。

四是面对政府不能为的局限怎么办？这就需要我们充分发挥民办的优势，寻求其他扩宽办学经费的渠道和来源。所以，我们想办法，创条件，积极探索招生自考生，在统招计划之外，招收一部分自考学生，一方面满足人们多样化的教育需求；另一方面保证学校适度的办学规模，获得持续发展的经费支持。同时，我们还不断探索增强服务社会的能力，通过政府购买服务的方式，承担了省教育厅、水利厅等的培训项目，也获得了少量的财政经费支持。

（2015 年 11 月，贺春兰与杨文邮件笔谈）

【故事】

选择与奋斗
——走近夏季亭、杨文夫妇

陈　曦

　　丈夫在山东省发改委下面的一家报社工作，妻子是山东大学英语教师，两人都有稳定不错的职业，为何双双辞职创业？又是凭借什么资质一路走来，事业越做越大？带着疑问与好奇，记者走近了山东英才学院院长和董事长夏季亭、杨文夫妇。

　　在 2010 年 7 月初举行的"民办高等教育创新与发展研讨会"现场，杨文作为协办方负责人上台发言。柔和、细软的声音令记者很惊讶，很难把眼前这个亲切、温柔、谦和的女子与那个集众多荣誉于一身的成功女人联系起来。

从会场到饭店的车上，夏季亭则当起了导游，滔滔不绝地介绍济南的名胜古迹和英才学院情况，他热情开朗、幽默风趣，给大家带来了很多快乐。

这便是记者对他们的第一印象。会后我们约请夫妇俩做了专访，数小时的热聊中，他们的创业故事被逐渐还原，记者心中的疑云也一一解开。

选择与放弃

其实，在创办英才学院之前，杨文就有过一次成功创业。

"辅导儿子学英语时，我发现市场上的幼教英语书非常枯燥，当时就涌起一股冲动，要编写一本幼儿英语教材。"杨文微笑着说。1990年，杨文赴英国诺丁汉大学留学，专攻儿童英语教学法，并成为中国第一位国际儿童英语学会会员。1992年，她带着8大箱儿童英语书回到祖国，从此踏上了儿童英语教育研究与实践之路。她独创的"全息全感幼儿英语教学法"引起社会上热烈反响，已成为国内十大流派英语教学法之一。

为了让更多孩子体验到新式幼儿英语教学法，1995年杨文放弃在高校的安稳工作，创办了山东省东方英才外语培训学校，经过两三年发展，学校规模迅速扩大，受到社会各界的好评，被评为济南市社会力量办学一类学校、济南市名牌学校等荣誉称号。

这时夏季亭还在省发改委下面的一家报社工作。1998年，当看到山东省30万考生中有20万落榜的消息时，他意识到社会的强烈需求，便想办一所学校来圆落榜生的梦。报社领导很赞成他的提议，不久学校建起来了。后来，由于种种原因，学校停办了。"这么多学生怎么办？"夏季亭考虑再三决定辞职接管学校。妻子杨文对此大力支持，她放弃了日渐成熟的幼儿英语培训，和丈夫一起创办了全日制、多学科、综合性大专层次的山东英才职业技术学院（后升格为本科院校——山东英才学院）。

1993年《中国教育改革和发展纲要》提出：改变政府包揽办学格局，公办与民办教育共同发展，民办教育进入快速发展阶段。1997年，国务院颁布《社会力量办学条例》，民办教育进入依法办学、依法管理阶段，民办教育进一步发展。

杨文、夏季亭正是从这段时期开始涉足民办教育的。10多年过去了，一批批民办学校悲壮地倒下，又一批批民办学校不断崛起。山东英才学院则从当年借钱、租校舍办学发展成拥有近 1300 亩校舍、40 万平方米建筑、27000 名师生的本科院校。他们是靠什么一路走到现在？

成功背后

年近不惑，双双辞职创业、放弃成功的创业项目重新开始……夫妻俩的选择总让人匪夷所思，他们放弃了一个个机遇，却在披荆斩棘中开辟出更广阔的天地。

成功背后是艰苦的付出。家对于杨文、夏季亭似乎成了旅馆，两人除了一起吃早饭外，每天各忙各的，虽然都在学校，却很难见上一面，晚上回家后都已疲惫不堪。但一致的目标、共同的追求，让他们的心灵相通。不过，二人在办学方面各有千秋。

"杨文很执着，一旦确立了目标，再苦再累也会坚持下去，不达目的不罢休，而且追求完美。"夏季亭这样评价妻子。

大气是很多人对杨文的印象。"她不在乎那么多小事，受到很多委屈也不在意，想让人家过得去就行了，很厚道。"一位和杨文共事多年的同事说。

杨文十分注重沟通，遇到领导班子有不同观点或矛盾，她会认真听取各方意见后再做决定，没有疾言厉色、咄咄逼人，平和、亲切的她以柔克刚，化解问题。一次，杨文与副院长刘存刚讨论问题时，脾气有些急，事后她打电话对刘说对不起。一场小摩擦就这样消融了。正是凭借这种细腻、亲切、谦和，杨文把学校管理和外联工作搞得有声有色。

丈夫夏季亭的独特经历对办学影响很大。起初他在政府部门工作 6 年，让他养成做事规范的习惯，懂得如何与政府打交道，便于争取政府支持。随后他在公办高校工作 6 年，组织一群比自己职称高的教授、校长编书，期间积累了很多资源。后来他做了 6 年媒体工作，宣传、运营经历让他在办学时注重宣传，讲究品牌。

乐观、豁达的夏季亭喜欢迎难而上，"办民办教育是没有钱干很有钱的事，自己得想办法克服啊。遇到困难，我就想没什么了不起，一切总能过去。别人不信任不了解是正常的，我不会抱怨，继续沟通。"

夏季亭是个不满足的人，不时会有新想法、新目标迸发出来。最初办学是为了圆落榜生的梦，接着他想打造优质品牌，后来又想升本，升本以后还想进入优秀序列。"或许是属老鼠的缘故，喜欢冒险，爱折腾，不能过四平八稳的生活。"夏季亭笑着说。其实，有些事情也是力排众议做下来的，比如，在济南征地建北校区，3 年前大家反对，但当时学校有升本压力，他坚持做下来了，"你有信心大家才有信心"。

"2005 年，我们审时度势走内涵式发展道路。学校必须要有规模，但不能忽视招生，比如我们做自考的试点本科，限制分数，低分不要。几年下来，成果显著，加上有一些国家级精品课程和名师，和公办本科院校在一起也硬气多了。"夏季亭介绍说。

他们很庆幸赶上了社会发展的节拍，未来希望引进社会资金推动学校进一步改善办学条件、师资队伍等情况，学校还将加强与国外大学接轨，通过合作办学，借助外力不断提高办学水平。

"60 岁以前我一定要退休，可能干不了 10 年就会退出来，为了学校的长远发展。人生要豁达、乐观、拿得起、放得下。我想形成一种机制，准备启用职业经理人，也在构建法人治理结构，准备引进资金，让渡主导权。学校越大越不是个人的，她是社会的。"夏季亭说。

（文章原载于：《人民政协报·教育在线周刊》2010 年 8 月 18 日 C2 版）

图 22

图 23

图 24

【图说】

2015 年 11 月 27 日，由中国民办教育协会学前教育专业委员会主办，北京幼海天行会展服务有限公司承办，各省市民办教育协会学前专委会支持的亚洲幼教年会在苏州举办。编者应邀主持了其中一场主题为"民办学前教育界与政协委员面对面"的活动，如以往一样，民办教育与会者畅所欲言，大家争抢话筒，有的甚至涕泪陈述。那一天，恰好是《人民政协报·教育在线周刊》第一张试刊号面世 13 周年的前夕。图 22 为论坛期间，编者与中国民办教育协会副会长、学前教育专业委员会理事长杨志彬，哈佛摇篮教育集团潘跃勇董事长交流。期间，编者应邀主持亚洲教育年会"民办学前教育界与代表委员面对面活动"。会议现场民办幼儿园园长们表达热烈。（见图 23）《人民政协报·教育在线周刊》会后专题报道。（见图 24）

（文/贺春兰，图/富涛）

【漫笔】

学前教育发展需要公办、民办协同努力

——部分地方相关政策需要调研、反省、审视

贺春兰

11月27日下午苏州举行的"民办学前教育工作者与两会代表面对面"会议现场，有园长特意从其他会场赶来表示对《人民政协报·教育在线周刊》一直致力于为民办教育发展鼓呼的感谢。作为媒体，在众多的诉求面前，我们一直秉持教育周刊创刊伊始发刊词中强调的，"在选择与拒绝之间，我们要求自己努力站在社会发展的高度，时代发展的前沿；新闻是拿个案说话的，但我们要求自己把握全局的真实"。但在市场经济的今天，要推动教育公平，确实极有必要对弱势群体给予话语权上的援助。所以，教育周刊将"关怀弱势群体、关注制度创新"作为自己办刊的特别定位，如创刊词所说，致力于"将弱者的声音放大、智者的声音远播"。既为弱势群体的教育问题大声疾呼，也为中国教育困境中的探索喝彩。

此次面对面交流中，民办学前教育界反映的具体问题，我们尚未有机会走到一线——调查核实，但种种个案最起码提示我们关注一个具有"全局真实"的问题，在中央高度重视学前教育、二孩政策全面放开的今天；在学前教育资源从硬件到软件、从数量到质量，都远未能满足"需求"的背景下，每一份积极力量都值得珍视和呵护。而民办学前教育界强烈的情绪表达提示我们关注：一些地方政策和政府行为可能不利于公办、民办两方积极性的调动，甚至可能发展了公办、气走了民办，最后同样得不偿失。因此，需要调研、反省、审视。

（文章原载于：《人民政协报》2015 年 12 月 2 日 09 版）

卿光亚

【对话】

20年民办教育耕耘无怨悔

——走近卿光亚

贺春兰

2012年8月12日是都江堰前市委书记徐振汉的80岁生日，光亚学校校长卿光亚特别推掉了手头的一切事务赶去祝福。时任都江堰教育局局长的刘安妮也在场，20年前，正是在以上两位地方官的直接支持下，卿光亚创办了光亚学校，没有想到，这一不经意的举动，竟成为中国民办教育的早期探索者，回想这一幕，三人感慨万千。

教育在线： 我注意到你的电子邮箱特别提到了1992这个数字，那一年对你的人生而言，其意义如何描述？

卿光亚： 1992对我来说，涵盖了太多的意义。那一年我在都江堰创办了光亚学校。不完全统计，这个学校可能是我国第一所全日制的义务教育阶段的一所私立小学，也使得我成为中国基础教育最早的探索者和见证者之一。

办学初衷：为孩子减压

卿光亚自述自己办学校的原因很大一部分是来自他儿子寻找理想学校的愿望。1992年卿光亚的儿子——当时小有名气的小童星卿恩亚面临选择小学就读，可卿光亚发现在当时的教育环境中，孩子们扮演的是一个非常辛苦的角色，每天都要面临繁重的学习压力。因为找不到一所让孩子开心学习的学校，卿光亚萌生了自己办学校的想法。

在时任都江堰市委书记的支持下，1992年6月16日（黄埔军校校庆日）"光亚小学"获得了办学许可。卿光亚在都江堰胥家乡高桥村开始了自己的教

卿光亚，1956年出生于重庆市，1973年至1980年任四川川剧院乐队小提琴手。1980至1992年任四川省文化厅专职导演。1992年创办成都都江堰市光亚学校，任校长至今。

走进民办教育探索者的精神世界

育事业。1992年9月18日，光亚学校正式开学，卿光亚回忆说，定到这个日子也是为了纪念"九一八"国耻日，希望我们的新一代莫忘国耻，为民族的强大而努力。

教育在线：那你当时理想中的学校是怎样的？

卿光亚：在我小时候的记忆里，理想中的学校要非常大，里面什么都有，应该是"花园、学园、乐园"，是课堂教育、家庭教育和社会教育的综合。

教育在线：当时的社会反响怎样？

卿光亚：当时正值小平同志南方谈话，人们的思想很开放，很多朋友听说我要办个私立学校，觉得很新鲜，也很鼓励我。

当时都江堰的市委书记徐振汉在听了我的想法后，非常支持，由于徐书记有3年的"援外"工作经历，他了解世界的教育情况，认为私立学校应该是能办得很好的学校，因为如果私立学校教不好的话是收不到学生的，从法律上讲，私立学校也是符合宪法规定的。他说教育是需要有持久性的，所以建议我在都江堰"买地建房"。

1992年7月7日至8日，学校开始启动小学一年级的招生工作，《四川日报》刊登了光亚小学的招生广告，一经发表便得到社会各界的巨大反响，当天就有近2000名学生家长来电咨询报名。

当时的国家教委主任李铁映专门派有关人员到光亚学校传达小平同志的讲话指示，"积极鼓励、大力支持、正确引导、加强管理，形成国家、集体、个人都来办学是教育改革的方向，办学是好事。"就这样，在党中央的鼓励下，光亚学校就此诞生了。

面向未来办教育

1993年年底，由丁石孙（第九、十届全国人大常委会副委员长、北大前校长）、黄辛白（教育部原副部长）、关世雄（第六、七届北京市政协副主席）等专家和领导组成的访问组莅临光亚学校访问。访问期间，专家们被孩子们立志建设祖国的蓬勃朝气所感染，并表示回到北京后将提案呼吁立法支持民办教育。

教育在线：你们如何给这一新生的、众所瞩目的学校定位？

卿光亚：办学之初我校就确定了落实邓小平同志的3个面向"面向现代

化、面向世界、面向未来"的办学定位，在教学当中我们坚持采用国际师资、国际课程、国际教材和国际考试。一句话：国际标准、优质教育。

由于当时有近2000位学生报名，我们还从中做出了一些选择，最后只录取了160人，每班25～30人，总共设了6个班。从小学一年级开始，就由美国老师教授英文，同时小学各科都有外教上课，所以在小学一年级的课堂上随时都可以听见"one and one is two，1＋1＝2"这样的声音，当时非常引人瞩目。

教育在线： 也有说法是，你创立了第一所私立的贵族学校？当时似乎还有过争议？

卿光亚： 关于"贵族学校"这个名字要从1993年7月《文汇报》刊登的署名文章说起，当时这篇文章中提到"贵族学校的取缔"问题，后来VOA（美国之音电台）就此事对我进行了采访，我在采访当中对光亚学校做出了解释：光亚学校是一所按照国家相关法律规定创办的正规私立学校，外界提出的"贵族"是因为收费的问题，当年我校的收费是生活费4200元/年，学费是3000元/年（一次要交6年，共18000元），目的在于鼓励学生接受标准化国际教育。显然，当时只有少部分人有条件接受这样的教育。第二天，VOA对我的采访在全球滚动播出，一周后《人民日报》刊登的文章则明确指出：学校收费较高，无可非议。

丁老在调研学校时还特别回应了这一问题，记得他说："教育价格反映教育成本而非教育方针，价格应由市场决定。"

丁石孙还有一句话很深刻地影响了卿光亚，丁老说："教育应离社会近些再近些，要引领社会发展而不是'媚俗'。"正是这些人的关心和关怀影响了卿光亚后来20年来的办学指导思想，坚持国际标准。当然，这一理想主义的办学定位最终因为在市场上的过度超前影响了光亚学校在市场规模上的做大。

教育在线： 你不担心学校运营吗？作为滚动发展的私立学校，运营优劣也将直接影响学校发展。

卿光亚： 我当时的想法很单纯，因为我此前是做电视导演的，我懂得"以文养文"的道理，我认为办学校如同投资拍电视剧一样，只要确定拍出来的片子"卖得掉"就非常容易把握。

教育在线： 后来你的运营成功吗？产品是否卖得掉？为什么没有能够如同时代创业者一样做得很大？

卿光亚： 我1992年办小学，1994年办幼儿园和初中，1996年办高中，发展其实还是很快的，但由于一味地追求改革，面向世界，却忽略了要"面向高考"。虽然我们有一腔理想和热情，但光亚学校如同其他私立学校一样，靠学费滚动发展。我国每年有 1200 万人高中毕业考大学，而只有约千分之一的孩子选择出国读大学，而光亚学校关注国际标准，却不关注高考，这和绝大多数百姓在当时的现实期望不符合，过于理想主义了。

教育在线：教育天生应该是面向未来的，应该是理想主义的。

卿光亚：是啊，教育应该是面向未来的，但是我们的生存方式是现实的和市场化的，因此，"媚俗"的不够使我们在运作早期规模难以扩大，很小众。当然，坚守到今天，在新的时代背景下，我们又获得了下一轮发展的优势。

教育在线：今天，民众对国际教育的需要飙升，你们迎来了自己的时代。你们现在的市场情况怎样？怎么理解你们高端国际教育的追求？

卿光亚：1992 年，全国 1000 万高考生中有一万人留学，比例为 1‰；2000 年以后，此比例达到 1%；而去年就增长到了 3.5% 以上，近一两年内有望达到 5%。所以，目前的市场情况是很好的，也有很多学校来我们学校参观学习。

我们坚持国际教育 20 年，注重培养学生诚实、博爱、勤劳、勇敢品质和全世界各个民族、各种文化一律平等的思想，立足中国传统文化、面向世界和未来。追求师资、教材、课程和考试标准国际化，将"国际化"融入了每一个教育环节，使学生保持与国际同步的学习模式和思维方式。

教育在线：你们的宣传中强调实施经典的素质教育，你对素质教育的理解是怎样的？

卿光亚：我的个人经历让我意识到素质教育的重要，要创造丰富的环境让孩子们获得丰富的体验，很多非智力因素的获得都在书本之外。

我生于 1956 年，1960 年上幼儿园，1963 年上小学，我一直记得住毛主席的"身体好、学习好、工作好"的标准。我上小学的时候每天下午都有两节体育课，一节课跑步万米，一节课自由选择，我在小学一年级的时候选的是射击，这教会了我处理事情果断沉住气，使我印象深刻。第二年选择了体操，锻炼了我的体格和身体的协调性。第三年选择了制作航空模型，培养了我做事的精准性。我认为毛主席"三好"的标准就是素质教育的标准，也是国际教育的标准。

后来我在艺术上获得了很多发展，1972 年用小提琴考上了铁道兵文艺兵，1973 年考入四川省川剧院，1980 年考入了峨眉电影制片厂……直到今天，我获得的艺术方面的成就，都与我受过的全面的素质教育很有关系。

钱可亏，但不可亏事业

1992年到1993年，光亚学校接待了上万名希望办私立学校的探访者。从1993年以后，有数千所私立学校雨后春笋般在中华大地开建。规模不大的光亚学校以前沿性的探索得到业内肯定。韶华已逝，卿光亚将自己的生命和青春浇筑在光亚学校的开办上，20年坚守，至今无悔。

教育在线：就你自己看，光亚学校的出现和探索给社会和后来的民办教育发展留下了什么财富？

卿光亚：这么多年来，来学校学习的人一直很多。1992年时大家来学习光亚的收费办学，那时，私立教育在我国还是新生事物。2002年，大家来学习优质教育。2012年，今天大家来学习国际标准的教育。

教育在线：是什么因素推动你在民办教育这条路上最终坚持了下来？

卿光亚：如果说一开始是因为儿子，因为对理想教育的追寻，但让我坚持的因素其实是各界的期待、关心，还有我自己的性格，我很专注自己做的事，我有一个信条"钱可亏，但不亏事业"，我的坚持源自我对愚公移山精神、白求恩精益求精以及为人民服务精神的理解和信仰，从事对国家民族有益的事业是我灵魂中自觉的追求。

教育在线：20年来，面对的最大的挑战是什么？

卿光亚：我所面临的最大挑战是自己做得不够，在专业和教育质量上还有很大的可以提升的空间。现在我每天都会惊讶地发现很多新的教学标准和方法，学到的东西越多，发现自己需要学的东西更多。每天都在诚惶诚恐地创造，希望自己能抓住时间，抓紧努力。

教育在线：最大的欣慰是什么？

卿光亚：2002年，《民办教育促进法》的颁布和实施，迎来了民办教育的春天。我国留学教育不断发展和进步，真正做到了"面向世界"。20年来，来我校访问的各国专家对我校的办学理念和模式都给予了肯定，这些成绩都让我欣慰。

我校高中生的社区服务和课外活动课程都将是受用终生的，他们每周要到社区做一次义工，每周有4天（3小时/天）时间选择参加课外活动，身心都得到了健康的发展。我的儿子从美国留学回来后，现已担任学校高中部校长，并且我的孙子已经一岁。看着学生和孩子都长大，我觉得自己完成了"生得起、养得起、教得起"的使命，完成了当初我为了孩子办一所学校的愿望，并让教育后继有人，这些都是我的欣慰。

教育在线：如果让你退回 20 年前，你还会一样选择投身民办教育吗？你对自己 20 年来的教育人生如何总结？

卿光亚：我不后悔 20 年前的决定，虽然当时的情况很复杂，但到今天我仍然觉得我的这个决定是正确的、唯一的，也是最佳的选择。20 年来我对自己在教育事业上的总结和感慨是：我在教学研究上仍然不够。

"学而不厌，诲人不倦"是我当时的梦想，也是我现在一直坚持的梦想。我希望自己能一辈子从事教育这个行业，就算"头发斑白不知老之将至"，我也会因为"得天下英才而教之"，以培养出更多优秀的学生而感到快乐，教育其实是一项很快乐的事业。

（文章原载于：《人民政协报·教育在线周刊》2012 年 8 月 15 日 C3 版）

【故事】

向专业流程要质量，向管理体系要效率

——走近郭小娜

解艳华

在民办学前教育"百家争鸣"的今天，特蕾新国际幼教集团成功地走出了一条普惠之路，尽管收费低廉，但依然能保持旺盛的发展态势。原因在哪？特蕾新国际幼教集团董事长郭小娜认为规范办学使其走出了一条突围之路。

与幼教结缘

走进特蕾新幼儿园，俨然走进一个童话王国，长颈鹿与小松鼠在门口张开双手热情拥抱每一位小朋友，"城堡"里大片色彩斑斓的攀岩墙和充满想象的手工作品展示着孩子的活力与智慧，课堂上，孩子们正兴致勃勃地跟着老师畅游数字闯关游戏，这是记者在特蕾新幼儿园看到孩子们快乐学习的一幕场景。

"教育就是让孩子们健康快乐成长。"这是郭小娜常说的一句话，谁能想到，10多年前，她还是幼教行业的一个"门外汉"。

16年前，42岁的梅州人郭小娜怀揣着5.6万元的安置费从国企下岗。受当时企业领导重托，她带领20多个下岗的姐妹一起接管了企业下属的两所正在亏损的幼儿园——英达幼儿园。"当时没有工资收入，作为企业老员

郭小娜，特蕾新教育集团创办人、董事长。特蕾新教育集团于1996年开始投资办幼儿园，现在全国范围内有80多所直营和参股共建园，1所直属幼儿艺术师范学校（在校学生1000多人），1200多所联盟合作园，在职员工人数达2000多人。影响力辐射北京、天津、广州、深圳、太原、郑州、武汉、成都、昆明、河源、东莞11个城市。业务覆盖众多教育产业领域，是集幼儿教育、职业教育、师资培训、成人教育培训、教育科研、教育咨询、幼儿产品为一体的规模化、专业化、品牌化的集团化企业。

工，我没有退缩逃避，而是全身心地投入办学中，下岗让我与幼教结缘，并改变了我的人生轨迹。"

办园之初的郭小娜，凭靠一腔热情，与姐妹们一起撑起了两所幼儿园，为了节省成本，能自己做的事情，绝不多雇人手，自己不仅做园长，还做保洁员、配餐员，尽管收费低廉，但凭借精打细算，幼儿园很快就实现了盈利，随后第三家、第四家相继诞生，时至今日，特蕾新已经拥有40个直营幼儿园及900多个合作园。"当时没想到会做这么大，很多时候都是顺其自然。"

郭小娜学企业管理出身，在工厂、企业从事过不同岗位的管理工作，在办园实践中，她发现，企业与教育各有不同特点，但管理的原则方法都是相通的。她将以往在管理工厂、企业中的经验应用到幼儿园管理中，从人力资源、财务管理，日常流程规范，以及投资新园所等幼儿园经营的各个方面都力求做到精细化、专业化，部门之间既能职责分工明确又能高度协同配合。"从开办之初，通过每个教职工的定岗定责，严格规范每一个教学活动和生活流程，使每个工作流程和管理环节规范化、有序化。投资开办新园所，我们会成立专门的项目团队，从前期调研、筹备，到开建、装修采购，再到园长、教师的配备，不同的阶段都有专业人员跟进，每一个环节都力争做到无缝对接。"

在郭小娜看来，教育要向专业要质量，也要向管理要效率。"当然制度、流程最终要落实到'人'，管理的目的最终是要服务'人'。"

民办园也可以普惠

很多人走进特蕾新的第一反应是，这样的幼儿园收费一定很贵吧。郭小娜常常要给人解释："只有1000多元，跟公办园差不多。"郭小娜说，当初创办特蕾新的时候就是从普惠起家，"这些年国家一直倡导发展普惠性的幼儿园，一方面是政策导向，更重要的是市场需求。"特蕾新曾经做过市场调研发现，虽然公众对于不同特色、不同价位的幼儿园都有选择需求，但更多还是集中在经济型、平民化层次，特蕾新大众化、普惠性的办园定位，让许多中下收入、普通家庭的孩子得以享受到质优价廉的幼儿园教育。

随着品牌声誉的不断扩大，很多投资者建议郭小娜发展收益更高的"高端"园，面对这样的诱惑，郭小娜总是笑笑拒绝："谁说只有公办园才是普惠，民办园照样可以。"

有人说郭小娜不会审时度势，郭小娜却有自己的理由："我对普惠性民办幼儿园有信心。从政府层面，近几年出台了很多政策法规对学前教育进行宏观调控，一方面进行规范，关停并转了一批不规范的幼儿园，另一方面也对民办园进行积极扶持，比如，深圳最近几年一直以政府购买服务的方式发展民办学前教育；从社会发展来看，随着城市化进程的加快，公众对幼儿园的质量要求越来越高，从原来希望'有园上'逐渐转向'上好园'，这个'好'就是规范、质量。这无形之中形成了优胜劣汰的市场竞争，如果我们规范办学，你说我们市场是大了，还是小了？"

10多年在幼教行业摸爬滚打，郭小娜深知民办教育人的艰辛与不易，听到别人诟病民办园问题多，她会立即纠正："公办、民办都有这些问题，是大家对民办太聚焦了，对我们还不认知。"维护的不是她自己，而是她所在的行业。

在"人"上下功夫

当前，困扰民办幼儿园发展的最大问题就是师资的缺乏，但在特蕾新却早早解决了"人"的问题。"在办园之初，我们就意识到一所优质的幼儿园离不开专业优秀的师资队伍。"

特蕾新很早就建立了自己的"人才储备库"，谁能胜任园长，后续谁来替补，集团建立了一套规范的人才成长机制。与园所建设同步，师资力量也已匹配，这样一来，不仅能够保证顺利开园，同时也能坚持特蕾新一贯的教育品质。

2009年，特蕾新在广东省河源市投资创办一所直属的艺术师范院校。"这原本是我们的一个扶贫项目，现在已经成了我们的师资培养基地。"郭小娜告诉记者，原来当地的很多女孩子小小年纪就辍学了，学校通过免费的形式吸引她们来接受幼教师范教育，并输送到全国各地的幼儿园，既解决了她们的学习就业问题，也解决了幼儿园的师资问题。

为了提升教师和园长的专业素质，特蕾新积极开展园本培训，加强对教师的业务培训和幼儿教育探索研究。在郭小娜的观念里，幼儿身心发展处于动态，幼教老师需要不断补充心理、教育、教学等综合知识，而加强课题研究是促进知识提升最有效的路径。"通过确立促进幼儿园发展的大课题，班班确立子课题，人人参与课题研究，不断提升教师科研能力……除此之外，我们还将通过走出去、请进来的途径为教师创设更多的学习机会。"

走进特蕾新，记者发现，这里的园长都很年轻。"我们实行的是园长负责制，在用人上打破常规，大胆使用有活力和创新精神的年轻园长，通过

'创造条件—发现苗子—给予机会—跟踪培养—亮相展示—大胆起用'的模式，把年轻教师迅速培养成教研、教学骨干。"郭小娜介绍说。

郭小娜的下属很多都是跟随她多年的老员工，民办园员工流动率很高的现象，特蕾新并不存在。为何选择留下？很多员工的回答是，包容和机会。

在特蕾新，20多岁的园长比比皆是，甚至有毕业7、8年就做到公司副总的年轻人。郭小娜说，年轻人敢闯敢干，给予他们一点提拔，他们就能做出更大的贡献，何乐而不为呢？当然年轻人没有经验，也有犯错的时候，她也会说，谁没有犯错的时候，吸取教训，长点经验，你们不去犯错才有问题呢。

直到今天，包括郭小娜在内的当初下岗的21名下岗女员工，除了一人因身体原因离开特蕾新外，其他人还都继续在特蕾新的各个部门工作。

"尊重每一位员工，为每一位教职工搭建职业规划的发展平台，帮助他们在工作中实现自我价值的最大化，由此，向专业流程要质量，向管理体系要效率，这样才能实现企业与幼儿园的良性有序发展。"谈笑中，郭小娜道出自己的管理"秘籍"。

"能做到今天这个状态，我觉得就是两个词，方向和规范。"郭小娜说。

（文章原载于：《人民政协报·教育在线周刊》2014年12月24日C3版）

人民政协报
教育在线 周刊

黄玉林

【印象】

我骄傲的黄兄

贺春兰

9月13日随赵沁平副主任带队的全国政协教科文卫体委员会民办教育考察团去江西调研，玉林黄兄接待上的"不周到"让我很是有些担心。但我并未反馈给他，因为我知道黄兄骄傲，我尊重这样的骄傲。

相较其他几所学校校长的成绩汇报而言，黄兄做出了这样的选择，"全国政协来这一次不容易，抓紧反映点问题。"他果真痛痛快快地反映了很多困扰民办教育发展的政策问题。黄兄之率真引得举座赞扬。全国政协委员、中科院原党组副书记郭传杰说："是个汉子。有时间还想再攀谈。"——黄兄算是遇到了知音！

之后，在一间不大的会所里，黄兄用"轻歌曼舞"接待了我。据说他正在学二胡，就我的鉴赏水平来看，他已经拉得很好。黄兄身边还有几位中央音乐学院毕业的今天已经在他那里从教的老师，慨叹着世风日下，玉林黄兄归隐于音乐中了！他还在练习书法，想必事业超脱，同时也是想让自己宁静。

和黄兄的交往十年三个片段沉淀在脑海中，以上算是一个。

最早的一次记忆是在教育周刊初创时期的一次民办教育活动中，黄兄从江西赶来，聊起创办民办大学的经历，这么一个刚毅的汉子，竟泪流满面，我清晰地记得他用袖子抹泪的镜头：当年的一个地市级科长下海，因为看到那么多孩子没有大学上。他以袖拂泪，讲述他曾经迎着朝阳的步履匆匆。那时，我听得专注，竟然至两鬓发麻。

黄玉林，江西上犹人，江西应用科技学院（原江西城市职业学院）创办人、董事长、党委副书记。先后荣获"南昌市五一劳动奖章""江西省五一劳动奖章"等荣誉称号。江西应用科技学院是经教育部批准设置的全日制应用型本科高校。始建于 1984 年，2005 年经江西省人民政府批准原江西新亚职业技术学院更名为江西城市职业学院，2014 年 5 月，经教育部批准升格为本科建制的江西应用科技学院。

后来在与教育周刊的一次合作中不可避免地遇到一些小插曲，那晚，黄兄短信过来，说他准备拂袖离去。记得接到短信时，罗晓明兄和中国青年报的谢湘大姐正在我家里茶叙，于是没有多想，只简单回了过去，"人生合作见于长远"。对黄兄，我有这个自信。第二天晨，黄兄果然来电表示继续支持。

此行江西见到黄兄，他的小日子过得很好，事业有成，儿子也很优秀，他的大学——江西城市学院也进入了良好的发展状态。但他依然率真中见悲怆。不为别的，只为这个令人遗憾的世风，不公平的竞争环境。

（2011 年 10 月于博客）

【故事】

为缺少机会的人创造机遇
——走近黄玉林

水 墨

10 年前，倾其所有创办民办高校，10 年后，投资 6.5 亿元打造"中国山水园林高校"。黄玉林讲起话来依然是那么朴实。在《人民政协报·教育在线周刊》举办的"天下讲堂"延安行的课堂，所有教师都为眼前这个热爱教育、投身教育、奉献教育的实干家坎坷的求学经历所吸引。

黄玉林说，今天当他站在一所 22000 人的民办高校前被问及当初缘何要搞民办教育的时候，他会告诉对方自己当年那无书可读的苦楚和考上大学以后的珍惜。他说，由于出身不好，自己差点错失了就读高中的机会，是乡里的公社书记看在他第一名的成绩为他特别争取了读高中的名额。而这个名额改变了他的一生。

至今，他仍对高中临毕业时的一个画面记忆犹新："那时中学校长坐着拖拉机来到我家门口，喊着我的名字：'黄玉林，告诉你一个好消息，今年可以考大学了！'刹那，一种很复杂的感受忽然向我袭来。"黄玉林说这不是激动，而是一种美好生活就要展开的狂喜和想要抓住却不知道能否抓住的不确定感。1978 年，黄玉林以 6 分之差落榜，1979 年当他接到赣州师范的录取通知单时，激动异常。"我终于可以上大学了！"黄玉林说，那时的自己比周围任何人都要更加珍惜这得来不易的学习。"在上大学的那两年，我从来没有过午休，从来没有晚上 12 点前睡过觉。"

比起那些早早失学的同学黄玉林认为自己是幸运的。当他用从不停滞的努力换来全优的毕业成绩时，他发现自己人生的轨迹彻底改变了。而他的同学们，却仍然要像自己的父辈那样不得不做一个面朝黄土背朝天的农民。"其实我身边有很多同学要比我优秀。"黄玉林回忆，当初自己的同学中有数学比自己好的，也有语文比自己好的，然而，是贫穷让他们早早失去了继续读书的机会。"办教育的，就是要给这样缺少机会的人创造机会！"黄玉林如此解说自己投身教育事业的原因。

"教育公平是最基本的公平，也是创造其他公平的前提。"他说，在农村长大的孩子没有上过幼儿园，没有良好的教育条件，甚至没有好的老师教他们功课，也没有渠道获取各种信息。就在这样的成长环境中，农村青年却能在全国同一张考卷中脱颖而出，获得升学的机会实在是极其不易。"即使是那些以微弱差距落榜的也有不差的基础素质。"黄玉林强调，每年中国都有近 500 万的高考落榜生，其中很多来自农村。"这是一个多么庞大的群体！"这些孩子虽有一定的文化基础，但却没有一专之能、一技之长，落榜之后，许多人即使是再次复读也难以圆梦大学。这些学生无论是回乡建设农村，还是进城谋职，普遍缺乏应有的职业能力。要想改变自身的命运，乃至通过自身命运的改变来影响整个家庭，将是极其困难之事。而这却是他们和他们的家人真真切切的指望。

"让每一个农村孩子圆梦大学"是黄玉林的一个雄心壮志。而这种雄心仅仅来源于他少时异常艰难的求学经历和对于身边无数个曾像他一样却没有他那么幸运的农村青年教育命运。他说，国家在发展高等教育的同时，也应大力发展高等职业教育。"让这些落榜的孩子得到一样的关注与成长。"是深深根植在心底的情结，也是他为何一路走来，不停不歇的原因。

"办教育是当今中国第一大善举。"黄玉林说，培养一个合格的、对社会有用的人才，比赚十万、百万都更有意义。十万、百万转眼可以花完，而人才，却可以不断地创造出十万、百万。"为农村孩子做一点事，这是自己的责任。"——黄玉林再三强调。

（文章原载于：《人民政协报·教育在线周刊》2008 年 9 月 10 日 C4 版）

【链接】

用行动主宰自己的命运

黄玉林

说起创业，真有百味杂陈，甚或不堪回首的感觉，然而，我们毕竟幸运地走过来了，尽管仍是一介平民，但终究由一个农村布衣，渐成了今天的董事长，创建并管理着一所资产逾10亿，已有了超过8万各类毕业生的本科大学，奋斗乎！成功乎！

虽然我们总在强调：成功是时代的恩赐，是政策的雨露，是领导的关怀，是各界的支持。但我们也深知"内因是主导与外因是条件"辩证关系的道理，也懂得决定"偶然是必然的产物"规律的，是主体，是团队，是培育并根植于斯的个性品质。因此，我们仍然有理由自豪与自信，而从从事教育工作的角度，确实又无疑多了一份责任，有义务将自己所思、所悟、所体会的，贡献给欣逢"全民创业、万众创新"盛世的青年朋友们。

有感于此，我以极其老实率真的态度，从主观能动和主动施为的角度，浓缩了自己几点粗浅的认识：创业，需培养一种内化于灵魂，融流于血液的精神特质，方有热情，方敢挑战，方能执着。创业，系以社会责任为第一担当，以共赢共享为基本追求，方能包容他人，也终被他人包容和肯定。创业，无论是有形的财富积累，还是无形的精神追求，都要切实遵循、贯彻"科学发展"的思想，妥善处理人与自然、人与社会的关系，方能常拥财富、长享怡然与幸福。

虽然我已不再年轻，但每每想到有幸与这个伟大的时代同行，仍然心潮难平，思绪澎湃，而于青年人这一群群、一代代炽热蓬勃的生命，更当昂扬而起，肩负使命，创新创业，既实现个人价值，又报效祖国和人民，为此，我用一段自己创业时自拟的格言与年轻人共勉：

我们无权轻慢人生只有一次的蓬勃生命，我们无法儿戏改革开放、人才辈出的这一伟大时代，我们无须在尚不如意的人生际遇中沉湎彷徨、调整纷繁的意念，迈出坚实的脚步，以一种幡然开朗的清醒，以一种必挑重担的责任，追求卓越，自律自强。

（作者寄语大学生创客。文章原载于：《人民政协报·教育在线周刊》
2015 年 3 月 18 日 09 版）

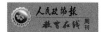
【印象】

黄藤：民办教育的求道派

斯　齐

　　职业棋手有胜负师和求道派之分。所谓"胜负师"就是以赢棋为第一目标，为了一盘棋的胜利有时可以"无所不用其极"；而求道派除了要考虑胜负之外，似乎还有更高层面的追求，比如，行棋是否符合棋理，是否有美感，等等。

　　或者也可以把中国民办教育的投资者视为一个棋手。自然他们的棋盘就是自己正在为之劳心劳力的教育。当今棋界是一个胜负师的天下，同样，中国民办教育的投资者绝大部分也都在扮演着一个胜负师的角色。西安外事学院董事长兼院长黄藤也不例外，学院建院 10 多年的成长轨迹对此作了最好的注脚，但在黄藤身上似乎还有其他一些东西，比如，一种长期被中国传统文化熏陶而涂就的文化底色；一种为中国民办教育乃至整个中国教育的大局而勇于承担责任的道德诉求和真理探究的渴望。

　　因此，我们说黄藤是一个胜负师，黄藤也是一个求道派。

（于 2003 年）

　　黄藤，西安外事学院创办人、董事长、院长。教育学博士，第十届、十一届全国人大代表，民进中央委员。1992 年创西安外事学院。有 10 年公办高校工作经验，6 年国外学习生活阅历，20 多年民办高校管理实践经验。先后担任西安市人大代表、陕西省人大代表、陕西省人大常委、全国人大代表总计 20 年，提出过多个议案。先后获得"优秀中国特色社会主义事业建设者""全国黄炎培杰出校长奖"等荣誉称号。

　　西安外事学院前身是创建于 1992 年的西安外事服务培训学院。1996 年，经陕西省教育厅批准，成为首批学历文凭考试试点院校。2000 年 5 月，经陕西省人民政府批准，成为普通高等职业院校。2005 年 3 月，经教育部批准，成为普通本科高校，并更名为"西安外事学院"。2009 年 6 月，获得学士学位授予权，2010 年建立工商管理及创业硕士培养平台。

【对话】

孜孜探索不为一时之胜负

——访黄藤

贺春兰

校无大小　育无国界

十多年前在新加坡衣食无忧的黄藤感到很寂寞也很困惑。他发现，原来自己本质上还是一个知识分子，而一个知识分子就应该为社会做点什么，于是黄藤选择了回国办学。

教育在线：采访之前，看了你写的关于中国民办教育发展的一些文章。这些文章既没有整天关在书斋里做学问的那种文绉绉的味道，也不像一些来自一线的文章那样拘泥于经验的陈述。

黄藤：前几天我在北京大学参加了一个民办教育研讨会。参加会议的主要有两种人：一类是来自高等院校的搞民办教育理论的学者、专家；一类就是来自一线的具有丰富的办学经验的校长和投资人。两种人是完全不同的视野、思维、表述风格，我感觉自己处于两者中间。

教育在线：你的《校无大小，教无高下，学无长幼，育无国界——发展民办高等教育的基本思路》一文给我留下了很深的印象，能具体谈谈这篇文章背后体现的一些理念性的东西吗？

黄藤：曾几何时，学校是否有名气，规模是大是小，硬件和软件的实力是否雄厚，几乎是衡量一所高校的共同标准。然而，当民办高等教育在新时期兴起之后，再以这样的标准去衡量一些学校就显得不够准确。

"教无高下"是指应该根据培养目标、办学层次、办学类型等标准来衡量一所学校的教学质量和水平。我认为，一个职业大学的学生获得了大专毕业证书，找到了相关工作，和一个博士生戴上了博士帽一样，都是完成了学业，对学校的老师而言，也都圆满完成了任务，不应用同一个标准衡量学校教师的贵贱高下。

"学无长幼"是针对我国设置的高校年龄限制来说的。"学无长幼"就是要彻底摆脱和打破这种束缚，提倡终身学习的教育理念。

　　"育无国界"是指学校要培养具有国际视野和心胸的学生。

　　这四条体现的是一种多元化的评价观念，在操作上也非常灵活。

　　教育在线：对已经出台的《民办教育促进法》关于民办教育不能以营利为目的的定位，你如何看？

　　黄藤：我非常同意民办教育不以营利为目的。其实，商业利润最大化和作为社会公益事业的学校的教育规律在很多时候是相悖的。我这么多年做教育，之所以还能取得一些成绩，主要是因为始终把社会效益放在了第一位。从前年开始，我们在陕西贫困地区展开了大规模的扶贫，免费招收了1700多名贫困生，主要想法就是把民办教育也看成是一项社会公益事业。学校不是挣钱的机器，我们以后和别的企业合作，也只能找那些真正想办好学校，真正想为教育出力的。如果纯粹是一种利益型的合作，那绝对走不到一起；即使合作了，也会很快破裂。

形散神不散

　　多年之后，已经人近中年的黄藤在大学校园里穿梭。从华东师范大学到北京大学，黄藤好像又回到了学生时代，完全以一个好学生的身份在倾听、在记笔记，但今天的黄藤毕竟已经不同于从前，他在思考、解读、审视。

　　教育在线：你还一直使用着京外的手机，又好像有很多时间你又在北京。也许很多人都想知道，黄藤现在究竟在做些什么？

　　黄藤：大学毕业后一直到1999年这段时间，我主要走在经商和办学这两条线上。这些年的实践基本上是原来的积淀和一些思考在实践中的实施。1999年后，我感到民办学校和公办学校的终极目标没有区别，既然没有区别，你就得了解研究公办教育，包括国外教育的一些情况，否则就会陷入盲目。1999年开始我在华东师范大学学习，现在继续在北京大学就读，而同在校园里，今天的我和二十多年前的感觉完全不一样。因为这种求学本身就是一种解读。这两所处于不同地理位置的名校，在风格和思维方式上非常不同。同时这里又汇聚了天下名师，甚至有很多跨学科、跨领域的大师。一切学习的落脚点都在于帮助我思考中国民办教育怎么走，我自己的学校怎么办，然后我就会调整学校的一些行为。从2000年至今，这种集中

人民政协报
教育在线周刊

黄藤

式的学习已经持续了 3 年，计划在 2003 年 6 月告一段落，过几年我还会持续这一过程。

教育在线：经过这段时间的学习和思考，对民办教育，你有什么新的认识？

黄藤：教育最终离不开一个经济体的支撑，这是我观察公立教育和世界教育得出的一个基本结论。所以今后我会有相当的精力重操旧业，像办学校一样，去运作一个经济体。我成立了七方科教有限责任公司，做房地产开发、医药销售、教育产业等。这个公司本身就是营利机构，以追求利润为目标，终极目标还是为了支持学校。所以看上去我很忙，但形散而神不散，最终还是为教育服务。

民办教育还处在起步阶段

在北京国子监遗址的边上，黄藤为自己租了一个宿舍，宿舍的前方是一个个保存得比较完整的四合院。茶余饭后，他喜欢望着这些老房子，朝谒孔庙、国子监，他说那里更能使他的思维凝结、深远。

教育在线：目前在西安，和西安外事学院同处第一梯队的大概有四五家。你如何看待目前已经形成的竞争局面？

黄藤：竞争是好事。多年前我就一直期待着有一个陕西民办教育群体的出现，这样才能整体推进陕西民办教育事业的发展。陕西民办教育能形成今天这样一个局面其实也是竞争的结果。有竞争就会有淘汰，正常的淘汰很正常。我现在不是担心别人发展了，我们落后了，而是担心哪天因为一个什么事某个学校轰然间就倒下了，我想这对整个中国民办教育都会产生很大的负面影响。现在，中国民办教育的发展还处在一个起步阶段，最多也就是一个"初唐四杰"，李白、杜甫的盛唐时代还没有到来！其实大家根本不存在真正意义上的先后问题，整个我们这一代民办教育人就是一个铺路石。

（文章原载于：《人民政协报·教育在线周刊》2003 年 3 月 8 日 C4 版）

【印象】

曹勇安：热衷探索、体验与分享

贺春兰

    2005 年 6 月 25 日，齐齐哈尔职业学院院长曹勇安签署了一份声明：放弃自 20 世纪 90 年代初以来，自己在学校所拥有的奖金和几千万元股份的收益权和继承权，将其全部用于学院的发展。而就是这位肯把几千万元股份捐出来的中国民办教育界元老之一，却为这篇稿子和编辑不断交流、逐句较真、费尽思量。从公办学校教师、校长、大型国企教育处副处长、处长到辞职办民校，从承包一个教育机构到将学校运作到上万学生规模、几亿校产。这个"不安分"的人，1993 年，首开全国民办高校兼并公办高校之先河；1994 年，成为全国第一家设立党委的民办高校；1998 年 2 月，再次兼并多类别公办学校，组建了全国第一个从幼儿教育到高等教育，完整系列逾万人的民办教育集团……这位创造了中国民办教育界诸多第一的人向记者坦然地讲述，自己今天最热衷的依然是探索、体验与分享。"我是以实验员、观察员的身份加盟于民办教育的，所以才有研究的冲动和传播的乐趣。""在社会转型、经济转轨的条件下，教育应做出何种回应？我愿以我的思考和实践给大家一个预警。20 年后，如果有人说这个预警是有效的，我就满足了。"不久前，曹勇安为某报颁发的民办教育奖项的与会者做报告，台

    曹勇安，齐齐哈尔工程学院党委书记、院长，黑龙江东亚学团董事长。原齐齐哈尔职业学院办学历史可追溯至 1991 年 3 月，时任齐齐哈尔第一机床厂教育处副处长的曹勇安，整合社会闲散资源创办民办自考助学院校；1993 年 4 月 1 日，鉴于发展起来的学院尚无校名，黑龙江省教育委员会批准校名为黑龙江东亚大学；1993 年 7 月 15 日，学院兼并了齐齐哈尔第一机床厂职工机电学院，从此具有了国有资产存量和全民身份的教职工，为混合所有制院校之雏形；2001 年 3 月，经黑龙江省政府批准，在黑龙江东亚大学基础上成立齐齐哈尔职业学院；2008 年，学院被纳入《黑龙江省高等教育强省建设规划》，成为黑龙江省"重点鼓励成为国内有影响力的 5 所民办普通高校"之一；2011 年 4 月，经教育部批准，学院升格更名为齐齐哈尔工程学院。

下 200 多名业内人士竟没有一个熟悉的面孔。这让他感慨万千:"每次民办教育聚会时,听说哪个民办学校的'哥们儿'来不了的时候,心中总有一点酸楚,但面对这一批批的新面孔又备感振奋,真是前仆后继。"每次为民办教育聚会做报告时,曹勇安总是用这样一句话结束他的报告:民办教育一定会有一个大发展,但不是每一所民办学校都能发展,要打造自己的核心竞争力,下次开会力争一个都不少。

当记者问及为什么会放弃当时那么好的条件和地位,加入民办教育中来时,曹勇安说:做教师时,看到校长在处理学校事物时瞻前顾后、赏罚不明,叫人干活儿没劲,心想我若当校长一定要打破这万马齐喑的沉闷局面,而当了校长之后我也很无奈,于是认为官还应做大。直到当了齐齐哈尔第一机床厂教育处处长时才发现,根本原因不是权力问题而是体制问题,于是辞去公办职务加入民办教育的行列中。

在一个经济欠发达的非中心城市,将民办学校做到这样一个规模,实属不易。"黑龙江东亚学团""齐齐哈尔职业学院"与曹勇安的名字是连在一起的。但曹勇安认为:一个组织成熟的标志,不是个人能力而是制度能力。1999 年,曹勇安就开始探究怎样建立现代学校制度。历时 7 年,终于初步完成了学院产权界定,为现代学校制度建立奠定了基石。

(于 2006 年 6 月)

【故事】

以变应变

——走近曹勇安

胡虹娅

什么是核心竞争力?曹勇安认为:在民办高校里难以被竞争对手模仿的基础性能力,是买不来、偷不去、拆不开、带不走的。买不来,不能通过纯资本手段来直接获得;偷不去,别人无法简单克隆;拆不开,它是管理、人才、体制、机制一系列融为一体相互作用而形成的，如同两只鞋，不能够拆开独立存在；带不走，核心竞争力必须通过整体运作机制来实现，不是某个人的身价。能被竞争对手挖走的"关键人物"不是核心竞争力。

那么，如何打造核心竞争力？

精髓是观念的创新

"教育最缺什么？我们都会说缺钱，是钱吗？不是。是现代的教育观念。精髓在观念的创新。"

广告是赊的，校舍是租的，教师是聘的，校牌是借的。八个学生，三个专业，一间百来平方米的房子，曹勇安回忆说："一般的办学观念是有什么条件开什么专业，开什么专业招什么学生，让学生适应学校。这是一种条件约束型思维。我们是社会有什么需求开什么专业，至于条件，把它凑齐了就行。"他的大学就这样办了起来。那是1991年。

1993年，鉴于已发展壮大的学校尚无校名，省教委正式批准成立黑龙江东亚大学。

在齐齐哈尔这个经济欠发达地区，学校究竟如何发展？不同于"投资促发展"的"物理变化"，曹勇安的发展观是"改革促发展"的"化学变化"。

曹勇安把学校经营划分为三个层次："低层次是经营规模，中层次是经营质量，而高层次是经营品牌。我们常说把学校做大、做强、做出特色，我觉得把它倒过来可能比较好一些。"

合并只有137名业余班学生的一厂机电学院，是曹勇安实施的第一次教育资源整合。如何运作？成人学历教育。而到20世纪90年代初，成人学历教育的利好几乎已被普通高校悉收囊中。怎么办？"让开大路，占领两厢。一厢是自学考试助学，一厢是职业技能教育。1998年，我校被树为全国自考助学工作三面红旗之一。而我们的职业技术教育形成了5大类89种职业技能超级市场。"

曹勇安说：要赢，就必须从竞争对手的队伍中跑出来，而不是留在队伍之中。不要真打硬拼，而是要创造自己的明天，特别是明天的优势。

1995年，齐齐哈尔第一机床厂经济滑坡。东亚大学一次性接收8所企办学校、607名教师、1个教育机关，组成东亚学团，完成了第二次教育资源重组。

"滚动发展太慢，银行贷款太难，集资办学太险。"曹勇安的思路是：

"整合计划经济下的教育资源，走低成本扩张办学规模的道路。在齐齐哈尔，企办教育占城市教育的 44.7％，有 11 家万人以上国企。在企业办不了、政府接不了、学校活不了的情况下，我认为建一个学校比买一个学校合适，而买一个学校不如用管理去改造学校。"

至此，东亚走上发展的快车道。"13 年时间，学团总资产 27 个亿，平均每天以 5.7 万元的数字递增。"

2003 年学院在南苑新区购置 482 亩土地，扩建新校区。2004 年完成一期工程建设。

"同是一个地，同是一个天，人家能干，咱咋不能干？"曹勇安说，民办学校不必怨天尤人，有为才有"位"。要做到让社会承认，让政府承认。"你必须做的让政府感觉你可爱。要让他感觉到你的存在确实对他有好处，要让他看到：钱给别人被祸害掉了，而给你却起了作用了。"

不要拿旧船票来登新客船

曹勇安认为，民办学校既要形而上，又要形而下。"形而上是看准了方向，形而下是只要方向对了就不怕路远。民办学校肯定要有一个大的发展，但不是每一个都发展，更不是平均发展。核心在于能力的提升。提高创新的能力，创新的理念，创新的思维，创新的实践。"

他强调："创新的实践就是想到了就去做。我们常常想到了不去做不敢做，埋东怨西的，你给我一个安全带我才敢去做。"

总结民办生态，曹勇安的体会是："能够生存下来的不是最强壮的，也不是最聪明的，而是能够对变化做出快速反应的。不要拿旧船票来登新客船。校长的核心竞争能力就是预测变化和创造变化。"

他进而总结：以不变应万变和以变应变的有机结合正是他们的核心竞争力。而养育一个组织的核心竞争力不在一朝一夕。

"一支高素质的教师队伍需要千锤百炼，一个优良向上的校风需要千呼万唤；与时俱进的课程体系建设需要千辛万苦。"在曹勇安眼中，这是高等学校核心竞争力买不来、偷不去、拆不开、带不走的"三样儿"。

如何练就？"不要简单模仿人家，人家 20 块钱一课时我花 25？人打 500 万广告我打 1000 万？不行。核心竞争力不是这样打造的。"

曹勇安认为，学习型学校的建设是先导。"学习型组织创建就是五项修炼：自我超越，改善心智模式，建立共同愿景，团队学习和系统思考。"

将当前学校组织与学习型组织作比，曹勇安分析说：学校的组织一般是层级式的，纵向网络；而学习型组织属于扁平式的、横向的，是现代管理的趋势。在层级式管理中信息逐层减弱甚至淹没。"我们常以岗位职责清楚为自豪，而完成一个任务两个甚至多个部门势必要协作，有了交集，必然出现扯皮。不如建立一个同心圆，界限模糊了。同心圆就是共同愿景的形成。学习型组织的价值观是合作协调的价值观。"

专业的市场化和企业化

曹勇安说，学习型组织强调的是杰出表现。"我常跟员工讲，你有多大本事我给你搭多大台。你拉起一个连你是连长，拉起一个团是团长，拉起一个学校是校长，拉起一个专业是专业长。岗位靠竞争，收入靠贡献，干部走自我提拔的道路。"

支撑东亚学团融入市场的最佳切入点是专业的市场化和企业化。"我们从专业的法人制度的建立入手，将权力下放，管理重心下移，实行矩阵式的扁平化管理。"

在东亚，只要具有专业教育行为能力的教师都可以根据市场的需要申报专业。批准后，专业就是法人组织，教师就是法人代表，享有相应的权力和待遇。"现在都是若干个教师办一个专业，我们是一个教师领办一个或几个专业。相当于建筑公司项目经理。我们制定了专业法人条例。他同时可以领办经济实体，比如，网络公司、装潢设计公司等，成为公司的法人代表。这样，他在学校是专业长、专业领头人，在社会上，他也是董事长和总经理。"

"专业就这样一下子融进了市场。学生就业也从'率'的问题转移到品位问题。"

一个学校成熟与否取决于制度能力

"ISO9000质量管理体系是基础。"

"我们现在还谈不上真正的管理，最多只是按文件办学。阳春白雪地说：管理是科学，科学的意义在于求道；管理是技术，技术的价值在于增效；管理是艺术，艺术的生命在于创造。下里巴人地说：管理就是把想到的写出来，按写出来的去做，把做过的记下来。"

曹勇安认为，一个学校成熟的标志是制度能力而非个人能力，"能人"在知识经济时代是过去完成时，制度能力是正在进行时。

"经验不断形成文件，管理就走向成熟。文件化的系统是具有集体智慧和能力的虚拟人，管理控制的是这个虚拟人，从而形成了对事不对人的环境。""有了这样一个管理平台，可以使人的经验和能力得以传递，使管理得以延伸和留存。"

曹勇安认为，制度产生行为，行为产生习惯，习惯培育传统，传统积淀文化。校园文化建设是打造学校核心竞争力的关键。

在东亚学团的所有学校有这么一句话：先做你应该做的事情，再做你喜欢做的事情。"这就叫文化的认同。这是起码的东西。我常说：有度量，容忍你不能改变的事情；有勇气，去改变你能够改变的事情；有智慧，能区别哪些能改变哪些不能改变。现在好多人把它整倒了，所以老喊痛苦。"

"修身齐家治国平天下""成小事靠才能，成大事靠品德""锻炼身体的目的就是通过运动达成健康的体魄"，曹勇安介绍说，这样的字眼在学校里随处可见。"什么叫素质教育？腌酱式教育。大萝卜腌透了，切成片儿咸的，切成丝儿咸的，放水里洗洗还是咸的。学校就是通过这种校风的腌和酱，将知识内化为素质。学校的任务就是内化，没有内化的知识最多是资料。"曹勇安如此作比。"校风好比'老汤'，好的校风会影响学生的一生。要摒弃'刷色''贴标签'式的教育。"

（文章原载于：《人民政协报·教育在线周刊》2005 年 5 月 25 日 C4 版）

走进民办教育探索者的精神世界

图 25

图 26

图 27

【图说】

多年以来，民办教育发展深受舆论困扰，良好的舆论环境需要媒体人的参与，而促进媒体人对教育人的了解和理解，也是《人民政协报·教育在线周刊》自创刊伊始关注的目标。2009年9月24日，第29次教育之春沙龙以"教育发展与传媒的使命"为主题在京召开。《人民政协报》二楼会议厅内备板上"大编有魂"四个大字提示与会者：在不少传媒直面市场生存的今天，社会使命与人文理想需要坚守。中国教育电视台时任台长康宁、《中国教师报》时任总编辑刘堂江、《中国青年报》时任副社长谢湘等来自全国各地的数十位长期从事教育报道的媒体人与会；中国教育学会时任常务副会长郭永福和阳光喔教育领军人罗珠彪等来自教育理论界和实践界的代表应邀与会（见图25）。会议提出了："责任传播，助推中国教育发展"的理念倡导。图为一位媒体人在会议倡议板上签字。（见图26）

教育之春沙龙上常常活跃着全国的优秀媒体人，图27为一次沙龙上，全国人大代表周洪宇正在接受《中国教育报》《光明日报》等媒体记者的采访。

（文/贺春兰，图/舒晓楠）

【漫笔】

教育人，不要做鸵鸟

贺春兰

在新一届中央政治局常委与中外记者见面会上，"人民"二字在习近平总书记的讲话中被多次提及。这种对人民的尊重，对人民期盼过上更美好幸福生活的积极回应，让举国振奋。而办人民满意的教育自然需要准确地把握民意。

但一直以来，中国教育的舆论环境令人担忧，面对恶劣的舆论环境，整个教育系统一方面习惯做鸵鸟，将头藏起来，屁股撅着被动挨打；另一方面又觉得社会对教育理解不够，常常感觉委屈。在舆论一阵又一阵狂欢般的声讨中，教育人难有一张安静的书桌。

利益分化的今天，权威正在被消解，而公民有序参与的局面尚未形成。特别是近几年，伴随网络媒体的普及和草根话语权的壮大，滋生了一批"大众学者"。他们以"公共知识分子"自诩，在"为民请命"的噱头下，通过博客、微博等网络媒体，表达不满、发泄愤懑，俨然一方"民意代表"，备受瞩目和追捧。而很多时候，"公共知识分子"的声音只表达了一部分人的一部分"意思"，尚不能代表全局的真实的"民意"。如有学者指出的，"网络的发展，信息的开放，为各种观点的表达提供了条件。而中国的社会观念光谱正在变动之中，还没有趋于稳定，以至于越是极端的言论，越能放射出耀眼的光环，也会得到更多的关注。"在此背景下，笔者认为，教育系统不能被动挨打，必须积极回应，积极对话，澄清真相。否则，只有一方发声的时代必然造成谁敢骂人谁有理，牛人牛言绑架舆论的局面。

而11月发生的两起舆情事件中被批评者的姿态值得关注。不论是人大附中刘彭芝还是教育部，面对另外一方民间组织的批评，均采取了积极回应的态度，在笔者看来，这既是对自己的负责任也是对整个社会舆论环境的负责任，正是因为被批评者的积极回应才让我们逼近了事实真相。

总之，今天的公众已经有了更高的媒介素养，相信大家已经学会分辨、判断，不会偏听任何一方。关键是，作为当事人，不能被动挨打，一任舆论环境被绑架。相信多元声音方能抑制可能出现的偏执。

【印象】

康正，创造也享受生命之大美

李一玲

朝气繁茂的涉外校园中，有一个师生们喜欢的"康康"。他愿意和孩子们打成一片，给学生开讲座、带学生出国，把学校商铺低价支持学生创业，出资赞助学生自行车环国骑行。他注重学生综合能力教育，支持社团建设。学生们喜欢他，给他起了一个萌萌的绰号"康康"。中国涉外教育乘风破浪，正是这名舵手准确把握方向，攻坚克难，从不退却。从国内到国外，引进来送出去，亲力亲为为涉外教育搭平台、谋发展。在师生的眼中，他充满正能量、充满活力，让人信任又敬佩。

他常常自己开车，一般场合不带司机、不带秘书，粗茶淡饭，不拘小节。

身边工作的人常常这样满含深情地评价他：在这样一位极具个人魅力的企业家身边工作多年了，他是我学习的榜样，是引导我成长的恩师，是给予我平台的"老板"，更是改变我一生的伯乐！也因此愿意追随他。因为他，才有涉外与我们共同的成长，追随他，就是追随我们共同的理想。

这是一位有大爱的教育人，他创造也享受着人生的大美。2013年以后，康正先后赴南北极探险，他先于别的国家代表跳入冰海，把国旗和校旗插在那里。

他常挂在嘴边的一句话是：世上无难事，只要肯登攀；革命尚未成功，同志仍需努力。

（2015 年 3 月）

康正，中国涉外教育集团创办人、董事长。1999 年创立广州涉外经济职业技术学院。目前，广州涉外经济职业技术学院，历经近 20 年的发展，已经形成囊括高等职业教育、华文教育、对外交流、中职教育、教育服务、幼儿教育等多种教育形式并存的发展格局。其教育体系已拓展延伸至美国、加拿大、英国、法国、新西兰、新加坡、韩国、日本、中国台湾、中国香港、中国澳门等多个国家和地区。

【对话】

中国涉外教育的康正之路
——访康正

姚 娜

仅 16 年时间，为何一所名不见经传专修学院能发展成今天的中国涉外教育集团？国运日隆、应时而兴、区域条件等要素当属不可或缺，而集团领军人康正的个性、经历乃至追梦指数似乎可以揭示出更多的细节。

梦想走遍全世界

"原来是我一个人周游世界，现在是带着学生走向世界"——《涉外人之歌》中有这样一句话。康正为涉外十五年校庆而作。当一首歌曲唱响一个地方、唱响一个领域、唱响一个时空……也往往会熔铸一种精神，闪烁一种文化、刻印着一种历程。涉外校歌正是涉外精神和正能量的写照！

教育在线：您的成长背景和环境对您性格的养成、事业的选择有何影响？

康正：中学时，我是一个非常优秀的运动员，田径五项全能打破了广东省少年甲组的纪录，参加过全国大赛。我喜欢站在领奖台上的感觉。站在台上，向 8 万多人挥手致意，那种感觉——美！体育生涯塑造了我坚韧、顽强的性格，运动给人好胜的心理，要么不做，要做就做第一名。少年时期养成的这种性格、价值取向和处事方法，对我后来的拼搏影响很大。

我喜欢历史、地理、酷爱旅行。从小就有个梦想，要走遍全世界。大学毕业后，当了老师，一放假，我就背着背包、骑着单车去各地旅行。因为我是老师，身上没有多少钱，一般都是骑单车，没坐过飞机和卧铺，而且每次都设计好路线图，一圈一圈地绕着走，我用了 8 年的时间几乎走遍了全中国。这以后，我又想周游全世界，但没有钱怎么游全世界啊？所以，我得赚钱。

教育在线：什么时候开始从商的？后来为什么会选择做教育？

康正： 1992 年，我辞去了教师的工作。有一天与几个同学聊天，打听到一个精品店的老板要出国，说有 7000 块钱的存货，希望抵给别人。我灵机一动，跟那个老板说："我现在只有 3000 块钱，你抵给我，一个星期后我再给你 4000 元，你要相信我。"那个老板说："好，明天就给你钥匙。"我当时很开心，精品店就这样开张了。后来某大学的 MBA 教材还选用了我的创业案例。店铺开张后我降价促销回笼资金，仅用了两天时间很快就把货一下子清出去了，回笼了 6000 多块钱。我用这 6000 块钱做本，每天骑着单车上货。当时周边学校的很多学生都喜欢我的精品，而且我卖得比较便宜，虽然赚得很少，但一周后，我的营业额就上万了，很快就把钱结清给了那个老板。就这样，我开始了第一次创业。

后来，公司发展越来越快，在香港、澳门注册了国际有限公司，全方位展开各种经营，经营家私、工艺品、舞台灯光、音响等。

康正： 1999 年，时任广东省委书记的张德江召开民营企业家座谈会，号召企业家投资教育。恰好，我做过教师，又在商海打拼这么多年。也许学校、学生更需要我们这种做过老师，下过商海，又回到学校的人。最后，我卖掉三个厂子，投资办学，成立了广州维城科技专修学院，就这样，1999 年以后我涉足教育了。

现在想来，除了政府鼓励办学之外，我本来就做过教师，对教育有无法割舍的情结，正是这种情结让我义无反顾地投身到了教育。

教育在线： 办学的过程中经历了哪些比较明显的阶段。现在的发展态势怎样？

康正： 学校成立后，我们开始雄心勃勃地招生。但是，很无奈的是，政府号召我们办学，有机会让我们招生的时候，大学又扩招了。我们这类学校怎么能和大学竞争呢？第一学期我们只招了 72 个学生，很惨。但是，既然做了，亏本也得办下去。当时很多私立学校都关了门，我们还好，有一个企业撑着，不至于关门，就这样一直坚持办了下来。

2003 年，国家政策允许民办专修学院申办普通高校，我们在原来的基础上，申报了"广州涉外经济职业技术学院"，2004 年第一届学生招了 860人，2014 年学生达到 12300 人。

教育在线： 用办企业的钱去支撑做教育，想到过失败吗？

康正： 没有。我觉得坚强的信念很重要。1999 年招生那么少，我都没有放弃，我有足够的承受力，这是做企业练出来的，也有天生的成分。当然，说起来很容易做起来难，没有承受力，没有责任感，没有信念怎么去做？这么多人跟着你，这么多学生指望着你，你只能成功，不能失败。就像我独自旅行，走戈壁滩，攀珠穆朗玛峰，在缺氧的状况下爬到7100米，这种历练给了我的一个信念，认准的路就必须走到底。比如，我提出的"走向世界从这里开始"，创"涉外"品牌，就是要逼着自己走向世界。原来是我一个人周游世界，现在是带着集团、带着学校、带着学生走向世界。

世界有尽头涉外精神无止境

"泰国清迈—江苏常州、盐城—河南信阳—新加坡—北京—加拿大多伦多—广州—香港—澳门"这是康正2015年整个寒假期间的行程，在他的日程表上，从来都没有"休假"二字。他说"涉外宏图，只争朝夕"。

教育在线：对于您的坚守了近16年的教育事业蓝图，未来您有何设想？有哪些新的发展空间？

康正：中国涉外教育集团成立后，我们的运营框架发生了重大变化，这一框架包括了以下几个方面的核心内容：

一、坚持"走向世界从这里开始"的基本理念，亦即中国涉外教育集团的所有产业发展方向都将指向涉外和国际接轨。

二、以涉外职业教育为核心竞争力，以市场为导向，建设完善的产业链。以涉外职业教育为上游产业，以实习基地、产业联盟及幼儿教育和养老产业为主体，打造承接毕业生就业的产业平台，形成入学—境内外教育—就业的输入和输出通道。

三、专业设置以市场为导向，针对市场需求及时调整课程设置和专业，航空服务专业、物联网应用技术专业、城市轨道服务专业等成为热门专业。

四、学生教育以培养世界人为目标，形成三个三分之一的就业格局，亦即三分之一的学生到海外留学，三分之一的学生在国内继续深造，三分之一的学生直接就业。

五、以设立华文学院为纽带，在五大洲设立华文学院，形成境内外互动的教育格局，把涉外打造成五颜六色的、共存的国际大家庭，扩大涉外教育产业的规模，提高办学效益。

为实现上述目标，涉外教育集团投资6亿元打造汤塘新校区，届时，学生规模将达到两万人，涉外学院将成为我国特色鲜明的职业教育名校。

教育在线：涉外学生对您"走向世界从这里开始"的办学理念认可吗？

康正：我个人觉得比较认可。涉外学生幸福指数比较高。我有一个口号：让你的个性在涉外张扬。涉外目前有 55 个社团，课外活动十分丰富，基本上只要是学生爱好的，都可以在社团里找到。每年新生入学或校庆演出，都是涉外的一大亮点，是一场视觉和听觉的盛宴，因此，在涉外学习不寂寞。

涉外比较重视道德教育和品质培养，大学生志愿者的活动很频繁，参加过亚运会等多项社会公益活动，也多次获得奖项，因此，学生的集体荣誉感比较强。

学院还做过很多善事，比如，《鲁豫有约》节目采访的残疾青年刘志勇报读了我校，这在国内高校产生了较大的影响，学院不仅免除了小勇的学费，还在生活、学习等多方面予以照顾，使得小勇顺利地完成了学业，也彰显了涉外大爱无疆的精神。

涉外的学习很有特点，学习的知识比较实用，学生的资质社会认可，涉外学院的学生在企业中获得了良好的口碑，近三年来毕业生就业率连续在全省名列前茅，2014 年毕业生初次就业率达到 98.6%，高于全省平均水平，在广东省同类学校排名第三。

此外，涉外的不少学生有出国见识的机会，去美国的学生说步入世界最发达的国家长了见识；到新加坡的学生说体会到了花园国度的美丽；到韩国的学生说初见"思密达"；到台湾的学生领略了血浓于水的同胞亲情，总之，涉外的这些孩子未来一定会具有世界人的某些特征。

"千里之行始于足下，无限人生有梦为先"

"世上无难事，只要肯登攀"康正从小背诵的人生格言。他说，世上绝对没有太难的事，只要你去做。珠峰我也摇摇晃晃爬上去了，就看你有没有毅力。

教育在线：您的梦想是什么？

康正：我做教育的梦想，让涉外学生放眼世界，走向世界；让华文这面旗帜，插遍全世界！我坚信，再过十年到二十年，华文将成为全世界的通用语言之一。2010 年涉外就创办了国际华文学院，通过了国家语委资质认证，获取了汉语口语水平测试考点的资格，打造了民办高校第一家华文学院，目前，这个项目正逐步在海外普及，我相信，十年后，涉外华文学院的旗帜一定会在五大洲飘扬。

我梦想做一个世界人，游遍世界。南极、北极我都去了。去北极点坐破冰船比较惊心动魄，看到了冰山，也看到了北极熊。离开北极点的时候，按照古老的习俗，全体成员将自己的愿望封存进"时间胶囊"，沉入冰海，也许千年或万年后这"时间胶囊"会重见天日，我无法设想那种穿越感会是什么样。

南极是没有人烟的，去南极，需要有很好的身体。为了去南极，我坚持锻炼了足足一两个月，把体重从 150 斤降到 135 斤。去南极后，我真切地感觉到，人的精神很重要，人一定要有梦想，任何东西只要你持之以恒去做，就会有结果。譬如去南极，很多人都梦想过，但是，我坚持，我实现了。

到南极后，船长问我们敢不敢下冰海，他说在南极还没人敢跳进冰海里。我是第一个报名的，南极的水温在零度以下，跳下去的感觉就像一万支钢针一下子刺到脑袋和全身，让人窒息。后来船长给我办了证书，证书上写了一句非常幽默的话："在一个荒凉的地方，一个荒唐的人做了一件荒唐的事。"

有人问我下一个目标是什么，我说奔月。我相信，随着科技的发展，这个目标一定能实现。许多看似不可能的事，只要坚持就一定能实现，走完南极和北极，发现其实世界很渺小，精神才是最伟大的。

涉外需要一种精神，需要梦想，需要坚持，需要拼搏。如果没有梦想，没有团队的坚持和拼搏，就不可能有今天。我坚定地认为，涉外的梦想不是我个人的，是涉外集团的、是涉外学院的、是涉外所有人共同期待的。万人同做一个梦，这个梦实现起来还遥远吗?!

（文章原载于：《人民政协报·教育在线周刊》2015 年 3 月 13 日 11 版）

【对话】

程准：创造幸福——新幼教精神的核心

张惠娟

2012 年，幸福泉儿童发展集团在京举办了 15 周年庆典。庆典上，集团创始人程准声情并茂的演讲赢得了现场的嘉宾、教职员工和家长代表的阵阵掌声。带着对幸福泉 15 年来跨越式发展的好奇及其教育理念的追问，记者在庆典现场感受了幸福泉式的"新幼教精神"。

15 年坚守的背后：为了理想，弃医从"教"

他从一名医生转身成医学院教授，而后又离开校园办起了幸福泉幼儿园，招收 6 个月至 6 岁的婴幼儿，率先实现了 0～6 岁托幼一体化。2000 年 11 月，英国皇家认可委员会为幸福泉幼儿园颁发了 ISO9000 国际标准质量体系的"国际证书"。在中国获此殊荣的学校共 5 家，而幼教机构仅幸福泉一家。

15 年的发展，使得这个只有几平方米的儿童发展指导中心，发展成了一个拥有全国近 200 家连锁机构的儿童发展集团。

教育在线： 据了解，你是恢复高考后第一批考入医学院的大学生。在那个时代，医生也是很不错的职业，你弃医从"教"的背后有怎样的故事？

程准： 大学毕业后，我被分配到淮南一家医院，做起了儿科医生。一段时间后，我在想，如果我一辈子做医生，可能会为几万个人看好病；而师者，则能让更多的医学生成为医生，能给更多的人看病，解除更多的患者和患者家属在肉体和精神上的痛苦。所以那时候，我放下了听诊器，拿起了教鞭，到了医学院。

程准，幸福泉儿童发展集团创始人、首席专家，幸福泉儿童发展与教育科学研究院院长，同时担任北京市西城区政协教文卫体委员会副主任委员等社会职务。幸福泉儿童发展集团是致力于儿童个性化潜能发展研究、教育与服务的综合性集团，目前在全国多个省、市、自治区近百座城市拥有数百家连锁机构。

教育在线：后来又如何从一名大学医学教授，投身到幼教领域？

程淮：早在高校期间，我就曾在心理学会给几万个孩子建立过心理档案，并到中小学、幼儿园，给孩子们做心理测评和指导。因为儿科医生和教授生理学及脑科学的经历，我对儿童心理学产生了兴趣。当时我就发现，中小学生许多问题往往是在幼儿园产生的，而幼儿阶段所产生的一些问题往往在0～3岁。

从20世纪后20年起，随着在世界范围内对早期教育研究的深入，特别是脑科学的兴起，世界各国开始重视儿童的早期教育。在这个时候，国内一些高校之间开始互派访问学者，共同研究课题，我被选派到北京师范大学儿童心理研究所工作，主要研究课题之一就是研究0～3岁的儿童心理和儿童教育。儿童在3岁前的教育非常重要。而那时的中国，无论是家庭还是社会，对3岁前孩子的教育并不太重视。基于这个现实，我创办了幸福泉儿童发展指导中心，接着又创办了0～6岁一体化的幸福泉幼儿园，希望让更多的孩子和家庭受益。

教育在线：创办15年来，幸福泉主要专注于哪些方面？

程淮：可以说，幸福泉15年来只做了一件事，那就是打造了一个0～6岁个性化潜能发展的特色教育体系；如果说，幸福泉还做了第二件事，那就是让更多的人成功实践了0～6岁个性化潜能发展特色教育体系。

教育在线：幸福泉从一个只有几平方米的办公室发展到今天拥有全国近200家连锁机构的儿童发展集团，能实现这样的幸福泉跨越式的发展，并取得众多丰硕的成果，你觉得哪些因素最重要？

程淮：我们庆幸生活在改革开放的伟大时代。幸福泉的15年，是改革开放以来中国民办婴幼儿教育事业发展的一个缩影，是历经艰辛又满怀希望的儿童发展事业的探索之旅，是幸福泉不断开拓创新、自我超越的征程。另外，各级政府和领导的大力支持，那些为了儿童事业不辞劳苦的专家、顾问和所有关心、支持幸福泉发展的各界人士的智慧和无私的奉献，始终奋斗在一线的教职员工和家长朋友无怨无悔的奉献和通力协作，才能使幸福泉的孩子们快乐生活、健康成长，才能使幸福泉一步一步迈向我们追求的理想和目标。

不仅要关注孩子的成长指数，更要关注幸福指数

程淮认为，教育改革与发展的"钟摆"，应当跟随世界和本国的政治、经济、科技、文化及社会的变化而摆动。时代，正呼唤着新的文明，在地

球资源有限的条件下，以追求财富最大化为目的的西方文明是行不通的，人类需要的是追求幸福的最大化，需要新文明的指引。所以，在满足教育的社会属性的同时，更要关注教育的人本属性：追求幸福。

教育在线：2011年两会，政府工作报告中曾强调"让人民生活更加幸福，更有尊严"。此后，"幸福"一词成为时代的基调。而你们早在15年前就将机构命名为"幸福泉"，当时是基于什么理念？

程淮：人类发展的终极目标是幸福。渴望幸福、追求幸福、获得幸福，是人类心灵深处的需求。从这个本质需求出发，我们需要重新思考"人为什么要受教育？""我们究竟应当怎样教育我们的孩子？""什么样的早期教育才是更好的？"这样一些本源性的问题。早期教育不仅是每个儿童发展的权利，是为国家构筑未来的竞争力，更是每个儿童获得人生幸福、实现生命价值的重要条件。所以，15年前，当我放下听诊器、放弃大学教授的职位、投身儿童发展与学前教育事业时，就认定这是需要用生命来做的事业，并把这个儿童发展与教育机构命名为"幸福泉"，因为早期教育是孩子一生幸福的源泉。

教育在线：但是现在不少幼教机构都把"不让孩子输在起跑线上"作为招牌，吸引家长的眼球。你怎么看待这个观念？

程淮：我认为这句话本身并没有错，但关键是所谓输或赢的标准。现在许多家长不让孩子输在起跑线上，无非是让孩子多认了几个字、多记了几个英文单词和多做了几道算术题，只重视知识和技能的学习、应试能力的训练，忽视质疑、独立思考、创造力和健康人格的培养。这样孩子即使考上大学，高分低能，毕业就等于失业，成了"赢在起点，输在终点"。这是把孩子教育的"长跑"当成"短跑"的短视的功利主义教育。所以，在教育结果上，我们要改变"赢在起点，输在终点"成为"赢在起点，胜在终点"，除了知识技能，更要着力培养他们充满爱心、敢于担当、乐于创造，富有想象力和领导力，为孩子一生的幸福奠定可持续发展的基础。而所谓赢或胜的最终标准就是"让孩子获得幸福"。

培养幼儿"创造幸福"的能力，是新幼教精神的核心

"幸福不会从天降，要靠自己去创造"。程淮认为：幸福的童年不是成人对孩子们的恩赐，不是培育温室里的花朵。在使儿童拥有幸福童年的同时，须着力培养儿童创造幸福的能力！幸福能力包括健康的体魄、创造的

智慧和健康的人格。把握童年的核心价值，以培养幼儿"创造幸福"的能力为核心来构建教育哲学，努力探索建立中国特色儿童发展与学前教育体系，是幸福泉一直以来的思考和实践。而培养幼儿"创造幸福"的能力，是新幼教精神的核心。幸福泉正是通过"头脑风暴游戏"等一系列创造力课程，来培养幼儿身体、智慧、人格三大幸福能力。

教育在线：在今天的庆典上，那个根据幸福泉真实教学案例创作的四幕儿童创造剧《巧思创造未来》，展示了幼儿惊人的创造力，引来观众阵阵掌声。那么，你认为幼儿阶段创造力是如何培养的？

程淮：人和动物的根本区别是创造，人类智慧的最高表现是创造，而人生的价值在于创造，一部人类的文明史就是一部创造史。在幸福泉幼儿园里是通过创造力的系列课程来系统地培养幼儿的创造力的。比如在《新创意阅读》创造力课程中，让孩子们勇于挑战经典的智慧课题。如阅读文彦博树洞灌水取球的故事后，我们会启发孩子们问"如果洞漏水了怎么办？""如果掉到洞里的球是铁球、铜球怎么办？"学司马光破缸救人，会启发他们："如果缸砸不破怎么办？"在这里，孩子们像哲学家那样去提问，像科学家那样去思考，像艺术家那样去创造。他们真了不起！

教育在线：在今天庆典上颁奖的"幸福泉杯"中国幼儿创造力邀请赛也是其中的活动之一吧？

程淮：是的。去年，我们联合中国宋庆龄基金会事业发展中心、中国民办教育协会学前教育专业委员会、北京幼儿园女园长协会等多家机构联合举办了"幸福泉杯"中国幼儿创造力邀请赛，今年是第二届。在今年的大赛上，北京市西城区幸福泉幼儿园刘松萱小朋友的《多功能组合儿童空调》获得本届大赛特等奖，他的创意就是在幼儿园创造力游戏课程中主动激发出来的。这个孩子当时才5岁半。我们也协助为他的创意作品申请了专利，刘松萱小朋友也因此创造了一个新的纪录——成为我国年龄最小的专利申请人。

教育在线：孩子们的创意很具有颠覆性，他们的创造力是超乎大人想象的。

程淮：对。幼儿创造力的培养，不仅是每个儿童发展的权利、是为国家构筑未来竞争力，也是每个儿童获得人生幸福、实现生命价值的必要条件，在大赛中好多作品都展现出了孩子惊人的创造力。

那个获特等奖的刘松萱小朋友曾说："夏天的时候，天气特别热，蚊子也特别多，我们就得开空调和电蚊香。可老师告诉过我们，要环保、要节约。我想，要是能把电蚊香和空调组装在一起就好了，又凉快、又驱蚊，还能节约资源。"为此，他发明了驱蚊空调，把蚊香片装在空调里，空调产生热以后可以让蚊香片放出蚊香。而且，他还想让空调唱歌、晚上讲故事、早晨叫他起床，都用按钮控制。

还有的孩子说，"矿工叔叔下井挖煤不仅辛苦，而且可能会发生矿难。可以发明巨大的'射地望远镜'找到地底下的煤，并把它直接变成煤气，工人叔叔就再也不用下井啦。"这就是孩子的解决方案。后来我们在新闻报道上看到，我们孩子们的想象真的和科学家、工程师们正在做的和已经做成的事情有异曲同工之妙。

所以，儿童是成长着的家庭，成长着的国家，成长着的未来。今天如果我们的孩子能运用想象力和创造力的"思想成果"去解决问题，那么明天，谁又能怀疑他们将会超越今天的微软、IBM、苹果等世界 500 强企业呢？未来中国的乔布斯一定会大量涌现！"中国制造"变成"中国创造"指日可待。

教育在线：正如今天的庆典所洋溢的氛围一样，幸福泉走过了 15 年，骄人的成绩背后，有艰辛，亦有坚守；有希望，也有感动。那么，幸福泉的下一个 15 年有哪些规划？

程淮：下一个 15 年，要集中精力把 0~6 岁个性化潜能发展特色教育体系不断做好，让更多的家庭和幼儿受益。另外，一个重要目标是建设真正"幸福"的幼儿园，使幸福泉不仅是孩子们一生幸福的源泉，更要成为教师幸福生活的源泉。我们要尽我们所能，更加关注和进一步提升教师的幸福指数！因为只有幸福的老师才能培养出幸福的孩子，才能建成幸福家庭、幸福城市、幸福中国。未来 15 年，幸福泉仍然要坚守使命，坚守核心价值，坚持优质、特色、创新的发展道路，坚持"永远追求更好的教育"。只有使命感、价值体系和梦想才能让我们走得更远。

（文章原载于：《人民政协报·教育在线周刊》2012 年 8 月 8 日 C3 版）

【印象】

程跃：一个热衷研究的实践者

贺春兰

中国第一个博士婴幼园园长程跃应该很率性，原预定半小时接受采访的他近两小时的口若悬河，而其中一个半小时都在用颇为专业的语言聊学术，尽管"已经有十多年没有写过一篇理论文章"，市场运作已然成功，也因此获得众多年轻人追随的程跃因与学术圈的"距离"有些"激动"，激动中透着执着，而这种执着让笔者感动。从本质上说，程跃将自己的成功体验放在学术而不是实践上。

和程跃的谈话从一个问题开始，记者开门见山："您的实践我知道在市场上很成功，而理论圈内似乎有些不同看法？""学界有人说我搞掠夺性开发，剥夺孩子的快乐童年。"程跃对此问题很清楚，而且丝毫不避讳。

"有理论家根本就是坐在书斋里指挥，他们不了解也不愿意了解，想当然地下结论。我认为这是中国教育的悲哀，教育界一些以权威自居的学者对实践不仅轻视而且无知。""实践和理论本来就是多样的，可以探索、可以研究。"

学界强调学前儿童以游戏为主，而程跃的幼儿园不避讳早期识字等智力活动。"在中国长时间以来，有一个先入为主的观念，学前儿童以游戏为主、小学以学习为主。脑是用进废退的，如今，电视普及，孩子们从小就生活在多媒体世界，于是，孩子们普遍的喜欢被动接受而不喜欢主动学习，也因此，全世界阅读障碍比率大幅度提高。而在我们的学校，二年级的学

程跃，医学学士，发展心理学博士，北京金色摇篮潜能教育机构董事长兼总裁，金色摇篮潜能开发婴幼园创始人。1982 年毕业于安徽蚌埠医学院，从事儿科临床工作；1985 年考入北京师范大学儿童心理研究所，两年后转为中美联合培养博士，赴美深造。博士毕业后，程跃先后就职于国家教育发展研究中心和北京师范大学儿童心理研究所，从事研究性工作。1997 年辞去公职，创办了金色摇篮潜能开发婴幼园。现已发展为北京金色摇篮教育集团——下辖金色摇篮潜能开发婴幼园、金色摇篮全程实验学校、金色摇篮培训学校、中加教育交流中心等分支机构。

生课外阅读总量已经超过 200 万字，而且啃书如命，因为早期已经为他们打造了一个偏爱阅读的信息处理系统，在未来的学习化社会当中，通过视觉学习仍将是未来的主要途径。"

"孩子们的发展是循序渐进的，为什么到小学就可以集中学、狂轰滥炸式地学，而幼儿阶段学习，就成了违反规律。同样一个孩子，只因为标签变了(不再是学前儿童)就可以了?"

"实际上我关心的是理论，我的兴趣点在理论，历史说明，没有实践的探索，不可能有理论的创新。"本科学医的程跃质疑道，"为什么说教育、心理学界没出大师，就是因为少有学者肯向当年的陶行知那样亲近民众，真刀实枪地干。"

程跃原是国家教育发展研究中心的研究人员，并且在北京师范大学教过书，对比今昔，程跃颇为感慨，那时的自己虽然没有实践，不懂实践，却能够"被奉为上宾、指点江山；而今的程跃虽然手把上千孩子的未来"，却只能"以一个园长的身份，坐在角落里，没有位能、没有话语权"。"长期以来，就是这样，我们的实践工作者少有话语权，当然也因为他们把生命长期交付于实践，没法儿用圈内的术语和思维去概括；而今天有一定理论素养的人走向实践应该是件幸事！"

程跃说，自己的下海还为了证明知识分子的价值，"改革为所有人赋予同样的机会，为什么知识分子永远要做臭老九？在今天这个时代，如果永远是搞原子弹的不如卖茶叶蛋的，想想对年轻人会起怎样的示范意义?"程跃说得兴起："我们依据什么来搞教改，没有理论的繁荣就不可能有实践的繁荣。今天的教育改革，首先应该是教育发展战略的改革，教育家应该是营养师而非厨师，站在相当的高度，从学生的全面发展考虑，从 0 岁起步，什么阶段给什么，而不应该是厨师，不考虑营养结构，孩子们偏爱什么给什么。"

"只要人们还想探索人类思维的进程，我的努力就是其中的一部分。我从本科毕业到现在 12 年了，没写过一篇理论性的文章就是要把实践这本书读好。"再过两年，程跃准备开始理论著述，他说自己这么多年来一直没有停止过理论的探究。

天色灰暗，程跃一根根地抽烟。

本科学医出身的程跃本是带着遗传决定论敲开心理学大门的，而后来程跃却提出，遗传为每一个人提供了一个变化范围，环境这只看不见的手，调拨着每一个人在这个变化范围内的具体位置。由此，程跃认为，超常儿童或者普通儿童甚至狼孩(病理除外)，都是特定环境的一种正常表达。

"我们往往集体无意识地来标签我们的孩子，认为人是由天赋决定的，而天赋是有差异的，在这种背景下的尊重强调的是对这种天赋差异的屈从或者说是对自己教育无策的解脱。而我也强调尊重，我们的潜台词是，孩子如果没有达到预期的发展目标，是因为我们教育上的失误而不能归因于孩子。"

采访程跃，感动的是一个理论者对实践的热衷和一个实践者对理论的执着。

(文章原载于：《人民政协报》2002 年 11 月 28 日 C2 版)

【故事】

傅正泰："只因为这是百姓需要的事"

魏　娜

　　见到傅正泰的时候，他已经坐在办公室里等待了。"民办教育不容易呀!"看得出，历经 20 年沧桑，他饱尝了作为一个民办教育创业者的艰苦与无奈。"都是在做贡献啊，一分钱投资没有，为国家培养这么多人，少有表扬，倒时不时地打板子。"这位将全部心血付诸中国民办高等教育实践的教育家，尽管对当前民办教育所处的政策环境颇感遗憾，但提起中国民办教育的未来却颇显豪迈，"国外最好的大学很多都是私立大学，中国也完全有可能办成世界一流的私立大学。"

　　记者面前的傅正泰，精神矍铄、思维敏捷——努力倾听记者的声音，迅速将问题记在脑子里，思路清晰地回答我们的每一个疑问。

事业缘起于百姓需要时

　　二十年前，傅正泰还是清华大学理论力学教研组的副教授。而与组里其他人不同，他一直注重研究高等教育并关注着中国高教的发展和走势。而当年突出的矛盾是，一方面老百姓受高等教育的愿望特别强烈，另一方面政府却为是否扩招犹豫不决。整个社会围绕高等教育的发展存在很大争议。"当时有位政协委员在一次政协会议上就大力发展高等教育等问题发言30 分钟，数十次被鼓掌声打断。"

　　傅正泰，出生于 1935 年，中共党员，教授，国务院"政府特殊津贴"专家。1954 年清华大学毕业后留校任教。曾任清华大学理论力学教研组副主任、清华大学工会副主席。是 1984 年创立的海淀走读大学，现北京城市学院的主要创办人之一。任学校第一任党委书记、校长。曾任北京市第五届党代会代表，海淀区第八、第九、第十、第十二届人大代表。北京城市学院(原海淀走读大学)是经国家教育部批准成立的一所综合性普通高校，具有颁发国家承认的研究生、本科学历学位资格，学校同时举办专科高等职业教育和外国留学生教育、成人继续教育。

"这是老百姓需要的事，为什么不做呢？"傅正泰骄傲地回忆着自己当初的决定。"多年对教育的研究使我觉察到，高等教育的快速发展是历史发展的趋势。老百姓需要的事就应该去做。当时没有其他的路可走，就决定办一所民办大学。"

于是，傅正泰向有关部门的领导谈了自己举办新机制学校的想法，并正式向有关政府部门申报。教育部门经过一年半的研究之后，得出的结果是，可以办学，但国家不承认学历。"在那个年代，不承认学历怎么办大学？学生谁会去上呢？我的直觉告诉我，一定要把学历的事争取下来，不然学校是办不成的。"傅正泰很执着，为了此事，他到处奔波，可是无数的"钉子"让他碰得头破血流。"在走投无路的情况下，我想出了一个怪招，学校以北京市海淀区政府的名义办学。"于是一所由北京市海淀区主办，国家承认学历的普通高校（后来在官方被认定为公办民助，编者注）诞生了。

虽然名义上是海淀区主办的，但据介绍，学校开办的钱却主要由傅正泰去筹措。令人备感遗憾的是，傅正泰的妻子也在奔波过程中因为车祸失去了生命，无缘目睹学校今天的辉煌。而失去妻子的傅正泰，至今未再娶，只将心血扑在城市学院的发展上，"教育有它自身的规律，一个学校的发展成熟至少需要三十年，城市学院已经走过了二十年，我还得领着它继续走过十年，亲手推动它的发展壮大。"

领导班子换届选举时，他表示要辞去院党委书记的职务，但校长还要继续当，"学校还需要我，我还要再干十年。"

办学经验谈：坚持"三个代表"

谈起21年的办学经验，傅校长用"三个代表"来概括。"我理解的'三个代表'绝对不是政治口号，而是民办大学能否成功的生存之道。""民办大学一定要代表先进生产力的发展要求、代表先进文化的前进方向、代表最广大学生家长的根本利益。只有这样，民办大学才能办好。"

他解释道，"学校的专业设置、人才定位和培养目标必须代表先进生产力的发展要求。"城市学院地处北京这样一个国际化大都市，培养的学生基本都会留在北京工作。所以，专业设置一定要密切适应社会的发展要求，特别是北京的要求。"我们组织了一批老师专门研究北京的经济和文化发展特点。结果发现，北京的工业基础薄弱，而科研文化单位集中，高新技术产业密集，因此把专业设置的重点放到了高新技术领域，开设了计算机网络、生物工程技术、机电一体化等一系列专业。还设置了美术、舞蹈、大众体育等专业来配合北京的文化需求。另外，又对香港、美国等地的就业形势进行了分析，它们代表了未来几年北京就业的发展趋势。我们发现，现代服务业的需求量很大，发展势头很猛。于是，学校又赶紧增加了金融、证券、保险、秘书、物业管理、形象设计、家政管理等专业，效果很好，毕业生受到了用人单位的欢迎。"傅正泰反复强调一句话，"民办学校机制灵活，面向市场是我们制胜的法宝。"

在傅正泰看来，学校培养出来的学生不仅要掌握先进、娴熟的技能，人格素养也要高，这样才能真正成为社会的有用人才。"这便是'三个代表'中的第二句，'一定要代表先进文化的前进方向'。这里的'先进文化'是指一种积极的人生态度，诚信、敬业、创新、负责的职业精神和真诚、热情、友爱的生活态度。这样的人不仅会受到用人单位的器重，也会得到周围同事和朋友的欢迎和喜爱。"

在没有国家财政支持的情况下，生源是民办大学的经济命脉。因此，傅正泰要求城市学院的建设"一定要代表学生和家长的根本利益"。"学校的制度和政策不是为管理者制定的，只有孩子和家长都满意了，学生才会到我们这里来读书，学校财政才能改善，发展中的各种问题才可能得到解决，学校兴旺，才会有人气。我们也会从内心有一种满足感。"

傅正泰说，城市学院取得今天的成绩从根本上源于"三个代表"。他希望学校今后会一直沿着这条路走下去。

（文章原载于：《人民政协报·教育在线周刊》2005 年 9 月 23 日 C4 版）

【观点】

"产权不清阻碍民办教育发展壮大"
——访傅正泰

魏　娜

又是一年一度开学时。今年，北京城市学院跟往年一样，生源爆满，许多外地的学生更是争抢入学名额。校长傅正泰却一脸忧愁地对记者说：

傅正泰

"连续两年我们每年招 7000 多个学生，现在学校最大的困难是人多地少。"与其他民办大学生源不足的问题相比，北京城市学院面临的问题却是过多的学生如何安置，如何给他们提供更好的学习和生活条件。而扩大办学规模、提高办学条件需要两个因素，一是土地，二是资金。

如今，发展势头良好的北京城市学院却在以上两个问题上遭遇尴尬。"前年我们就准备在昌平买 500 亩地，项目建设的 3000 万定金已经付给了当地镇政府。但至今土地仍然没有批下来。"傅正泰告诉记者，现在城市学院已经安排专人去市规划局跑这件事，但不知道何时才会有结果。

对于一个两万学生规模的民办大学来说，最困惑的问题还有资金，而事实上无数的资金曾在城市学院的门外徘徊。但因为学校的产权归属问题一直没有理清，大量的资金只能是望而却步。据傅正泰介绍，北京城市学院的前身海淀走读大学，是傅正泰发起组织的，只是当初迫于无奈，只好以北京市海淀区政府的名义开办。而最初办学的五万元是傅正泰向清华核能研究所借的。2003 年，经教育部批准，撤销了海淀走读大学建制，并在此基础上成立了北京城市学院。问题随之而来，傅正泰和海淀区政府对学校原有的产权归属产生了分歧。傅正泰认为，学校办学的经费是由自己筹措的，甚至为了还贷款利息，还曾经去炒股赚钱，所以产权理应归自己所有；海淀区政府则认为，当初傅正泰所借的五万元的欠条上盖的是海淀走读大学的印章，而海淀走读大学名义上的主办方是海淀区政府，因此学校原有的产权应归海淀区。到目前为止，问题搁置，学校的产权关系尚未理清，这严重阻碍了招商引资的进程。傅正泰称，投资者都要求学校要产权清晰，只有这样才能获得合理回报。学校现在为了这件事情非常头疼。

有同样困惑的不止北京城市学院一家。实际上，早期起步的许多民办学校的举办者都采用过戴"公"字帽子这一策略。而这一做法带来的后果就是，由于国家没有出台相应的配套政策，以致民办学校产权不清晰，投资者望而却步。宁波某民办大学的领导也曾经吐露苦言：香港很多富商本是宁波出道，本来可以借此得天独厚的优势，拉些富商进行投资，完全可以实现本校快速发展。但是由于我校缺少稳定的产权结构，缺少真正属于自己的永久属性，令众多投资者望而却步。

傅正泰日前在接受本报记者采访时说："摸着石头过河的政策对我国改革开放起着非常重要的作用，但由于得不到国家的配套政策，当年摸着石头过河的人中已有很多掉进了水里。我国已经实行了二十多年的改革开放，随着市场经济的发展，很多实干家走在了社会发展的前头，进行了很多有益的摸索。在实践先行的情况下，急需国家的法律法规和政策相配套。如果没有国家制度的保障，无论多么精明能干的开拓者也无法保证事业的长远发展。这将关乎社会的进步和国家的兴旺。"

业界人士指出，中国民办教育的发展已经走过了以学养学的阶段，迫切需要和资本联合。但到目前为止，我国先后颁布的有关民办大学的法律、政策并没有从根本上解决民办大学与公办高等教育的同等国民待遇，也没能理清民办大学的产权关系，保障民办大学组织结构的稳定性和延续性。种种漏洞使得民办大学的创业者在考虑学校的可持续发展时陷入了困境。

（文章原载于：《人民政协报·教育在线周刊》2005 年 9 月 23 日 C4 版）

【故事】

"拆掉围墙，让大学和社会互动"
——走近游清泉

贺春兰

游清泉和湖北开放学院看似平静的故事再现了中国教育改革的一段血与火的历程，人们从中可以分明地感受到时代的呼唤、局限与社会的变迁。当后人在回顾现时代中国教育的变革和发展时，很多这样的人、这样的故事不能被遗忘。

1984年，作为大学普通教师的游清泉"拆掉围墙，让大学和社会互动"的梦想顺应了时代需要，于是，成就了湖北函授大学（湖北开放学院的前身），也开辟了一条途径，使高等教育贴近了社会、贴近了经济、贴近了民众，真正面向了县以下的广大城乡。

20年来，游清泉和他统帅下的湖北函授大学秉持一种理念，"做高等教育的下里巴人"，经过20年的实践之后，游清泉认定"开放是活力之源"，"开放的社会与经济、开放的交流与合作，呼唤开放的教育与学习"。他甚至将自己用20年心血创下的"湖北函授大学"更名，将自己钟爱的"开放"二字写进校名中，于是，湖北函授大学更名为今天的湖北开放学院，也使得学院明天的发展拥有了准确的定位。

伴随着校名的变更，2002年，湖北开放学院摘掉了"民办公助"的红帽子，正式确立了民办学校的身份。在民办教育的政策环境和法律环境本身并不乐观的情况下，纯粹的民办学校身份让游清泉有些困惑，但他也清晰

游清泉，湖北开放职业学院（原湖北函授大学）校长、教授，第九届全国政协委员、民盟中央委员、民盟湖北省委副主委、政协湖北省委常委、华中水电发展研究中心主任，全国成人高等教育理论研究会副会长，作为国家有突出贡献的中青年专家，享受省政府特殊津贴。湖北开放职业学院是经湖北省人民政府批准建立，并报国家教育部批准备案，具有高等学历教育的全日制普通高等学校。学校以全日制专科教育为主，形成了包括普通高等教育、成人高等教育、继续教育和中外合作教育的人才培养体系。

地知道，要和明天对接，与资本市场对接，就必须产权清晰。游清泉甚至想以产业的模式将自己的学校运作上市。

20世纪80年代初和游清泉一样的学人办学多数已经不能顺应形势而早早退出历史舞台，今天的游清泉也已经着手为学院的明天培养接班人，而在游清泉的思考中，湖北开放学院的院长应该是职业化的，他要：一、具有筹措融通资金的能力，解决学校生存和发展问题；二、具有人格魅力，能代表学校形象、与政府和非政府部门间建立良好的互动关系，从而整合多方资源；三、能建设并统帅一支高素质的教师队伍，对人才培养有独到见解，熟悉并能够遵守教育的规律。这样，对内能统得起来，对外能打开局面。

一个阴差阳错的故事："逼上梁山"

20世纪70年代初期，学化工的游清泉大学毕业后被分配到化工厂，一干就是10个年头，此间他一直默默地钻研技术，并取得了多项科技成果，其中一项获化工部重大科技成果奖，在全国推广。有一天，武汉化工学院（今武汉工程大学）的师生去工厂参观，游清泉从理论到实践的一番讲解被武汉化工学院看中了。由此，游清泉被从县里一个化肥厂调到了武汉化工学院，当时，县里不放，学院决定"不要档案，先调动。"（游清泉至今对当时化工学院领导的魄力记忆犹新。）将爱人和自己一同调入，并且给了房子。"大学同班的爱人看到有洗手间的房子落泪了。我们这代人要求很低。"

后来，游清泉在化工部的直属院校里率先开设了化工环保的课，而且自编教材。因为理论欠缺，考虑到当时日本的环保发达，游清泉便自学日语，大量阅读日文资料，后来在环保方面推出了几项在全国颇具影响的科技成果。各大报、小报报道，于是当时连讲师还不是的游清泉颇有些名气。一次机会，时任湖北省委书记关广富召集湖北各界专家座谈湖北经济，游清泉破例被邀。因为年轻，游清泉鼓足勇气发表了一番意见："武汉市高校不少，但地方高校不多，30%不到。尽管是部属院校，老师们还是很愿意为湖北经济做出贡献的，但受体制限制，智力资源浪费在高校的围墙内，政府应该研究一种形式，让大学和社会有一条管道来接通，使高校的智力酵母能辐射到县以下城乡，只有一般性的号召是不够的，不足以突破体制的障碍。"

"那就把你借出来，去探索这件事。"没想到，游清泉一个朴素的建议得到了省委书记的积极呼应。不久后的一天，省委办公厅通知游清泉去省委开会，到会场一看，一屋子的各厅局的领导让游清泉莫名和惊讶。"大家听听一个年轻教师，是怎样思考湖北经济的。"受省委书记的邀请，游清泉再次阐述了自己打开围墙的构思和方案。就在这次会上，省里做出决定，把游清泉借出来，成立湖北农村科技教育咨询中心，采取民营机制。

那是1984年的一个初夏。

办好办坏，不是个人的荣辱

湖北省教育厅原厅长，后来的教育部副部长邹时炎会议时在座，并被省委书记要求帮助游清泉协调各部门关系。会议结束，邹时炎问游清泉怎么样？游清泉说，我没有思想准备，没有钱也没有人。邹时炎说："书记这么支持你，怎能不干，具体问题我们再讨论。我认为这个思路是正确的，你要坚持下去，办得好不好，不是你个人的荣辱。""不是个人的荣辱"，为了这样一种朴素的信念，游清泉和夫人周一文付出了毕生的心血。

听说要自己创办学校，游清泉所在的学校先是不放人，后是"扫地出门"。"要走，搬出校园，老婆孩子一起离开。"一贯支持游清泉工作的爱人动摇了，"没有了家，孩子怎么办"？"感谢生活的历练"，游清泉说，"我们这代人经历过太多的艰辛和磨难，所以，半年之后，我和家人还是离开了化工学院，开始了艰难的创业历程。"

"政府给了一些政策，但没有经济扶持，所以完全是赤手空拳，开始起家时只有12平方米，妻子拿出150元做办公经费。""第一次在湖北日报登广告，广告费用8000元，没有钱怎么办？托关系，打欠条。招生后再付款。"后来湖北日报社的这位社长得病住院，游清泉亲自去探望，"她在我们最艰难的时候支持帮助了我们的事业"。

游清泉后来了解到，20世纪80年代初，民办教育尚没有兴起，是否支持自己以民营机制办学，也存在不同意见，虽然关广富书记和邹时炎厅长支持大胆尝试，但也同时遭到一些人的反对，所以邹时炎强调，事关教育改革，不是个人的荣辱。

坚持做高等教育里的"下里巴人"

创办湖北函授大学前夕，《湖北科技日报》总编辑约请游清泉写一篇科普文章——《稻壳的资源化利用》。没想到，这篇不到1000字的文章出来后，游清泉竟然一下子收到了来自13个省的70多封信，一个老农特意从湖南赶到武汉找到游清泉。游清泉惊讶了，那时候自己有那么多篇论文和专著发表，但没有想到一篇豆腐块的文章竟然引起那么大的反响。其后，游清泉开办了有关农村实用科学技术的培训班，50多个班竟一下子爆满。这使得游清泉确立了湖北函授大学的方向，三个面向：面向农村、面向基层、面向乡镇企业。后来的游清泉回忆说，就像一堆干柴，我拿火把它点燃了，但需要勇气。长期以来，我国的高等教育很难延伸到县以下的城乡，"文化大革命"已经耽误了一代人，如果没有开放、灵活的形式，他们将终生失去接受高等教育的机会。

十六大提出建设小康社会，"不把农村问题解决好，中国小康社会只能是句空话"。游清泉提出要创办设置农场主专业，游清泉还设想，随着中国中产阶级的形成与壮大，低层次的家政服务已经满足不了需要，中国还需要更多的高级管家，游清泉又提出要创办设置高级管家专业。

20年来，学校始终给自己准确的定位和定向，这就是做好高等教育的"下里巴人"，20年来游清泉的办学思路也越来越清晰，坚持开放式、应用型、综合性。游清泉自述，高校扩招不扩招对自己的学校影响不大。因为自己的学校一直面向在职、县以下的城乡，光在职学生就有一万多人。游清泉认为，作为一所民办大学，必须树立这样的观念：学生家长是衣食父母，信誉承诺是立校之基，开放竞争是发展之魂，责任良知是立业之根。无论是公办大学还是民办大学，都必须根植社会民众，弘扬知识文化，引领观念创新，竭诚服务奉献。

摘掉红帽子，产权改革提上日程

艰难的创业历程游清泉不愿讲述太多，但20年来在制度、政策的摩擦中滚动发展，游清泉得出了一个经验：凡事越模糊走起来反倒越容易些。如同模糊数学，反而更精确。"一个学校的发展必须和当时策背景相吻合。而民办教育的政策空间一直并未真正打开。我们的一切思考、决策，都要在中国特定的背景下发展。政府、政策的力量太强大了，民办学校要生存与发展，除了必须有顽强的生命力外，还要掌握好公共关系运作的艺术性。"

20世纪80年代初，因为民办学校列入另册不能征地，在学校开始运营两年之后，游清泉不得不争取得到湖北省政府的支持，打擦边球，给学校带上了一顶红帽子，把湖北函授大学改为"民办公助"。尽管有太多的对精确定位的担忧，但游清泉深知，一旦和资本市场对接的时候，产权的问题便必须明晰了。未来学校的发展必须得与资本市场对接，于是在湖北省教育厅和省委、省政府有关领导的支持下，2002年，湖北省政府下文，学校又恢复了民办的性质和身份。

　　游清泉自述，产权改革今天已经提上日程。现在正在慎重地酝酿改革方案。"民办大学在发展初期，以学养学滚动发展是可行的，但现在单靠学校自身积累很难向高层次发展，积极主动走进资本市场，不失为一种明智的决策和选择。民办大学要加大产业运作力度，才能形成多方面的造血机能。"

　　今天，湖北开放学院已经在武汉市郊租用了 3000 亩地，和学校专业配套，进行产、学、研的立体化开发。遗憾的是，游清泉的梦想至今难以完全放飞。"每年都为计划头痛。成人学历教育至今仍需要按计划招生。企盼办学自主权扩大，能够面向社会自主招生，这是我多年的愿望。如果真把招生自主权交给学校，我们开放教育的办学规模就可以逐步与国际接轨了。"

　　"一个超越资历竞争、学历竞争的能力竞争的时代正向我们健步走来，他呼吁要进一步关注数以亿计的在职成人对教育的需求。"他深情地表述："教育是事业，其意义在于奉献；教育是科学，其价值在于求真；教育是艺术，其生命在于创新。"

　　打开教育的围墙吧，外面的世界真的好精彩！

（文章原载于：《人民政协报》2004 年 1 月 21 日 C4 版）

图 28

【图说】

2012年起,《人民政协报·教育在线周刊》特别于两会前推出了教育之春系列沙龙的特别版"向着教育的春天"。意在利用两会到来这样一个特殊时刻,进行同一主题不同背景的交流和对话,促进关爱教育的社会各方,彼此了解和理解,共迎教育的春天。2012年的主题是纪念邓小平南方讲话20年,时任全国政协教科文卫体委员会副主任赵沁平,全国政协常委、民进中央副主席朱永新,全国政协常委、全国邓小平理论研究会副会长、中央党校原副校长李君如,全国政协委员、中国(海南)改革发展研究院院长迟福林,全国政协委员、中国高等教育学会会长瞿振元,全国政协委员、中国社会科学院社会学研究所所长景天魁,全国人大代表、湖北省人大常委会副主任周洪宇,全国政协委员、湖南省教育厅副厅长王健,全国政协委员、河南大学校长娄源功等两会代表、委员和教育部政策法规司司长孙霄兵,国家教育发展研究中心副主任杨银付等官员和学者先后就"社会的变迁与挑战""教育决策的民主化、科学化"等问题进行了交流。会议特邀民办教育人参与,云南经济管理学院创办人杨红卫、法政集团创办人王广发、精诚教育集团创办人王国欣、东方之星创办人杨文泽等一起回顾了办学20年来的艰苦与辉煌,中国教育网编辑周玲完整地记录了这次沙龙,见图28。

图 29

图 30

2016 年两会前的 2 月 28 日，教育之春沙龙以"民促法修订与民办教育可持续发展"为主题，邀请翟志海等多位全国人大代表和张杰庭、杨文、胡卫、泰和、任芳等多位全国政协委员及赵春梅、黄森磊、王广发等多位民办教育实体人士聚会人民政协报社，围绕民办教育促进法修订的几个关键问题磋商和讨论。尽管第三天就要再来北京参加两会，一些外地的代表、委员还是当天往返赶来参加沙龙，见图 29。此次两会《人民政协报》特别推出了《推动民办教育可持续发展特刊》，3 次特刊共 12 个版面系统表达民办教育发展的贡献、挑战和诉求，见图 30。以如此多的版面记录两会，在民办教育发展史上尚属首次，阙明坤、孟玉静等作为"提案助理"参与了内容整理。之后，这一特刊成为一个品牌版块在 2017 年两会得到了延续。亦得到了多家民办教育机构的支持。

【漫笔】

在开放多元中促进彼此理解和建设

贺春兰

7月1日，星期天，第46次教育之春沙龙如期召开，沙龙坚持了一直以来的文化风格，多元背景、无边界交流。部分全国人大代表、全国政协委员、教育和文化名家、教育官员、传媒人，齐聚北京市某小学，家长和孩子也被请进沙龙现场参与表达。

同每次沙龙一样，众专家思想飞扬，激情尽显：当一些人为一些探索极尽欣赏之际，却有人言之成理地质疑。而当有位专家慷慨陈词时，其合理性却又被另外一位拥有其他学科背景的专家挑战。在人群感动、惊叹或笑声中，教育部基础教育司副司长王定华正低头记录。作为主办方之一，朝阳区教委的倾听阵容更强大，从教委主任孙其军、教工委副书记王世元到教委副主任张朝晖，整个上午，他们静坐倾听，沉浸其中。

作为组织者，我确信，沙龙走过九年而激情不减，正得益于创立之初确定的"多元背景、无边界交流"这一文化气质和"联结体制内外、促进多元参与、推动中国教育"这一使命。我相信就在这样一次一次的碰撞中，各个不同的圈子、各种不同的文化能够互相影响、浸润从而获得彼此影响、推动共识形成。

在第46次教育之春沙龙上，几位官员自始至终地参与倾听与平和表达给沙龙参与者留下美好印象，这种开放倾听凸显了行政文明，也让教育行政工作者风采尽显。事实上，多元声音正是当今社会的常态，而每一种声音都有可能是大象的一个耳朵或一条腿，开放兼听方能把握大象的全部。中国教育需要各方关注，也需要在开放对话中赢得理解和支持。

在现实中，我们常常看到家长在无意识中被滚滚洪流裹挟，从而冲垮教育人精心筹划的顶层设计。在第46次沙龙上，家长和孩子首次被邀请进教育之春沙龙。因为教育必须要倾听家长的声音，也需要赢得家长和社会的支持。所以，家长必然是教育发展中不可或缺的、需要沟通的一员。

数十位媒体人到场，有专家担心，互相有些矛盾的观点会否误导公众。而我们相信，拥有独立思考的意识和能力正是现代这个开放多元社会中作为一个现代公民所必需的，相信媒体人甚至公众会有自己的辨识和判断。事实上，多元的声音正能防止某一种声音走向偏执，因为公众会在对其他视角的惊叹中产生敬畏、关注和探究的愿望，从而不再盲从。

（文章原载于：《人民政协报》2012 年 7 月 4 日 10 版）

【代印象】

翟志海：坚定的追梦人

赵秀忠

　　作为全国人大代表、精英集团创办人、董事长翟志海参加了第十二届全国人大一次会议，与全国人大代表一起参政议政，共商国是。当他聆听国家领导人的讲话时，激情澎湃。特别是习近平主席提出要实现国家富强、民族振兴、人民幸福的中国梦时，他强烈感觉到梦想在召唤。

　　从下海经商到投资办教育，再到成功的教育实业家，翟志海对"梦"有着深刻的体会。早在1988年，他随着改革开放的大潮放飞梦想，立志为振兴中华贡献力量。经商成功后，他就想圆自己办学的"梦"。早在他曲折求学的过程中，深感知识的宝贵，国家教育资源的不足。他立志要办学能让更多人接受优质教育。为此，他用经商所得，兴学办教，敢为天下先，在民办教育发展史上留下了一串追逐梦想的印迹。

　　"让更多的孩子接受优质的教育"，翟志海把办教育当作事业，当成生命，认为这是关乎孩子命运的大事，必须坚持。

　　"以天下为己任"是一种大境界。办教育，选校址，上项目，争取贷款，无论遇到什么难题，翟志海都矢志不渝。有"梦"的人能牢记使命，无愧时代，勇担责任。翟志海一直把"为天地立心，为生民立命，为往圣继绝学，为万世开太平"这句话奉为自己的人生信念。精英集团在他的领导下，事业发展迅速，同时还积极参与公益事业。20多年来，精英集团在资助贫困学

　　翟志海，第十二届全国人大代表、精英集团创办人、董事长兼总裁。曾获得全国五一劳动奖章，"全国各民主党派、工商联、无党派人士为全面建设小康社会做贡献"先进个人等社会荣誉。

　　经过28年的发展，精英集团形成了以精英教育为根本，精英动漫、精英娱乐、精英足球、精英生物、精英电商为支撑的"一大五小"的业务发展格局。精英教育拥有河北传媒学院、北京演艺专修学院、石家庄精英中学、精英外语小学、精英未来学校、精英传奇幼儿园等院校，全日制在校学生3万余人，构建了从幼儿教育到博士后培养的教育体系。

生和社会捐助方面的投入达一亿多元，向汶川地震灾区、台湾莫拉克台风灾区、青海玉树地震灾区捐款捐物，伸出了援助之手，得到了社会的广泛赞誉。

"坚定理想、培育精英"的传奇生涯，"愈挫愈勇愈创新"的创业精神，"海纳百川、汇聚英才、礼贤下士"的人格魅力，"志存高远、追求卓越、奉献社会"的坚定信念，支撑着翟志海并感召了一大批追梦人。

如今，翟志海对实现"精英梦·中国梦"更加充满信心。他说，实现中国梦必须从我做起。为促进我国教育和文化事业发展，作为全国人大代表的他向全国两会提交议案。作为实业家，翟志海号召全体员工要把思想统一到中央重大决策部署中，用实干托起"中国梦"。

（文章原载于：《人民政协报》2013 年 4 月 3 日 28 版）

【故事】

做有良知的精英教育
——走近翟志海

赵秀忠

在当今中国的变革中，精英集团董事长兼总裁翟志海演绎了令人艳羡的传奇。他是一位成功的教育实业家。作为教育家，他具有远大的教育理想和目标及高尚的人格魅力；作为实业家，他具有责任感，不断创新，在推动经济快速发展的同时，积极投身公益事业。翟志海的精英气质正是这两者兼而有之。

无悔选择

"精英气质不一定是指出身名门望族，自幼接受良好教育，关键是自己有理想，选择一种让人生无悔的生活方式。"——翟志海崇尚精英，当初以"精英"为自己开创的事业命名，是期待依照社会脊梁的精英精神，砥砺心

翟志海

志，发奋图强，报效祖国，以实现自己的人生价值。

1962 年 5 月，翟志海出生在河北井陉矿区一个普通的矿工之家。少年时，他爱读文学作品，初二时得了近视，上高中才用自己省下的零花钱配了一副眼镜。高考前镜片破了一只，他就戴着只有一只镜片的眼镜做功课，直到参加高考。高考成绩差 9 分进不了大学，他只好进了河南的一所铁路技校，20 岁毕业后分配到石家庄铁路车辆厂当技工。

他的理想是要上大学，尽管进了国有大企业，端了铁饭碗也不甘心。后来他以区里第二名的成绩考上电大，为了确保上课时间，主动申请上夜班。无论是炎夏酷暑，还是冰雪寒冬，每天夜里他都是汗流浃背地拉着沉重的人力车，在车间清理铁皮废料，一干一个通宵，一干一身黑灰。清晨他把自己冲洗干净后，再匆匆赶往电大课堂。这样的日子令翟志海记忆深刻，以致很多年后，他还无数次地梦见自己在冬季的清晨发抖地冲澡……在艰苦的边求学、边工作的条件下，他为增强毅力，每天清晨 5 点就开始练长跑。他曾在车辆厂举办的冬季长跑比赛中获得冠军，跑赢了从省体工大队转来的同事。含辛茹苦，矢志不移，历时 3 年，终于完成了大专学业。坚忍不拔的意志力，支撑他电大毕业后又参加"自学考试"，学工业会计，学英语……直至获得研究生学历。

他有英雄情结，内心始终有一个声音在召唤，要对得起自己的人生，要干成点大事，要做主宰命运的英雄。1988 年，他下海了，与五位热血沸腾的朋友畅谈理想，握拳宣誓，要不怕困难、顽强拼搏，为祖国经济腾飞做贡献！当时每人出 200 元，共 1200 元做启动资金，大家想先做生意，等有钱后再做大事。为避免风险，大家推举翟志海先停薪留职，从此翟志海便开始了卖汽水、卖苹果、送盒饭、蹬三轮、售彩电的创业生涯。遭遇了一连串打击后，一起创业的朋友退缩了，翟志海却于 1990 年 7 月 1 日，干脆办了辞职手续，给自己断了后路，开始了一个人的打拼。1993 年，他已经拥有了两家饭店、一个烹饪学校、百万积蓄。

他的血液里充盈着理想主义精神。开饭店挣钱不是他的追求，他想的是办教育，让更多的人享受优质教育，为科教兴国做贡献。教育决定着人类命运和国家命运。自古以来，中国很多精英人士都以服务国家和社会作为自己的崇高使命，形成了知识报国的深厚传统。当今，为了实现现代化的宏伟目标，党中央提出了"科教兴国"。邓小平讲过，只有有远见的人才能真正重视教育。"天下兴亡，匹夫有责"。当他拥有第一桶金后立志办一流学校，造福社会。有媒体常常问及如果回到当初，如何在办教育和房地产之间做选择，翟志海说他依然会选择办教育。在他看来，做房地产对社会有贡献，但要说对社会、国家有长远的影响和贡献，唯有办教育。

胸怀天下

自从办学之后，翟志海就意识到，"自己此生定位就是做一个教育实业家"。经过20多年的不懈努力，他一手打造起集教育、科技、文化产业于一体的教育传媒集团。发展教育、文化和足球事业，这些都是国家和人民最需要的事情，他是为国家而生，总是勇立潮头，搏击风浪。

3万余名师生员工，每天的吃喝拉撒睡，有求学的，有教学的，有演出的，有做研究的，有协调管理的，有后勤服务的，还有搞融资、基本建设、项目合作、人力资源和品牌推广的，经常有国内各级领导和同人来参观的、国际友人来考察访问的……外加税收、物价、卫生、安全、交通、财务，等等，如同一个小社会。管理好这些对董事长翟志海来说，用日理万机不过分。他常常工作到深夜。坐车在路上打个盹，下车就精神抖擞地谈业务，司机常常感叹他的精力旺盛。同时，他像战略家一样审时度势，指挥若定，保证了精英事业的健康运营、和谐发展。他就是一个品牌，一个象征，一块吸铁石，通过管理机制和各项规章制度，使人尽其才，物尽其用，各负其责。让在这里学习、工作、生活的每一个人，都心有希望，胸有目标，悦在当下。

事业取得卓越的成绩，但其个人却未享受富贵。他的家就住在学校教工公寓，穿衣服也不讲究名牌，吃饭是怎么省事就吃什么。他尊重财富，提倡开源节流，要求机关办公用纸必须正反两面用，把钱用在刀刃上，保障事业发展。现在各方面条件不错了，但他觉得仍是爬坡阶段。他说："我不在乎自己生活讲究不讲究，我立志把咱精英事业做好，这就是对国家的贡献。"

坚定自信

当有人问精英集团快速发展，综合实力不断提高的秘诀时，董事长兼总裁翟志海说：就是坚持一点"咬定青山不放松"。困难越大我们的决心越大，这叫作愈挫愈勇。认准了的事就得办成，还有很多是认为不可能办成的事也办成了，只要有思路就能运作成。这个思路就是超前思维，敢为人先，在领会中央精神的基础上，果断地做出相应的决策，敢于做别人不敢做的事情。

20多年，在历史长河中只是瞬间，但翟志海的创新发展之路步步辉煌，创建了多项第一、唯一。1993年，他创建了石家庄市第一所民办全日制寄宿学校——精英中学；2000年他创办了河北省第一所民办高校——河北传媒学院，并以民办本科院校身份与海外合作在巴西创办了孔子学院，2011年，河北传媒学院在全国民办高校中第一批获得硕士研究生招生资格；精英集团早于全国四五年，全面开展了校园足球活动，首创了"体教结合"的培训模式并已显效；精英集团构建了全国唯一的从幼儿教育到研究生及博士后培养的层次完整的民办教育体系，被誉为"全国民办教育的一面旗帜"。敏锐的观察力，善于把握机遇的翟志海常常告诫自己，要坚定不移，奋勇向前，顶住压力，无所畏惧，契机总是出现在坚持不懈中。翟志海也曾为难地哭过。现在，很多银行或投资机构是主动找上门来给予精英集团贷款。可在创业初期，一个民办单位到国家银行贷款简直是"蜀道难"。那时候国家银行一般只给国有单位提供资金，所以翟志海曾因贷不上款急得半夜号啕大哭。1999年年底，为建高校他跑办手续近一年，只差最后一道关时，国家政策有变……前面所有办好的手续全没用了。这一天，当他从政府机关大楼走出来时，天色已黑，他抑制不住积压心头的种种委屈，忍不住蹲在路旁的冬青树下失声痛哭。司机闻声过来很惊诧，翟志海一抹泪说："没啥，咱们明年接着跑！"当年集团在申报河北传媒学院升本时，省、部领导都说一年前就截止申报了，意思就是早没戏了。但他相信只要不放弃，还是有机会的，就以"死马当成活马医"的不气馁精神，一步步努力，最后终于取得成功。

尊重人才

大气做人，群贤毕至。求才若渴，求贤重用。

精英集团先后诚聘了一大批专家学者，有的工作在教育教学一线，有的担任了集团领导，李金池原为衡水市教育局局长，现为精英集团有限公司副总裁、石家庄精英中学校长。他曾担任衡水中学校长12年，使该校迅速崛起为全国名校。李金池还被教育界誉为"学者型领导"和"教育改革的拓荒者"。为邀请李金池校长加盟到精英集团，翟志海历经四年多时间，多次登门拜访，李金池最终被他的真诚及对教育事业的执着打动。2010年李金池出任精英中学校长后，立即启动了"新精英"改造计划，在学校的运行机制、评价机制、学生管理、课堂教学、教师提高等方面，进行了全面的改革和创新，使学校迅速焕发了生机和活力，在校内外引起了强烈的反响和轰动。

精英教育传媒集团副总裁、河北传媒学院校长李锦云博士，是有成果的专家，研究过军事纪录片，拍过30多部纪录片，做过音乐，并获得过特等奖。她说："我个人生活很好，到精英集团来，就是要跟董事长翟志海把精英的民办教育事业做好。"2011年10月河北传媒学院获得专业硕士研究生招生资格，2013年与中国艺术研究院合作招收培养博士研究生。坚持以人为本、尊重知识、尊重人才、尊重创造的观念，使精英集团充满活力。回顾发展之路，翟志海深有体会地说，第一，我们下大力量优化人才引进的内部环境。重视人才、吸引人才不是只停留在口头上，而是有实际行动，为人才发挥作用提供良好的条件，让他们感到在集团能够施展才华，实现自己的价值。第二，有尊重人才、爱护人才、知人善任、虚位以待的胸怀。真诚的态度、真实的情感是吸引人才的最重要因素，他们慕名而来，不是为了名利地位，往往是被你的真诚所打动。第三，举荐人才不拘一格，集团大力提拔德才兼备的年轻人才，千方百计为各类人才的成长进步提供平台，选送青年教师到国内外高校或教育机构学习进修。集团还与其他高校联合开办了在职硕士研究生班，鼓励或资助青年教师、员工学习，提高学历层次。为提高人才队伍的整体素质，集团还邀请国内外一流的专家学者来举办学术讲座。

"他对人诚恳。精英集团之所以发展这么大，就是因为他尊重知识，重视人才，只要我们有一点余力，会竭尽全力帮助他。"说这话的是集团顾问、中央戏剧学院表演系原主任冉杰教授和导演系原副主任马彧教授。在董事长翟志海1999年创办石家庄精英影视艺术职业学院（后更名为河北传媒学院）时，他们来到精英教育集团。冉杰教授担任了该院第一任院长兼党委书记。他们介绍说，翟志海第一次到北京专程找我们，说要办一所大学，开始我们持怀疑态度。通过交谈，知道他小时候的苦难以及艰苦的求学经历，我们被感动地流了眼泪，觉得他是一个有志气的人，我们产生了共鸣。我们只是对精英集团办大学做了铺路奠基的工作，与翟总共事也就两三年，但至今仍保持着密切联系。曾经一起创业的元老们说，翟志海真诚纯朴，特别尊重老同志。"每年翟总都亲自到家里看望我们。"提起翟志海的礼贤下士，老同志印象深刻。

人才是竞争力，人品则是第一竞争力，是人生的财富。翟志海的高尚品格投射在精英事业的发展中，让人们肃然起敬。

（文章原载于：《人民政协报》2013年4月23日28版）

【链接】

教育的力量："丑小鸭"变成白天鹅
——翟志海及精英集团的教育实验

段其云

对教育者而言，向社会证明教育对生命个体的改变或许就是彰显教育的文化自信。

2016年12月24日上午，全国人大代表、精英集团董事长翟志海到精英博爱小学调研。一群正准备排队去操场练球的孩子见他来了，争先恐后地打招呼并喊道："董事长，我们昨天把初中男足赢啦!"看着孩子充满自信、幸福、快乐的表情，翟志海的心被融化了，眼眶也湿润起来。

时光回到两年前……

教育情怀，心心相印

一个阳光明媚的下午，河北省政协副主席、民革河北省委主委卢晓光找到翟志海说："现在国家号召精准扶贫，咱们精英集团能不能办一所专门帮助孤困女童的学校?"翟志海对此十分赞同，愉快地承担了这一任务。

就这样，在卢晓光主委、各级政府领导及社会爱心人士的大力支持下，精英集团立即着手，专门腾出一个占地106亩的校区，组建了一支优秀的管理团队及教师队伍，克服诸多困难，成立了以招收孤困女童为主的公益学校——精英博爱小学。

拿破仑曾说："一个孩子行为举止的好坏，完全取决于母亲。"在翟志海看来，这话虽然太过绝对，但是在一定程度上，母亲确实是家庭的灵魂，母亲的文化水准影响着民族的未来，承载着社会的希望。"当你教育了一个男童，你教育的可能只是这个男童;当你教育了一个女童，你教育的可能是整个家庭和下一代。所以，为孤困女童提供优质教育，意义更为重大。"

经过对革命老区进行考察走访，翟志海及其团队两年来共招收来自石家庄、邯郸、邢台、保定、秦皇岛、承德等15个县市的96名孤困女童，其中孤儿13名，困境家庭儿童83名。

种树培根，种德养心

翟志海还记得，当这些孩子走进校园时，正值冬季。孩子们身体虚弱单薄，手脸皲裂，双眼迷茫。她们穿着不那么合身的衣服，怯怯地躲在大人身后，一脸茫然。当老师们试探着想拉住她们的小手时，她们猛地一缩，惊恐的眼神里满是敌意……

除了性格胆小，翟志海发现，来自大山的孩子，文化基础参差不齐，使用的教材版本也互不相同。2014 年 12 月 20 日开学时，学期已经过半，部分孩子甚至还在读幼儿园。一说话都是浓重的家乡口音，与人交流很困难……"她们与城里孩子形成的强烈反差，让我们心底在滴血。"翟志海看到这些孩子的状况，心里是又急、又痛、又恨：为孩子未来的发展着急，为孩子过去的遭遇心痛，更为自己没有早些做这件事而悔恨。

"种树者必培其根，种德者必养其心。"翟志海一直坚信，教育、文化是民族发展进步的根本和原点，自己有责任、有决心承担起历史使命，发挥教育文化春风化雨的特有作用，培养和陶冶出有清澈心灵和真善良知的一代新人。"扶贫，给钱还不够，更重要的是把孩子心灵从'贫困'中拉出来，让她们阳光自信，敢于拼搏。这样就算生活一时贫困，孩子也终究会凭着努力挣脱。"翟志海希望精英的扶贫不是一时的钱财，而是可以让孩子受益一世的精神财富。

文以载道，文以化人

面对这些不幸的孩子，精英博爱小学配备了触摸屏电脑白板一体机等先进的教学设备，配备了各种生活娱乐心理辅导器具；每班还配有 10 台电脑，宽带联通到教室，智慧教室一步到位。音乐舞蹈教室，美术手工教室，温暖如家的儿童活动中心，各种体育器材和完备的标准体育场，一应俱全。

除了硬件，精英集团调动 3 万多名师生的教育资源，以高起点、高标准为孩子们创造接受良好教育的条件和环境。在办学模式上，突破公益学校以养为主的办学定式，提出"养教并重、成人成才"的办学宗旨。同时，学校坚持立德树人、德学并举、以德为先，国标课程、校本课程、选修课程等丰富多元，文化学业、体育艺术等全面发展养成：学校设有踢踏舞、拉丁舞、印度舞、书法、绘画、手工、陶艺、足球、武术、瑜伽、声乐、戏剧、播音主持、国学经典、国际文化等 20 多门学业之外的课程，甚至超出了很多私立学校。

受传统文化滋养的翟志海相信，中华民族绵绵 5000 年传承下来的文化可以给予孩子心灵的滋养。因此，精英集团把中华文化融入教育教学的各环节，并把蒙学经典纳入各年级必修课程，开发电子版国学教材，修订校本教材《童蒙养正》。

据翟志海介绍，学校每年都组织学生参加正定文庙祭孔活动，举办校园中国文化节、中国传统文化节、中国传统文化知识竞赛等大型活动，每年开展清明祭扫、中秋邀月、重阳登高传统节日活动，每周一开展拜孔仪式和升旗仪式，平日又以"精武社团"、古筝、琵琶、国画、硬笔、软笔等社团学生组织开展传统文化教育。

为了让学生对传统文化感兴趣，并真正理解、得到滋养，由精英集团的精英剧场，引进了一大批各剧种的经典剧目，请来了 10 多位梅花奖得主联袂献演，高雅艺术使学生和市民享受了一次次文化盛宴。其中，精英集团以作家徐光耀经典名著《小兵张嘎》为素材提炼创作的同名舞台剧，立足河北，走向北京，全国巡演，演出已达 115 场，观众 10 万余人。此外，还参加英国爱丁堡前沿艺术节，获得了英国专业杂志五星级推荐。

两年多来，精英集团不仅给孩子们提供了卓越的校内教育，还由精英公益剧场给孩子们请来中央芭蕾舞团、中国台湾朱宗庆打击乐团、爱尔兰大河之舞艺术团、西班牙穆尔西亚舞蹈团等世界顶级艺术团体。这些顶级艺术团体的艺术家和孩子们交流互动，极大地激发了孩子们对艺术的渴望与热爱。同时，孩子们还走出校园，参加各种公益演出活动，开阔了视野，增长了才干，培养了自信……

激扬其心，其进不已

如今，每每看到这些女童温润白皙的脸庞上闪着自信的目光，强健俊美的身影在操场上尽情奔跑，翟志海都会庆幸自己当初的决定，并越发坚信"用教育、用传统文化滋养孩子"这条路的正确性。

翟志海还发现，孩子们再也不羞怯，课堂上积极主动发言、小组合作学习时精彩演讲。身心的发展以及优异的学业成绩，这些进步与成长令精英集团的员工欣喜。

课堂之外，孩子们的变化也正悄然发生，"丑小鸭变白天鹅"的童话正在变成事实。

国际文化节上，孩子们全英语童话剧的表演，让观赏者赞不绝口；民革河北省委成立 60 周年庆典上，孩子带来的武术、拉丁舞、踢踏舞、民族器乐演奏、合唱、朗诵等演出震撼全场；万达广场上的公益演出引起社会轰动；中超赛场，博爱学校的球童气宇轩昂；与澳大利亚游学团的足球赛更是让对手"胆寒"……

校内校外孩子们的表现无不让每一位来访者惊喜、惊奇，两年前如流浪儿般的表象已经荡然无存。翟志海清楚记得，7岁的美婷和8岁的雪茜来到学校时的样子，让老师们的内心为之颤抖。姐妹俩全身脏兮兮的，头发上长满了虱子，指甲很长。她们看到老师，有些害羞，手足无措，满口方言，因羞于交流她们闭口不语。如今，孩子们的普通话越来越好，多次大型的汇报演出从容镇定、大方洒脱，完全找不到她们刚来时的胆怯模样。足球、武术、葫芦丝、美术、古筝……她们拥有了越来越多的才艺，变得越来越阳光、自信。

"大抵童子之情，乐嬉游而惮拘检，如草木之始萌芽，舒畅之则利达，摧挠之则衰萎。今教童子必使其趋向鼓舞，中心喜悦，则其进自不能已；譬之时雨春风，沾被卉木，莫不萌动发越，自然日长月化；若冰霜剥落，则生意萧索，日就枯槁矣。"明代哲学家王阳明在《训蒙大意示教读刘伯颂等》中的这句话，翟志海一直铭记于心。他时刻提醒自己，爱嬉戏玩耍而讨厌约束是孩子的天性，就如同草木刚萌芽，让它舒畅地生长就能迅速发育，以至枝繁叶茂；若对其摧残压抑，它们只会衰弱枯萎。因此，对儿童实施教育，必须使他们欢欣鼓舞，内心愉悦，他们的进步自然不会停止。有如春天的和风细雨，滋润了花草树木，它们抽枝发芽，自会茁壮生长。若经过冰霜的侵袭冻结，其生气受到挫伤，只会逐渐枯萎。

"富裕的家庭天天在喊不能输在起跑线上，而这些孤困女童家庭的不幸则让孩子们根本就不在成长的路上。但是，这些孩子真的就追赶不上那些早已起跑的孩子吗？"翟志海的精英集团向社会证明：优质的教育会让每一个孩子跨越式成长。

（文章原载于：《人民政协报·民办教育可持续发展特刊》2017年3月8日32版）

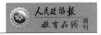

【代印象】

潘跃勇：对这世界褒有汹涌的爱意

贺春兰

在繁忙的工作中，写序的邀请被我一拖再拖，潘总耐心等待，友好而婉转地提醒。

终于抽出时间坐下来。没有想到，一开读便被吸引以至于手不释"卷"——阅读的感觉是美好而兴奋的，心灵受到陶冶，生命平添力量。

和潘总认识已经有多年，但直到读到此书，我才得以走进他的精神世界——透过凝练质朴却也痛快淋漓、热情纯净的文字，我看到的是一个民办教育探索者，对这个世界、对中国学前教育汹涌的爱意所致的使命感与责任感、直面灵魂的反思与追问，和对古今中外人类智慧的真诚的吸收，对同行的由衷的欣赏和称赞，包括自己和团队几十年创业人生的智慧积淀。从精神到物质，从战略到幼儿园安全，我，这个不关注幼儿园运作的人，竟被吸引而认真读进去，很多时候甚至是被他吸引到一个痛快淋漓而又纯净纯美的精神世界。

有人说，要了解一个人，首先要看看他把时间投向哪里——从做教师到创办民营图书馆，从创办幼儿园再到投身绿色产业——植树造林。他选择这些领域去书写自己的生命，看来是有精神支撑的。

潘跃勇，北京水米田教育集团董事长、山东水木童话小镇董事长、哈佛摇篮国际小学校长、北京市青联委员。于2002年创办北京哈佛摇篮教育集团，现更名为水米田教育集团，秉承以孩子为本位，以"世界为教材，引万物入课堂"的教育理念，立足培养具有"高贵品德、优雅素养、崇尚自然、快乐生活、和平情怀"并拥有卓越领袖能力和想象力、创造力的孩子。

潘跃勇目前已在全国范围内创办国际小学一所，以及北京自由城国际幼儿园、济南大溪地幼儿园、威海国际幼儿园等高端幼儿园40余所，在园孩子近10000名，在职教师1400余人。

感谢潘总，不仅仅实践，还为我们留下了这样的精神财富。感谢潘总的书写和耐心等待，让我有机会真正地与这个生命邂逅。

潘总写道：我们每一个热爱儿童生命的幼教工作者，都该有一个属于自己的充满浪漫气质的童话世界，都要有一种正如著名思想家王开岭所讲的灵魂寄托：让灵魂从婴儿做起，像童年那样，咬着铅笔，对世界报以纯真、好奇和汹涌的爱意——我确实读到了这种汹涌的爱意。当然，还有超越现实世界羁绊的，对纯真、好奇的坚守和恪守。

读潘总的文字，也让我对中国民办教育界充满信心。在我国教育的话语生态中，无论是整体还是个体，民办教育界都声音微弱。不是因为他们没有思想，而是因为作为新生力量的民办教育常常处在体制的夹缝中和备受歧视的舆论氛围中——但是，一直以来，我所看到的他们，一如本书文字背后的灵魂，其使命感和责任感，其担当精神，其智慧和热情恰恰在并不优越的环境中极致的彰显和绽放，也因此弥足珍贵也格外灿烂。

确如陶西平先生所言，正处转型期的我国教育深陷挑战，也因此需要有理想、有担当的教育家去探索去回答。而更多潘总这样的中国民办教育的探索者们让我看到了我国教育的希望，能载入史册的中国教育家必能从他们中间诞生。

我一直致力于推动主流社会走进中国民办教育探索者的精神世界，读到潘总的文字、体悟自己的兴奋，更加坚信类似事情的价值和意义。也感谢中国民办教育协会学前教育专业委员会对相关工作的组织，感谢杨志彬先生对潘总静下心来做此总结的劝说。

真好！

（写于 2015 年 9 月 19 日，此文是作者为潘跃勇《两个百年梦想与幼儿园园长》一书所做序言。）

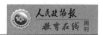

【故事】

打造一所孩子们喜欢的"新概念"学校
——潘跃勇和他的哈佛摇篮国际小学

张惠娟

从"民办图书馆"到"歌德图书馆"

在位于孔子故里山东济宁的哈佛摇篮国际小学，矗立着一座有生命的图书馆——"歌德图书馆"。

在这里，没有厚重的砖墙，四面采光的落地玻璃窗打造着一座拥抱阳光的水晶宫殿；图书馆的另一角，鱼儿在巨大的鱼缸中自由游弋，白色的小鹿雕塑仿佛在低头吃着青草，让这里充满了生命的灵动；七彩魔方、异形草甸、月牙阶梯以及秋千摇椅，让孩子们或坐或卧，享受家一样的温暖。而十几万册的藏书，让孩子们享受阅读为生命带来的滋养……

"孩子的阅读习惯不是一朝一夕可以养成的，需要有一个过程，这就需要为他们创设适合的环境。"熟悉潘跃勇的人都知道，在他心里，一直有一个"图书馆情结"。而他的创业，也正是从一家民办图书馆起家的。

1985年，自曲阜师范大学毕业的潘跃勇在众人的羡慕中，端起了小学教师的"铁饭碗"。在做教师的生涯中，学生阅读量低下的情况常常令潘跃勇陷入沉思。"一个不喜欢阅读的民族是一个没有希望的民族。如何让更多的孩子走进图书、走进知识和思想的圣洁殿堂?"潘跃勇发现，孩子们不爱阅读，主要是由于适合孩子们读书的图书馆太少了。10年后，潘跃勇毅然从体制内辞职，在济宁城郊一所大学附近开起一家小书店，他主要以借阅而非零售的营业方式，受到孩子们的热烈欢迎。为了满足更多读者的需求，经过实地考察和深入论证，1999年11月，潘跃勇在家乡开设了国内首家民办图书馆。自开馆之日起，便坚持每天开馆14小时，同时以其幽雅的阅读环境、丰富新颖的藏书和细致入微的服务，赢得了广大读者特别是青少年的青睐。许多孩子放学后，一头扎进图书馆，徜徉在知识的海洋里，流连忘返。每逢寒暑假和节假日，图书馆更是成为青少年读书学习的第二课堂，在当地形成了一道亮丽的文化风景线。

"让3亿中国青少年都拥有自己的图书馆。"2002年年初，怀揣着一个孔孟之乡的教育人对孩子无以复加的汹涌爱意和对中国教育责无旁贷的使命感和责任感，潘跃勇带领他的员工开始奔走在华北的各个地区。而后，在山东、河南、江苏、福建、安徽、陕西、河北、甘肃、辽宁等省市均涌现了规模不等的科教图书馆，受到当地群众的热烈欢迎和政府的高度重视。

因图书馆起家的潘跃勇，当了校长之后，精心打造学校的图书馆，他希望孩子们因书的滋养，从这里走出一个个未来的"歌德"。

从"看教育"到"办教育"

办民办图书馆圆了潘跃勇的阅读梦，但一线教师出身的潘跃勇一直对教育有着深厚的情结，在一步步构建自己的校长梦。

看到中国幼教参差不齐的发展现状以及广大幼儿"入园难"的现实诉求，2002年，潘跃勇在山东创办了济宁哈佛摇篮幼儿园，他从各个方面对传统幼儿教育进行了积极的改革和有益的探索，在当地引起强烈反响。2003年他又在北京通州开设了哈佛摇篮幼儿园牡丹园，其艺术化的教育特色在北京幼儿教育界受到关注。随后，他陆续在北京、山东、江苏等地投资了30所幼儿园。在办学中，哈佛摇篮幼儿园秉承意大利蒙特梭利教育理念，融合了瑞吉欧、华德福以儿童为中心的自然教育思想，创立了"以世界为教材"的"水、泥、沙、土、木"园本课程体系，实现了让孩子回归童真、回归本我、亲近自然、走向自然。并将"玩"的教育理念全面地贯穿于全英文环境下的自然教学、蒙特梭利教学、奥尔夫音乐教育及儿童戏剧表演等课程之中，赢得了社会的认可。

"嗅觉敏锐"的潘跃勇发现，在中国经济加速转型升级的同时，中国的基础教育同样也在加速转型升级。中国的基础教育愈来愈回归学生的主体地位，回归人的本性，回归自然的本性，回归真理的本性。无论是教育理念、教学特色、教材设计、课程研发，都在一天一天地回归"以学生为中心"的教育生态……他兴奋地看到：基础教育改革的大潮已经到来。

"尽管我在全国做了很多幼儿园，可是我依然留恋我小学的美好时光，我想亲自办一所小学，将来我还要办初中和高中，一步步描绘我的教育蓝图。"在梦想的召唤下，经过长时间的酝酿和一年的筹备，2016年金秋，哈佛摇篮国际小学开学，潘跃勇的梦想"照进了现实"。

这所小学，从头到脚都倾注了他对基础教育的希望。哈佛摇篮国际小学教室的面积是标准教室的两倍，并全部安装上了电脑网络，摆放了科学

潘跃勇

实验器材、图书、绿色植物，甚至连乐高玩具都触手可及。在潘跃勇看来，这样的教室，一方面是方便学生学习的资源库、实验室，同时，它还成为一个安全、舒服、温暖的生活空间，让教室发挥了综合性的功能。

哈佛摇篮国际小学的校园环境，全部围绕着儿童的成长而布置。为了满足儿童的探索欲，学校从海边运来几百吨沙子，建设一个"沙的王国"，并开发系列的沙道课程，如沙雕、沙画、沙道体育比赛等；为了满足儿童喜欢涂鸦的天性，同时养成不随便乱涂乱画的习惯，学校将规划儿童百米涂鸦长廊，让孩子们尽情释放和挥洒自己的艺术才华。除了歌德图书馆，学校还建造了李白诗歌馆、孔子国学馆、莎士比亚戏剧馆、莫扎特音乐厅、贝多芬钢琴房、凡·高画室、爱因斯坦科技馆、奥林匹克运动广场等，让孩子们在中外名人的感召下，爱上创作、爱上阅读、爱上发明、爱上天文地理文学艺术。

"我们要打破传统的学校概念，建立一个'新概念'学校，让学校不仅仅是学生学习、做作业、上课的地方，也是好玩的、充满着学生味道的生态环境，是宁静的，有生命力的，是可以和孩子们产生链接的地方；校园是美的，是生动的，是有文化的，充满书香气息的，是学生表达个性的世界；整个校园都是孩子们的家，是孩子们的朋友圈、图书房、休闲区、体验屋、演讲台、社交场、文化场、运动场、游戏场……"潘跃勇说，孩子的喜欢、课程的需要，是这所"新概念"学校建设的最重要的原则。凡是跟学校面子相关的东西，一律简化或者省略，凡是孩子们成长需要的东西，在条件允许的情况下，努力追求最好。所以，学校不设豪华的会议室、贵宾室，没有豪华的校长办公室，把资金都投入教室中来，建设富有特色的家一样温暖的教室，让教室不只是黑板和课桌的组合体，还是孩子们喜欢的画廊、演讲厅、音乐厅和社交街区，孩子可以任意进出每一间教室。

"光有先进的硬件设施，如果没有课程支撑，教育就是无本之木，无源之水。"潘跃勇重视课程的研发，哈佛摇篮国际小学与专业机构签订了全课程合作协议，并派师资团队前往国内外培训学习，还在此基础上结合自身办学理念和教育特色创建了儿童阅读、儿童戏剧、儿童农场和创客空间四大主题课程。潘跃勇说："只有课程变了，教师才能变，学生才能变，家长才能变，学校才能变。我们的目的就是让刚上学的孩子爱上学校，让教育真实愉快地发生。"

从"育人"到"种树"

"教育和园林，仿佛是潘总的左手和右手。他是园林界最好的教育人，又是民办教育圈中的种树能手。"哈佛摇篮教育集团的员工都这样评价潘跃勇。

除了做教育，从2010年起，潘跃勇又开辟了另一个"绿色事业"——园林。而他的园林也有一个极富诗意的名字："水木童话"。他种植了美国红枫、日本红枫、三角枫、五角枫、元宝枫……如今，"水木童话"园林已经被打造成中国十佳苗木基地，200公顷枫林摇曳生姿，成为距闹市区一步之遥的世外桃源。

"和别人不同，潘总种树不是为了赚钱，而是为了让小树长大。""水木童话"园林总经理黄丽敏如此评价潘跃勇。而潘跃勇则要将这个园林打造成如它的名字一样，成为人们现实生活中的童话世界。

"眼看着一棵棵小苗苗，经过阳光雨露长得粗壮起来，我的心里就充满了欣喜和骄傲，卖掉我会心疼，我要让他们长得郁郁葱葱。"在潘跃勇看来，"种树"和"育人"，这两个不相干的领域，其实在精神上却是浑然一体、高度相通的。

随着小树的长大，潘跃勇在园林上做足了"教育文章"，他将"水木童话"打造成了特色的儿童农场，让孩子们体验丛林穿越拓展训练、陶艺木工作坊、石磨地锅劈柴煮饭，举行野外露营沙地探险、彩虹堡、指压板、"摸泥黑"、火把节等充满想象和挑战的各类野外活动，让孩子们在与大自然的亲密接触中体味生活乐趣的同时，进行生动高效的体能训练和心理锻炼，提升了孩子们的抗压能力、合作精神和责任意识，这也为哈佛摇篮国际小学特有的四大课程之一的自然课程提供了得天独厚的优势。

2014年，潘跃勇在他的园林里举行了首届水木童话红叶节。在2015年的红叶节上，还举行了"儿童跳蚤市场""中小学生以红叶为主题的征文和绘画大赛、书画大赛"等活动。

十年树木，百年树人。如今，潘跃勇的园林已经初具规模，儿童农场已经成为校园课堂的延伸。他要将刚刚诞生的哈佛摇篮国际小学打造成具有中国特色、世界影响力的百年名校，让每一个孩子因在这里相遇而拥有生命的美好，并为这个世界创造美好。

（文章原载于：《人民政协报》2016年9月7日C4版）

后　记

走近了，于是产生了深沉的尊敬

贺春兰

民办教育横空出世，民办教育领军群雄并起。

他们一方面含着眼泪做事情，另一方面激情燃烧在冬季，行至今天，虽然艰难，但正是在艰苦的奋斗中，中国民办教育的探索者们看到了自己力量之顽强，也为自己和这个群体身上的昂扬斗志激励并骄傲着。

走近才会尊敬，很多时候，我们并没有机会走进一个人的精神世界，也因此，并不能够在真正意义上了解、理解一个人乃至一个群体。机缘使然，职业给了我们与民办教育界邂逅的机会。

《人民政协报·教育在线周刊》第一次试刊于 2002 年的 11 月 28 日。记得 11 月 27 日上午，我于偶然中邀约采访了民办教育领军程跃博士，他抽着烟，激动地讲述，听后颇感沉重。离开他的办公室走在北京冬日的大街上，颇有苍凉之感。回到当时只有一个人的编辑部，那时人民政协报教育在线周刊的创刊正在酝酿中，同样激情也孤独的我写下了程跃的苍凉和孤独。之后排完版，我乘上火车赶去苏州参赴由民进中央副主席、时任苏州市副市长的朱永新先生主持的中国民办教育峰会。11 月 28 日晨，人民政协报教育周刊的第一张试刊号在朱永新先生的帮助下从上海印刷点取至苏州上会。时值《中国民办教育促进法》出台前夕，民办教育界群情激昂。而我也正是从那时起开始逐渐走近中国民办教育的一批探索者，得以见证也记录他们的痛苦、艰辛与喜乐。后来再未见到过程跃，而程跃留给我的带些悲壮的、沉重也激昂的印象在后来十余年的记者生涯中，在与不同民办教育领军人的接触中一直重复出现。记得就在那次民办教育大会上，我的两句用来描述民办教育界状态的短语竟引起了很多民办教育人的高度共鸣，以至于多年之后还有很多人提起，这两句话大概是这样的，"他们含着眼泪做事情；他们激情昂扬在冬季。"

几十年来，一代民办教育人做出了巨大担当、巨大牺牲和巨大创造，而今，伴随着《中国民办教育促进法》的修订，中国民办教育虽然还将会面对种种波折；虽然，民办教育领军人的个体命运可能会起起伏伏。但相信，

走进民办教育探索者的精神世界

中国民办教育的整体发展必会迎来规范有序的春天。

本书主要收集了十五年来，我和我的编辑部成员对近百位民办教育探索者的访谈。这些访谈是非结构化的，我们的聊天儿没有特定形式、程序或预设，基本在一种随意的、自由的、开放式的谈话中进行。在轻松而随意的交流中，我们了解捕捉了十多年来民办教育人所面对的独特挑战，一代民办教育人的艰辛探索和不懈追求。

很多采访的片段我记忆犹新，感谢很多人将他们的内心掏给了我们；我们以能和他们的生命交汇，赢得他们的信任而幸福骄傲。一天，一位我不熟悉的民办学校校长特别来到编辑部，因为想当面表达作为一个民办教育人的感谢。他说他十多年前便参与过编辑部关注民办教育发展问题的沙龙。确实，自 2007 年开始，我们在报道之余，曾将周刊品牌项目——教育之春沙龙长期持续地聚焦中国民办教育，如这位校长一样，很多民办教育人曾经参与了沙龙，见证了周刊编辑部为民办教育发展鼓与呼的进程。2015 年 11 月 27 日，在苏州召开的由中国民办教育协会学前教育专业委员会主办的"亚洲教育年会"上，令我感动的是，很多不曾谋面的农村民办幼儿园园长特别赶到我主持的会议现场表达他们的感谢。还有很多人，他们遇到纠纷的时候，事业有进展的时候，或者重大政策有变化的时候，愿意打电话来聊聊。其实，我与他们中的很多人都只有一面之缘或者未曾有过记忆，但他们知道，《人民政协报·教育在线周刊》编辑部团队一直在持续地关注着他们。

也正因为对他们、对这个群体无比珍视，这个集子的出版一再延误，因为我总想，更多的人应该被采访到，他们更新的情况应该被追踪记录，但是，实践之树长青，还是留下遗憾待下本集子来弥补吧。

虽然我们希望能够感受探究到他们身上一些最接近本真的追求，但事实上，他们每一个个体都是那般丰富，他们整个的生命面貌怎样，我们难以了解也未刻意去探究更多。无论如何，在民办教育领域，在同样的时代挑战面前，他们是胜出者抑或他们曾经努力。他们的探索，推动了中国教育的发展进程，所以，值得尊敬。

这些片段性呈现的内容前后跨越十多年，当我于编辑出版前再次审定时，仍然心潮澎湃，颇得启发、颇受鼓舞，也认为颇值得一读。

需要说明的是，笔者对民办教育的关注起始于《人民政协报·教育在线周刊》创办之始，为此，以周刊发展为线，特别插录了《教育在线周刊》对民办教育阶段性的图文报道及笔者对中国教育发展和办刊本身的阶段性思考。

某种意义上，对民办教育的系统关注也是笔者作为《人民政协报·教育在线周刊》创办人关于办刊本身的行动研究和试点探索。此书的文稿前后跨越 15 年，编辑整理前后也跨越了 5 年，时光飞逝，大家的事业多有变化，简历未及修订，精准之处在所难免，还请当事人和读者包涵；本书文章强调编辑部记者的亲历亲访，但为展示被访者更多的背景，少量文章采用了非编辑部人士撰写的相关稿件，但经过了审定把关。

多年来，从政府到学界，从行业协会到媒体，我们相辅相携，当然也有互相监督，大家共同推动了我国民办教育的发展。特别感谢十届全国政协副主席张怀西先生和国家总督学顾问陶西平先生为此书作序，也特别感谢为此书做出推荐的多位领导和学界长辈，我知道他们为学、为官、为人皆严谨，大家对我本人和编辑部给予的莫大的信任让我备感鼓励。

最后，要特别感谢我所在的人民政协报社历届领导对《教育在线周刊》编辑部持续关注民办教育的支持，感谢北京师范大学出版社的支持，当然还要感谢坚守抑或离开的我亲爱的团队成员，感谢为此书付出努力的陈红艳、甄晓燕、林艳辉、李云虎等所有编辑人员。

（起草于 2012 年，作者再次修订于 2016 年 6 月。）